Classical

GREEK READER

A Classical

GREEK READER

Selections from Wilamowitz and Marchant.

With Additions, a New Introduction
and
Disquisition on Greek Characters.

By
Mark Riley

Edited by Giles Laurén

SOPHRON IMPRIMIT

2013

ISBN 13: 978-0-9897836-0-6

ISBN 10: 98978360X

Back cover: a curious, unidentified experimental font; text from Sappho.

4/14

Design by Sophron.

CONTENTS

INTRODUCTION

This anthology of selections by authors generally not represented in beginning Greek classes is designed for students with a basic knowledge of Ancient Greek. We believe it will also prove useful to teachers wishing to broaden their knowledge of Greek writing of the Hellenistic and Roman periods. It owes its existence to two great educators, one an eminent German Hellenist who wanted to expose students to a broad range of Greek literature and the other an indefatigable English editor who adapted the German original to the needs of English-speaking students.

In 1902, at the request of the Prussian Ministry of Education, the great Hellenist Ulrich von Wilamowitz-Möllendorf (1848-1931) published his *Griechisches Lesebuch*, the ancestor of our textbook. Rather than produce an typical schoolbook, Prof. Wilamowitz and his colleagues attempted a complete reform of Ancient Greek instruction in the Gymnasium, enlarging beyond Homer and such Athenian standards as Plato and the tragedians the number of authors who might be studied, although the classics were still to be read of course. Prof. Wilamowitz included passages of great intrinsic interest written by lesser-known writers of the Hellenistic and Roman periods: Dio Chrysostom, Appian, Polybius, Strabo, Archimedes, among others, passages long enough to allow a fair appreciation of each author's merits. Prof. Wilamowitz believed that ancient Greece should be presented to students not merely as a land of fables and heroes, but as a cosmopolitan world civilisation whose effects on the arts and sciences, religion, and philosophy are still felt today.

Accordingly, the contents of his *Griechisches Lesebuch* show the breadth of Greek interests and the realism of Greek attitudes. For centuries Greek was the international language throughout the Hellenistic and Roman worlds. For example, Strabo, from the Black Sea, and Posidonius, from Syria, described like modern anthropologists the nations surrounding the Greco-Roman world. The Babylonian priest Berossus and the Egyptian scholar Manetho wrote the histories of their nations in Greek, in order to be widely read, or perhaps read at all. Roman noblemen from Cato the Elder, a bitter enemy of the Greek people, to the Emperor Marcus Aurelius learned the Greek language to express their thoughts in the language that mattered most to educated men of their time. St. Paul the Pharisee read and quoted his Old Testament in Greek, not in Hebrew.

Since Prof. Wilamowitz considered that Greek civilisation over its full extent from the 6th century BC to the 4th and 5th century AD should be viewed in the light of history, not merely as a vehicle for artistic creation, he included little verse (only one selection from Aeschylus' *The Persians*), but many prose passages from technical treatises by scientists (Heron, Archimedes), physicians (Hippocrates), political writers and historians (Aristotle, Thucydides), and Christian authors (Clement of Alexandria). He also included significant inscriptions and several letters surviving on Egyptian papyri. The resulting book is a wide-ranging anthology of every type of Greek prose.

Contemporary reviewers raised several objections to the new text. They faulted it for omitting significant authors and genres, especially poetic works: surviving fragments of lyric, humorous scenes from Aristophanes, pastoral; this despite the fact that poetry was central to ancient Greek education. More significantly they noted the difficulty of many passages, especially in the mathematical and technical authors. How realistic is it to expect a student to plough through Archimedes' *Sand-Reckoner*, however significant it may be in the history of science? Aggravating this difficulty was the absence of a glossary that defined the rare words found in such texts. Nevertheless, Prof. Wilamowitz' *Lesebuch* has enjoyed many editions and is still available today.

A few years after the *Griechisches Lesebuch* was published in Germany, Edgar Cardew Marchant (1864-1960) published his *Greek Reader*, containing selections from Wilamowitz's text with English notes and vocabulary. Mr. Marchant, whose school texts of Thucydides are still useful and whose Oxford edition of Xenophon is still standard, reproduced the most readable selections from Wilamowitz, omitting a great deal of the science and math, Aristotle, the Christian writers, and the inscriptions. Mr. Marchant also translated Wilamowitz's introductions, but modified the original notes to meet the needs of English-speaking students. In addition he appended a glossary to each volume. With these changes, his Greek Reader became more useful than its original for students learning Ancient Greek. Accordingly Mr. Marchant's book has been the basis of this Greek Reader. We have added several passages from Aesop's Fables, as well as short selections from the orator Lysias and from Procopius, the last major historian of the ancient world. We have also revised several of his introductions to take account of modern scholarship, and have combined his two vocabulary lists into one. Be aware that the vocabulary list gives only the meanings appropriate to our reading selections, not necessarily the full range of each word's meaning.

The reader may find the font used for printing this text unfamiliar. The Greek is in Lucida Grande, a typeface optimised for laser printers. Prompted by our search for a suitable font, we have added a brief history of Greek writing, both manuscript and print. For more on this topic see the Brief History of Greek Fonts following the texts.

I. MAXIMS AND ANECDOTES

ΓΝΩΜΑΙ ΚΑΙ ΑΠΟΦΘΕΓΜΑΤΑ

'This great nation is a wise people.' — Deut. iv. 6.

Among quick-witted peoples the reign of the spoken word precedes the era of books. The Greeks, for example, early formed the habit of condensing their wisdom and experience into short, pithy sayings. These easily impressed themselves on the memory, and passed readily from mouth to mouth. There are still current many old proverbs of which the origin is long since forgotten, and the authors were already un known to Aristotle, three centuries before Christ. Such are:

1. Πολλὰ μεταξὺ πέλει κύλικος καὶ χείλεος ἄκρου.

'There's many a slip 'twixt the cup and the lip.'

2. Μηδὲ δίκην δικάσῃς, πρὶν ἀμφοῖν μῦθον ἀκούσῃς.

'There are two sides to every question.'

3. Ὀψὲ θεῶν ἀλέουσι μύλαι, ἀλέουσι δὲ λεπτά.

'Though the mills of God grind slowly, yet they grind exceeding small.'

The Greeks at first regularly attached to such sayings a story which related the circumstances under which they had been originally uttered. Thus the first of the above lines is referred to an old King Ancaeus of Samos, who had just raised the cup to his lips, when he was told that a wild boar was harrying his vineyard. He put the cup down, attacked the boar, and was killed. Or at least an author was thought of, and the name of some 'wise man' enhanced the worth of the word: the γνώμη is some one's ἀπόφθεγμα. In the sixth century B.C. the *metrical* form that had prevailed hitherto began to give way to prose. The Delphic Apollo himself, though his oracles were given in verse, greeted the inquirer with an admonition in prose. On his doors was inscribed, not the ordinary greeting — χαῖρε, but γνῶθι σαυτόν. The 'Seven Wise Men,' honoured vessels who held the secrets of worldly wisdom and practical knowledge, condensed their teaching into maxims — their γνώμη into γνῶμαι. This adoption of prose was by no means a loss of art: it was only a different form of art. And so we find sayings of the great philosopher Heracleitus (about 500 B.C.), as also of the equally great Democritus a century after him, of which the setting is no less precious than the jewel.

It is true that Knowledge has then to withdraw into the study and the book. But its possessors are personally so important that even their chance remarks cannot be neglected. Socrates, indeed, is not a philosopher of the study at all, but is occupied wholly with daily life; and this method of instruction he bequeathed to his devoted disciples the Cynics, whose teaching took the form of witty sally and action in accordance with sense. Round the personality of Socrates, thanks to Plato's genius, a new form of literature grew up in the Σωκρατικοὶ λόγοι, or dialogues. In the case of Diogenes the Cynic we have no dialogues. But we have instead the anecdote — or, to give the true Greek word, ἀπόφθεγμα — and several other philosophers of genius who lived in the fifth, fourth, and third centuries B.C. shone with scarcely less lustre than Diogenes as the heroes of anecdotes. It was natural that similar sallies should then be ascribed also to the famous names of earlier ages. Amid the desolation of life in the Roman period individuality and wit faded away, and with them went the anecdote. Along with Cynicism it was destined to a new though limited career in the imperial epoch. Of this revival the example in our selection is Demonax (about 100 AD).

Not only the wise are witty. When men met in the market and over their wine, they would exercise their wit in sally and retort, especially in drawing comparisons, so that εἰκάζειν, 'to compare,' came to imply mockery. Many tried also to give their own experience in a general form, which in the earliest times was of course metrical. About 600 B.C. Phocylides of Miletus composed in this fashion. For example, under the influence of the fall of Nineveh, he said:

Καὶ τόδε Φωκυλίδεω· πόλις ἐν σκοπέλῳ κατὰ κόσμον
οἰκεῦσα σμικρὴ κρέσσων Νίνου ἀφραινούσης:

(Thus too spake Phocylides: 'A small city upon a rock wherein discretion abideth is greater than Nineveh in her folly'):

or again, he scoffed at the inhabitants of the little island of Leros, thus:

Καὶ τόδε Φωκυλίδεω· Λέριοι κακοί, οὐχ ὁ μέν, ὃς δ' οὔ,
πάντες — πλὴν Προκλέους· καὶ Προκλέης Λέριος.

(Thus too spake Phocylides:

'The Lerians are very villains, every mother's son of them,

All excepting Procles — and Procles is one of them.')

From Leros echoed back the retort:

Καὶ τόδε Δημοδόκου· Μιλήσιοι ἀξύνετοι μὲν

οὔκ εἴσιν, δρῶσιν δ' οἷάπερ ἀξύνετοι.

(Thus too spake Demodocus:
'Milesians, truly, know the rules
Of Wisdom; yet they act like Fools.')

These poets took pains to perpetuate their names; and these γνῶμαι and ἀποφθέγματα in verse also produced a rich crop of similar effusions. Here too verse yields to prose. But wit penetrates further and further, and sometimes gets into low company, since useless parasites especially shine in witticisms. This department will be represented for us by Stratonicus, whose witticisms Callisthenes, nephew of Aristotle and historian of Alexander, thought worthy to be recorded.

a. Ἡρακλείτου Ἐφεσίου γνῶμαι

1 Πολυμαθίη[1] νόον οὐ διδάσκει.[2]

2. Ὕβριν χρὴ σβεννύειν μᾶλλον ἤ πυρκαϊήν.

3. Βλὰξ[3] ἄνθρωπος ἐπὶ παντὶ λόγῳ ἐπτοῆσθαι[4] φιλεῖ.

b. Δημοκρίτου Ἀβδηρίτου γνῶμαι.

1. Ἐλπὶς κακοῦ κέρδεος ἀρχὴ ζημίης.

2. Ἀγαθὸν ἢ εἶναι χρεὼν ἢ μιμεῖσθαι.

3. Ἀγαθὸν οὐ τὸ μὴ ἀδικεῖν, ἀλλὰ τὸ μηδὲ ἐθέλειν.

4. Λόγος ἔργου σκιή.

5. Τὸν οἰόμενον νόον ἔχειν ὁ νουθετέων ματαιοπονεῖ.

---

1 πολυμαθίη: the ending in -η instead of -α because Heracleitus (and Democritus also) used the Ionic dialect, of which this was a characteristic. 'Much learning.'

2 διδάσκει, 'make wise.'

3 βλάξ in form = μαλακός: specially of a horse 'without spirit'; but here it means 'foolish.'

4 ἐπτοῆσθαι = 'to be excited.' The opposite of this saying is the nil admirari of the wise.

6. Εὐδαιμονίη[1] οὐκ ἐν βοσκήμασιν οἰκεῖ οὐδὲ ἐν χρυσῷ· Ψυχὴ οἰκητήριον δαίμονος.

7. Οὐκ ἂν ἐκώλυον οἱ νόμοι ζῆν ἕκαστον κατ' ἰδίην ἐξουσίην, εἰ μὴ ἕτερος ἕτερον ἐλυμαίνετο[2]· φθόνος γὰρ στάσιος[3] ἀρχὴν ἀπεργάζεται.

8. Ὥσπερ τὸν τὰς παρακαταθήκας ἀποδιδόντα οὐ χρὴ ἐπαινεῖσθαι, τὸν δὲ μὴ ἀποδιδόντα κακῶς[4] ἀκούειν καὶ πάσχειν, οὕτω καὶ τὸν ἄρχοντα. οὐ γὰρ ἐπὶ[5] τοῦτο ᾑρέθη ὡς κακῶς ποιήσων ἀλλ' ὡς εὖ.

9. Ὅταν οἱ[6] δυνάμενοι τοῖς μὴ ἔχουσι καὶ προτελεῖν[7] τολμῶσι[8] καὶ ὑπουργεῖν καὶ χαρίζεσθαι, ἐν τούτῳ ἤδη καὶ τὸ οἰκτίρειν ἔνεστι καὶ τὸ μὴ ἐρήμους εἶναι καὶ τὸ ἑταίρους γίνεσθαι καὶ τὸ ἀμύνειν ἀλλήλοισι καὶ τοὺς πολίτας ὁμονόους εἶναι καὶ ἄλλα ἀγαθὰ ὅσα οὐδεὶς ἂν καταλέξαι.

c. Ἀποφθέγματα.

1. Σόλων ὁ Ἀθηναῖος ἐρωτηθείς, πῶς ἂν ἥκιστα ἀδικοῖεν οἱ ἄνθρωποι, 'εἰ ὁμοίως,' ἔφη, 'ἄχθοιντο τοῖς ἀδικουμένοις οἱ μὴ ἀδικούμενοι.'

2. Παρὰ πότον τοῦ ἀδελφιδοῦ μέλος τι Σαπφοῦς ᾄσαντος

---

1 εὐδαιμονία is often used of the 'good luck' which possessions give, i.e. of wealth. Democritus contrasts this misuse with the true meaning through the etymology of the word (εὖ + δαίμων). Only when the δαίμων, the divine element in our souls, εὖ ἔχει, can we truly be said εὐδαιμονεῖν.

2 ἐλυμαίνετο = ἔβλαπτε.

3 στάσιος, Ionic form = στάσεως.

4 κακῶς ἀκούειν, 'to be ill spoken of.'

5 ἐπὶ τοῦτο = ἐπὶ τὴν ἀρχήν.

6 οἱ δυνάμενοι, 'those who have means.'

7 προτελεῖν, 'pay for.'

8 τολμῶσι, 'bring themselves.' The poor gradually learn to understand and respect the spirit in which the kindness is done: and hence the good results.

ᾔσθη τῷ μέλει καὶ προσέταξε τῷ μειρακίῳ διδάξαι αὐτόν· ἐρωτήσαντος δέ τινος, διὰ ποίαν αἰτίαν τοῦτο ἐσπούδασεν, ὁ[1] δὲ ἔφη, 'ἵνα μαθὼν αὐτὸ ἀποθάνω.'

3. Πιττακὸς ὁ[2] Μυτιληναίων ἑκόντων τυραννήσας τὸν ποιητὴν Ἀλκαῖον ἐχθρότατον αὐτοῦ γεγενημένον καὶ διὰ τῶν ποιημάτων πικρότατα λελοιδορηκότα λαβὼν ὑποχείριον ἀφῆκεν ἐπιφθεγξάμενος 'συγγνώμη τιμωρίας κρεῖττον.'

4. Βίας ὁ Πριηνεὺς συμπλέων ποτὲ ἀσεβέσι χειμαζομένης τῆς νεὼς καὶ ἐκείνων τοὺς θεοὺς ἐπικαλούντων 'σιγᾶτε,' ἔφη, 'μὴ αἴσθωνται ὑμᾶς ἐνθάδε πλέοντας.'

5. Ἀναξαγόρας ὁ Κλαζομένιος ἐρωτηθεὶς εἰς τί γεγένηται ἔφη, 'εἰς τὸ τῆς φύσεως ἔργα θεωρῆσαι.'

6. Ὁ αὐτὸς πρὸς τὸν δυσφοροῦντα ὅτι ἐπὶ ξένης τελευτᾷ, 'πανταχόθεν,' ἔφη, 'ὁμοία ἡ εἰς Ἅιδου κάθοδος.'

7. Ὁ αὐτὸς περὶ φύσεως τοῖς γνωρίμοις διαλεγόμενος, ἀπαγγείλαντός τινος τὴν τοῦ υἱοῦ τελευτήν, μικρὸν ἐπισχὼν πρὸς τοὺς παρόντας εἶπε 'ᾔδη θνητὸν γεννήσας.'

8. Πυθόμενος δὲ ὅτι οἱ Ἀθηναῖοι αὐτοῦ θάνατον κατεψηφίσαντο, 'πάλαι,' ἔφη, 'κἀκείνων κἀμοῦ τοῦτον ἡ φύσις κατεψηφίσατο.'

9. Γοργίας ὁ Λεοντῖνος περὶ τραγῳδίας ἔλεγεν ὅτι ἀπατᾷ μέν, ἀλλ' ὅ τε ἀπατήσας δικαιότερος τοῦ μὴ ἀπατήσαντος καὶ ὁ ἀπατηθεὶς σοφώτερος τοῦ μὴ ἀπατηθέντος.

---

1 ὁ δέ, 'he.' The emphasis is on μαθών, so that the sense is 'that I may learn it before I die.' In a poem by Solon occurs the line γηράσκω δ' αἰεὶ πολλὰ διδασκόμενος, *i. e.* 'I am ever learning'; and the anecdote is intended to illustrate this saying.

2 ὁ τυραννήσας, 'who became sovereign.' Pittacus belonged to the popular party at Mytilene, and on that account was scoffed at by the aristocratic poet Alcaeus as a plebeian; like Solon, he was chosen to occupy a position similar to that of a dictator at the head of the state.

10. Στρατόνικος ὁ κιθαρῳδὸς[1] ἐρωτηθεὶς πότερα τῶν πλοίων ἀσφαλέστερα, τὰ μακρὰ ἢ τὰ στρογγύλα, 'Τὰ νενεωλκημένα[2],' ἔφη.

11. Παρακληθεὶς δ' ἀκοῦσαί ποτε κιθαρῳδοῦ, μετὰ τὴν ἀκρόασιν ἔφη, 'Τῷ δ' ἕτερον μὲν ἔδωκε πατήρ, ἕτερον δ' ἀνένευσε,' καί τινος ἐρομένου 'τὸ ποῖον;' ἔφη, 'κακῶς μὲν κιθαρίζειν ἔδωκεν, ᾄδειν δὲ καλῶς ἀνένευσε.'[3]

12. Διδάσκων κιθαριστάς, ἐπειδὴ ἐν τῷ διδασκαλείῳ εἶχεν ἐννέα μὲν εἰκόνας τῶν Μουσῶν[4], τοῦ δ' Ἀπόλλωνος μίαν, μαθητὰς δὲ δύο, πυνθανομένου τινός, πόσους ἔχοι μαθητάς, ἔφη, 'σὺν τοῖς θεοῖς δώδεκα.'

13. Ἰδὼν δὲ μεγάλα πρόπυλα ἰδιωτικῆς οἰκίας κόψας τὴν θύραν πρὸς τὸν ὑπακούσντα εἶπεν, 'ἔνδον Ἀγαμέμνων;'

14. Ἐν Κύπρῳ δὲ ἀρρωστήσας καὶ διατεθεὶς[5] ἐπικινδύνως βοῦν ηὔξατο θύσειν τῇ Ἀφροδίτῃ, ἐὰν σωθῇ. οὐκ ἔχων δὲ παραστῆσαι[6] τὴν θυσίαν πλακοῦντα καθ'[7] ὑποβολὴν ἤνεγκε τῇ θεῷ καὶ τῇ ἱερείᾳ εἶπεν ὅτι τὸ παρὸν ἀπορούμενος ἀξιοίη τὴν Ἀφροδίτην συγγνώμην ἔχειν αὐτῷ. ἡ δὲ λαβοῦσα τὸν

---

1 Stratonicus was a κιθαρῳδός (i.e. he sang while accompanying himself on the lyre), and lived to the middle of the fourth century B.C.: this was the time when this art was at its height. The skilled performers travelled among the Greek cities to give concerts, and also gave lessons.

2 νεωλκεῖν = 'to beach.'

3 Stratonicus uses the line which Hqmer appends to the prayer of Achilles for the safety of his friend Patroclus. In Homer (Iliad xvi. 251) the next lines are:
νηῶν μέν οἱ ἀπώσασθαι πόλεμόν τε μάχην τε
δῶκε, σόον δ᾽ ἀνένευσε μάχης ἒξ ἀπονέεσθαι.
Patroclus was killed.

4 Figures of the patron deities regularly stood in schoolrooms.

5 διατεθείς, like διακείμενος, of being in a certain state.

6 παραστῆσαι, 'to offer duly.'

7 καθ' ὑποβολήν, 'as a substitute.'

πλακοῦντα ἀπήρξατο[1] καθ' ἕνα τῶν τόμων λέγουσα 'τοῦτο μὲν ἀντὶ τοῦ σκέλους ἐμοί, τοῦτο δὲ ἀντὶ τοῦ ὤμου τῷ ῥάντῃ, τοῦτο δὲ ἀντὶ τῆς πλευρᾶς τῇ κλειδοφόρῳ[2].' ὁ δὲ Στρατόνικος λαβὼν τὸ χειρόμακτρον, ᾧ συνεκαλύπτετο ὁ πλακοῦς 'σὺ δέ,' ἔφη, 'παιδάριον, ἆρον[3] ἐκ μέσου τοῦτο, μὴ καὶ ἀντὶ τῆς βύρσης ἀπενέγκηται αὐτό τινι τῶν ἀμφ' αὐτήν.'

15. Ἀρίστιππος ὁ Κυρηναῖος ἐρωτηθείς, τί[4] πλέον ἔχουσιν οἱ φιλόσοφοι, ἔφη, 'ἐὰν πάντες οἱ νόμοι ἀναιρεθῶσιν, ὁμοίως βιώσομεν.'

16. Ἐρωτηθεὶς δ' ὑπὸ Διονυσίου τοῦ τυράννου, διὰ τί οἱ μὲν φιλόσοφοι ἐπὶ τὰς τῶν πλουσίων θύρας ἔρχονται, οἱ δὲ πλούσιοι ἐπὶ τὰς τῶν φιλοσόφων οὐκέτι[5], ἔφη, 'ὅτι οἱ μὲν ἴσασιν ὧν δέονται, οἱ δ' οὐκ ἴσασιν.'

17. Παριόντα ποτὲ αὐτὸν λάχανα[6] πλύνων Διογένης ἔσκωψε καί φησιν 'εἰ ταῦτ' ἔμαθες προσφέρεσθαι, οὐκ ἂν τυράννων αὐλὰς ἐθεράπευες.' ὁ δὲ 'καὶ σύ,' εἶπεν, 'εἴπερ ᾔδησθα ἀνθρώποις ὁμιλεῖν, οὐκ ἂν λάχανα ἔπλυνες.'

18. Ἀντισθένης ἐπαινούμενός ποτε ὑπὸ πονηρῶν 'Ἀγωνιῶ,' ἔφη, 'μή τι κακὸν εἴργασμαι.'

---

1 ἀπήρξατο: a ritual word, properly to offer the firstlings (ἀπαρχή) of a sacrifice to the god. But here she begins by taking the perquisites for the temple staff — the ῥάντης, who sprinkles the victim with holy water, the keeper of the key, and so on. These persons received certain portions of the sacrifice, but seldom on such a considerable scale as here suggested. Of course the rule did not apply to cakes and buns offered, καθ' ἕνα = 'one by one.'

2 κλειδοφόρος = κλειδοῦχος.

3 ἆρον ἐκ μέσου, 'take it away.'

4 τί πλέον ἔχουσιν, 'what advantage is enjoyed by.'

5 οὐκέτι is used idiomatically when something expected does not follow, 'not, as you would expect.'

6 λάχανα: wild ones that he had found. Horace, Epist. I. xvii. 14 spoils this story by making Aristippus reply si sciret regibus uti, \ fastidiret olus qui me notat.

19. Συνεβούλευεν Ἀθηναίοις τοὺς ὄνους ἵππους ψηφίσασθαι, ἄλογον δὲ ἡγουμένων 'ἀλλὰ μὴν καὶ στρατηγοί[1],' φησί, 'γίγνονται παρ' ὑμῶν μηδὲν μαθόντες, μόνον δὲ χειροτονηθέντες.'

20. Διογένης ὁ κύων[2] ἁλοὺς καὶ πωλούμενος ἠρωτήθη τί οἶδε ποιεῖν· ἀπεκρίνατο 'ἀνδρῶν ἄρχειν.' καὶ πρὸς τὸν κήρυκα 'κήρυσσε,' ἔφη, 'εἴ τις βούλεται δεσπότην πρίασθαι.' τῷ δὲ πριαμένῳ, Ξενιάδῃ Κορινθίῳ, 'ἄγε,' φησίν, 'ὅπως τὸ προσταττόμενον ποιήσεις.' τοῦ δ' εἰπόντος, 'ἄνω ποταμῶν ἱερῶν χωροῦσι παγαί.' 'εἰ δὲ ἰατρὸν ἐπρίω νοσῶν, οὐκ ἄν,' ἔφη, 'τούτῳ ἐπείθου, ἀλλ' εἶπες ἂν ὅτι ἄνω[3] ποταμῶν χωροῦσι παγαί;'

21. Ἀξιούντων Ἀθηναίων μυηθῆναι αὐτὸν καὶ λεγόντων ὡς ἐν Ἅιδου προεδρίας[4] οἱ μεμυημένοι τυγχάνουσι, 'γέλοιον,' ἔφη, 'εἰ Ἀγησίλαος μὲν καὶ Ἐπαμεινώνδας ἐν τῷ βορβόρῳ διάξουσιν, εὐτελεῖς δέ τινες μεμυημένοι ἐν ταῖς μακάρων νήσοις.'

22. Μακρά[5] τινος ἀναγιγνώσκοντος καὶ πρὸς τῷ τέλει τοῦ βιβλίου ἄγραφόν τι παραδείξαντος,[6] 'θαρρεῖτε,' ἔφη, 'γῆν ὁρῶ.'

---

1 στρατηγοί: they were elected annually by vote in the assembly.

2 κύων, Cynic. It appears that Diogenes was really captured at sea by pirates, carried to Corinth, and sold as a slave to Xeniades. A lasting friendship sprang up between master and man, and the philosopher was soon set free.

3 ἄνω ποταμῶν ἱερῶν χωροῦσι παγαί,
καὶ δίκα καὶ πάντα πάλιν στρέφεται
is the opening of a beautiful chorus in Euripides, Medea 410.

4 προεδρία: front seat in the theatre, hence 'precedence.' Those who were initiated into the Eleusinian Mysteries were promised the enjoyments of Paradise; whereas the others ἐν βορβόρῳ κείσονται, will stick fast in the mire of the lower world.

5 μακρός implies also 'tedious.'

6 παραδείξαντος, 'disclosing unintentionally.'

23. Ἐρωτηθεὶς ποῦ τῆς Ἑλλάδος εἶδεν ἀγαθοὺς ἄνδρας, 'ἄνδρας μέν,' εἶπεν, 'οὐδαμοῦ, παῖδας δ' ἐν Λακεδαίμονι.'

24. Δημῶναξ[1] ὁ κυνικὸς καταγελᾶν ἠξίου τῶν ἐν ταῖς ὁμιλίαις πάνυ ἀρχαίοις καὶ ξένοις ὀνόμασι χρωμένων. ἑνὶ γοῦν ἐρωτηθέντι ὑπ' αὐτοῦ λόγον τινὰ καὶ ὑπεραττικῶς ἀποκριναμένῳ, 'ἐγὼ μέν σε,' ἔφη, 'νῦν ἠρώτησα, σὺ δέ μοι ὡς ἐπ' Ἀγαμέμνονος ἀποκρίνῃ.'

25. Εἰπόντος δέ τινος τῶν ἑταίρων, 'ἀπίωμεν, Δημῶναξ εἰς τὸ' Ἀσκληπιεῖον καὶ προσευξώμεθα ὑπὲρ τοῦ υἱοῦ, 'πάνυ,' ἔφη, 'κωφὸν ἡγῇ τὸν Ἀσκληπιόν, εἰ μὴ δύναται καὶ ἐντεῦθεν ἡμῶν εὐχομένων ἀκούειν.'

26. Πολυβίου δέ τινος κομιδῇ ἀπαιδεύτου ἀνθρώπου καὶ σολοίκου[2] εἰπόντος 'ὁ βασιλεύς με τῇ Ῥωμαίων πολιτείᾳ τετίμηκεν,' 'εἴθε σε,' ἔφη, "Ἕλληνα μᾶλλον ἢ Ῥωμαῖον ἐποίησεν.'

---

1 Demonax lived in the first half of the second century A.D. at Athens. At that time the practice called ἀττικίζειν, striving to go back to the classical Attic in every detail, had become prevalent.

2 σολοίκου: blundering (guilty of solecisms) in conversation.

Aesop's Fables

For details about Aesop and his (legendary) life, see Section VIII in this Reader, Stories from the Life of Aesop.

These fables about animals, which have often been used as the first readings for students of foreign languages, come from Greece, but have their origins in the dim past. Originally the Greeks called fables αἶνος, later λόγος or ἀπόλογος. Homer calls Odysseus πολύαινος, because he knew how to tell so many good stories. These fables are attributed to an Aesop, a semi-legendary figure whose life is described in section VIII below. For centuries these stories have served as entertainment for young and old alike, but they may first have been collected as source material for orators and speakers, much like the collections of jokes and anecdotes used by speakers and lecturers today. For example: 'My opponent seems to be the dog in the manger, who prevents anyone from enjoying what he himself cannot enjoy.' 'Or like the fox criticising the lioness, he blames me for what in fact is praiseworthy.' 'We should bend like reeds before the storm of war coming towards us, rather than resist like the oak and be uprooted entirely' (see #12 below). Many of the stories are quite humorous. Some of the animals found here are ἡ Μυῖα, housefly, ἡ Ἀλώπηξ, fox, ὁ Λέων, lion, ὁ Κολοιός, jackdaw (a talkative and gregarious bird of the crow family), ἡ Γλαῦξ, owl, ἡ Περιστερά, dove, ὁ Λύκος, wolf, ἡ Χελώνη, turtle.

The following story, in which the poet Stesichorus warns the people of Himera against receiving the tyrant Phalaris as their ruler, shows how Aesop's fables could be used in oratory. A similar story can be found in the Life of Aesop (section VIII below).

1. Στησίχορος,[1] ἑλομένων στρατηγὸν αὐτοκράτορα[2] τῶν Ἱμεραίων Φάλαριν καὶ μελλόντων φυλακὴν διδόναι τοῦ σώματος, τἆλλα[3] διαλεχθεὶς εἶπεν αὐτοῖς λόγον, ὡς ἵππος κατεῖχε λειμῶνα μόνος, ἐλθόντος δ' ἐλάφου καὶ διαφθείροντος τὴν νομήν, βουλόμενος τιμωρήσασθαι τὸν ἔλαφον, ἠρώτα τὸν ἄνθρωπον, εἰ δύναιτ' ἂν μεθ' αὐτοῦ κολάσαι τὸν ἔλαφον. ὃ δ' ἔφησεν, ἐὰν λάβῃ χαλινόν,[4] καὶ αὐτὸς ἀναβῇ ἐπ' αὐτὸν ἔχων ἀκόντια.[5] συνομολογήσαντος[6] δὲ καὶ ἀναβάντος, ἀντὶ τοῦ τιμωρήσασθει αὐτὸς ἐδούλευσεν τῷ ἀνθρώπῳ. 'οὕτω δὲ καὶ ὑμεῖς,' ἔφη 'ὁρᾶτε, μὴ βουλόμενοι τοὺς πολεμίους τιμωρήσασθαι, ταὐτὸ πάθητε τῷ ἵππῳ· τὸν μὲν γὰρ χαλινὸν ἔχετε ἤδη, ἑλόμενοι στρατηγὸν αὐτοκράτορα· ἐὰν δὲ φυλακὴν δῶτε, καὶ ἀναβῆναι ἐάσετε.'

The Dog in the Manger

2. καθάπερ ἡ ἐν τῇ φάτνῃ κύων μήτε αὐτὴ ἐσθίει τῶν κριθῶν μήτε τῷ ἵππῳ πεινῶντι[7] ἐπιτρέπει. (from Lucian *Timon* 14)

---

1 Stesichorus of Himera in Sicily (ca. 640-555) is famous for writing ballad-like poems in which epic themes (wars, leaders, Helen of Troy) are treated in lyric meters. He was a contemporary of the tyrant Phalaris, who became lord of Acragas (Agrigento) in Sicily about 570, gaining a reputation for monstrous cruelty: he roasted his enemies in a hollow brass bull. This anecdote transfers Phalaris to Himera so that the confrontation between the famous poet and equally famous tyrant might show how those who flatter the δῆμος can rule the fickle mob, while the warnings of the wise are ignored. There are similar stories about Solon and Peisistratos in Athens.

2 a general with absolute power, a dictator. Ἀυτοκράτωρ is used in later Greek for the Roman emperor.

3 τἆλλα: his other warnings. He continues with a λόγος, a story.

4 ὁ χαλινός: bridle.

5 τὸ ἀκόντιον: javelin.

6 συν-ομολογέω. ὁ ἵππος ὡμολόγησε· ὁ ἄνθρωπος ἀνέβη.

7 πεινάω: to be hungry, to crave something.

The Lioness and the Fox

3. Λέαινα ὀνειδιζομένη[1] ὑπὸ ἀλώπεκος ἐπὶ τῷ διὰ παντὸς τοῦ χρόνου ἕνα τίκτειν· 'ἕνα, ἔφη, ἀλλὰ λέοντα.'

The Dog and the Meat, or Holding on to What You Have.

3. Κύων κρέας ἔχουσα ποταμὸν διέβαινε· θεασαμένη δὲ τὴν ἑαυτῆς σκιὰν κατὰ τοῦ ὕδατος ὑπέλαβεν ἑτέραν κύνα εἶναι μεῖζον κρέας ἔχουσαν· διόπερ ἀφεῖσα τὸ ἴδιον ὥρμησεν ὡς τὸ ἐκείνης ἀφαιρησομένη.[2] συνέβη δ' αὐτῇ ἀμφοτέρων στερηθῆναι, τοῦ μὲν μὴ ἐφικομένῃ,[3] διότι οὐδὲ ἦν,[4] τοῦ δ', ὅτι ὑπὸ τοῦ ποταμοῦ παρεσύρη.[5]

The Fly in the Soup, or Making the Best of It.

5. Μυῖα ἐμπεσοῦσα εἰς χύτραν κρέως, ἐπειδὴ ὑπὸ τοῦ ζωμοῦ[6] ἀποπνίγεσθαι[7] ἔμελλεν, ἔφη πρὸς ἑαυτήν· 'ἀλλ' ἔγωγε καὶ βέβρωκα καὶ πέπωκα[8] καὶ λέλουμαι· θνῃσκούσῃ οὐ μέλει μοι.'

Sour Grapes!

6. Ἀλώπηξ λιμώττουσα,[9] ὡς ἐθεάσατο ἐπί τινος ἀναδενδράδος[10] βότρυας κρεμαμένους, ἐβουλήθη αὐτῶν

---

1 ὀνειδίζω: rebuke, criticise.

2 ὡς...ἀφαιρησομένη: future participle expressing purpose; 'in order to snatch it away.'

3 ἐφικνέομαι: gain, acquire.

4 διότι οὐδὲ ἦν: ἦν is not a linking verb here: 'because it did not exist,' 'because there was not anything there.'

5 παρασύρω: sweep away, carry away (aor. passive).

6 ζωμός: gravy, sauce.

7 ἀπο-πνίγω: choke, drown.

8 βέβρωκα and πέπωκα are perfect tenses of βιβρώσκω: to eat up, and πίνω: drink. Compare τὸ βρῶμα: food, and τὸ ποτόν: drink, especially wine.

9 λιμώττω: to be starving (a stronger word than πεινάω).

10 ἀναδενδράς (ἄμπελος) is a vine trained to grow on a tree, rather than an artificial trellis. This was the usual practice in Italy.

κρατῆσαι καὶ οὐκ ἐδύνατο· ἀπαλλαττομένη δὲ πρὸς ἑαυτὴν εἶπεν 'ὄμφακές[1] εἰσιν.'

An aged Lion resorts to Plan B.

7. Λέων γηράσας καὶ μὴ δυνάμενος δι' ἀλκῆς ἑαυτῷ τροφὴν πορίζειν ἔγνω δεῖν δι' ἐπινοίας τοῦτο πρᾶξαι. καὶ δὴ παραγενόμενος εἴς τι σπήλαιον καὶ ἐνταῦθα κατακλιθεὶς προσεποιεῖτο τὸν νοσοῦντα,[2] καὶ οὕτω τὰ παραγενόμενα πρὸς αὐτὸν εἰς ἐπίσκεψιν[3] ζῷα συλλαμβάνων κατήσθιε. πολλῶν δὲ θηρίων καταναλωθέντων,[4] ἀλώπηξ τὸ τέχνασμα αὐτοῦ συνεῖσα[5] παρεγένετο καὶ στᾶσα ἄπωθεν τοῦ σπηλαίου ἐπυνθάνετο αὐτοῦ, πῶς ἔχοι. τοῦ δὲ εἰπόντος 'κακῶς' καὶ τὴν αἰτίαν ἐρομένου, δι' ἣν οὐκ εἴσεισιν, ἔφη 'ἀλλ' ἔγωγε εἰσῆλθον ἄν, εἰ μὴ ἑώρων πολλῶν εἰσιόντων ἴχνη, ἐξιόντος δὲ οὐδενός.'

The jackdaw forgets himself and loses everything!

8. Κολοιὸς ἔν τινι περιστερεῶνι[6] περιστερὰς ἰδὼν καλῶς τρεφομένας, λευκάνας[7] ἑαυτὸν ἦλθεν, ὡς καὶ αὐτὸς τῆς αὐτῆς διαίτης μεταληψόμενος.[8] αἵ δέ, μέχρι μὲν ἡσύχαζεν, οἰόμεναι περιστερὰν αὐτὸν εἶναι, προσίεντο·[9] ἐπεὶ δέ ποτε ἐκλαθόμενος ἐφθέγξατο, τηνικαῦτα τὴν φύσιν γνοῦσαι

---

1 βότρυες are bunches of ripe grapes; ὄμφακες are unripe grapes.

2 Literally 'pretended (to be) the sick one.'

3 visit.

4 Aor. pass. participle from κατ-αναλίσκω: use up, devour (gen. absolute).

5 Aor. fem. participle from συν-ίημι: understand.

6 περιστερεών: dovecote. Many nouns ending in -ών, -ῶνος are derived from the names of plants or animals and denote the place where they are grown or raised: ἵππος-ἱππών, ῥόδον-ῥοδών (rose garden). Other uses: παρθενών: the area of the house for unmarried women (ἀνδρεών for men); κοιτών: a bedroom.

7 Colouring himself λευκός (white)

8 μετα-λαμβάνω; future participle with ὡς to express purpose.

9 Imperfect middle of προσ-ίημι: admit into one's company, allow in.

ἐξήλασαν[1] παίουσαι. καὶ ὃς ἀποτυχὼν τῆς ἐνταῦθα τροφῆς ἐπανῆκε[2] πρὸς τοὺς κολοιοὺς πάλιν. κἀκεῖνοι δὲ διὰ τὸ χρῶμα αὐτὸν οὐκ ἐπιγνόντες τῆς μεθ' αὐτῶν διαίτης ἀπεῖρξαν, ὥστε δυοῖν ἐπιθυμήσαντα μηδετέρας τυχεῖν.

Zeus answers a herdsman's prayer, but soon hears a second request.

9. Βουκόλος βόσκων ἀγέλην ἀπώλεσε μόσχον· περιελθὼν δὲ καὶ μὴ εὑρὼν ηὔξατο τῷ Διί, ἐὰν τὸν κλέπτην εὕρῃ, ἔριφον[3] αὐτῷ θύσειν. ἐλθὼν δὲ εἴς τινα δρυμὸν καὶ θεασάμενος λέοντα κατεσθίοντα τὸν μόσχον, περίφοβος γενόμενος, ἐπάρας[4] εἰς τὸν οὐρανὸν τὰς χεῖρας εἶπε 'δέσποτα Ζεῦ, πάλαι μέν σοι ηὐξάμην ἔριφον θύσειν, ἐὰν τὸν κλέπτην εὕρω, νῦν δὲ ταῦρον θύσω, ἐὰν τὰς τοῦ κλέπτου χεῖρας ἐκφύγω.'

Zeus refuses a wedding gift.

10. Τοῦ Διὸς γάμους ποιοῦντος, πάντα τὰ ζῷα ἀνήνεγκον δῶρα, ἕκαστον κατὰ τὴν οἰκείαν δύναμιν. ὄφις[5] δὲ ἕρπων[6] ῥόδον λαβὼν ἐν τῷ στόματι ἀνέβη. ἰδὼν δὲ αὐτὸν ὁ Ζεὺς ἔφη 'τῶν μὲν ἄλλων ἁπάντων τὰ δῶρα λαμβάνω, ἀπὸ τὲ τοῦ σοῦ στόματος λαμβάνω οὐδέν.'

One of the wedding guests fails to show up - and pays dearly.

11. Ζεὺς γάμους τελῶν συγκαλεσάμενος τὰ ζῷα πάντα εἱστία.[7] μόνης δὲ χελώνης ὑστερησάσης,[8] διαπορῶν τὴν αἰτίαν τῇ ὑστεραίᾳ ἐπυνθάνετο αὐτῆς 'διά τί μόνη ἐπὶ τὸ

---

1 ἐξ-ελαύνω.

2 ἐπ-αν-ῆκω: return.

3 ἔριφος: kid, young goat; a bull (ταῦρος) would be a much bigger sacrifice.

4 ἐπ-αίρω, aor. act. participle.

5 ὄφις: serpent.

6 ἕρπω: crawl, slither (cp. herpetologist).

7 Imperfect of ἑστιάω.

8 ὑστερέω: literally 'to be late' but comes to mean 'to stay away, not show up.'

δεῖπνον οὐκ ἦλθες;' τῆς δὲ εἰπούσης 'οἶκος φίλος, οἶκος ἄριστος,' ἀγανακτήσας κατ' αὐτῆς παρεσκεύασεν[1] αὐτὴν τὸν οἶκον βαστάζουσαν περιφέρειν.

Bend with the breeze, or be destroyed.

12. Δρῦν ἄνεμος ἐκριζώσας[2] εἰς ποταμὸν ἔρριψεν. ἣ δὲ φερομένη τοὺς καλάμους ἐρωτᾷ 'πῶς ὑμεῖς ἀσθενεῖς ὄντες καὶ λεπτοὶ ὑπὸ τῶν βιαίων ἀνέμων οὐκ ἐκριζοῦσθε;' οἳ δὲ εἶπον 'ὑμεῖς τοῖς ἀνέμοις μάχεσθε καὶ ἀνθίστασθε[3] καὶ διὰ τοῦτο ἐκριζοῦσθε· ἡμεῖς δὲ παντὶ ἀνέμῳ ὑποπίπτοντες[4] ἀβλαβεῖς διαμένομεν.'

This critic is slow to lend a hand!

13. Παῖς ποτε λούομενος ἔν τινι ποταμῷ ἐκινδύνευσεν ἀποπνιγῆναι·[5] ἰδὼν ὁδοιπόρον, τοῦτον ἐπὶ βοηθείᾳ ἐκάλει. ὃ δὲ ἐμέμφετο τῷ παιδὶ ὡς τολμηρῷ. τὸ δὲ μειράκιον εἶπε πρὸς αὐτόν 'ἀλλὰ νῦν μοι βοήθει, ὕστερον δὲ σωθέντι μέμψαι.'

The wolf faces discrimination!

14. Λύκος ἰδὼν ποιμένας ἐσθίοντας ἐν σκηνῇ πρόβατον, ἐγγὺς προσελθὼν 'ἡλίκος' ἔφη 'ἂν ἦν ὑμῖν θόρυβος, εἰ ἐγὼ τοῦτο ἐποίουν.'

---

1 παρεσκεύασεν: he made an arrangement / brought it about that the turtle… The turtle gains the nickname φερέοικος.

2 ἐκ-ριζόω (from ῥίζα): uproot.

3 ἀνθ-ίσταμαι (middle): resist.

4 ὑπο-πιπτω: yield. For the expression of a similar opinion, see Sophocles *Antigone* 712-714:

ὁρᾷς, παρὰ ῥείθροισι χειμάρροις ὅσα
δένδρων ὑπείκει, κλῶνας ὡς ἐκσῴζεται,
τὰ δ' ἀντιτείνοντ' αὐτόπρεμν' ἀπόλλυται·

You see how trees that stand beside the torrential winter streams
And yield to it, thus save their branches,
While the stiff and rigid perish root and all?

5 ἀπο-πνίγω - see The Fly in the Soup above.

Momus criticises the gods' creations and foresees recreational vehicles.

15. Ζεὺς καὶ Ποσειδῶν καὶ Ἀθηνᾶ ἔριν ἐποιήσαντο, τίς κάλλιον τι ποιήσει. καὶ ὁ μὲν Ζεὺς ἄνθρωπον εὐπρεπέστατον ἐποίησεν, ὁ δὲ Ποσειδῶν ταῦρον, ἡ δὲ Ἀθηνᾶ οἶκον ἀνθρώποις· κριτὴς δ' ἦν ἐπὶ τούτοις Μῶμος.[1] καὶ πρῶτον μὲν ἔψεγε τὴν θέσιν τῶν κεράτων τοῦ ταύρου, κάτωθεν τῶν ὀμμάτων λέγων ὀφείλειν κεῖσθαι, ὡς ἂν βλέπῃ ποῦ τύπτει· τοῦ δ' ἀνθρώπου τὰς φρένας[2] φανερὰς εἶναι, ὅπως ἂν διαγινώσκηται τί βουλεύεται ἕκαστος· τῆς δὲ οἰκίας, ὅτι μὴ τροχοὺς σιδηροῦς[3] αὐτῇ ἐποίησεν, ἵνα καὶ τοῖς δεσπόταις συνεξεδήμει[4] καὶ γείτονα πονηρὸν ἐξέφευγεν.

The wise owl cannot convince the other birds (τὰ ὄρνεα) of impending danger.

16. Γλαῦξ, σοφὴ οὖσα, συνεβούλευε τοῖς ὀρνέοις, τῆς δρυὸς ἐν ἀρχῇ φυομένης, μὴ ἐᾶσαι,[5] ἀλλ' ἀνελεῖν πάντα τρόπον· ἔσεσθαι γὰρ φάρμακον ἀπ' αὐτῆς ἄφυκτον,[6] ὑφ' οὗ ἁλώσονται, τὸν ἰξόν.[7] πάλιν δὲ τὸ λίνον τῶν ἀνθρώπων

---

1 Momus is the eternally nagging critic who can't do anything himself, but always knows everything better than anyone else, including the gods. He is partly motivated by φθόνος, envy, that always tries to ruin another's luck with its evil eye.

2 φρένες originally referred to the diaphragm in the chest, where the soul dwelt according to old beliefs. In other versions of this story Momus suggests that men should have a window (θυρίς) in their chests so that others can see into their 'hearts'.

3 τροχοὶ σίδηροι: iron wheels.

4 συν-εκ-δημέω: to go abroad all together (i.e. everyone in the house); ἐκ-δημέω: to travel abroad.

5 μὴ ἐᾶσαι φύεσθαι, i.e. to get rid of it right now.

6 adjective from ἀ-φεύγω.

7 ὁ ἰξός: (Lat. *viscus*) birdlime, a sticky glue derived from mistletoe berries, smeared on branches. When the bird alights, it sticks to the branch. Small birds were, and still are, eaten in Mediterranean countries.

σπειρόντων,[1] ἐκέλευε καὶ τοῦτο ἐκλέγειν[2] τὸ σπέρμα· μὴ γὰρ ἐπ' ἀγαθῷ φυήσεσθαι. τρίτον δέ, ἰδοῦσα τοξευτήν τινα ἄνδρα, προέλεγεν ὅτι οὗτος ὁ ἀνὴρ φθάσει[3] ὑμᾶς τοῖς ὑμετέροις πτεροῖς, πεζὸς ὢν αὐτὸς πτηνὰ[4] ἐπιπέμπειν βέλη. τὰ δὲ (ὄρνεα) ἠπίστει τοῖς λόγοις καὶ ἀνόητον[5] αὐτὴν ἡγεῖτο καὶ μαίνεσθαι ἔφασκεν. ὕστερον δὲ πειρώμενα[6] ἐθαύμαζε καὶ τῷ ὄντι σοφωτάτην ἐνόμιζεν, καὶ διὰ τοῦτο, ἐπὰν φανῇ, πρόσεισιν ὡς πρὸς ἅπαντα ἐπισταμένην· ἣ δὲ συμβουλεύει μὲν οὐδὲν ἔτι αὐτοῖς, ὀδύρεται[7] δὲ μόνον.

You can teach a monkey (ὁ πίθηκος) to dance, but he's still a monkey.

17. Λέγεται[8] βασιλεύς τις Αἰγύπτιος πιθήκους ποτὲ πυρριχίζειν[9] διδάξαι· καὶ τά θηρία (μιμηλότατα δέ ἐστι τῶν ἀνθρωπίνων)[10] ἐκμαθεῖν τάχιστα καὶ ὀρχεῖσθαι,

---

1 λίνον σπείρω: to sow flax (from which linen is made). The men plan to make nets from the flax in order to catch birds. The hunting of small birds with nets or birdlime was much more important in antiquity than it is today.

2 ἐκλέγειν: to pick out, collect.

3 φθάνω: to gain advantage over.

4 πτηνός, -ή, -όν: flying, winged (arrows, birds, love, etc.). The arrows' fletching is made of the birds' own feathers.

5 ἀ-νόητος, -ον: senseless, stupid.

6 πειράομαι: here in the sense 'when tested', i.e. when the owl's predictions came true.

7 ὀδύρομαι: to grieve, mourn; the owl's hooting sounds mournful and gloomy.

8 λεγεται governs the following infinitives διδάξαι, ἐκμαθεῖν, ὀρχεῖσθαι, εὐδοκιμεῖν: 'It is said that the king taught … ' This is a form of indirect statement with the subject (βασιλεύς) in the nominative.

9 πυρρίχη is the dance in armour performed during festivals by choruses (πυρριχισταί).

10 μιμεῖσθαι τὰ ἀνθρώπινα φιλοῦσι.

ἁλουργίδας[1] ἀμπεχόμενα καὶ προσωπεῖα[2] περικείμενα. καὶ μέχρι γε πολλοῦ εὐδοκιμεῖν τὴν θέαν, ἄχρι[3] δή τις θεατὴς ἀστεῖος κάρυα[4] ὑπὸ κόλπον ἔχων ἀφῆκεν εἰς τὸ μέσον. οἱ δὲ πίθηκοι ἰδόντες καὶ ἐκλαθόμενος τῆς ὀρχήσεως, τοῦθ' ὅπερ ἦσαν[5] πίθηκοι ἐγένοντο ἀντὶ πυρριχιστῶν, καὶ ξυνέτριβον[6] τά προσωπεῖα καὶ τὴν ἐσθῆτα κατερρήγνυον[7] καὶ ἐμάχοντο περὶ τῆς ὀπώρας πρὸς ἀλλήλους.

The gods helps those who help themselves.

18. Ἀνὴρ πλούσιος Ἀθηναῖος μεθ' ἑτέρων τινῶν ἔπλει. καὶ δὴ χειμῶνος σφοδροῦ γενομένου καὶ τῆς νεὼς περιτραπείσης, οἱ μὲν λοιποὶ πάντες διενήχοντο,[8] ὁ δὲ Ἀθηναῖος παρ' ἕκαστα[9] τὴν Ἀθηνᾶν ἐπικαλούμενος μυρία ἐπηγγέλλετο, ἐὰν περισωθῇ.[10] εἷς δέ τις τῶν συνναυαγηκότων[11] παρανηχόμενος[12] ἔφη πρὸς αὐτόν 'σὺν

---

1 ἡ ἁλουργίς: purple robe.

2 τὸ προσωπεῖον: mask, cp. πρόσωπον.

3 ἄχρι: until, up to the point when (similar in meaning to μέχρι).

4 τὸ κάρυον: a nut: walnut, hazelnut, or chestnut.

5 'Right where they stood,' 'just as they were.'

6 ξυν-τρίβω (συν-τρίβω: shatter, smash.

7 κατα-ρήγνυμι.

8 δια-νήχομαι (from νέω: swim): swim for safety.

9 παρ' ἕκαστα: at every opportunity, on every occasion.

10 περι-σῴζω.

11 συν-ναυαγέω: to be shipwrecked together (cp. ναυαγός).

12 παρα-νήχομαι (from νέω: swim), swim alongside.

Ἀθηνᾷ καὶ χεῖρα κίνει.'[1]

Demades is no fan of Aesop!

19. Δημάδης ὁ ῥήτωρ[2] δημηγορῶν ποτε ἐν Ἀθήναις, ἐκείνων οὐ πάνυ αὐτῷ προσεχόντων,[3] ἐδεήθη[4] αὐτῶν, ὅπως ἐπιτρέψωσιν αὐτῷ Αἰσώπειον μῦθον εἰπεῖν. τῶν δὲ προτρεψαμένων,[5] αὐτὸς ἀρξάμενος ἔλεγε 'Δημήτηρ καὶ χελιδὼν[6] καὶ ἔγχελυς[7] τὴν αὐτὴν ἐβάδιζον ὁδόν· γενομένων δὲ αὐτῶν κατά τινα ποταμόν, ἡ μὲν χελιδὼν ἀνέπτη, ἡ δὲ ἔγχελυς κατέδυ.' καὶ ταῦτα εἰπὼν ἐσιώπησεν. ἐρομένων δ'

αὐτῶν[8] 'τί οὖν ἡ Δημήτηρ ἔπαθεν;' ἔφη 'κεχόλωται[9] ὑμῖν,

1 χεῖρα σου κίνει (imperative). The swimmer's statement is a proverb: the rich Athenian should help save himself. Aeschylus in his *Persae* 742 has a similar statement:

ἀλλ' ὅταν σπεύδῃ τις αὐτός, χὠ [=καὶ ὁ] θεὸς συνάπτεται.

Here the statement is ironic: Darius' ghost is commenting on Xerxes, who shows his zeal (σπεύδη) by rushing enthusiastically to his own destruction with the aid of the gods. For Aeschylus' play, see section XV of this book.

2 Demades (ca. 380-318), an Athenian orator and demagogue, was a contemporary of Demosthenes. He generally followed a pro-Macedonian policy. No complete speeches of his survive. An orator's job is expressed by the following verb δημηγορέω: to speak in the assembly, to the demos.

3 i.e. νοῦν προσ-έχω (gen. absolute).

4 δέομαι, (aor. ἐδεήθην) beg, ask (plus gen.; distinguish from the active form of this same verb, δέω, ἔδησα, need, want, and from the similar verb δέω, ἔδησα, bind, tie up).

5 προ-τρέπω: encourage, urge.

6 swallow; the swallow ἀνα-πέτεται: takes wing.

7 eel; the eel κατα-δύει: dives down.

8 i.e. the Athenians.

9 χολόομαι: be angry with; ὁ χόλος: anger, wrath. The Athenians are simply asking what happened to Athena, since πάσχω (aor. ἔπαθεν) is often used as the passive of ποιέω. Demades, on the other hand, takes πάσχω in the sense 'feel', 'suffer', 'experience' (a meaning seen in the noun πάθος) and tells them of Athena's πάθος, i.e. χόλος.

οἵτινες τὰ τῆς πόλεως πράγματα ἐάσαντες Αἰσωπείων μύθων ἀντέχεσθε.'

II. 'THE HUNTER'

By Dion of Prusa (Dio Chrysostom).

The author of this story is Dion of Prusa, then an important town in Bithynia, now the considerable Ottoman, Turkish town Brussa. The son of rich parents, he devoted himself to oratory, which was in his age merely a frivolous trifling with words, and yet was held in the highest esteem, and was, in fact, the only literary profession that could lead to honour and renown. Dion too was raised to greatness by it, and found his way into the court of the Emperor Titus (79-81 A.D.). To it also he owed the name χρυσόστομος, by which he is generally called, to distinguish him from several namesakes. From him the great preacher St. John Chrysostom (patriarch of Constantinople 398-404 A.D.) received the name. But it was disgrace that caused Dion to win recognition as a writer. Involved in the fall of a Roman noble by Domitian (81-96 A.D.), who was an enemy to freedom of speech, he was banished in 82. Instead of adopting the residence that was appointed for him, he preferred to join the ranks of the common people. For years he lived the life of an obscure wanderer, supporting himself by the work of his hands. With the fall of Domitian he reappeared. Nerva (96-98 A.D.) and Trajan (98-117 A.D.) paid honour to him, and bestowed on him their confidence. But he had now found the object of his life: to move about among the people as a moralist, dressed in the Cynic's shabby mantle (τρίβων), his eyes open to detect the sores of society and the decay concealed beneath its brilliant exterior. This object is served by the discourse which opens with the narrative which follows. Into it Dion weaves some noteworthy political reflections. It was the duty of the state to care for the economic and moral interests of the governed — of the humble country-folk as well as the people of the towns — but that duty was grievously neglected by the government of the day, in most things so beneficent. But chiefly he has in mind the people of the towns, when, for instance, he brings before their notice the healthier and happier life of his huntsman. We cannot fail to remark in him the element of romance which had entered into the work of Tacitus a few years before, when he depicted for the Romans the simple manners of the Germans.

Dion represents the whole story as a personal experience of the time of his exile. We need not inquire how far it is true to fact. He has, however, prudently left the town (which can be none other than Eretria) unnamed, so that he may describe it and its popular assembly as suits his purpose. If it is a moralising fiction, yet it is the invention of one who has eye and heart for truth and simplicity.

(**1**) Ἐτύγχανον μὲν ἀπὸ Χίου περαιούμενος μετά τινων ἁλιέων ἔξω τῆς θερινῆς ὥρας ἐν μικρῷ παντελῶς ἀκατίῳ. χειμῶνος δὲ γενομένου χαλεπῶς καὶ μόλις διεσώθημεν πρὸς τὰ[1] κοῖλα τῆς Εὐβοίας· τὸ μὲν δὴ ἀκάτιον εἰς τραχύν τινα αἰγιαλὸν ὑπὸ τοῖς κρημνοῖς ἐκβαλόντες[2] διέφθειραν, αὐτοὶ δὲ ἀπεχώρησαν πρός τινας πορφυρεῖς[3] ὑφορμοῦντας[4] ἐπὶ τῇ πλησίον χηλῇ,[5] κἀκείνοις συνεργάζεσθαι διενοοῦντο αὐτοῦ μένοντες. (**2**) καταλειφθεὶς δὴ μόνος, οὐκ ἔχων εἰς τίνα πόλιν σωθήσομαι, παρὰ τὴν θάλατταν ἄλλως ἐπλανώμην, εἴ πού τινας ἢ παραπλέοντας ἢ ὁρμοῦντας ἴδοιμι. προεληλυθὼς δὲ συχνὸν[6] ἀνθρώπων μὲν οὐδένα ἑώρων, ἐπιτυγχάνω δὲ ἐλάφῳ νεωστὶ κατὰ τοῦ κρημνοῦ πεπτωκότι παρ' αὐτὴν τὴν ῥαχίαν, ὑπὸ τῶν κυμάτων παιομένῳ, φυσῶντι ἔτι. καὶ μετ' ὀλίγον ἔδοξα ὑλακῆς ἀκοῦσαι κυνῶν ἄνωθεν, μόλις πως διὰ τὸν ἦχον τὸν ἀπὸ τῆς θαλάττης.

(**3**) προελθὼν δὲ καὶ προβὰς πάνυ χαλεπῶς πρός τι ὑψηλὸν τούς τε κύνας ὁρῶ ἠπορημένους καὶ διαθέοντας, ὑφ' ὧν εἴκαζον ἀποβιασθὲν τὸ ζῷον ἁλέσθαι κατὰ τοῦ κρημνοῦ,

---

1 τὰ κοῖλα τῆς Εὐβοίας: so called by sailors, who following the great route from the N.E. to the coast of Euboea sailed past the south of the island to the Saronic Gulf: they regarded the opening of the Euboeic strait on their right as a 'hollow.' The steep coast there, owing to the islets and rocks off it, is particularly dangerous.

2 ἐκβαλόντες: as the sailors with the boat (called now a caïque) were driven into the breakers, and on account of the southerly gale could not get off, they let her run aground as soon as they had found a point where they could land in safety at the cost of the boat.

3 πορφυρεῖς: the purple shellfish (murex) was eagerly sought among the rocks of the Greek coasts.

4 ὑφορμεῖν = 'lie at anchor.'

5 χηλῇ: a mole built on a projecting rock.

6 συχνόν, 'far.'

καὶ μετ' ὀλίγον ἄνδρα, κυνηγέτην ἀπὸ τῆς ὄψεως καὶ τῆς στολῆς, τὰ γένεια ὑγιῆ,[1] κομῶντα οὐ φαύλως οὐδὲ ἀγεννῶς ἐξόπισθεν, οἵους ἐπὶ Ἴλιον[2] Ὅμηρός φησιν ἐλθεῖν Εὐβοέας, σκώπτων, ἐμοὶ[3] δοκεῖν, καὶ καταγελῶν, ὅτι τῶν ἄλλων Ἀχαιῶν καλῶς ἐχόντων οἳ δὲ ἐξ ἡμίσους ἐκόμων. **(4)** καὶ ὃς ἀνηρώτα με 'ἀλλ'[4] ἦ, ὦ ξεῖνε, τῇδέ που φεύγοντα ἔλαφον κατένοησας;' κἀγὼ πρὸς αὐτόν 'ἐκεῖνος,[5] ἔφην, ἐν τῷ κλύδωνι ἤδη.' καὶ ἀγαγὼν ἔδειξα. ἑλκύσας οὖν αὐτὸν ἐκ τῆς θαλάττης τό τε δέρμα ἐξέδειρε μαχαίρᾳ, κἀμοῦ ξυλλαμβάνοντος ὅσον οἷός τε ἦν, καὶ τῶν σκελῶν ἀποτεμὼν τὰ ὀπίσθια ἐκόμιζεν ἅμα τῷ δέρματι. παρεκάλει δὲ κἀμὲ συνακολουθεῖν καὶ συνεστιᾶσθαι τῶν[6] κρεῶν· εἶναι δὲ οὐ μακρὰν τὴν οἴκησιν. **(5)** 'ἔπειτα ἕωθεν παρ' ἡμῖν, ἔφη, κοιμηθεὶς ἥξεις ἐπὶ τὴν θάλατταν, ὡς τά γε νῦν οὐκ ἔστι πλόϊμα. καὶ — μὴ τοῦτο, εἶπε,[7] φοβηθῇς, βουλοίμην δ' ἂν ἔγωγε καὶ μετὰ πέντε ἡμέρας λῆξαι τὸν ἄνεμον· ἀλλ' οὐ

---

1 ὑγιῆ, i. e. he did not shave. To the philosopher the habit of shaving, which prevailed from the time of Alexander to Hadrian (i.e. from about 335 B.C. to 100 A.D.), seemed an unnatural disfigurement.

2 In the Catalogue of Ships (Iliad ii. 542) the inhabitants of Euboea are described as ὄπιθεν κομοῶντες. So they cut their hair in front, whereas the κάρη κομοῶντες Ἀχαιοί of Homer let all their hair grow. In later centuries long hair was a sign of liberty. But now for a long time the hair had been worn quite short; and this too seemed to philosophers quite unnatural.

3 ἐμοί δοκεῖν, 'as I think'; the infin. is used, often with ὡς, in many adverbial expressions.

4 ἀλλά is often used to introduce a lively question. The old-fashioned mountain peasant uses the old form ξεῖνος for ξένος.

5 ἐκεῖνος, 'yonder.'

6 τῶν κρεῶν: partitive gen.

7 The repetition of ἔφη in εἶπε shows that he does not talk continuously, but throws in a remark here and there during his work.
He was going to say, 'I only wish the storm would end in five days'; but, as the stranger might be alarmed, he thoughtfully puts in first, 'you must not be afraid.'

ῥᾴδιον, εἶπεν, ὅταν οὕτως πιεσθῇ τὰ ἄκρα τῆς Εὐβοίας ὑπὸ τῶν νεφῶν, ὥς γε νῦν κατειλημμένα ὁρᾷς.' καὶ ἅμα ἠρώτα με ὁπόθεν δὴ καὶ ὅπως ἐκεῖ κατηνέχθην, καὶ εἰ μὴ διεφθάρη τὸ πλοῖον. 'μικρὸν ἦν παντελῶς, ἔφην, ἁλιέων τινῶν περαιουμένων, κἀγὼ μόνος ξυνέπλεον ὑπὸ σπουδῆς τινος. διεφθάρη δ' ὅμως ἐπὶ τὴν γῆν ἐκπεσόν.' (**6**) 'οὔκουν ῥᾴδιον, ἔφη, ἄλλως· ὅρα γὰρ ὡς ἄγρια καὶ σκληρὰ τῆς νήσου τὰ πρὸς τὸ πέλαγος.' 'ταῦτ', εἶπεν, ἐστὶ τὰ κοῖλα τῆς Εὐβοίας λεγόμενα, ὅπου κατενεχθεῖσα ναῦς οὐκ ἂν ἔτι σωθείη· σπανίως δὲ σῴζονται καὶ τῶν ἀνθρώπων τινές, εἰ μὴ ἄρα, ὥσπερ ὑμεῖς, ἐλαφροὶ[1] παντελῶς πλέοντες. ἀλλ' ἴθι καὶ μηδὲν δείσῃς. νῦν μὲν ἐκ τῆς κακοπαθείας ἀνακτήσῃ[2] σεαυτόν· εἰς αὔριον δέ, ὅ τι ἂν ᾖ δυματόν, ἐπιμελησόμεθα ὅπως σωθῇς, ἐπειδή σε ἔγνωμεν ἅπαξ. (**7**) δοκεῖς δέ μοι τῶν ἀστικῶν εἶναί τις, οὐ ναύτης οὐδ' ἐργάτης, ἀλλὰ πολλήν τινα ἀσθένειαν τοῦ σώματος ἀσθενεῖν ἔοικας ἀπὸ τῆς ἰσχνότητος.'[3]

Ἐγὼ δὲ ἄσμενος ἠκολούθουν· οὐ γὰρ ἐπιβουλευθῆναί ποτε ἔδεισα, οὐδὲν ἔχων ἢ φαῦλον ἱμάτιον. (**8**) καὶ πολλάκις μὲν δὴ καὶ ἄλλοτε ἐπειράθην ἐν τοῖς τοιούτοις καιροῖς, ἅτε[4] ἐν ἄλῃ συνεχεῖ, ἀτὰρ[5] οὖν δὴ καὶ τότε, ὡς ἐστὶ πενία χρῆμα τῷ ὄντι ἱερὸν καὶ ἄσυλον, καὶ οὐδεὶς ἀδικεῖ, πολύ γε ἧττον ἢ τοὺς τὰ κηρύκεια ἔχοντας· ὡς δὴ καὶ τότε θαρρῶν εἱπόμην. (**9**) ἦν δὲ

---

1 ἐλαφροί: without the ballast which a large vessel carries.

2 ἀνακτήσῃ σαυτόν, 'will recover.'

3 ἰσχνότητος: the huntsman supposes that because he is thin he is ill, and thinks that to seek an inhabited place would be too much for him to-day. Dion has no need to describe his personal appearance, as he is well known at the time that he wrote this story.

4 ἅτε, supply γεγονώς.

5 ἀτὰρ οὖν δὴ καὶ τότε 'but now indeed more than ever.'

σχεδόν τι περὶ τετταράκοντα στάδια πρὸς τὸ χωρίον.

Ὡς οὖν ἐβαδίζομεν, διηγεῖτό μοι κατὰ τὴν ὁδὸν τὰ αὑτοῦ πράγματα καὶ τὸν βίον ὃν ἔζη μετὰ γυναικὸς αὑτοῦ καὶ παίδων. "Ἡμεῖς γὰρ, ἔφη, δύο ἐσμέν, ὦ ξένε, τὸν αὐτὸν οἰκοῦντες τόπον. ἔχομεν δὲ γυναῖκας ἀλλήλων ἀδελφὰς καὶ παῖδας ἐξ αὐτῶν υἱοὺς καὶ θυγατέρας. (**10**) ζῶμεν δὲ ἀπὸ θήρας ὡς τὸ πολύ, μικρόν τι τῆς γῆς ἐπεργαζόμενοι.[1] τὸ γὰρ χωρίον[2] οὐκ ἔστιν ἡμέτερον, οὔτε πατρῷον οὔτε ἡμεῖς ἐκτησάμεθα, ἀλλὰ ἦσαν οἱ πατέρες ἡμῶν ἐλεύθεροι μέν, πένητες δὲ οὐχ ἧττον ἡμῶν, μισθοῦ[3] βουκόλοι, βοῦς νέμοντες ἀνδρὸς μακαρίου[4] τῶν ἐνθένδε τινὸς ἐκ τῆς νήσου, πολλὰς μὲν ἀγέλας καὶ ἵππων καὶ βοῶν κεκτημένου, πολλὰς δὲ ποίμνας, πολλοὺς δὲ καὶ καλοὺς ἀγρούς, πολλὰ δὲ ἄλλα χρήματα, ξύμπαντα δὲ ταῦτα τὰ ὄρη. (**11**) οὗ δὴ ἀποθανόντος καὶ τῆς οὐσίας δημευθείσης (φασὶ δὲ καὶ αὐτὸν ἀπολέσθαι διὰ τὰ χρήματα ὑπὸ[5] τοῦ βασιλέως) τὴν μὲν ἀγέλην εὐθὺς ἀπήλασαν, ὥστε κατακόψαι, πρὸς δὲ τῇ ἀγέλῃ καὶ τὰ ἡμέτερα ἄττα βοΐδια,[6] καὶ τὸν μισθὸν οὐδεὶς ἀποδέδωκε. (**12**) τότε μὲν δὴ ἐξ ἀνάγκης αὐτοῦ κατεμείναμεν, οὗπερ ἐτύχομεν τὰς βοῦς ἔχοντες καί τινας σκηνὰς πεποιημένοι καὶ αὐλὴν διὰ ξύλων, οὐ μεγάλην οὐδὲ ἰσχυράν,

---

1 ἐπεργαζόμενοι, 'cultivating besides.'

2 χωρίον, 'homestead.'

3 μισθοῦ, 'for wages,' i.e. 'paid.'

4 μακαρίου, 'wealthy,' a colloquial use.

5 ὑπὸ τοῦ βασιλέως, i.e. Domitian. This refers to the infamous practice by which informers trumped up charges against rich persons in his reign, that they might be put to death and their property confiscated.

6 βοΐδια: he uses the diminutive in speaking affectionately of his own little property.

μόσχων[1] ἕνεκεν, ὥς[2] ἂν οἶμαι πρὸς αὐτό που τὸ θέρος· τοῦ μὲν γὰρ χειμῶνος ἐν τοῖς πεδίοις ἐνέμομεν, νομὴν ἱκανὴν ἔχοντες καὶ πολὺν χιλὸν ἀποκείμενον, τοῦ δὲ θέρους ἀπηλαύνομεν εἰς τὰ ὄρη. μάλιστα δ' ἐν τούτῳ τῷ τόπῳ σταθμὸν ἐποιοῦντο· (**13**) τό τε γὰρ χωρίον ἀπόρρυτον[3] ἑκατέρωθεν, φάραγξ βαθεῖα καὶ σύσκιος, καὶ διὰ μέσου ποταμὸς οὐ τραχύς, ἀλλ' ὡς ῥᾷστος ἐμβῆναι καὶ βουσὶ καὶ μόσχοις, τὸ δὲ ὕδωρ πολὺ καὶ καθαρόν, ἅτε τῆς πηγῆς ἐγγὺς ἀναδιδούσης, καὶ πνεῦμα[4] τοῦ θέρους ἀεὶ διαπνέον διὰ τῆς φάραγγος· οἵ τε περικείμενοι δρυμοὶ μαλακοὶ καὶ κατάρρυτοι, ἥκιστα μὲν οἶστρον τρέφοντες, ἥκιστα δὲ ἄλλην τινὰ βλάβην βουσί. (**14**) πολλοὶ δὲ καὶ πάγκαλοι λειμῶνες ὑπὸ ὑψηλοῖς τε καὶ ἀραιοῖς[5] δένδρεσιν ἀνειμένοι,[6] καὶ πάντα μεστὰ βοτάνης εὐθαλοῦς δι' ὅλου τοῦ θέρους, ὥστε μὴ πολὺν πλανᾶσθαι τόπον· ὧν δὴ ἕνεκα συνήθως ἐκεῖ καθίστασαν τὴν ἀγέλην. καὶ τότε οὖν ἔμειναν ἐν ταῖς σκηναῖς, μέχρι ἂν εὕρωσι μισθόν τινα ἢ ἔργον, καὶ διετράφησαν ἀπὸ χωρίου[7] μικροῦ παντελῶς, ὃ ἔτυχον[8] εἰργασμένοι πλησίον τοῦ

---

1 μόσχων ἕνεκεν: to prevent them straying.

2 ὡς ἄν etc., 'just as one does for the summer, you know.' ὡς ἄν is the later idiom for ὡς 'as.' For οἶμαι politely added to a piece of information, we say 'you know': πού also is merely a piece of politeness.

3 ἀπόρρυτον ἑκατέρωθεν: the ground falls away on both sides, lies on a ridge: in the valley, which the stream that rises there has cut through, stands the farm-yard sheltered by the trees.

4 πνεῦμα: north wind which prevails in summer in Greece and makes a pleasant breeze.

5 ἀραιοῖς: planted thinly, so that shrub and herb can grow between them; this is the character of the Greek upland.

6 ἀνειμένοι, 'stretching.'

7 χωρίου, 'plot of ground.'

8 ἔτυχον εἰργασμένοι: they had tilled it before the disaster overtook them.

σταθμοῦ, (**15**) τοῦτό τε ἐπήρκεσεν αὐτοῖς ἱκανῶς, ἅτε κόπρου πολλῆς ἐνούσης. καὶ σχολὴν ἄγοντες ἀπὸ τῶν βοῶν πρὸς θήραν ἐτράπησαν, τὸ[1] μὲν αὐτοί, τὸ δὲ καὶ μετὰ κυνῶν. δύο γὰρ τῶν ἑπομένων ταῖς βουσίν, ὡς δὴ μακρὰν ἦσαν οὐχ ὁρῶντες τοὺς νομεῖς, ὑπέστρεψαν[2] ἐπὶ τὸν τόπον καταλιπόντες τὴν ἀγέλην. οὗτοι τὸ μὲν πρῶτον συνηκολούθουν αὐτοῖς, ὥσπερ ἐπ' ἄλλο τι· καὶ τοὺς μὲν λύκους ὁπότε ἴδοιεν, ἐδίωκον μέχρι τινός, συῶν δὲ ἢ ἐλάφων οὐδὲν αὐτοῖς ἔμελεν. (**16**) γευόμενοι δὲ τοῦ αἵματος καὶ συῶν καὶ ἐλάφων καὶ τῶν κρεῶν πολλάκις ἐσθίοντες, ὀψὲ μεταμανθάνοντες κρέασιν ἀντὶ μάζης ἥδεσθαι, τῶν μὲν ἐμπιπλάμενοι, εἴ ποτε ἁλοίη τι, ὁπότε δὲ μή, πεινῶντες, μᾶλλον ἤδη τῷ τοιούτῳ προσεῖχον, καὶ τὸ φαινόμενον ἐδίωκον πᾶν ὁμοίως, καὶ ὀσμῆς ἁμῇ γέ πῃ καὶ ἴχνους ᾐσθάνοντο, καὶ ἀπέβησαν[3] ἀντὶ βουκόλων τοιοῦτοί τινες ὀψιμαθεῖς καὶ βραδύτεροι θηρευταί. (**17**) χειμῶνος δὲ ἐπελθόντος ἔργον μὲν οὐδὲν ἦν πεφηνὸς αὐτοῖς, οὔτε εἰς ἄστυ καταβᾶσιν οὔτε εἰς κώμην τινά· φραξάμενοι δὲ τὰς σκηνὰς ἐπιμελέστερον καὶ τὴν αὐλὴν πυκνοτέραν ποιήσαντες, οὕτως διεγένοντο, καὶ τὸ χωρίον ἐκεῖνο πᾶν εἰργάσαντο, καὶ τῆς θήρας ἡ[4] χειμερινὴ ῥᾴων ἐγίγνετο. (**18**) τὰ γὰρ ἴχνη φανερώτερα, ὡς ἂν ἐν ὑγρῷ τῷ ἐδάφει σημαινόμενα· ἡ δὲ χιὼν καὶ πάνυ τηλαυγῆ παρέχει, ὥστε οὐδὲν δεῖ[5] ζητοῦντα πράγματα ἔχειν, ὥσπερ ὁδοῦ φερούσης ἐπ' αὐτά, καὶ τὰ

---

1 τὸ μὲν αὐτοί, 'sometimes alone.'

2 ὑπέστρεψαν, trans. by pluperf.; Gk. only marks the fact, where we give the relative time. Two of the dogs had turned back when the herd was driven off. Naturally they did not make very good sporting dogs.

3 ἀπέβησαν, 'turned out': here he points to the dogs.

4 ἡ χειμερινή, supply θήρα: 'that in the winter.'

5 οὐδὲν δεῖ . . . πράγματα ἔχειν, 'there is no need to trouble to look for them.'

θηρία μᾶλλόν[1] τι ὑπομένει ὀκνοῦντα· ἔστι δ' ἔτι καὶ λαγὼς καὶ δορκάδας ἐν ταῖς εὐναῖς καταλαμβάνειν. (**19**) οὕτως δὴ τὸ[2] ἀπ' ἐκείνου διέμειναν, οὐδὲν ἔτι προσδεηθέντες ἄλλου βίου. καὶ ἡμῖν συνέζευξαν γυναῖκας τοῖς ἀλλήλων υἱέσιν ἑκάτερος τὴν αὑτοῦ θυγατέρα. τεθνήκασι δὲ ἀμφότεροι πέρυσι σχεδόν, τὰ μὲν ἔτη πολλὰ λέγοντες[3] ἃ ἐβεβιώκεσαν, ἰσχυροὶ δὲ ἔτι καὶ γενναῖοι τὰ σώματα. τῶν δὲ μητέρων ἡ ἐμὴ περίεστιν.

(**20**) Ὁ μὲν οὖν ἕτερος ἡμῶν οὐδεπώποτε εἰς πόλιν κατέβη, πεντήκοντα ἔτη γεγονώς. ἐγὼ δὲ δὶς μόνον, ἅπαξ μὲν ἔτι παῖς μετὰ τοῦ πατρός, ὁπηνίκα τὴν ἀγέλην εἴχομεν. ὕστερον δὲ ἧκέ τις ἀργύριον αἰτῶν, ὥσπερ ἔχοντάς τι, κελεύων ἀκολουθεῖν εἰς τὴν πόλιν. ἡμῖν δὲ ἀργύριον μὲν οὐκ ἦν, ἀλλ' ἀπωμοσάμην μὴ ἔχειν, εἰ[4] δὲ μή, δεδωκέναι ἄν. (**21**) ἐξενίσαμεν δὲ αὐτὸν ὡς ἠδυνάμεθα κάλλιστα καὶ δύο ἐλάφεια δέρματα ἐδώκαμεν· κἀγὼ ἠκολούθησα εἰς τὴν πόλιν. ἔφη γὰρ ἀνάγκην εἶναι τὸν ἕτερον ἐλθεῖν καὶ διδάξαι περὶ τούτων.

Εἶδον οὖν, οἷα καὶ πρότερον, οἰκίας πολλὰς καὶ μεγάλας καὶ τεῖχος ἔξοθεν καρτερὸν καὶ οἰκήματά τινα ὑψηλὰ καὶ τετράγωνα ἐν τῷ τείχει, καὶ πλοῖα πολλὰ ὁρμοῦντα ὥσπερ ἐν[5] λίμνῃ κατὰ πολλὴν ἡσυχίαν. (**22**) τοῦτο δὲ ἐνθάδε οὐκ ἔστιν[6] οὐδαμοῦ, ὅπου κατηνέχθης· καὶ διὰ τοῦτο αἱ νῆες

---

1 μᾶλλόν τι, 'considerably more.'

2 τὸ ἀπ' ἐκείνου, 'from that time onwards.'

3 λέγοντες, 'counting.'

4 εἰ δὲ μή, 'otherwise.'

5 ἐν λίμνῃ: he knows only the rough sea, and so the haven seems to him like a lake.

6 ἔστιν, 'is possible.'

ἀπόλλυνται. ταῦτα οὖν ἑώρων καὶ πολὺν ὄχλον ἐν[1] ταὐτῷ συνειργμένον καὶ θόρυβον ἀμήχανον καὶ κραυγήν· ὥστε ἐμοὶ ἐδόκουν πάντες μάχεσθαι ἀλλήλοις. ἄγει οὖν με πρός τινας ἄρχοντας, καὶ εἶπε γελῶν 'οὗτός ἐστιν ἐφ' ὅν με ἐπέμψατε. ἔχει δὲ οὐδὲν εἰ μή γε τὴν κόμην καὶ σκηνὴν μάλα ἰσχυρῶν ξύλων.' (**23**) οἱ δὲ ἄρχοντες εἰς τὸ θέατρον[2] ἐβάδιζον, κἀγὼ σὺν αὐτοῖς. τὸ δὲ θέατρόν ἐστιν ὥσπερ φάραγξ κοῖλον, πλὴν οὐ μακρὸν ἑκατέρωθεν, ἀλλὰ στρογγύλον ἐξ ἡμίσους, οὐκ αὐτόματον,[3] ἀλλ' ᾠκοδομημένον λίθοις. ἴσως δέ μου καταγελᾷς, ὅτι σοι διηγοῦμαι σαφῶς εἰδότι ταῦτα. πρῶτον μὲν οὖν πολύν τινα χρόνον ἄλλα τινὰ ἔπραττεν ὁ ὄχλος, καὶ ἐβόων ποτὲ μὲν πρᾴως καὶ ἱλαροὶ πάντες, ἐπαινοῦντές τινας, ποτὲ δὲ σφόδρα καὶ ὀργίλως. (**25**) ἄλλοι δέ τινες ἄνθρωποι παριόντες, οἱ δ' ἐκ μέσων ἀνιστάμενοι, διελέγοντο πρὸς τὸ πλῆθος, οἱ μὲν ὀλίγα ῥήματα, οἱ δὲ πολλοὺς λόγους. καὶ τῶν μὲν ἤκουον πολύν τινα χρόνον, τοῖς δὲ ἐχαλέπαινον εὐθὺς φθεγξαμένοις καὶ οὐδὲ γρύζειν[4] ἐπέτρεπον. ἐπεὶ δὲ καθέστασάν[5] ποτε καὶ ἡσυχία ἐγένετο, παρήγαγον κἀμέ. (**26**) καὶ εἶπέ τις 'οὗτός ἐστιν, ὦ ἄνδρες, τῶν καρπουμένων τὴν δημοσίαν γῆν πολλὰ ἔτη οὐ μόνον αὐτός, ἀλλὰ καὶ ὁ πατὴρ αὐτοῦ πρότερον, καὶ κατανέμουσι τὰ ἡμέτερα ὄρη καὶ γεωργοῦσι καὶ θηρεύουσι καὶ οἰκίας ἐνῳκοδομήκασι καὶ ἀμπέλους ἐμπεφυτεύκασι[6] πολλὰς καὶ ἄλλα πολλὰ ἔχουσιν ἀγαθά, οὔτε τιμὴν καταβαλόντες οὐδενὶ τῆς γῆς οὔτε δωρεὰν

---

1 ἐν ταὐτῷ (τῷ αὐτῷ), 'in the same place,' the market, where the official hall stands.

2 θέατρον: the regular place for popular assemblies to meet in.

3 αὐτόματον, 'naturally formed.'

4 γρύζειν, 'utter a word.'

5 καθέστασαν, 'became quiet.'

6 ἐμφυτεύειν: here, 'to plant in,' but generally 'to graft.'

παρὰ τοῦ δήμου λαβόντες. (**27**) ὑπὲρ[1] τίνος γὰρ ἂν καὶ ἔλαβον; ἔχοντες δὲ τὰ ἡμέτερα καὶ πλουτοῦντες οὔτε λειτουργίαν πώποτε ἐλειτούργησαν οὐδεμίαν οὔτε μοῖράν τινα ὑποτελοῦσι τῶν[2] γιγνομένων, ἀλλ' ἀλειτούργητοι διατελοῦσιν, ὥσπερ εὐεργέται τῆς πόλεως. οἶμαι δέ, ἔφη, μηδὲ ἐληλυθέναι πώποτε αὐτοὺς ἐνθάδε.' (**28**) κἀγὼ ἀνένευσα.[3] ὁ δὲ ὄχλος ἐγέλασεν, ὡς εἶδε. καὶ ὁ λέγων ἐκεῖνος ὠργίσθη ἐπὶ τῷ γέλωτι καί μοι ἐλοιδορεῖτο. ἔπειτα ἐπιστρέψας, 'εἰ οὖν, ἔφη, δοκεῖ ταῦτα οὕτως, οὐκ[4] ἂν φθάνοιμεν ἅπαντες τὰ κοινὰ διαρπάσαντες, οἱ μὲν τὰ χρήματα τῆς πόλεως, ὥσπερ ἀμέλει[5] καὶ νῦν ποιοῦσί τινες, οἱ δὲ τὴν χώραν κατανειμάμενοι μὴ πείσαντες ὑμᾶς, ἐὰν ἐπιτρέψητε τοῖς θηρίοις τούτοις προῖκα ἔχειν πλέον ἢ χίλια πλέθρα γῆς τῆς ἀρίστης, ὅθεν ὑμῖν ἔστι τρεῖς χοίνικας Ἀττικὰς σίτου λαμβάνειν κατ' ἄνδρα.' (**29**) ἐγὼ δὲ ἀκούσας ἐγέλασα ὅσον ἐδυνάμην μέγιστον. τὸ δὲ πλῆθος οὐκέτ' ἐγέλων, ὥσπερ πρότερον, ἀλλ' ἐθορύβουν. ὁ δὲ ἄνθρωπος ἐχαλέπαινε, καὶ δεινὸν ἐμβλέψας εἰς ἐμὲ εἶπεν 'ὁρᾶτε τὴν εἰρωνείαν καὶ τὴν ὕβριν τοῦ καθάρματος,[6] ὡς καταγελᾷ πάνυ θρασέως; ὃν ἀπάγειν[7] ὀλίγου δέω καὶ τὸν κοινωνὸν αὐτοῦ (πυνθάνομαι γὰρ δύο εἶναι τοὺς κορυφαίους τῶν κατειληφότων ἅπασαν σχεδὸν τὴν ἐν τοῖς ὄρεσι χώραν). (**30**)

---

1 ὑπὲρ τίνος, 'for what service.'

2 τῶν γιγνομένων: the profits.

3 ἀνένευσα, 'nodded my head.' He had however been there once as a child.

4 οὐκ ἂν φθάνοιμεν, 'cannot be too quick in,' 'cannot too quickly.'

5 ἀμέλει, 'of course.'

6 κάθαρμα: properly, what is for purification (καθαίρω). When human sacrifice existed, it became the practice to take for the purpose criminals who in any case were to be put to death. Hence κ. came to mean 'a rascal.'

7 ἀπάγειν, i.e. to be executed. ὀλίγου δέω, 'I am almost,' 'I have a great mind to.'

οἶμαι γὰρ αὐτοὺς μηδὲ τῶν ναυαγίων ἀπέχεσθαι τῶν ἑκάστοτε ἐκπιπτόντων,[1] ὑπὲρ αὐτὰς σχεδόν τι τὰς Καφηρίδας οἰκοῦντας. πόθεν γὰρ οὕτως πολυτελεῖς ἀγρούς, μᾶλλον δὲ ὅλας κώμας κατεσκευάσαντο καὶ τοσοῦτον πλῆθος βοσκημάτων καὶ ζεύγη καὶ ἀνδράποδα; (**31**) καὶ ὑμεῖς δὲ ἴσως ὁρᾶτε αὐτοῦ τὴν[2] ἐξωμίδα ὡς φαύλη, καὶ τὸ δέρμα, ὃ ἐλήλυθε δεῦρο ἐναψάμενος τῆς ὑμετέρας ἕνεκεν ἀπάτης, ὡς πτωχὸς δῆλον[3] ὅτι καὶ οὐδὲν ἔχων. ἐγὼ μὲν γάρ, ἔφη, βλέπων αὐτὸν μικροῦ δέδοικα, ὥσπερ οἶμαι τὸν Ναύπλιον[4] ὁρῶν ἀπὸ τοῦ Καφηρέως ἥκοντα. καὶ γὰρ οἶμαι πυρσεύειν αὐτὸν ἀπὸ τῶν ἄκρων τοῖς πλέουσιν, ὅπως ἐκπίπτωσιν εἰς τὰς πέτρας.' (**32**) ταῦτα δὲ ἐκείνου λέγοντος καὶ πολλὰ πρὸς τούτοις, ὁ μὲν ὄχλος ἠγριοῦτο· ἐγὼ δὲ ἠπόρουν καὶ ἐδεδοίκειν μή τί με ἐργάσωνται κακόν.

Παρελθὼν δὲ ἄλλος τις, ὡς ἐφαίνετο, ἐπιεικὴς ἄνθρωπος ἀπό τε τῶν λόγων οὓς εἶπε καὶ ἀπὸ τοῦ σχήματος πρῶτον μὲν ἠξίου σιωπῆσαι τὸ πλῆθος· καὶ ἐσιώπησαν· ἔπειτα εἶπε τῇ φωνῇ πρᾴως, ὅτι οὐδὲν ἀδικοῦσιν οἱ τὴν[5] ἀργὸν τῆς χώρας ἐργαζόμενοι καὶ κατασκευάζοντες,[6] ἀλλὰ τοὐναντίον ἐπαίνου δικαίως ἂν τυγχάνοιεν· (**33**) καὶ δεῖ μὴ τοῖς

---

1 ἐκπιπτόντων, 'cast up': ἐκπίπτω serves as passive of ἐκβάλλω in this sense. Caphereus is the eastern cape of Euboea, and so not on the κοίλα; but because the Greek fleet returning from Troy was wrecked there, the general idea of being the most dangerous shore is attached to the name.

2 τὴν ἐξωμίδα: in trans, make this subject of φαύλη (ἐστίν).

3 δῆλον ὅτι, 'evidently.'

4 Nauplius decoyed the Greeks on their homeward voyage into the dangerous breakers by means of deceptive beacon lights, to avenge his son Palamedes.

5 τὴν ἀργόν and ἐνεργός (34): passive in sense, of uncultivated and cultivated land. For the construction of τὴν ἀ. τῆς χώρας compare 'The Hunter' 17 end, Τῆς θήρας ἡ χειμειρίνη.

6 κατασκευάζοντες, 'improve.'

οἰκοδομοῦσι καὶ φυτεύουσι τὴν δημοσίαν γῆν χαλεπῶς ἔχειν, ἀλλὰ τοῖς καταφθείρουσιν. 'ἐπεὶ καὶ νῦν, ἔφη, ὦ ἄνδρες, σχεδόν τι τὰ[1] δύο μέρη τῆς χώρας ἡμῶν ἔρημά ἐστι δι' ἀμέλειάν τε καὶ ὀλιγανθρωπίαν. κἀγὼ πολλὰ κέκτημαι πλέθρα, ὥσπερ οἶμαι καὶ ἄλλος τις, οὐ μόνον ἐν τοῖς ὄρεσιν, ἀλλὰ καὶ ἐν τοῖς πεδινοῖς, ἃ εἴ τις ἐθέλοι γεωργεῖν, οὐ μόνον ἂν προῖκα δοίην, ἀλλὰ καὶ ἀργύριον ἡδέως προστελέσαιμι. (**34**) δῆλος γὰρ ὡς ἐμοὶ πλέονος ἀξία γίγνεται, καὶ ἅμα ἡδὺ ὅραμα χώρα οἰκουμένη καὶ ἐνεργός· ἡ δ' ἔρημος οὐ μόνον ἀνωφελὲς κτῆμα τοῖς ἔχουσιν, ἀλλὰ καὶ σφόδρα ἐλεεινόν τε καὶ δυστυχίαν τινὰ κατηγοροῦν τῶν δεσποτῶν. (**37**) οὐκοῦν ἄξιον, ἔφη, θαυμάσαι τῶν ῥητόρων, ὅτι τοὺς μὲν ἐπὶ τῷ Καφηρεῖ φιλεργοῦντας[2] ἐν τοῖς ἐσχάτοις τῆς Εὐβοίας συκοφαντοῦσι, τοὺς δὲ τὸ γυμνάσιον γεωργοῦντας καὶ τὴν ἀγορὰν κατανέμοντας οὐδὲν οἴονται ποιεῖν δεινόν; (**38**) βλέπετε γὰρ αὐτοὶ δήπουθεν ὅτι τὸ γυμνάσιον ὑμῖν ἄρουραν πεποιήκασιν, ὥστε τὸν Ἡρακλέα καὶ ἄλλους ἀνδριάντας συχνοὺς ὑπὸ τοῦ θέρους[3] ἀποκεκρύφθαι, τοὺς μὲν ἡρώων, τοὺς δὲ θεῶν· καὶ ὅτι καθ' ἡμέραν τὰ τοῦ ῥήτορος τούτου πρόβατα ἕωθεν εἰς τὴν ἀγορὰν ἐμβάλλει καὶ κατανέμεται τὰ περὶ τὸ βουλευτήριον καὶ τὰ ἀρχεῖα· ὥστε τοὺς πρώτως[4] ἐπιδημήσαντας ξένους τοὺς μὲν καταγελᾶν τῆς πόλεως, τοὺς δὲ οἰκτίρειν αὐτήν.' πάλιν οὖν ταῦτα ἀκούσαντες ὠργίζοντο πρὸς ἐκεῖνον καὶ ἐθορύβουν. (**39**) 'καὶ τοιαῦτα ποιῶν τοὺς ταλαιπώρους ἰδιώτας οἴεται δεῖν ἀπαγαγεῖν, ἵνα δῆλον ὅτι μηδεὶς ἐργάζηται τὸ λοιπόν, ἀλλ' οἱ μὲν ἔξω ληστεύωσιν, οἱ

---

1 τὰ δύο μέρη: 2/3, supplying τῶν τριῶν.

2 φιλεργεῖν, 'work hard.'

3 θέρους, 'crop.' The harvest in Attica is in the second half of May.

4 πρώτως: later they became accustomed to the sight.

δ' ἐν τῇ πόλει λωποδυτῶσιν. ἐμοὶ δέ, ἔφη, δοκεῖ τούτους ἐᾶν ἐφ' οἷς αὐτοὶ πεποιήκασιν, ὑποτελοῦντας τὸ[1] λοιπὸν ὅσον μέτριον, περὶ δὲ τῶν ἔμπροσθεν προσόδων συγγνῶναι αὐτοῖς, ὅτι ἔρημον καὶ ἀχρεῖον γεωργήσοντες τὴν γῆν κατελάβοντο.[2] ἐὰν δὲ τιμὴν θέλωσι καταβαλεῖν τοῦ χωρίου, ἀποδόσθαι αὐτοῖς ἐλάττονος[3] ἢ ἄλλοις.' (**40**) εἰπόντος δὲ αὐτοῦ τοιαῦτα, πάλιν ὁ ἐξ ἀρχῆς ἐκεῖνος ἀντέλεγεν, καὶ ἐλοιδοροῦντο ἐπὶ πολύ. τέλος δὲ καὶ ἐμὲ ἐκέλευον εἰπεῖν ὅ τι βούλομαι.

'Καὶ τί με, ἔφην, δεῖ λέγειν;' 'πρὸς τὰ εἰρημένα,' εἶπέ τις τῶν καθημένων. 'οὐκοῦν λέγω, ἔφην, ὅτι οὐδὲν ἀληθές ἐστιν ὧν εἴρηκεν. (**41**) ἐγὼ μέν, ὦ ἄνδρες, ἐνύπνια ᾤμην, ἔφην, ὁρᾶν, ἀγροὺς καὶ κώμας καὶ τοιαῦτα φλυαροῦντος.[4] ἡμεῖς δὲ οὔτε κώμην ἔχομεν οὔτε ἵππους οὔτε ὄνους οὔτε βοῦς. εἴθε γὰρ ἦν ἔχειν ἡμᾶς ὅσα οὗτος ἔλεγεν ἀγαθά, ἵνα[5] καὶ ὑμῖν ἐδώκαμεν καὶ αὐτοὶ τῶν μακαρίων ἦμεν. καὶ τὰ νῦν δὲ ὄντα ἡμῖν ἱκανά ἐστιν, ἐξ ὧν εἴ τι βούλεσθε λάβετε· κἄν πάντα ἐθέλητε, ἡμεῖς ἕτερα κτησόμεθα.' ἐπὶ τούτῳ δὲ τῷ λόγῳ ἐπῄνεσαν. (**42**) εἶτα ἐπηρώτα με ὁ ἄρχων τί δυνησόμεθα δοῦναι τῷ δήμῳ; κἀγώ 'τέσσαρα, ἔφην, ἐλάφεια δέρματα πάνυ καλά.' οἱ δὲ πολλοὶ αὐτῶν ἐγέλασαν. ὁ δὲ ἄρχων ἠγανάκτησε πρός με. 'τὰ γὰρ[6] ἄρκεια,[7] ἔφην, σκληρά ἐστιν καὶ τὰ τράγεια οὐκ ἄξια τούτων,[8] ἄλλα δὲ παλαιά, τὰ δὲ

---

1 τὸ λοιπόν, 'for the future.'

2 κατελάβοντο, 'took possession of.'

3 ἐλάττονος: gen. of price.

4 φλυαροῦντος, supply αὐτοῦ, which is often omitted with the gen. absolute.

5 ἵνα . . . ἐδώκαμεν: unfulfilled result.

6 γὰρ shows that he gives the reason for his offer in answer to an angry question.

7 ἄρκειος, from ἄρκτος; cf. Ἀρκαδία, 'Bearland.'

8 τούτων and αὐτῶν, i.e. τῶν ἐλαφείων.

μικρὰ αὐτῶν; εἰ δὲ βούλεσθε, κἀκεῖνα λάβετε.' πάλιν οὖν ἠγανάκτει καὶ ἔφη με ἄγροικον[1] εἶναι παντελῶς. (**43**) κἀγώ 'πάλιν, εἶπον, αὖ καὶ σὺ ἀγροὺς λέγεις; οὐκ ἀκούεις ὅτι ἀγροὺς οὐκ ἔχομεν;' ὃ δὲ ἠρώτα με εἰ τάλαντον[2] ἑκάτερος Ἀττικὸν δοῦναι θέλοιμεν. ἐγὼ δὲ εἶπον 'οὐχ ἵσταμεν τὰ κρέα ἡμεῖς; ἃ δ' ἂν ᾖ, δίδομεν. ἔστι δὲ ὀλίγα ἐν ἁλσί, τἆλλα δ' ἐν τῷ καπνῷ ξηρά, οὐ πολὺ ἐκείνων χείρω, σκελίδες[3] ὑῶν καὶ ἐλάφειοι καὶ ἄλλα γενναῖα κρέα.' (**44**) ἐνταῦθα δὴ ἐθορύβουν καὶ ψεύδεσθαί με ἔφασαν. ὃ δὲ ἠρώτα με εἰ σῖτον ἔχομεν καὶ πόσον τινά. εἶπον τὸν ὄντα ἀληθῶς· 'δύο, ἔφην, μεδίμνους πυρῶν καὶ τέτταρας κριθῶν καὶ τοσούτους κέγχρων, κυάμων δὲ ἡμίεκτον· οὐ γὰρ ἐγένοντο τῆτες. τοὺς μὲν οὖν πυροὺς καὶ τὰς κριθάς, ἔφην, ὑμεῖς λάβετε, τὰς δὲ κέγχρους ἡμῖν ἄφετε. εἰ δὲ κέγχρων δεῖσθε, καὶ ταύτας λάβετε.' 'οὐδὲ[4] οἶνον ποιεῖτε;' ἄλλος τις ἠρώτησεν. (**45**) 'ποιοῦμεν, εἶπον. ἂν οὖν τις ὑμῶν ἀφίκηται, δώσομεν· ὅπως[5] δὲ ἥξει φέρων ἀσκόν τινα· ἡμεῖς γὰρ οὐκ ἔχομεν.' 'πόσαι γάρ τινές εἰσιν ὑμῖν ἄμπελοι;' 'δύο μέν, ἔφην, αἱ πρὸ τῶν θυρῶν, ἔσω δὲ τῆς αὐλῆς εἴκοσι· καὶ τοῦ ποταμοῦ πέραν ἃς ἔναγχος ἐφυτεύσαμεν, ἕτεραι τοσαῦται· εἰσὶ δὲ γενναῖαι σφόδρα καὶ τοὺς βότρυς φέρουσι μεγάλους, ὅταν οἱ παριόντες ἐπαφῶσιν[6] αὐτούς. (**46**) ἵνα δὲ

---

1 ἄγροικος for a long time past had meant only rusticus, bumpkin; the hunter understands 'a man of ἀγρός,' but he speaks in the language of the good old times.

2 τάλαντον: again he mistakes, because to him τάλαντον means only 'weight,' its proper sense; the meaning 'talent of silver' is only secondary.

3 σκελίδες, 'hams.'

4 οὐδέ: in question = 'not . . . also.'

5 ὅπως . . . ἥξει, 'let him take care to come.'

6 ἐπαφῶσιν, 'let them stay there (ἐπαφίημι).' The danger of theft by persons passing is a false touch: they lived in a solitary place. (Do not connect the verb with ἐπαφάω.)

μὴ πράγματα ἔχητε καθ' ἕκαστον ἐρωτῶντες, ἐρῶ καὶ τἆλλα ἅ ἐστιν ἡμῖν· αἶγες ὀκτὼ θήλειαι, βοῦς κολοβή, μοσχάριον[1] ἐξ αὐτῆς πάνυ καλόν, δρέπανα τέτταρα, δίκελλαι τέτταρες, λόγχαι τρεῖς, μάχαιραν ἡμῶν ἑκάτερος κέκτηται πρὸς τὰ θηρία. τὰ δὲ κεραμεᾶ σκεύη τί ἂν λέγοι τις καὶ γυναῖκες ἡμῖν εἰσι καὶ τούτων τέκνα. οἰκοῦμεν δὲ ἐν δυσὶ σκηναῖς καλαῖς· καὶ τρίτην ἔχομεν, οὗ κεῖται τὸ σιτάριον καὶ τὰ δέρματα.' (**47**) 'νὴ Δία, εἶπεν ὁ ῥήτωρ, ὅπου καὶ τὸ ἀργύριον ἴσως κατορύττετε.' 'οὐκοῦν, ἔφην, ἀνάσκαψον ἐλθών, ὦ μῶρε. τίς δὲ κατορύττει ἀργύριον; οὐ γὰρ δὴ φύεταί γε.' ἐνταῦθα πάντες ἐγέλων, ἐκείνου μοι[2] δοκεῖν καταγελάσαντες. 'ταῦτά ἐστιν ἡμῖν· εἰ οὖν καὶ πάντα θέλετε, ἡμεῖς ἑκόντες ὑμῖν χαριζόμεθα, καὶ οὐδὲν ὑμᾶς ἀφαιρεῖσθαι δεῖ πρὸς[3] βίαν ὥσπερ ἀλλοτρίων ἢ πονηρῶν· (**48**) ἐπεί τοι καὶ πολῖται τῆς πόλεώς ἐσμεν, ὡς ἐγὼ τοῦ πατρὸς ἤκουον. καί ποτε ἐκεῖνος δεῦρο ἀφικόμενος, ἐπιτυχὼν ἀργυρίῳ διδομένῳ,[4] καὶ αὐτὸς ἔλαβεν ἐν τοῖς πολίταις. οὐκοῦν καὶ τρέφμεν ὑμετέρους πολίτας τοὺς παῖδας. κἄν ποτε δέησθε, βοηθήσουσιν ὑμῖν πρὸς λῃστὰς ἢ πρὸς πολεμίους. εἰ δὲ οὐκ ἐνθάδε ζῶμεν οὐδὲ πρὸς τῇ στενοχωρίᾳ τοσούτων ἀνθρώπων ἐν ταὐτῷ διαγόντων καὶ[5] ἡμεῖς ἐνοχλοῦμεν, οὐ δήπου διά γε τοῦτο μισεῖσθαι ἄξιοί ἐσμεν. (**50**) ὃ δὲ ἐτόλμησεν εἰπεῖν περὶ τῶν ναυαγίων, πρᾶγμα οὕτως ἀνόσιον καὶ πονηρόν (τοῦτο γὰρ μικροῦ ἐξελαθόμην εἰπεῖν ὃ πάντων πρῶτον ἔδει με εἰρηκέναι)· τίς ἂν πιστεύσεί ποτε ὑμῶν; πρὸς γὰρ τῇ ἀσεβείᾳ

---

1 μοσχάριον, 'a little calf.' So σιτάριον below, 'small stock of corn.'

2 μοι δοκεῖν, 'as I thought.'

3 πρὸς βίαν = βιαίως.

4 Occasionally sums of money were distributed among the citizens, either through bequests, of which there were many, or from public funds.

5 καὶ ἡμεῖς, 'we two,' only increasing the want of room.

καὶ ἀδύνατόν ἐστιν ἐκεῖθεν καὶ ὁτιοῦν λαβεῖν, ὅπου καὶ τῶν ξύλων οὐδὲν πλέον ἔστιν ἰδεῖν ἢ τὴν τέφραν·[1] οὕτω πάνυ σμικρὰ ἐκπίπτει, καὶ ἐστὶν ἐκείνη μόνη[2] ἡ ἀκτὴ ἁπασῶν ἀπρόσιτος. (**51**) καὶ τοὺς λάρκους,[3] οὓς ἅπαξ εὗρόν ποτε ἐκβεβρασμένους, καὶ τούτους ἀνέπηξα εἰς τὴν δρῦν τὴν ἱερὰν τὴν πλησίον τῆς θαλάττης. μὴ[4] γὰρ εἴη ποτέ, ὦ Ζεῦ, λαβεῖν μηδὲ κερδᾶναι κέρδος τοιοῦτον ἀπὸ ἀνθρώπων δυστυχίας. ἀλλὰ ὠφελήθην μὲν οὐδὲν πώποτε, ἠλέησα δὲ πολλάκις ναυαγοὺς ἀφικομένους καὶ τῇ σκηνῇ ὑπεδεξάμην καὶ φαγεῖν ἔδωκα καὶ πιεῖν καὶ εἴ τι ἄλλο ἐδυνάμην ἐπεβοήθησα καὶ συνηκολούθησα μέχρι τῶν οἰκουμένων. (**52**) ἀλλὰ τίς ἂν ἐκείνων ἐμοὶ νῦν μαρτυρήσειεν; οὔκουν οὐδὲ τοῦτο[5] ἐποίουν μαρτυρίας ἕνεκεν ἢ χάριτος οὕς γε οὐδ' ὁπόθεν ἦσαν ἠπιστάμην. μὴ γὰρ ὑμῶν γε μηδεὶς περιπέσοι τοιούτῳ πράγματι.'

Ταῦτα δὲ ἐμοῦ λέγοντος ἀνίσταταί τις ἐκ μέσων· κἀγὼ πρὸς ἐμαυτὸν ἐνεθυμήθην ὅτι 'ἄλλος τοιοῦτος τυχὸν[6] ἐμοῦ καταψευσόμενος.' (**53**) ὃ δὲ εἶπεν 'ἄνδρες, ἐγὼ πάλαι τοῦτον ἀμφιγνοῶν ἠπίστουν ὅμως. ἐπεὶ δὲ σαφῶς αὐτὸν ἔγνωκα, δεινόν μοι δοκεῖ, μᾶλλον δὲ ἀσεβές, μὴ εἰπεῖν ἃ συνεπίσταμαι μηδ' ἀποδοῦναι λόγῳ χάριν, ἔργῳ τὰ μέγιστα εὖ παθών. (**54**) εἰμὶ δέ, ἔφη, πολίτης, ὡς ἴστε, καὶ ὅδε, (δείξας τὸν παρακαθήμενον, καὶ ὃς ἐπανέστη)· ἐτύχομεν δὲ πλέοντες ἐν

---

1 The Greek says 'ashes ' where we should say 'sawdust': that the word is not at once intelligible is shown by the explanation that follows.

2 μόνη . . . ἁπασῶν: an exaggeration, meaning only 'there is none that is so . . .'

3 λάρκους, 'baskets.'

4 μὴ εἴη, 'may it never come to this, that.'

5 τοῦτο ἐποίουν: he says this modestly, instead of εὖ ἐποίουν, which, as the accus. governed by it shows, is what he really means.

6 τυχόν, 'perhaps.'

τῇ Σωκλέους νηὶ τρίτον[1] ἔτος. καὶ διαφθαρείσης τῆς νεὼς περὶ τὸν Καφηρέα παντελῶς ὀλίγοι τινὲς ἐσωθημεν ἀπὸ πολλῶν. τοὺς μὲν οὖν πορφυρεῖς ἀνέλαβον· εἶχον γὰρ αὐτῶν τινες ἀργύριον ἐν φασκωλίοις.[2] ἡμεῖς δὲ γυμνοὶ παντελῶς ἐκπεσόντες δι᾽ ἀτραποῦ τινος ἐβαδίζομεν, ἐλπίζοντες εὑρήσειν σκέπην[3] τινά ποιμένων ἢ βουκόλων, κινδυνεύοντες ὑπὸ λιμοῦ τε καὶ δίψους διαφθαρῆναι. (**55**) καὶ μόλις ποτὲ ἤλθομεν ἐπὶ σκηνάς τινας, καὶ στάντες ἐβοῶμεν. προελθὼν δὲ οὗτος εἰσάγει τε ἡμᾶς ἔνδον καὶ ἀνέκαε πῦρ οὐκ ἀθρόον, ἀλλὰ κατ' ὀλίγον· καὶ τὸν μὲν ἡμῶν αὐτὸς ἀνέτριβε, τὸν δὲ ἡ γυνὴ στέατι·[4] οὐ γὰρ ἦν αὐτοῖς ἔλαιον· τέλος δὲ ὕδωρ κατέχεον θερμόν, ἕως ἀνέλαβον ἀπεψυγμένους. (**56**) ἔπειτα κατακλίναντες καὶ περιβαλόντες οἷς εἶχον παρέθηκαν φαγεῖν ἡμῖν ἄρτους πυρίνους, αὐτοὶ δὲ κέγχρον ἑφθὴν ἤσθιον. ἔδωκαν δὲ καὶ οἶνον ἡμῖν πιεῖν, ὕδωρ αὐτοὶ πίνοντες, καὶ κρέα ἐλάφεια ὀπτῶντες ἄφθονα, τὰ δὲ ἕψοντες· τῇ δ᾽ ὑστεραίᾳ βουλομένους ἀπιέναι κατέσχον ἐπὶ τρεῖς ἡμέρας. (**57**) ἔπειτα προύπεμψαν εἰς τὸ πεδίον, καὶ ἀπιοῦσι κρέας ἔδωκαν καὶ δέρμα ἑκατέρῳ πάνυ καλόν. ἐμὲ δὲ ὁρῶν ἐκ τῆς κακοπαθείας ἔτι πονήρως ἔχοντα ἐνέδυσε χιτώνιον, τῆς θυγατρὸς ἀφελόμενος· ἐκείνη δὲ ἄλλο τι ῥάκος[5] περιεζώσατο. τοῦτο, ἐπειδὴ ἐν τῇ[6] κώμῃ ἐγενόμην,

---

1 τρίτον ἔτος (ἐστί) is the original phrase, so the case is nom., 'two years ago.'

2 φασκώλια, 'purses.'

3 σκέπη ποιμένων: a shelter such as shepherds make for themselves in the hills. Such a stone hut stands on the top of Ocha, the highest point above the κοῖλα, and was long mistaken for a primitive temple.

4 στέατι: rubbing the body with grease was part of the daily toilet which could scarcely be dispensed with by men.

5 ῥάκος: not another kind of garment, but only a torn χιτώνιον.

6 τῇ κώμῃ, i.e. τὰ οἰκούμενα of 'The Hunter' 51.

ἀπέδωκα. οὕτως ἡμεῖς γε ὑπὸ τούτου μάλιστα ἐσώθημεν μετὰ τοὺς θεούς.'

(**58**) Ταῦτα δὲ ἐκείνου λέγοντος ὁ μὲν δῆμος ἤκουεν ἡδέως καὶ ἐπῄνουν με, ἐγὼ δὲ ἀναμνησθείς, 'καῖρε, ἔφην, Σωτάδη·' καὶ προσελθὼν ἐφίλουν αὐτὸν καὶ τὸν ἕτερον. ὁ δὲ δῆμος ἐγέλα σφόδρα, ὅτι ἐφίλουν[1] αὐτούς. τότε ἔγνων ὅτι ἐν ταῖς πόλεσιν οὐ φιλοῦσιν ἀλλήλους.

(**59**) Παρελθὼν δὲ ἐκεῖνος ὁ ἐπιεικὴς ὁ τὴν ἀρχὴν ὑπὲρ ἐμοῦ λέγων,[2] 'ἐμοί ἔφη, ὦ ἄνδρες, δοκεῖ καλέσαι τοῦτον εἰς τὸ πρυτανεῖον ἐπὶ ξένια. οὐ[3] γάρ, εἰ μὲν ἐν πολέμῳ τινά ἔσωσε τῶν πολιτῶν ὑπερασπίσας,[4] πολλῶν ἂν καὶ μεγάλων δωρεῶν ἔτυχε, νυνὶ δὲ δύο σώσας πολίτας, τυχὸν δὲ καὶ ἄλλους, οἵ οὐ πάρεισιν, οὔκ ἐστιν ἄξιος οὐδεμιᾶς τιμῆς. (**60**) ἀντὶ δὲ τοῦ χιτῶνος, ὃν ἔδωκε τῷ πολίτῃ κινδυνεύοντι, τὴν θυγατέρα ἀποδύσας, ἐπιδοῦναι αὐτῷ τὴν πόλιν χιτῶνα καὶ ἱμάτιον, ἵνα καὶ τοῖς ἄλλοις προτροπὴ[5] γένηται δικαίοις εἶναι

---

1 ἐφίλουν: just at this time the kiss as a greeting between acquaintances was more in fashion than ever before: so the hunter mistakes the cause of their laughter, which was that he in his leather coat treated the prosperous city man as an equal. In what follows there is a point also in the double sense of φιλῶ.

2 In this speech we get glimpses of the forms used in the resolution of the assembly, which was in fact framed on this speaker's proposal. Hence καλέσαι . . . ἐπὶ ξένια: whether still at that time is uncertain, but at any rate formerly a number of benefactors of the state and distinguished persons were entertained in a public hall, mostly called the πρυτανεῖον after that at Athens; individuals were invited under special circumstances by the assembly to receive this entertainment (σίτησις).

3 οὐ γάρ, εἰ μέν, 'for it is (surely) not the case that, if. . .': a form of sentence commoner in earlier Greek for this would be ἐπεὶ δεινὸν ἄν εἴη, εἰ σώσας τινὰ τῶν πολιτῶν πολλῶν ἔτυχε, νῦν δὲ οὐκ ἄξιός ἐστιν οὐδεμιᾶς τιμῆς.

4 ὑπερασπίζειν, 'to cover with the shield.'

5 προτροπή, 'inducement.'

καὶ ἐπαρκεῖν ἀλλήλοις, ψηφίσασθαι δὲ αὐτοῖς[1] καρποῦσθαι τὸ χωρίον καὶ αὐτοὺς καὶ τὰ τέκνα, καὶ μηδένα αὐτοῖς ἐνοχλεῖν, δοῦναι δὲ αὐτῷ καὶ ἑκατὸν δραχμὰς εἰς κατασκευήν· [2]τὸ δὲ ἀργύριον τοῦτο ὑπὲρ τῆς πόλεως ἐγὼ παρ' ἐμαυτοῦ δίδωμι.' (**61**) ἐπὶ τούτῳ δὲ ἐπῃνέθη, καὶ τἆλλα ἐγένετο ὡς εἶπεν, καὶ ἐκομίσθη παραχρῆμα εἰς τὸ θέατρον τὰ ἱμάτια καὶ τὸ ἀργύριον. ἐγὼ δὲ οὐκ ἐβουλόμην λαβεῖν, ἀλλ' εἶπον ὅτι 'οὐ δύνασαι δειπνεῖν[3] ἐν τῷ δέρματι.' 'οὐκοῦν, εἶπον, τὸ σήμερον ἄδειπνος μενῶ.' ὅμως δὲ ἐνέδυσάν με τὸν χιτῶνα καὶ περιέβαλον τὸ ἱμάτιον. (**62**) ἐγὼ δὲ ἄνωθεν βαλεῖν ἐβουλόμην τὸ δέρμα, οἱ δὲ οὐκ εἴων. τὸ δὲ ἀργύριον οὐκ ἐδεξάμην οὐδένα τρόπον, ἀλλ' ἀπωμοσάμην. 'εἰ δὲ ζητεῖτε τίς λάβῃ,[4] τῷ ῥήτορι, ἔφην, δότε, ὅπως κατορύξῃ αὐτό· ἐπίσταται γὰρ δῆλον ὅτι.' ἀπ' ἐκείνου δὲ ἡμᾶς οὐδεὶς ἠνώχλησε.'[5]

(**63**) Σχεδὸν[6] οὖν εἰρηκότος αὐτοῦ πρὸς ταῖς σκηναῖς ἦμεν. κἀγὼ γελάσας εἶπον 'ἀλλ' ἕν τι ἀπεκρύψω τοὺς πολίτας, τὸ κάλλιστον τῶν κτημάτων.' 'τί τοῦτο;' εἶπεν. 'τὸν κῆπον, ἔφην, τοῦτον, πάνυ καλὸν καὶ λάχανα πολλὰ καὶ δένδρα ἔχοντα.' 'οὐκ ἦν, ἔφη, τότε, ἀλλ' ὕστερον ἐποιήσαμεν.'

(**64**) Εἰσελθόντος οὖν εὐωχούμεθα τὸ λοιπὸν τῆς ἡμέρας, ἡμεῖς μὲν κατακλιθέντες ἐπὶ φύλλων τε καὶ δερμάτων ἐπὶ στιβάδος ὑψηλῆς, ἡ δὲ γυνὴ πλησίον παρὰ τὸν ἄνδρα

---

1 αὐτοῖς, dat. commodi.

2 For an individual to take on himself charges or cash payments for the state was in these later, poverty-stricken times quite common.

3 δειπνεῖν, supply ἐν πρυτανείῳ; the hunter doesn't understand, and it was to him neither unusual nor a hardship to go without a meal.

4 λάβῃ, deliberative.

5 This is the end of the hunter's long narrative. The ἐγώ in the next line is Dio Chrysostom.

6 σχεδὸν εἰρηκότος, 'he had nearly finished when.'

καθημένη.[1] θυγάτηρ δὲ ὡραία γάμου διηκονεῖτο καὶ ἐνέχει πιεῖν μέλανα οἶνον ἡδύν. οἱ δὲ παῖδες τὰ κρέα παρεσκεύαζον καὶ αὐτοὶ ἅμα ἐδείπνουν παρατιθέντες, ὥστε ἐμὲ εὐδαιμονίζειν τοὺς ἀνθρώπους ἐκείνους καὶ οἴεσθαι μακαρίως ζῆν πάντων μάλιστα ὧν ἠπιστάμην. (**65**) καίτοι πλουσίων οἰκίας τε καὶ τραπέζας ἠπιστάμην, οὐ μόνον ἰδιωτῶν, ἀλλὰ καὶ σατραπῶν καὶ βασιλέων,[2] οἳ μάλιστα ἐδόκουν μοι τότε ἄθλιοι, καὶ πρότερον δοκοῦντες, ὁρῶντι τὴν ἐκεῖ πενίαν τε καὶ ἐλευθερίαν, ὅτι οὐδὲν ἀπελείποντο οὐδὲ τῆς περὶ τὸ φαγεῖν τε καὶ πιεῖν ἡδονῆς, ἀλλὰ καὶ τούτοις ἐπλεονέκτουν σχεδόν τι.

(**66**) Ἤδη δ' ἱκανῶς ἡμῶν ἐχόντων ἦλθε κἀκεῖνος ὁ ἕτερος. συνηκολούθει δὲ υἱὸς αὐτῷ, μειράκιον οὐκ ἀγεννές, λαγὼν φέρων. εἰσελθὼν δὲ οὗτος ἠρυθρίασεν· ἐν ὅσῳ δὲ ὁ πατὴρ αὐτοῦ ἠσπάζετο ἡμᾶς, αὐτὸς ἐφίλησε τὴν κόρην καὶ τὸν λαγὼν ἐκείνῃ ἔδωκεν. ἡ μὲν οὖν παῖς ἐπαύσατο διακονουμένη καὶ παρὰ τὴν μητέρα ἐκαθέζετο, τὸ δὲ μειράκιον ἀντ' ἐκείνης διηκονεῖτο. (**67**) κἀγὼ τὸν ξένον ἠρώτησα 'αὕτη, ἔφην, ἐστίν, ἧς τὸν χιτῶνα ἀποδύσας τῷ ναυαγῷ ἔδωκας;' καὶ ὃς γελάσας, 'οὐκ, ἔφη, ἀλλ' ἐκείνη, εἶπε, πάλαι πρὸς ἄνδρα ἐδόθη, καὶ τέκνα ἔχει μεγάλα ἤδη, πρὸς[3] ἄνδρα πλούσιον εἰς κώμην.' 'οὐκοῦν, ἔφην, ἐπαρκοῦσιν ὑμῖν ὅ τι ἂν δέησθε;' 'οὐδέν, εἶπεν ἡ γυνή, δεόμεθα ἡμεῖς. (**68**) ἐκεῖνοι δὲ λαμβάνουσι καὶ ὁπηνίκ' ἄν τι θηραθῇ καὶ ὀπώραν καὶ λάχανα· οὐ γὰρ ἔστι κῆπος παρ' αὐτοῖς. πέρυσι δὲ παρ'

---

1 Women never reclined at table.

2 βασιλεῖς, meaning the emperor; he calls the Roman nobles σατράπαι, an archaic word; in this there is some sarcasm, since σατράπαι are necessarily βάρβαροι; cf. 'nabob.'

3 πρὸς ἄνδρα πλούσιον, repeating with pride what he has said: for εἰς we should say 'in.'

αὐτῶν πυροὺς ἐλάβομεν, σπέρμα ψιλόν, καὶ ἀπεδώκαμεν αὐτοῖς εὐθὺς τῆς θερείας.' 'τι οὖν; ἔφην, καὶ ταύτην[1] διανοεῖσθε διδόναι πλουσίῳ, ἵνα ὑμῖν καὶ αὐτὴ πυροὺς δανείσῃ;' ἐνταῦθα μέντοι ἄμφω ἠρυθριασάτην, ἡ κόρη καὶ τὸ μειράκιον. (**69**) ὁ δὲ πατὴρ αὐτῆς ἔφη 'πένητα ἄνδρα λήψεται, ὅμοιον ἡμῖν κυνηγέτην·' καὶ μειδιάσας ἔβλεψεν εἰς τὸν νεανίσκον. κἀγώ 'τί οὖν οὐκ ἤδη δίδοτε; ἢ δεῖ ποθεν αὐτὸν ἐκ κώμης ἀφικέσθαι;' 'δοκῶ μέν, εἶπεν, οὐ μακράν ἐστιν· ἀλλ' ἔνδον ἐνθάδε. καὶ ποιήσομέν γε τοὺς γάμους ἡμέραν ἀγαθὴν ἐπιλεξάμενοι.' κἀγώ 'πῶς, ἔφην, κρίνετε τὴν ἀγαθὴν ἡμέραν;' καὶ ὅς 'ὅταν[2] μὴ μικρὸν ᾖ τὸ σελήνιον·[3] δεῖ δὲ καὶ τὸν ἀέρα εἶναι καθαρόν, αἰθρίαν λαμπράν.' (**70**) κἀγώ 'τί δέ; τῷ ὄντι κυνηγέτης ἀγαθός ἐστιν;' ἔφην. 'ἔγωγε, εἶπεν ὁ νεανίσκος, καὶ ἔλαφον καταπονῶ καὶ σῦν ὑφίσταμαι. ὄψει δὲ αὔριον, ἂν θέλῃς, ὦ ξένε.' 'καὶ τὸν λαγὼν τοῦτον σύ, ἔφην, ἔλαβες;' 'ἐγώ, ἔφη γελάσας, τῷ λιναρίῳ[4] τῆς νυκτός·[5] ἦν γὰρ αἰθρία πάνυ καλὴ καὶ ἡ σελήνη τηλικαύτη τὸ μέγεθος ἡλίκη οὐδεπώποτε ἐγένετο.' (**71**) ἐνταῦθα μέντοι ἐγέλασαν ἀμφότεροι, οὐ μόνον ὁ τῆς κόρης πατήρ, ἀλλὰ καὶ ὁ ἐκείνου. ὃ δὲ ᾐσχύνθη καὶ ἐσιώπησε. λέγει οὖν ὁ τῆς κόρης πατήρ 'ἐγὼ μέν, ἔφη, ὦ παῖ, οὐδὲν ὑπερβάλλομαι. ὁ δὲ πατήρ σου περιμένει, ἔστ' ἂν ἱερεῖον πρίηται πορευθείς. δεῖ γὰρ θῦσαι τοῖς θεοῖς.' εἶπεν

---

1 He points to the other unmarried daughter sitting close by.

2 Full moon for a wedding was an old notion; that it was not indispensably necessary is shown here, as the wedding is put off to the days of the waning moon.

3 σελήνιον and the other diminutives coming characterised the speech of the common people. In fact the language adopted a great number of diminutives,.and went further and further in this direction. The word for 'moon' is now φεγγάριον, dim. from φέγγος.

4 λιναρίῳ, 'net.'

5 τῆς νυκτός, 'last night.'

οὖν ὁ νεώτερος ἀδελφὸς τῆς κόρης 'ἀλλὰ ἱερεῖόν γε πάλαι οὗτος παρεσκεύακε, καὶ ἔστιν ἔνδον, τρεφόμενον ὄπισθεν τῆς σκηνῆς, γενναῖον.'[1] (**72**) ἠρώτων οὖν αὐτόν 'ἀληθῶς;' ὃ δὲ ἔφη. 'καὶ πόθεν σοι;' ἔφασαν. 'ὅτε τὴν ὗν ἐλάβομεν τὴν τὰ τέκνα ἔχουσαν, τὰ μὲν ἄλλα διέδρα· καὶ ἦν, ἔφη, ταχύτερα τοῦ λαγώ· ἑνὸς δὲ ἐγὼ λίθῳ ἔτυχον καὶ ἁλόντι τὸ[2] δέρμα ἐπέβαλον· τοῦτο ἠλλαξάμην ἐν τῇ κώμῃ, καὶ ἔλαβον ἀντ' αὐτοῦ χοῖρον,[3] καὶ ἔθρεψα ποιήσας ὄπισθεν συφεόν.' (**73**) 'ταῦτα,[4] εἶπεν, ἄρα ἡ μήτηρ σοῦ ἐγέλα, ὁπότε θαυμάζοιμι ἀκούων γρυλλιζούσης τῆς συός, καὶ τὰς κριθὰς οὕτως ἀνήλισκες.' 'αἱ γὰρ εὐβοΐδες,[5] εἶπεν, οὐχ ἱκαναὶ ἦσαν πιᾶναι, ἢ μηδὲ βαλάνους ἤθελεν ἐσθίειν. ἀλλὰ εἰ βούλεσθε ἰδεῖν αὐτήν, ἄξω πορευθείς.' οἳ δὲ ἐκέλευον. ἀπῄεσαν οὖν ἐκεῖνός τε καὶ οἱ παῖδες αὐτόθεν δρόμῳ χαίροντες. (**74**) ἐν δὲ τούτῳ ἡ παρθένος ἀναστᾶσα ἐξ ἑτέρας σκηνῆς ἐκόμισεν οὗα [6] τετμημένα καὶ μέσπιλα καὶ μῆλα χειμερινὰ καὶ τῆς γενναίας σταφυλῆς βότρυς σφριγῶντας, καὶ ἔθηκεν ἐπὶ τὴν τράπεζαν, καταψήσασα φύλλοις ἀπὸ τῶν κρεῶν, ὑποβαλοῦσα καθαρὰν πτερίδα. ἧκον δὲ καὶ οἱ παῖδες τὴν ὗν ἄγοντες μετὰ γέλωτος καὶ παιδιᾶς. (**75**) συνηκολούθει δὲ ἡ μήτηρ τοῦ νεανίσκου καὶ

---

1 γενναῖον, 'a fine one.'

2 τὸ δέρμα, his leather coat.

3 For sacrifice a tame pig was necessary: wild were not offered.

4 ταῦτα, 'that is why.'

5 εὐβοΐδες, 'chestnuts': our word is derived from the Thessalian town Kastana. The chestnut grows still in Euboea and must be considered indigenous.

6 οὗα, the pear-shaped fruit of the service tree, sorb-apple, now seldom seen, but once common in English gardens; Pyrus sorbus domestica: it is related to the mountain-ash. Τεμημένα, 'cut up': μέσπικα are 'medlars.' The grapes are not dried and made into raisins (σταφίδες). The table was dusted with leaves and the fruit was neatly laid on fern.

ἀδελφοὶ δύο παιδάρια· ἔφερον[1] δὲ ἄρτους τε καθαροὺς καὶ ᾠὰ ἑφθὰ ἐν ξυλίνοις πίναξι καὶ ἐρεβίνθους φρυκτούς. ἀσπασαμένη δὲ τὸν ἀδελφὸν ἡ γυνὴ καὶ τὴν ἀδελφινῆν ἐκαθέζετο παρὰ τὸν αὑτῆς ἄνδρα καὶ εἶπεν, 'ἰδοῦ τὸ ἱερεῖον, ὃ οὗτος πάλαι ἔτρεφεν εἰς τοὺς γάμους, καὶ τἄλλα τὰ παρ' ἡμῶν ἕτοιμά ἐστι, καὶ ἄλφιτα[2] καὶ ἄλευρα πεποίηται· μόνον ἴσως οἰναρίου προσδεησόμεθα· καὶ τοῦτο οὐ χαλεπὸν ἐκ τῆς κώμης λαβεῖν.' (**76**) περειστήκει δὲ αὐτῇ πλησίον ὁ υἱὸς πρὸς τὸν κηδεστὴν ἀποβλέπων. καὶ ὃς μειδιάσας εἶπεν 'οὗτος, ἔφη, ἐστὶν ὁ ἐπέχων· ἴσως γὰρ ἔτι βούλεται πιᾶναι τὴν ὗν.' καὶ τὸ μειράκιον 'αὕτη μέν, εἶπεν, ὑπὸ τοῦ λίπους διαρραγήσεται.' κἀγὼ βουλόμενος αὐτῷ βοηθῆσαι (**77**) 'ὅρα, ἔφην, μὴ ἕως πιαίνεται ἡ ὗς οὗτος ὑμῖν λεπτὸς γένηται.' ἡ δὲ μήτηρ 'ἀληθῶς, εἶπεν, ὁ ξένος λέγει, ἐπεὶ καὶ νῦν λεπτότερος[3] αὑτοῦ γέγονε· καὶ πρῴην ᾐσθόμην τῆς νυκτὸς αὐτὸν ἐργηγορότα καὶ προελθόντα ἔξω τῆς σκηνῆς.' (**78**) 'οἱ κύνες, ἔφη, ὑλάκτουν, καὶ ἐξῆλθον ὀψόμενος.' 'οὐ σύ γε, εἶπεν, ἀλλὰ περιεπάτεις ἀλύων. μὴ οὖν πλείω χρόνον ἐῶμεν ἀνιᾶσθαι αὐτόν.' καὶ περιβαλοῦσα ἐφίλησε τὴν μητέρα τῆς κόρης. ἣ δὲ πρὸς τὸν ἄνδρα τὸν ἑαυτῆς 'ποιῶμεν, εἶπεν, ὡς θέλουσι.' καὶ ἔδοξε ταῦτα, καὶ εἶπον 'εἰς τρίτην ποιῶμεν τοὺς γάμους.' παρεκάλουν δὲ κἀμὲ προσμεῖναι τὴν ἡμέραν. (**79**) κἀγὼ προσέμεινα οὐκ ἀηδῶς.

---

1 Pure wheaten bread replaces the sweetmeats that town people eat at the end of a meal. Pease pudding was eaten only by the poor.

2 ἄλφιτα and ἄλευρα are wheat flour and barley meal. The women had to see to the grinding.

3 λεπτότερος αὑτοῦ, 'than usual.' The reflexive is often used in such expressions.

III. ALEXANDER'S BATTLE WITH PORUS

From Arrian's *Anabasis.*

When Alexander crossed to Asia, intending to get possession at least of the peninsula of Asia Minor, he had taken care to have Greek literary men on his staff, in order that they might promptly note down his achievements and influence public opinion at home. For the first campaign this intention of his was realised. But when his purpose grew, and his army marched further and ever further into the remote East, the official register could not keep pace with him. Then he died too soon, and the conditions were so complicated that no general record of his history was produced. Nevertheless very many who took part in his expeditions wrote their memoirs, and there were not wanting accounts of separate episodes, such as the narrative of the journey from the mouth of the Indus to the Persian Gulf, written by Nearchus. In the regular court journal — αἱ βασίλειοι ἐφημερίδες — in the tables of distances kept by the royal 'measurers,' called βηματισταί, valuable records existed, portions of which were published sooner or later; though the Macedonians themselves were as incapable of writing books as our Daniel Boone. Thus a history of Alexander was soon formed, which was indeed endowed with all the graces that historians in that age could bestow, but contained a large element of romance and, especially from the military point of view, was unsatisfactory. A comparatively sober account was given by Aristobulus who accompanied the expedition. Only a few fragments of his work now survive. It was reserved for the aged Ptolemy I of Egypt to publish a reliable military history based on the documents of the head quarters. In this history, which differed entirely from the account hitherto current and was indeed epoch-making, he made it his purpose to tell the truth and to render the honour due to the king, or better still, to the general. Only where consideration for the divine founder of Alexandria forced him to it, did Ptolemy make any concession to legend. We owe it to him that we possess information to a high degree authentic, though not exhaustive.

In the second degree we owe it to the high regard for truth shown by Flavius Arrian, of Nicomedia in Bithynia. In his youth he received the moral impulse from the training of the great stoic Epictetus, who made him susceptible to greatness and to truth. In imperial service under Hadrian (117-138 A.D.) he gained insight into military affairs and the realities of life. On the death of Hadrian he took leave of official life, retreated to Athens, and in authorship gave himself up to affected imitation of alien styles, so that he is entirely without literary individuality. In the history of Alexander just that which cost him most pains and was his special pride, his imitation of the naive manner of Herodotus and Xenophon[1], leaves us altogether untouched. Nevertheless it is in consequence of his efforts that we possess so much of Ptolemy's history; and if the true, plain portrait of the great king stands beside the imaginary oriental prince, and produces an incomparably deeper effect on us moderns, that assuredly teaches us first and foremost that true greatness endures no light so well as the light of truth: it teaches us further that all literary artifices pale before the moral power of truthfulness.

In the winter of 327-326 B.C. Alexander had descended by the valley of Kabul into northern India, in order to take possession of the province which, since Darius I, had belonged nominally to the Persian empire. The subjugation of the mountain tribes as far as Kashmir had cost much time and trouble. None the less, isolated tribes, and in particular the powerful prince whom the Greeks called Taxiles after his capital Taxila, had joined of their own accord, had been rewarded for so doing, and added their forces to the army. The host now moved down to the Indus; only its left bank had still to be annexed. The passage of the river occasioned no difficulty, as a division had early been detached to procure ships and whatever else was needed. The reduction of the country as far as the Hydaspes (Jhelum) followed immediately; but the further (south) side of the river was occupied by the prince of the Purava tribe, whom the Greeks call Porus, with a consider able army. Alexander chose to conquer him completely, although the Indian rainy season, the beginning of which was bound to overtake him, rendered the operations exceedingly difficult.

(**1**) Ἀλέξανδρός τε κατεστρατοπέδευσεν ἐπὶ τῇ ὄχθῃ τοῦ Ὑδάσπου, καὶ Πῶρος κατὰ τὴν ἀντιπέρας ὄχθην ὤφθη ξὺν πάσῃ τῇ στρατιᾷ καὶ τῶν ἐλεφάντων τῷ στίφει. ταύτῃ μὲν δὴ ᾗ κατεστρατοπεδευκότα εἶδεν Ἀλέξανδρον αὐτὸς μένων ἐφύλαττε τὸν πόρον· ὅσα δὲ ἄλλα τοῦ ποταμοῦ εὐπορώτερα, ἐπὶ ταῦτα φρουρὰς διαπέμψας καὶ ἡγεμόνας ἐπιστήσας ἑκάστοις[2] εἴργειν ἐπενόει τοῦ πόρου τοὺς Μακεδόνας. ταῦτα

1 Arrian became known at Athens as the New Xenophon.

2 ἑκάστοις, as if φρουρούς had preceded.

δὲ ὁρῶντι Ἀλεξάνδρῳ κινητέα καὶ αὐτῷ ἐδόκει ἡ στρατιὰ πολλαχῇ, ὡς[1] τὸν Πῶρον ἀμφίβολον[2] γίγνεσθαι. διελὼν δὲ ἐς πολλὰ τὸν στρατὸν τοὺς μὲν αὐτὸς ἄλλῃ καὶ ἄλλῃ ἦγε τῆς χώρας, τὰ μὲν[3] πορθῶν ὅσα πολέμια, τὰ δὲ σκοπῶν ὅπῃ εὐπορώτερος αὐτῷ ὁ ποταμὸς φανεῖται, τοὺς δὲ τῶν[4] ἡγεμόνων ἄλλοις καὶ ἄλλοις ὑποτάξας καὶ αὐτοὺς πολλαχῇ διέπεμπε. σῖτος δὲ αὐτῷ πάντοθεν ἐκ τῆς ἐπὶ[5] τάδε τοῦ Ὑδάσπου χώρας ἐς τὸ στρατόπεδον ξυνεκομίζετο, ὡς δῆλον εἶναι τῷ Πώρῳ ὅτι ἐγνωκὼς εἴη προσλιπαρεῖν[6] τῇ ὄχθῃ, ἔστε τὸ ὕδωρ τοῦ ποταμοῦ μεῖον γενόμενον τοῦ χειμῶνος πολλαχῇ παραδοῦναί οἱ τὸν πόρον· τά τε πλοῖα αὐτῷ[7] ἄλλῃ καὶ ἄλλῃ παραπλέοντα καὶ αἱ διφθέραι[8] τῆς κάρφης ἐμπιπλάμεναι καὶ ἡ ὄχθη πᾶσα πλήρης φαινομένη τῇ μὲν ἱππέων, τῇ δὲ πεζῶν, οὐκ εἴα ἠρεμεῖν τὸν Πῶρον οὐδὲ ἕν τι ἐπιλεξάμενον ἐς φυλακὴν ξύμφορον ἐς τοῦτο ἐκ[9] πάντων παρασκευάζεσθαι. ἄλλως τε ἐν μὲν τῷ τότε οἱ ποταμοὶ πάντες πολλοῦ τε ὕδατος[10] καὶ θολεροῦ ἔρρεον καὶ ὀξέος τοῦ ῥεύματος· ἦν γὰρ

---

1 ὡς, with infin., a purpose clause.

2 ἀμφίβολον, in his mind.

3 τὰ μὲν. . . τὰ δέ, 'partly . . . partly.'

4 τῶν ἡγεμόνων, with ἄλλοις καὶ ἄλλος. Καί before αὐτούς = 'also.' The troops were divided up among the generals for the various enterprises.

5 ἐπὶ τάδε, 'on this side'; ἐπ᾽ ἐκεῖνα 'on that (the other) side.'

6 προσλιπαρεῖν τη ὄχθη, 'wait on the bank' gives the sense, but not literally: it means properly 'to wait for something or someone until you get what you want.'

7 αὐτῷ, the dative here is equivalent to a genitive; 'his boats'.

8 As ships could not be built fast enough, skins filled with chaff were used for crossing.

9 ἐκ πάντων, 'by every means.'

10 ὕδατος, the ordinary gen. of material; to this ῥεύματος is assimilated, for which otherwise instrumental dat. would be used.

ὥρα ἔτους ᾗ μάλιστα[1] ἐν θέρει τρέπεται ὁ ἥλιος· ταύτῃ δὲ τὴ ὥρᾳ ὕδατά τε ἐξ οὐρανοῦ ἀθρόα καταφέρεται ἐς τὴν γῆν τὴν Ἰνδικὴν καὶ αἱ χιόνες αἱ τοῦ Καυκάσου,[2] ἔνθενπερ τῶν πολλῶν ποταμῶν αἱ πηγαί εἰσι, κατατηκόμεναι αὔξουσιν αὐτοῖς τὸ ὕδωρ ἐπὶ μέγα· χειμῶνος δὲ ἔμπαλιν[3] ἴσχουσιν, ὀλίγοι τε γίγνονται καὶ καθαροὶ ἰδεῖν καὶ ἔστιν ὅπου περάσιμοι, πλήν γε δὴ τοῦ Ἰνδοῦ καὶ Γάγγου καὶ τυχὸν[4] καὶ ἄλλου του· ἀλλ' ὅ γ' Ὑδάσπης περατὸς γίγνεται.

(**2**) Ταύτην οὖν τὴν ὥραν τοῦ ἔτους προσμένειν ἐς[5] τὸ φανερὸν ἔφασκεν, εἰ ἐν τῷ τότε εἴργοιτο· ὃ[6] δὲ οὐδὲν μεῖον ἐφεδρεύων ἔμενεν, εἴ πῃ λάθοι ὑφαρπάσας ὀξέως[7] τὸν πόρον. ᾗ μὲν δὴ αὐτὸς Πῶρος κατεστρατοπεδύκει πρὸς τῇ ὄχθῃ τοῦ Ὑδάσπου, ἔγνω ἀδύνατος ὢν περᾶσαι ὑπὸ πλήθους τε τῶν ἐλεφάνων καὶ ὅτι πολλὴ στρατιὰ καὶ αὕτη τεταγμένη τε καὶ ἀκριβῶς ὡπλισμένη ἐκβαίνουσιν αὐτοῖς ἐπιθήσεσθαι ἔμελλεν· οἵ τε ἵπποι οὐκ ἂν ἐδόκουν αὐτῷ ἐθελῆσαι οὐδὲ ἐπιβῆναι τῆς ὄχθης τῆς πέραν, προσκειμένων σφίσιν εὐθὺς τῶν ἐλεφάντων καὶ τῇ τε ὄψει ἅμα καὶ τῇ φωνῇ φοβούντων, οὐδ' ἂν ἔτι πρόσθεν μεῖναι ἐπὶ τῶν διφθερῶν

---

1 μάλιστα, 'about,' to be taken with ὥρα ἔτους in trans.

2 Caucasus is used for Parapamisus (Hindu Kush), as the Macedonians had identified the two. Arrian of course knew this, and he ought to have known too that the Hydaspes (Jhelum) rises in the Himalayas (Ἴμαος).

3 ἔμπαλιν ἴσχουσιν, we should say 'the opposite happens'; ἴσχω in later Greek is common for ἔχω. The explanation is given in the form of an apposition, by the verbs that follow.

4 τυχόν, 'perhaps.'

5 ἐς τὸ φανερόν, 'openly,' as distinct from what he was really intending.

6 ὃ δὲ, the subject is still 'Alexander,' and the use of ὃ δέ is an imitation of old Ionic style; Attic could only use it when the subject changes.

7 ὀξέως denotes the speedy use of force, λανθάνειν, cunning, ὑφαρπάζειν, implies both cunning and speed.

κατὰ τὸν πόρον, ἀλλ'[1] ἐκπηδᾶν γὰρ ἐς τὸ ὕδωρ ἀφορῶντες[2] πέραν τοὺς ἐλέφαντας ἔκφρονες γίγνόμενοι. κλέψαι οὖν ἐπενόει τὴν διάβασιν ὧδε πράττων· νύκτωρ παραγαγὼν ἄλλῃ καὶ ἄλλῃ τῆς ὄχθης τοὺς πολλοὺς τῶν ἱππέων βοήν τε ἐποίει, καὶ ἠλαλάζετο[3] τῷ Ἐνυαλίῳ καὶ τἆλλα ὅσα ἐπὶ διαβάσει συσκευαζομένων θόρυβος παντοδαπὸς ἐγίγνετο. καὶ ὁ Πῶρός τε ἀντιπαρῄει πρὸς τὴν βοὴν ἐπάγων τοὺς ἐλέφαντας καὶ Ἀλέξανδρος ἐς ἔθος αὐτὸν τῆς ἀντιπαραγωγῆς καθίστη. ὡς δὲ ἐπὶ πολὺ τοῦτο ἐγίγνετο καὶ βοὴ μόνον καὶ ἀλαλαγμὸς ἦν οὐκέτι ὁ Πῶρος μετεκινεῖτο πρὸς τὰς ἐκδρομὰς τῶν ἱππέων, ἀλλὰ κενὸν γὰρ γνοὺς τὸν φόβον κατὰ[4] χώραν ἐπὶ στρατοπέδου ἔμενε· σκοποὶ δὲ αὐτῷ πολλαχοῦ τῆς ὄχθης καθειστήκεσαν. Ἀλέξανδρος δὲ ὡς ἐξείργαστο αὐτῷ ἄφοβον τὸ[5] τοῦ Πώρου εἰς τὰς νυκτερινὰς ἐπιχειρήσεις μηχανᾶταί τι τοιόνδε.

(**3**) Ἄκρα ἦν ἀνέχουσα τῆς ὄχθης τοῦ Ὑδάσπου ἵνα ἐπέκαμπτεν ὁ ποταμὸς λόγου[6] ἀξίως, αὐτή τε δασεῖα εἴδει παντοίῳ δένδρων καὶ κατ' αὐτὴν νῆσος ἐν τῷ ποταμῷ ὑλώδης[7] τε καὶ ἀστιβὴς ὑπ' ἐρημίας. ταύτην καταμαθὼν τὴν νῆσον καταντικρὺ τῆς ἄκρας ἀμφότερά θ' ὑλώδη τὰ χωρία καὶ οἷα κρύψαι τῆς διαβάσεως τὴν ἐπιχείρησιν, ταύτῃ ἔγνω

---

1 ἀλλὰ . . . γάρ, in Arrian merely a strengthened ἀλλά, 'but on the contrary.' It is taken by him from Herodotus.

2 ἀφορῶντες gives the reason for ἔκφρονες γιγνόμενοι, and this again for ἐκπηδᾶν.

3 ἠλαλάζετο, passive. This was the cry raised when going into action. The construction of what follows is συσκευαζομένων (αὐτῶν) τὰ ἄλλα ὅσα ἐπὶ δ. (συσκευάζεται).

4 κατὰ χώραν . . . ἔμενε, 'stayed in camp without stirring. ἐπὶ στρατοπέδου μένειν is a military phrase.

5 τὸ τοῦ Πώρου, mere periphrasis for Πῶρος.

6 λόγου ἀξιώς, 'considerably.'

7 The island was uninhabited; so nobody ever went there.

διαβιβάζειν τὸν στρατόν. ἀπεῖχε δὲ ἥ τε ἄκρα καὶ ἡ νῆσος τοῦ μεγάλου στρατοπέδου ἐς πεντήκοντα καὶ ἑκατὸν σταδίους. παρὰ πᾶσαν δὲ τὴν ὄχθην φυλακαί τε αὐτῷ καθεστηκυῖαι ἦσαν, διαλείπουσαι ὅσον[1] ξύμμετρον ἐς τὸ ξυνορᾶν τε ἀλλήλους καὶ κατακούειν εὐπετῶς ὁπόθεν τι παραγγέλλοιτο, καὶ πανταχόθεν βοαί τε νύκτωρ ἐπὶ πολλὰς νύκτας ἐγίγνοντο καὶ πυρὰ ἐκαίετο.

Ἐπειδὴ δὲ ἔγνω ἐπιχειρεῖν τῷ πόρῳ, κατὰ μὲν τὸ στρατόπεδον φανερῶς αὐτῷ τὰ τῆς διαβάσεως παρεσκευάζετο. καὶ Κράτερος ὑπελέλειπτο ἐπὶ στρατοπέδου τήν τε αὑτοῦ ἔχων ἱππαρχίαν[2] καὶ τοὺς ἐξ Ἀραχωτῶν καὶ Παραπαμισαδῶν ἱππέας καὶ τῆς φάλαγγος τῶν Μακεδόνων τήν τε Ἀλκέτου καὶ τὴν Πολυσπέρχοντος τάξιν καὶ τοὺς νομάρχας[3] τῶν ἐπὶ τάδε Ἰνδῶν καὶ τοὺς ἅμα τούτοις τοὺς πεντακισχιλίους. παρηγγέλλετο δὲ Κρατέρῳ μὴ πρὶν διαβαίνειν τὸν πόρον πρὶν ἀπαλλαγῆναι Πῶρον ξὺν τῇ δυνάμει ὡς[4] ἐπὶ σφᾶς ἢ φεύγοντα μαθεῖν, αὐτοὺς δὲ νικῶντας· 'ἢν δὲ μέρος μέν τι τῆς στρατιᾶς ἀναλαβὼν Πῶρος ἐπ' ἐμὲ ἄγῃ, μέρος δέ τι ὑπολειφθῇ αὐτῷ ἐπὶ στρατοπέδου καὶ ἐλέφαντες, σὺ δὲ δὴ καὶ[5] ὣς μένειν κατὰ χώραν· εἰ δὲ τοὺς

1 ὅσον ξύμμετρον ἐς, 'by a distance that just allowed them to.'

2 The Macedonian cavalry was divided into regiments, ἱππαρχίαι, which originally were named after the districts in which they were raised, then usually after their commanders; the heavy infantry, φάλαγξ, into τάξεις, for which the same custom holds good. In both branches of the service there was a body of guards, ἑταῖροι, and in these again the royal bodyguard, ἄγημα. In addition there was light infantry, ὑπασπισταί, and among these also a company of βασιλικοί.

3 νομάρχας, ruler of a νομός: this was the name of the native princes whom Alexander left in their places, but placed under a royal satrap. The first of them was Taxiles, who commanded the 5,000. Arrian has mentioned them previously; hence the article.

4 ὡς ἐπὶ σφᾶς, 'to attack them,' Alexander's division.

5 καὶ ὥς, 'even so.' μένειν is imperative in sense.

ἐλέφαντας ξύμπαντας ἅμα οἷ ἄγοι Πῶρος ἐπ' ἐμέ, τῆς δὲ ἄλλης στρατιᾶς ὑπολείποιτό τι ἐπὶ στρατοπέδου, σὺ δὲ διαβαίνειν σπουδῇ· οἱ γὰρ ἐλέφαντες μόνοι, ἔφη, ἄποροί εἰσιν πρὸς τοὺς ἐκβαίνοντας ἵππους.' (**4**) ταῦτα μὲν Κρατέρῳ ἐνετέλλετο. ἐν μέσῳ δὲ τῆς νήσου τε καὶ τοῦ μεγάλου στρατοπέδου, ἵνα αὐτῷ Κράτερος ὑπελέλειπτο, Μελέαγρός τε καὶ Ἄτταλος καὶ Γοργίας ξὺν τοῖς μισθοφόροις ἱππεῦσί τε καὶ πεζοῖς ἐτετάχατο·[1] καὶ τούτοις διαβαίνειν παρηγγέλλετο κατὰ μέρος, ὁπότε ξυνεχομένους ἤδη ἐν τῇ μάχῃ τοὺς Ἰνδοὺς ἴδοιεν.

Αὐτὸς δὲ ἐπιλεξάμενος τῶν τε ἑταίρων τὸ ἄγημα καὶ τὴν Ἡφαιστίωνος ἱππαρχίαν καὶ τὴν Περδίκκου τε καὶ Δημητρίου καὶ τοὺς ἐκ Βάκτρων καὶ Σογδιανῶν καὶ τοὺς Σκύθας ἱππέας καὶ Δάας τοὺς ἱπποτοξότας καὶ τῆς φάλαγγος τούς τε ὑπασπιστὰς καὶ τὴν Κλείτου τε καὶ Κοίνου τάξιν καὶ τοὺς τοξότας τε καὶ τοὺς Ἀγριᾶνας[2] ἦγεν ἀφανῶς, πολύ τι ἀπέχων τῆς ὄχθης, τοῦ[3] μὴ καταφανὴς εἶναι ἄγων ἐπὶ τὴν νῆσον καὶ τὴν ἄκραν, ἔνθεν διαβαίνειν αὐτῷ ἐγνωσμένον.[4] καὶ ἐνταῦθα ἐπληροῦντο τῆς νυκτὸς αἱ διφθέραι τῆς κάρθης, ἐκ πολλοῦ ἤδη παρενηνεγμέναι, καὶ κατερράπτοντο ἐς ἀκρίβειαν· ὕδωρ τε ἐξ οὐρανοῦ τῆς νυκτὸς λάβρον ἐπιγίγνεται. ταύτῃ καὶ μᾶλλόν τι ἡ παρασκευή τε αὐτῷ καὶ ἡ ἐπιχείρησις ἡ ἐς τὴν διάβασιν οὐ φανερὰ κατέστη, τῷ κτύπῳ τῷ ἀπὸ τῶν ὅπλων

1 ἐτετάχατο, Ionic form of 3rd plur. pluperf. pass.: these forms of perf. -αται, and plup. -ατο, were unearthed in Arrian's time, after they had been buried for 500 years. These troops are not mentioned as taking part in the fighting till Battle with Porus 10, beginning.

2 The Agrianes are a Thracian tribe first reduced to subjection by Alexander in 335 B.C.; they always distinguished themselves.

3 τοῦ μὴ κ. εἶναι, purpose.

4 ἐγνωσμένον: supply ἦν.

καὶ τῷ θορύβῳ τῷ ἀπὸ τῶν παραγγελμάτων τῶν τε βροντῶν καὶ τοῦ ὄμβρου ἀντιπαταγούντων. καὶ τῶν πλοίων δὲ τὰ πολλὰ αὐτῷ ξυντετμημένα[1] παρεκεκόμιστο ἐς τὸν χῶρον τοῦτον καὶ ἀφανῶς αὖθις ξυμπεπηγμένα ἐν τῇ ὕλῃ ἐκρύπτετο, τά τε ἄλλα καὶ αἱ τριακόντοροι. ὑπὸ δὲ τὴν ἕω ὅ τε ἄνεμος καὶ ὁ ὄμβρος ἐκεκοίμητο. καὶ ἡ μὲν ἄλλη στρατιὰ αὐτῷ ἡ ἱππικὴ τῶν διφθερῶν ἐπιβᾶσα καὶ ὅσους τῶν πεζῶν τὰ πλοῖα ἐδέχετο ἐπέρα κατὰ τὴν νῆσον, ὡς μὴ πρόσθεν ὀφθεῖεν πρὸς τῶν σκοπῶν τῶν ἐκ[2] Πώρου καθεστηκότων πρὶν παραλλάξαντας τὴν νῆσον ὀλίγον ἔτι ἀπέχειν τῆς ὄχθης.

(**5**) Αὐτὸς δὲ ἐπιβὰς τριακοντόρου ἐπέρα καὶ ἅμα αὐτῷ Πτολεμαῖός τε καὶ Περδίκκας καὶ Λυσίμαχος οἱ σωματοφύλακες καὶ Σέλευκος τῶν ἑταίρων,[3] ὁ βασιλεύσας ὕστερον, καὶ τῶν ὑπασπιστῶν οἱ ἡμίσεις· τοὺς δὲ ἄλλους ὑπασπιστὰς ἄλλαι τριακόντοροι ἔφερον. ὡς δὲ τὴν νῆσον παρήλλαξεν ἡ στρατιά, φανερῶς ἤδη ἐπεῖχον τῇ ὄχθῃ· καὶ οἱ σκοποὶ κατιδόντες αὐτῶν τὴν ὁρμὴν ὡς ἑκάστοις τάχους[4] οἱ ἵπποι εἶχον ἤλαυνον ὡς ἐπὶ τὸν Πῶρον. ἐν τούτῳ δὲ Ἀλέξανδρος πρῶτος αὐτὸς ἐκβὰς καὶ τοὺς ἀπὸ τῶν ἄλλων τριακοντόρων ἀναλαβὼν ξυνέταττε τοὺς ἀεὶ ἐκβαίνοντας τῶν ἱππέων· οἱ γὰρ ἱππεῖς πρῶτοι ἐτετάχατο αὐτῷ ἐκβαίνειν· καὶ τούτους ἄγων προῄει ἐν τάξει. ἔλαθε δὲ οὐκ ἐς

---

1 The transports built for the passage of the Indus had been cut in pieces to carry them to the Hydaspes, and there again put together; this plan was repeated for this expedition.

2 ἐκ = ὑπό.

3 τῶν ἑταίρων, the gen. denoting membership of a corps. In the case of Seleucus his elevation to the throne is mentioned, because this is the first-reference to him. Ptolemy and Lysimachus also became kings, and Perdiccas the first regent. These three had already the highest rank of lieutenants-general.

4 τάχους depends on ὡς, 'at their utmost speed.'

βέβαιον χωρίον ἐκβὰς ἀγνοίᾳ τῶν τόπων, ἀλλὰ ἐς νῆσον[1] γὰρ καὶ αὐτὴν, μεγάλην μέν, ᾗ δὴ καὶ μᾶλλον νῆσος οὖσα ἔλαθεν, οὐ πολλῷ δὲ ὕδατι πρὸς τοῦ ποταμοῦ ἀποτεμνομένην ἀπὸ τῆς ἄλλης γῆς. καὶ ἅμα ηὐξήκει τὸ ὕδωρ ὁ ὄμβρος λάβρος τε καὶ ἐπὶ πολὺ τῆς νυκτὸς κατασχών,[2] ὥστε οὐκ ἐξεύρισκον αὐτῷ οἱ ἱππεῖς τὸν πόρον, καὶ δέος ἦν αὖθις ἄλλου δεῆσαι αὐτῷ ἐπὶ τῇ διαβάσει ἴσου τῷ πρώτῳ πόνου. ὡς δὲ ἐξευρέθη ποτὲ ὁ πόρος, ἦγε κατ' αὐτὸν χαλεπῶς· ἦν γὰρ τῶν μὲν πεζῶν ὑπὲρ τοὺς μαστοὺς τὸ ὕδωρ, ἵναπερ τὸ βαθύτατον αὐτοῦ· τῶν δὲ ἵππων ὅσον τὰς κεφαλὰς ὑπερίσχειν τοῦ ποταμοῦ. ὡς δὲ καὶ τοῦτο ἐπεπέρατο αὐτῷ τὸ ὕδωρ, ἐπὶ μὲν τὸ δεξιὸν κέρας παρήγαγε τό τε ἄγημα τῶν ἱππέων καὶ τῶν ἄλλων ἱππαρχιῶν τοὺς κρατίστους ἐπιλεξάμενος· τοὺς δὲ ἱπποτοξότας τῆς πάσης ἵππου προέταξε· τῶν δὲ πεζῶν πρώτους μὲν τοὺς ὑπασπιστὰς τοὺς βασιλικούς, ὧν ἡγεῖτο Σέλευκος, ἐπέταξε τῇ ἵππῳ· ἐπὶ δὲ τούτοις τὸ ἄγημα τὸ βασιλικόν· ἐχομένους δὲ τούτων τοὺς ἄλλους ὑπασπιστάς, ὡς ἑκάστοις αἱ ἡγεμονίαι[3] ἐν τῷ τότε ξυνέβαινον· κατὰ δὲ τὰ ἄκρα τῆς φάλαγγος οἱ τοξόται αὐτῷ καὶ οἱ Ἀγριᾶνες οἱ ἀκοντισταὶ ἑκατέρωθεν ἐπέστησαν.

(**6**) Οὕτως ἐκτάξας τὸν μὲν πεζὸν στρατὸν ἐν κόσμῳ βάδην ἕπεσθαι ἐκέλευσεν, οὐ πολὺ ἀποδέοντας τῶν ἑξακισχιλίων· αὐτὸς δέ, ὅτι κρατεῖν ἐδόκει τῇ ἵππῳ, τοὺς ἱππέας μόνους ἀναλαβὼν σπουδῇ ἡγεῖτο, ὄντας ἐς πεντακισχιλίους. Ταύρωνι δὲ τῷ τοξάρχῃ προσέταξε τοὺς τοξότας ἐπάγειν[4] τῇ ἵππῳ καὶ αὐτοὺς σπουδῇ. γνώμην δὲ

---

1 νῆσον καὶ αὐτήν: a place that was also an island.

2 κατασχών, 'having continued.'

3 There must have been a definite rotation in the order of the battalions, ἡγεμονίαι, 'precedence.'

4 ἐπάγειν, we should say 'to follow the cavalry with the archers.'

ἐπεποίητο, ὡς εἰ μὲν προσμείξειαν αὐτῷ οἱ ἀμφὶ τὸν Πῶρον ξὺν τῇ δυνάμει ἁπάσῃ, ἢ κρατήσειν αὐτῶν οὐ χαλεπῶς τῇ ἵππῳ προσβαλὼν ἢ ἀπομαχεῖσθαί γε, ἔστε τοὺς πεζοὺς ἐν τῷ ἔργῳ ἐπιγενέσθαι· εἰ δὲ πρὸς τὴν τόλμαν τῆς διαβάσεως ἄτοπον[1] γενομένην οἱ Ἰνδοὶ ἐκπλαγέντες φεύγοιεν, οὐ πόρρωθεν ἕξεσθαι αὐτῶν κατὰ τὴν φυγήν,[2] ὡς πλείονα ἐν τῇ ἀποχωρήσει τὸν φόνον γενόμενον ὀλίγον ὑπολείπεσθαι αὐτῷ τὸ ἔργον.

[3]Ἀριστόβουλος δὲ λέγει τὸν Πώρου παῖδα φθάσαι ἀφικόμενον ξὺν ἅρμασιν ὡς ἑξήκοντα πρὶν τὸ ὕστερον ἐκ τῆς νήσου τῆς μακρᾶς περᾶσαι Ἀλέξανδρον· καὶ τοῦτον δυνηθῆναι ἂν εἶρξαι Ἀλέξανδρον τῆς διαβάσεως, χαλεπῶς καὶ[4] μηδενὸς εἴργοντος περαιωθέντα, εἴπερ[5] οὖν καταπηδήσαντες οἱ Ἰνδοὶ ἐκ τῶν ἁρμάτων προσέκειντο τοῖς πρώτοις τῶν ἐκβαινόντων· ἀλλὰ παραλλάξαι[6] γὰρ ξὺν τοῖς ἅρμασι καὶ ἀκίνδυνον ποιῆσαι Ἀλεξάνδρῳ τὴν διάβασιν· καὶ ἐπὶ τούτους ἀφεῖναι Ἀλέξανδρον τοὺς ἱπποτοξότας, καὶ τραπῆναι αὐτοὺς οὐ χαλεπῶς, πληγὰς[7] λαμβάνοντας. οἱ δὲ καὶ μάχην λέγουσιν ἐν τῇ ἐκβάσει γενέσθαι τῶν Ἰνδῶν τῶν

---

1 ἄτοπον γενομένην, because it had been inconceivable to them.

2 'So that the increase of their losses during the retreat might lighten the task that was still before him,' of course through the moral effect it would have on the enemy.

3 Instead of continuing the narrative and stating the disagreement in the accounts afterwards, Arrian at once goes into the matter. Probably up to this point Aristobulus was his authority, and he agreed with Ptolemy.

4 καί = καίπερ.

5 εἴπερ οὖν, 'if only.'

6 παραλλάξαι, 'drove past.'

7 πληγὰς λαμβάνοντας, getting a drubbing. Here we get an example of fiction in history: other writers actually told of a single combat between Alexander and Porus himself.

ξὺν τῷ παιδὶ τῷ Πώρου ἀφιγμένων πρὸς Ἀλέξανδρόν τε καὶ τοὺς ξὺν αὐτῷ ἱππέας. καὶ γὰρ καὶ ἀφικέσθαι ξὺν μείζονι δυνάμει τὸν Πώρου παῖδα καὶ αὐτόν τε Ἀλέξανδρον τρωθῆναι πρὸς αὐτοῦ καὶ τὸν ἵππον αὐτοῦ ἀποθανεῖν τὸν Βουκεφάλαν, φίλτατον Ἀλεξάνδρῳ ὄντα τῶν ἵππων, καὶ τοῦτον τρωθέντα ὑπὸ τοῦ παιδὸς τοῦ Πώρου.

Ἀλλὰ Πτολεμαῖος ὁ Λάγου, ὅτῳ[1] καὶ ἐγὼ ξυμφέρομαι, ἄλλως λέγει. ἐκπεμφθῆναι μὲν γὰρ τὸν παῖδα ὑπὸ τοῦ Πώρου λέγει καὶ οὗτος, ἀλλ' οὐχ ἑξήκοντα μόνα ἅρματα ἄγοντα. οὐδὲ γὰρ εἰκὸς Πῶρον ἀκούσαντα ἐκ τῶν σκοπῶν ὅτι δὴ ἢ αὐτὸς Ἀλέξανδρος διαβέβηκε τοῦ Ὑδάσπου τὸν πόρον ἢ μέρος γέ τι τῆς στρατιᾶς, ξὺν ἑξήκοντα ἅρμασι μόνοις ἐκπέμψαι τὸν αὐτοῦ παῖδα· ἃ δὴ ὡς μὲν ἐπὶ κατασκοπὴν ἐκπεμπόμενα πολλά τε καὶ οὐκ εὔζωνα ἐς τὴν ἀποχώρησιν ἦν· ὡς δὲ εἰς τὸ εἶρξαί τε τοὺς οὔπω πεπερακότας τῶν πολεμίων καὶ τοῖς ἤδη ἐκβεβηκόσιν ἐπιθέσθαι, οὐδαμῇ ἀξιόμαχα. ἀλλὰ δισχιλίους γὰρ λέγει ἱππέας ἄγοντα ἀφικέσθαι τοῦ Πώρου τὸν παῖδα, ἅρματα δὲ ἑκατὸν καὶ εἴκοσι· φθάσαι δὲ περάσαντα Ἀλέξανδρον καὶ τὸν ἐκ τῆς νήσου τὸν τελευταῖον πόρον. (**7**) καὶ ἐπὶ τούτους τὰ μὲν πρῶτα ἐκπέμψαι Ἀλέξανδρον καὶ οὗτος[2] λέγει τοὺς ἱπποτοξότας, αὐτὸν δ' ἄγειν τοὺς ἱππέας· προσάγειν γὰρ οἰηθῆναι Πῶρον ξὺν τῇ πάσῃ δυνάμει· τὴν δὲ ἵππον ταύτην προτεταγμένην αὐτῷ πορεύεσθαι πρὸ τοῦ ἄλλου στρατοῦ. ὡς δὲ κατέμαθεν ἀτρεκῶς[3] τὸ πλῆθος τὸ τῶν Ἰνδῶν, ἐνταῦθα δὴ ὀξέως ἐπιπεσεῖν αὐτοῖς ξὺν τῇ ἀμφ'

---

1 ὅτῳ, late Greek uses ὅστις in the sense of ὅς. Here we have Alexander's own account. He had sent the dispatches announcing his victories home in the form of private letters, invaluable documents, though of course to be judged according to the circumstances out of which they sprang or which they were designed to meet.

2 i. e. Ptolemy says in his History.

3 ἀτρεκῶς, 'clearly.'

αὐτὸν ἵππῳ. τοὺς δὲ ἐγκλῖναι, ὡς Ἀλέξανδρόν τε αὐτὸν κατεῖδον καὶ τὸ στῖφος ἀμφ' αὐτὸν τῶν ἱππέων, οὐκ ἐπὶ[1] μετώπου, ἀλλὰ κατ' ἴλας ἐμβεβληκός. καὶ τούτων ἱππέας μὲν πεσεῖν ἐς τετρακοσίους, πεσεῖν δὲ καὶ τοῦ Πώρου τὸν παῖδα· τὰ δὲ ἅρματα αὐτοῖς ἵπποις ἁλῶναι ἔν τε τῇ ἀποχωρήσει βαρέα γιγνόμενα καὶ ἐν αὐτῷ τῷ ἔργῳ ὑπὸ πηλοῦ ἀχρεῖα.

Πῶρος δέ, ὡς αὐτῷ ὅσοι ἱππεῖς ἐκ τῆς φυγῆς διεσῴζοντο Ἀλέξανδρόν τε αὐτὸν πεπερακότα ξὺν τῆς στρατιᾶς τῷ καρτερωτάτῳ καὶ τὸν παῖδα ἐν τῇ μάχῃ τετελευτηκότα ἤγγειλαν, ἐγίγνετο μὲν καὶ ὣς ἀμφίβολος τῇ γνώμῃ, ὅτι καὶ οἱ ἀπὸ τοῦ καταντικρὺ τοῦ μεγάλου στρατοπέδου οἱ ξὺν Κρατέρῳ ὑπολελειμμένοι ἐπιχειροῦντες τῇ διαβάσει ἐφαίνοντο·[2] εἵλετο δ' οὖν ἐπ' αὐτὸν Ἀλέξανδρον ἐλάσας ξὺν τῇ στρατιᾷ πάσῃ πρὸς τὸ καρτερώτατόν τε τῶν Μακεδόνων καὶ αὐτὸν τὸν βασιλέα διαγωνίσασθαι. ἀλλὰ καὶ ὣς ὀλίγους τῶν ἐλεφάντων σὺν οὐ πολλῇ στρατιᾷ αὐτοῦ[3] ἐπὶ τοῦ στρατοπέδου ἀπέλιπεν, ὡς φοβεῖν ἀπὸ τῆς ὄχθης τοὺς ξὺν Κρατέρῳ ἱππέας. αὐτὸς δὲ τήν τε ἵππον ἀναλαβὼν πᾶσαν, ἐς τετρακισχιλίους ἱππέας, καὶ τὰ ἅρματα πάντα, τριακόσια ὄντα, καὶ τῶν ἐλεφάντων διακοσίους καὶ τῶν πεζῶν[4] ὅ τι περ ὄφελος,[5] ἐς τρισμυρίους, ἤλαυνεν ὡς ἐπ' Ἀλέξανδρον. ὡς δ' ἐνέτυχε χωρίῳ, ἵνα οὐ πηλὸς αὐτῷ ἐφαίνετο, ἀλλ' ὑπὸ ψάμμου γὰρ ξύμπαν ἦν ἄπεδον καὶ στερεὸν ἐς τὰς ἐφόδους τε καὶ ἀναστροφὰς τῶν ἵππων, ἐνταῦθα ἔτασσε τὴν

1 ἐπὶ μετώπου, in line; κατ' ἴλας, in column.

2 ἐφαίνοντο = δῆλοι ἦσαν.

3 αὐτοῦ, adverb, there.

4 As to the numbers of the enemy's forces there is, of course, little certainty: they vary in the different accounts.

5 ὅ τι περ ὄφελος, 'the best part'

στρατιάν, πρώτους μὲν τοὺς ἐλέφαντας[1] ἐπὶ μετώπου, διέχοντα ἐλέφαντα ἐλέφαντος οὐ μεῖον πλέθρου, ὡς πρὸ πάσης τε τῆς φάλαγγος τῶν πεζῶν παραταθῆναι[2] αὐτῷ τοὺς ἐλέφαντας ἐπὶ μετώπου καὶ φόβον πάντῃ παρέχειν τοῖς ἀμφ' Ἀλέξανδρον ἱππεῦσιν. ἄλλως τε οὐδὲ ἠξίου ἐς τὰ διαλείποντα τῶν ἐλεφάντων τολμῆσαι ἄν τινα ὤσασθαι[3] τῶν πολεμίων οὔτε ξὺν ἵπποις διὰ τὸν φόβον τῶν ἵππων, πεζούς τε ἔτι μεῖον· κατὰ[4] στόμα τε γὰρ ἂν πρὸς τῶν ὁπλιτῶν προσβαλλόντων εἴργεσθαι καὶ καταπατηθήσεσθαι ἐπιστρεψάντων ἐπ' αὐτοὺς τῶν ἐλεφάντων. ἐπὶ τούτοις δὲ οἱ πεζοὶ αὐτῷ ἐτετάχατο, οὐκ ἴσον τὸ μέτωπον τοῖς θηρίοις ἐπέχοντες, ἀλλ' ἐν δευτέρῳ μετώπῳ μετὰ τοὺς ἐλέφαντας, ὅσον[5] ἐς τὰ διαλείποντα ἐπ' ὀλίγον ἐμβεβλῆσθαι τοὺς λόχους. ἦσαν δὲ αὐτῷ καὶ κατὰ τὰ κέρατα ἔτι ὑπὲρ τοὺς ἐλέφαντας πεζοὶ ἐφεστηκότες, ἑκατέρωθεν δὲ τῶν πεζῶν ἡ ἵππος αὐτῷ ἐτέτακτο καὶ πρὸ ταύτης τὰ ἅρματα ἑκατέρωθεν.[6]

(**8**) Αὕτη μὲν ἡ Πώρου τάξις ἦν. Ἀλέξανδρος δὲ ὡς ἤδη καθεώρα τοὺς Ἰνδοὺς ἐκτασσομένους, ἐπέστησε τοὺς ἱππέας

---

1 A distance of 100 feet between every two of 200 elephants, with some infantry and then 2,000 cavalry on each wing, gives a front of some four miles; and this would make the cavalry action that follows unintelligible. But (1) there is probably an exaggeration in the number of the elephants; (2) it is quite likely that the wings were drawn off from the main body.

2 παρατεινεσθαι, 'to extend.'

3 ὤσασθαι, 'force their way.'

4 κατὰ στόμα, 'in front.'

5 ὅσον . . . ἐμβεβλῆσθαι, 'and in fact so that . . . were interposed.'

6 The chariots take no part in the battle; so they again prove of as little use as in the previous cavalry skirmish.

τοῦ[1] πρόσω, ὡς ἀναλαμβάνειν τῶν πεζῶν τοὺς ἀεὶ προσάγοντας. ὡς δὲ καὶ ἡ φάλαγξ αὐτῷ δρόμῳ συνάψασα ὁμοῦ ἤδη ἦν, ὃ δὲ οὐκ εὐθὺς ἐκτάξας ἐπῆγεν, ὡς μὴ καματηρούς[2] τε καὶ πνευστιῶντας[3] ἀκμῆσι παραδοῦναι τοῖς βαρβάροις, ἀλλὰ ἐς κύκλους[4] παριππεύων ἀνέπαυε τοὺς πεζούς, ἔστε καταστῆναι αὐτοῖς τὸν θυμόν. ὡς δὲ τὴν τάξιν κατεῖδε τῶν Ἰνδῶν, κατά μέσον μέν, ἵνα οἱ ἐλέφαντες προεβέβληντο καὶ πυκνὴ ἡ φάλαγξ κατὰ τὰ διαλείποντα αὐτῶν ἐπετέτακτο, οὐκ ἔγνω προάγειν, αὐτὰ ἐκεῖνα ὀκνήσας ἅπερ[5] ὁ Πῶρος τῷ λογισμῷ ξυνθεὶς ταύτῃ ἔταξεν· ἀλλὰ αὐτὸς μέν, ἅτε ἱπποκρατῶν, τὴν πολλὴν τῆς ἵππου ἀναλαβὼν ἐπὶ τὸ εὐώνυμον κέρας τῶν πολεμίων παρήλαυνεν, ὡς ταύτῃ ἐπιθησόμενος. Κοῖνον[6] δὲ πέμπει ὡς ἐπὶ τὸ δεξιόν, τὴν Δημητρίου καὶ τὴν αὑτοῦ ἔχοντα ἱππαρχίαν, κελεύσας, ἐπειδὰν τὸ κατὰ σφᾶς στῖφος τῶν ἱππέων ἰδόντες οἱ βάρβαροι ἀντιπαριππεύωσιν, αὐτὸν κατόπιν ἔχεσθαι αὐτῶν· τῶν πεζῶν δὲ τὴν φάλαγγα

1 τοῦ πρόσω, 'from continuing the advance,' short for τοῦ πρόσω χωρεῖν. τῶν πεζῶν of course means his own infantry.

2 καματηρός, poetical for κεκμηκώς.

3 πνευστιᾶν, to be out of breath.

4 He had observed the enemy's line of battle while he 'rode round in circles' with the cavalry in front of the halted infantry, so this manoeuvre was designed also to enable him to find the point to attack.

5 ἅπερ τῷ λογισμῷ ξυνθείς, the conclusion he had formed when he stationed them there.

6 There must be a mistake here. Coenus had no cavalry, but commanded an infantry regiment (Battle with Porus 4, middle). In this battle he had the honour of commanding the entire wing; in rank he was ἑταῖρος. He died not long after this. That the left Macedonian wing is to co-operate with the right, as afterwards actually happens, shows that the enemy's front cannot have extended over a distance of four miles.

Σελεύκῳ[1] καὶ Ἀντιγένει καὶ Ταύρωνι προσέταξεν ἄγειν· μὴ πρόσθεν δὲ ἅπτεσθαι τοῦ ἔργου πρὶν ὑπὸ τῆς ἵππου τῆς ἀμφ' αὑτὸν τεταραγμένην τήν τε φάλαγγα τῶν πεζῶν καὶ τοὺς ἱππέας κατίδωσιν.

Ἤδη τε ἐντὸς βέλους ἐγίγνετο καὶ ἐφῆκεν ἐπὶ τὸ κέρας τὸ εὐώνυμον τῶν Ἰνδῶν τοὺς ἱπποτοξότας, ὄντας ἐς χιλίους, ὡς ταράξαι τοὺς ταύτῃ ἐφεστηκότας τῶν πολεμίων τῇ πυκνότητί τε τῶν τοξευμάτων καὶ τῶν ἵππων τῇ ἐπελάσει. καὶ αὐτὸς δὲ τοὺς ἑταίρους ἔχων τοὺς ἱππέας παρήλαυνεν ὀξέως ἐπὶ τὸ εὐώνυμον τῶν βαρβάρων, κατὰ κέρας ἔτι τεταραγμένοις ἐμβαλεῖν σπουδὴν ποιούμενος, πρὶν ἐπὶ[2] φάλαγγος ἐκταθῆναι αὐτοῖς τὴν ἵππον.

(9) Ἐν τούτῳ δὲ οἵ τε Ἰνδοὶ τοὺς ἱππέας πάντοθεν ξυναλίσαντες παρίππευον Ἀλεξάνδρῳ ἀντιπαρεξάγοντες τῇ ἐλάσει, καὶ οἱ περὶ Κοῖνον,[3] ὡς παρήγγελτο, κατόπιν αὐτοῖς ἐπεφαίνοντο. ταῦτα ξυνιδόντες οἱ Ἰνδοὶ ἀμφίστομον ἠναγκάσθησαν ποιῆσαι τὴν τάξιν τῆς ἵππου, τὴν μὲν ὡς ἐπ' Ἀλέξανδρον τὴν πολλήν τε καὶ κρατίστην· οἳ δὲ ἐπὶ Κοῖνόν τε καὶ τοὺς ἅμα τούτῳ ἐπέστρεφον. τοῦτό τε οὖν εὐθὺς ἐτάραξε τὰς τάξεις τε καὶ τὰς γνώμας τῶν Ἰνδῶν, καὶ Ἀλέξανδρος ἰδὼν τὸν καιρὸν ἐν αὐτῇ τῇ ἐπὶ θάτερα ἐπιστροφῇ τῆς ἵππου ἐπιτίθεται τοῖς καθ' αὑτόν, ὥστε οὐδὲ τὴν ἐμβολὴν ἐδέξαντο τῶν ἀμφ' Ἀλέξανδρον ἱππέων οἱ Ἰνδοί, ἀλλὰ κατηράχθησαν

---

1 Seleucus commanded the ὑπασπισταί, Tauron the τοξόται; so Antigenes must have commanded the phalanx.

2 Alexander follows his usual strategy; he outflanks the enemy, and falls on their left flank before it can form into line (ἐπὶ φάλαγγος ἐκταθῆναι) to face him.

3 The enemy's cavalry on the left wing, deficient in numbers, needs the support of the cavalry of the right wing, which crosses in the rear; as Coenus then followed them, they were forced to wheel about and make a second front to oppose him; and hence arose a cavalry engagement, which was fought chiefly in the rear of the enemy's motionless line of battle.

ὥσπερ εἰς τεῖχός τι φίλιον τοὺς ἐλέφαντας. καὶ ἐν τούτῳ οἱ ἐπιστάται τῶν ἐλεφάντων ἀντεπῆγον τῇ ἵππῳ τὰ θηρία, [1]καὶ ἡ φάλαγξ αὐτὴ τῶν Μακεδόνων ἀντεπῄει πρὸς τοὺς ἐλέφαντας, ἔς τε τοὺς ἐπιβάτας αὐτῶν ἀκοντίζοντες καὶ αὐτὰ τὰ θηρία περισταδὸν πάντοθεν βάλλοντες. καὶ ἦν τὸ ἔργον οὐδενὶ τῶν πρόσθεν ἀγώνων ἐοικός· τά τε γὰρ θηρία ἐπεκθέοντα ἐς τὰς τάξεις τῶν πεζῶν, ὅπῃ ἐπιστρέψειεν, ἐκεράιζε καίπερ πυκνὴν οὖσαν τὴν τῶν Μακεδόνων φάλαγγα, καὶ οἱ ἱππεῖς οἱ τῶν Ἰνδῶν τοῖς πεζοῖς ἰδόντες ξυνεστηκὸς τὸ ἔργον ἐπιστρέψαντες αὖθις καὶ αὐτοὶ ἐπήλαυνον τῇ ἵππῳ. ὡς δὲ πάλιν ἐκράτησαν αὐτῶν οἱ ἀμφ᾽ Ἀλέξανδρον, τῇ τε ῥώμῃ καὶ τῇ ἐμπειρίᾳ πολὺ προέχοντες, ὡς ἐπὶ τοὺς ἐλέφαντας αὖθις κατειλήθησαν. καὶ ἐν τούτῳ πᾶσα[2] ἡ ἵππος Ἀλεξάνδρῳ ἐς μίαν ἴλην ἤδη ξυνηγμένη, οὐκ ἐκ παραγγέλματος, ἀλλὰ ἐν τῷ ἀγῶνι αὐτῷ ἐς τήνδε τὴν τάξιν καταστᾶσα, ὅποι προσπέσοι τῶν Ἰνδῶν ταῖς τάξεσι, ξὺν πολλῷ φόνῳ ἀπελύοντο. καὶ ἐς στενὸν ἤδη κατειλημένων τῶν θηρίων οὐ μείω πρὸς αὐτῶν οἱ φίλοι ἤπερ οἱ πολέμιοι ἐβλάπτοντο, ἐν ταῖς ἐπιστροφαῖς τε καὶ τοῖς ὠθισμοῖς καταπατούμενοι. τῶν τε οὖν ἱππέων, οἷα δὴ ἐν στενῷ περὶ τοὺς ἐλέφαντας εἰλουμένων, πολὺς φόνος ἐγίγνετο καὶ οἱ ἡγεμόνες τῶν ἐλεφάντων οἱ πολλοὶ κατηκοντισμένοι ἦσαν, καὶ αὐτοὶ οἱ ἐλέφαντες τὰ μὲν τιτρωσκόμενοι, τὰ δὲ ὑπό τε τῶν πόνων καὶ ἐρημίᾳ ἡγεμόνων οὐκέτι διακεκριμένοι[3] ἐν τῇ μάχῃ ἦσαν· ἀλλ᾽ οἷα δὴ ὑπὸ τοῦ κακοῦ ἔκφρονες φιλίοις τε

1 The elephants on the outside made a partial turn outwards, about to wheel round to attack the Macedonian cavalry. Just at this moment the Macedonian phalanx attacked.

2 The two wings could unite in one column only behind the enemy's front. This is then a battle in which the object was to surround and so annihilate the enemy. This was achieved.

3 διακεκριμένοι, in a separate body.

ὁμοῦ καὶ πολεμίοις προσφερόμενοι πάντα τρόπον ἐξώθουν τε καὶ κατεπάτουν καὶ κατέκαινον. ἀλλ' οἱ μὲν Μακεδόνες, ἅτε ἐν εὐρυχωρίᾳ τε καὶ κατὰ γνώμην τὴν σφῶν προσφερόμενοι τοῖς θηρίοις, ὅπῃ μὲν ἐπιφέροιντο εἶκον, ἀποστραφέντων δὲ εἴχοντο ἐσακοντίζοντες· οἱ δὲ Ἰνδοὶ ἐν αὐτοῖς ἀναστρεφόμενοι τὰ πλείω ἤδη πρὸς ἐκείνων ἐβλάπτοντο. ὡς δὲ καματηρά τε ἦν τὰ θηρία καὶ οὐκέτι αὐτοῖς ἐρρωμέναι αἱ ἐκδρομαὶ ἐγίγνοντο, ἀλλὰ συριγμῷ μόνον διαχρώμενα ὥσπερ αἱ πρύμναν[1] κρουόμεναι νῆες ἐπὶ πόδα ὑπεχώρουν, αὐτὸς μὲν Ἀλέξανδρος περιβάλλει ἐν κύκλῳ τὴν ἵππον τῇ πάσῃ τάξει, τοὺς πεζοὺς δὲ ξυνασπίσαντας ὡς ἐς πυκνοτάτην ξύγκλεισιν ἐπάγειν τὴν φάλαγγα ἐσήμηνε. καὶ οὕτως οἱ μὲν ἱππεῖς τῶν Ἰνδῶν πλὴν ὀλίγων κατεκόπησαν ἐν τῷ ἔργῳ· ἐκόπτοντο δὲ καὶ οἱ πεζοὶ πανταχόθεν ἤδη προσκειμένων σφίσι τῶν Μακεδόνων. καὶ ἐν τούτῳ ἵνα διέσχεν ἡ ἵππος ἡ Ἀλεξάνδρου ἐς φυγὴν πάντες ἐπεστράφησαν.

(**10**)[2] Καὶ ἐν τῷ αὐτῷ Κράτερός τε καὶ οἱ ἄλλοι ὅσοι τῆς στρατιᾶς τῆς Ἀλεξάνδρου ἐπὶ τῇ ὄχθῃ τοῦ Ὑδάσπου ὑπολελειμμένοι ἡγεμόνες ἦσαν, ὡς νικῶντα λαμπρῶς κατεῖδον Ἀλέξανδρον, ἐπέρων καὶ αὐτοὶ τὸν ποταμόν. καὶ οὗτοι οὐ μείονα τὸν φόνον ἐν τῇ ἀποχωρήσει τῶν Ἰνδῶν ἐποίησαν, ἀκμῆτες ἀντὶ κεκμηκότων τῶν ἀμφ' Ἀλέξανδρον ἐπιγενόμενοι τῇ διώξει.

Ἀπέθανον δὲ τῶν Ἰνδῶν πεζοὶ μὲν ὀλίγον ἀποδέοντες τῶν δισμυρίων, ἱππεῖς δὲ ἐς τρισχιλίους, τὰ δὲ ἅρματα ξύμπαντα κατεκόπη· καὶ Πώρου δύο παῖδες ἀπέθανον καὶ Σπιτάκης ὁ

---

1 Battle-ships were pointed at both ends, so that they could move backwards as soon as the rowers backed. The elephants backed 'step by step.'

2 We know from a fragment of Alexander's account that the battle lasted eight hours.

νομάρχης τῶν ταύτῃ Ἰνδῶν καὶ τῶν ἐλεφάντων καὶ ἁρμάτων οἱ ἡγεμόνες καὶ οἱ ἱππάρχαι καὶ οἱ στρατηγοὶ τῆς στρατιᾶς τῆς Πώρου ξύμπαντες***.[1] ἐλήφθησαν δὲ καὶ οἱ ἐλέφαντες, ὅσοι γε αὐτῶν μὴ αὐτοῦ ἀπέθανον. τῶν δ' ἀμφ' Ἀλέξανδρον πεζοὶ μὲν ἀπὸ ἑξακισχιλίων τῶν ἐν τῇ πρώτῃ προσβολῇ γενομένων ἐς ὀγδοήκοντα μάλιστα ἀπέθανον· ἱππεῖς δὲ τῶν μὲν ἱπποτοξοτῶν, οἳ δὴ καὶ πρῶτοι τοῦ ἔργου ἥψαντο, δέκα·[2] τῆς δὲ ἑταιρικῆς[3] ἵππου ἀμφὶ τοὺς εἴκοσι· τῶν δὲ ἄλλων ἱππέων ὡς διακόσιοι.

Πῶρος δὲ μεγάλα ἔργα ἐν τῇ μάχῃ ἀποδειξάμενος μὴ[4] ὅτι στρατηγοῦ, ἀλλὰ καὶ στρατιώτου γενναίου, ὡς τῶν τε ἱππέων τὸν φόνον κατεῖδε καὶ τῶν ἐλεφάντων τοὺς μὲν αὐτοῦ πεπτωκότας, τοὺς δὲ ἐρήμους τῶν ἡγεμόνων λυπροὺς πεπλανημένους, τῶν δὲ πεζῶν αὐτῷ οἱ πλείους ἀπολώλεσαν, οὐχ ἧπερ Δαρεῖος ὁ μέγας βασιλεὺς ἐξάρχων τοῖς ἀμφ' αὐτὸν τῆς φυγῆς ἀπεχώρει, ἀλλὰ ἔστε γὰρ ὑπέμενέ τι τῶν Ἰνδῶν ἐν τῇ μάχῃ ξυνεστηκός, ἐς τοσόνδε ἀγωνισάμενος, τετρωμένος δὲ τὸν δεξιὸν ὦμον, ὃν δὴ γυμνὸν μόνον ἔχων ἐν τῇ μάχῃ ἀνεστρέφετο (ἀπὸ γὰρ τοῦ ἄλλου σώματος ἤρκει αὐτῷ τὰ βέλη ὁ θώραξ, περιττὸς ὢν κατά τε τὴν ἰσχὺν καὶ τὴν ἁρμονίαν, ὡς ὕστερον καταμαθεῖν θεωμένοις ἦν), τότε δὴ καὶ αὐτὸς ἀπεχώρει ἐπιστρέψας τὸν ἐλέφαντα. καὶ Ἀλέξανδρος μέγαν τε αὐτὸν καὶ γενναῖον ἄνδρα ἰδὼν ἐν τῇ μάχῃ σῶσαι ἐπεθύμησε. πέμπει δὴ παρ' αὐτὸν πρῶτα μὲν Ταξίλην τὸν Ἰνδόν· καὶ Ταξίλης προσιππεύσας

1 The number of the killed has fallen out; and the other accounts existing are untrustworthy.

2 The slight losses of the troops that attacked later, e.g. the division of Craterus, are not given.

3 ἑταιρικός, 'belonging to the guards.'

4 μὴ ὅτι, 'not merely,' in classical prose οὐχ ὅτι.

ἐφ' ὅσον οἱ ἀσφαλὲς ἐφαίνετο τῷ ἐλέφαντι ὃς ἔφερε τὸν Πῶρον ἐπιστῆσαί τε ἠξίου τὸ θηρίον, οὐ γὰρ εἶναί οἱ ἔτι φεύγειν, καὶ ἀκοῦσαι τῶν παρ' Ἀλεξάνδρου λόγων. ὃ δὲ ἰδὼν ἄνδρα ἐχθρὸν ἐκ παλαιοῦ τὸν Ταξίλην ἐπιστρέψας ἀνήγετο ὡς ἀκοντίσων· καὶ ἂν καὶ κατέκανεν τυχόν, εἰ μὴ ὑποφθάσας ἐκεῖνος ἀπήλασεν ἀπὸ τοῦ Πώρου πρόσω τὸν ἵππον. Ἀλέξανδρος δὲ οὑτὲ ἐπὶ τῷδε τῷ Πώρῳ χαλεπὸς ἐγένετο, ἀλλ' ἄλλους τε ἐν μέρει ἔπεμπε καὶ δὴ καὶ Μερόην ἄνδρα Ἰνδόν, ὅτι φίλον εἶναι ἐκ παλαιοῦ τῷ Πώρῳ τὸν Μερόην ἔμαθε. Πῶρος δὲ ὡς τὰ παρὰ τοῦ Μερόου ἤκουσε καὶ ἐκ τοῦ δίψους ἅμα ἐκρατεῖτο, ἐπέστησέ τε τὸν ἐλέφαντα καὶ κατέβη ἀπ' αὐτοῦ· ὡς δὲ ἔπιέ τε καὶ ἀνέψυξεν, ἄγειν αὐτὸν σπουδῇ ἐκέλευσε παρ' Ἀλέξανδρον.

(**11**) Καὶ ὃ μὲν ἤγετο· Ἀλέξανδρος δὲ ὡς προσάγοντα ἐπύθετο, προϊππεύσας πρὸ τῆς τάξεως ξὺν ὀλίγοις τῶν ἑταίρων ἀπαντᾷ τῷ Πώρῳ· καὶ ἐπιστήσας τὸν ἵππον τό τε μέγεθος ἐθαύμαχεν, ὑπὲρ πέντε πήχεις μάλιστα ξυμβαῖνον, καὶ τὸ κάλλος τοῦ Πώρου καὶ ὅτι οὐ δεδουλωμένος τῇ γνώμῃ ἐφαίνετο, ἀλλ' ὥσπερ ἂν ἀνὴρ ἀγαθὸς ἀνδρὶ ἀγαθῷ προσέλθοι ὑπὲρ βασιλείας τῆς αὑτοῦ πρὸς βασιλέα ἄλλον καλῶς ἠγωνισμένος. ἔνθα δὴ Ἀλέξανδρος πρῶτος προσειπὼν αὐτὸν λέγειν ἐκέλευσεν ὅ τι οἱ γενέσθαι ἐθέλοι. Πῶρον δὲ ἀποκρίνασθαι λόγος, ὅτι 'βασιλικῶς μοι χρῆσαι, ὦ Ἀλέξανδρε.' καὶ Ἀλέξανδρος[1] ἡσθεὶς τῷ λόγῳ 'τοῦτο μὲν ἔσται σοι, ὦ Πῶρε, ἔφη, ἐμοῦ ἕνεκα· σὺ δὲ σαυτοῦ ἕνεκα ὅ τι σοὶ φίλον ἀξίου.' ὃ δὲ πάντα ἔφη ἐν τούτῳ ἐνεῖναι. καὶ Ἀλέξανδρος τούτῳ ἔτι μᾶλλον τῷ λόγῳ ἡσθείς τήν τε ἀρχὴν τῷ Πώρῳ τῶν τε αὐτοῦ Ἰνδῶν ἔδωκε καὶ ἄλλην ἔτι χώραν

---

1 Of course Alexander was not influenced by a neat reply. It was his rule to take the most capable barbarians into his service. Porus had only imposed on him so far, that he requested the honour of him. He had thoroughly proved his capacity.

πρὸς τῇ πάλαι οὔσῃ πλείονα τῆς πρόσθεν προσέθηκε· καὶ οὕτως αὐτός τε βασιλικῶς κεχρημένος ἦν ἀνδρὶ ἀγαθῷ καὶ ἐκείνῳ ἐκ τούτου ἐς ἅπαντα πιστῷ ἐχρήσατο. τοῦτο τὸ τέλος τῇ μάχῃ τῇ πρὸς Πῶρόν τε καὶ τοὺς ἐπέκεινα τοῦ Ὑδάσπου ποταμοῦ Ἰνδοὺς Ἀλεξάνδρῳ ἐγένετο ἐπ' ἄρχοντος Ἀθηναίοις Ἡγήμονος μηνὸς Μουνυχιῶνος.[1]

Ἵνα δὲ ἡ μάχη ξυνέβη καὶ ἔνθεν ὁρμηθεὶς ἐπέρασε τὸν Ὑδάσπην ποταμὸν πόλεις ἔκτιζεν Ἀλέξανδρος. καὶ τὴν μὲν Νίκαιαν τῆς νίκης τῆς κατ' Ἰνδῶν ἐπώνυμον ὠνόμασε· τὴν δὲ Βουκέφαλα ἐς τοῦ ἵππου τοῦ Βουκεφάλα τὴν μνήμην, ὃς ἀπέθανεν αὐτοῦ, οὐ βληθεὶς πρὸς οὐδενός, ἀλλ' ὑπὸ καύματός τε καὶ ἡλικίας (ἦν γὰρ ἀμφὶ τὰ τριάκοντα ἔτη) καματηρὸς γενόμενος, πολλὰ δὲ πρόσθεν ξυγκαμών τε καὶ συγκινδυνεύσας Ἀλεξάνδρῳ, ἀναβαινόμενός τε πρὸς μόνου Ἀλεξάνδρου ὁ[2] Βουκεφάλας οὗτος, ὅτι τοὺς ἄλλους πάντας ἀπηξίου ἀμβάτας,[3] καὶ μεγέθει μέγας καὶ τῷ θυμῷ γενναῖος.[4] σημεῖον δέ οἱ ἦν βοὸς κεφαλὴ ἐγκεχαραγμένη, ἐφ' ὅτου καὶ τὸ ὄνομα τοῦτο λέγουσιν ὅτι ἔφερεν· οἱ δὲ λέγουσιν ὅτι λευκὸν σῆμα εἶχεν ἐπὶ τῆς κεφαλῆς, μέλας ὢν αὐτός, ἐς βοὸς κεφαλὴν μάλιστα εἰκασμένον. οὗτος ὁ ἵππος ἐν τῇ Οὐξίων χώρᾳ[5] ἀφανὴς ἐγένετο Ἀλεξάνδρῳ, καὶ Ἀλέξανδρος προεκήρυξεν ἀνὰ τὴν χώραν πάντας ἀποκτενεῖν Οὐξίους, εἰ μὴ ἀπάξουσιν αὐτῷ τὸν ἵππον· καὶ ἀπήχθη εὐθὺς ἐπὶ τῷ

1 Munychion in the archonship of Hegemon (326 B.C.) is May. But the battle must have been fought about a month later, owing to the statement about the rainy season, Battle with Porus (1).

2 ὁ Β. οὗτος: the subject repeated in the Ionic manner.

3 ἀμβάτας = ἀναβάτας: Ionic form; riders.

4 Of course this is mere report.

5 The Uxii lived in the mountains between Susa and Persepolis, and were subjugated by Alexander in 331 B.C. This story of the strayed Bucephalus is, however, told of other tribes also.

κηρύγματι. τοσήδε μὲν σπουδὴ Ἀλεξάνδρῳ ἀμφ᾽ αὐτὸν ἦν, τοσόσδε δὲ Ἀλεξάνδρου φόβος τοῖς βαρβάροις. καὶ ἐμοὶ ἐς τοσόνδε τετιμήσθω ὁ Βουκεφάλας οὗτος Ἀλεξάνδρου ἕνεκα.

IV. THE MUTINY OF THE MACEDONIANS

From Arrian's *Anabasis.*

See introduction to III. Battle with Porus.

In the summer of 324 B.C., Alexander carried through the organisation which was to prepare the way for the fusion of the two dominant nations, the Persians and the Macedonians. The first step was the marriage of as many Macedonians as possible with Persian wives, which he encouraged with the utmost activity, and celebrated in Susa with a prodigious wedding-feast. The second step was the enrolment of Persians in the Macedonian army corps. He well knew that by this measure he gave offence to the majority of the Macedonians; and so he sought to con ciliate them by paying the debts of the whole army; and then he thought of sending home a large number of veterans. He made known this resolution on the march to Ecbatana, the Great King's summer residence, at Opis on the Tigris, where those who were to return home had to take leave of the army. Hereupon a mutiny broke out. The Macedonian army is at the same time representative of the free Macedonians, and so does not stand towards its military sovereign merely in the subordinate relation of the common soldier towards his commander. Accordingly the king called the men together, himself surrounded by his Macedonian staff, without the foreign parts of the regiments, and made them a speech from a platform (βῆμα).

Alexander's speech is in its form entirely the work of Arrian; but the thoughts, especially at the opening, are so singular and so different from the conventional conception that sets Alexander always in opposition to his father, that a reminiscence of the speech actually delivered must lie at the bottom of it.

(1) Ὡς δὲ ἐς τὴν Ὦπιν ἀφίκετο, ξυναγαγὼν τοὺς Μακεδόνας προεῖπεν ὅτι τοὺς ὑπὸ γήρως ἢ πηρώσεως τοῦ σώματος ἀχρείους ἐς τὰ πολέμια ὄντας παραλύει μὲν τῆς στρατιᾶς, ἀποπέμπει δὲ ἐς τὰ σφέτερα ἤθη· ἐπιδώσει δὲ ἀπιοῦσιν ὅσα αὐτούς τε ζηλωτοτέρους ποιήσει τοῖς οἴκοι καὶ τοὺς ἄλλους Μακεδόνας ἐξορμήσει ἐς τὸ ἐθέλειν τῶν αὐτῶν κινδύνων τε καὶ πόνων μετέχειν. **(2)** Ἀλέξανδρος μὲν ὡς χαριούμενος δῆθεν τοῖς Μακεδόσι ταῦτα ἔλεγεν· οἳ δὲ ὡς ὑπερορώμενοί τε ἤδη πρὸς[1] Ἀλεξάνδρου καὶ ἀχρεῖοι πάντῃ ἐς τὰ πολέμια νομιζόμενοι οὐκ ἀλόγως αὖ τῷ λόγῳ ἠχθέσθησαν τῷ πρὸς Ἀλεξάνδρου λεχθέντι, κατὰ τὴν στρατείαν ταύτην πᾶσαν πολλοῖς[2] καὶ ἄλλοις ἀχθεσθέντες, ὅτι πολλάκις ἤδη ἐλύπει αὐτοὺς ἥ τε ἐσθὴς ἡ Περσικὴ ἐς τοῦτο φέρουσα καὶ τῶν Ἐπιγόνων τῶν βαρβάρων ἡ ἐς τὰ Μακεδονικὰ ἤθη κόσμησις καὶ ἡ ἀνάμειξις τῶν ἀλλοφύλων ἱππέων ἐς τὰς τῶν ἑταίρων τάξεις. **(3)** οὐκ οὖν σιγῇ[3] ἔχοντες ἐκαρτέρησαν, ἀλλὰ πάντας γὰρ ἀπαλλάττειν τῆς στρατιᾶς ἐκέλευον, αὐτὸν δὲ μετά τοῦ πατρὸς στρατεύεσθαι, τὸν Ἄμμωνα[4] δὴ τῷ λόγῳ ἐπικερτομοῦντες. ταῦτα ἀκούσας Ἀλέξανδρος (ἦν γὰρ δὴ ὀξύτερός τε ἐν τῷ τότε καὶ ὑπὸ τῆς βαρβαρικῆς θεραπείας οὐκέτι ὡς πάλαι ἐπιεικὴς ἐς τοὺς Μακεδόνας) καταπηδήσας σὺν τοῖς ἀμφ' αὐτὸν ἡγεμόσιν ἀπὸ τοῦ βήματος ξυλλαβεῖν τοὺς ἐπιφανεστάτους τῶν ταραξάντων τὸ πλῆθος κελεύει, αὐτὸς τῇ χειρὶ ἐπιδεικνύων τοῖς ὑπασπισταῖς[5] οὕστινας χρὴ ξυλλαμβάνειν· καὶ ἐγένοντο οὗτοι ἐς τρεῖς καὶ δέκα. **(4)** τούτους μὲν δὴ ἀπάγειν κελεύει τὴν[6] ἐπὶ θάνατον. ὡς δὲ κατεσιώπησαν οἱ ἄλλοι ἐκπλαγέντες, ἀναβὰς αὖθις ἐπὶ τὸ βῆμα ἔλεγεν ὧδε.

---

1 πρός = ὑπό.

2 πολλοῖς καὶ ἄλλοις, neut.; many circumstances had produced discontent; (1) the wearing of the Persian robe (κάνδυς, trousers (ἀναξυρίδες), and head-dress (τιάρα) by Alexander; (2) the Macedonian education of young Persians, later called the ἐπίγονοι; (3) their inclusion in the Guards (ἑταῖροι) of the Macedonian cavalry.

3 σιγῇ ἔχειν, 'to remain silent.' ἀλλὰ γάρ is used constantly by Arrian in the sense of ἀλλά.

4 Alluding to the fiction that Alexander was the son of Jupiter Ammon.

5 ὑπασπισταί are the light infantry in the Macedonian army.

6 τὴν ἐπὶ θάνατον, supply ὁδόν; Arrian is always trying to write elegantly.

(5) Ὀὐκ ὑπὲρ τοῦ καταπαῦσαι ὑμῶν, ὦ Μακεδόνες, τὴν[1] οἴκαδε ὁρμήν, λεχθήσεταί μοι ὅδε ὁ λόγος, ἔξεστι γὰρ ὑμῖν ἀπιέναι ὅποι βούλεσθε ἐμοῦ γε ἕνεκα, ἀλλ' ὡς[2] γνῶναι ὑμᾶς πρὸς ὁποίους τινὰς ἡμᾶς ὄντας ὁποῖοί τινες αὐτοὶ γενόμενοι ἀπαλλάσσεσθε. καὶ πρῶτά γε ἀπὸ Φιλίππου τοῦ πατρός, ᾗπερ καὶ εἰκός, τοῦ λόγου ἄρξομαι. **(6)** Φίλιππος γὰρ παραλαβὼν ὑμᾶς πλανήτας καὶ ἀπόρους,[3] ἐν διφθέραις τοὺς πολλοὺς νέμοντας ἀνὰ τὰ ὄρη πρόβατα ὀλίγα καὶ ὑπὲρ τούτων κακῶς μαχομένους Ἰλλυριοῖς τε καὶ Τριβαλλοῖς καὶ τοῖς ὁμόροις Θρᾳξί, χλαμύδας[4] μὲν ὑμῖν ἀντὶ τῶν διφθερῶν φορεῖν ἔδωκε, κατήγαγε δὲ ἐκ τῶν ὀρῶν ἐς τὰ πεδία, ἀξιομάχους καταστήσας τοῖς προσχώροις τῶν βαρβάρων, ὡς μὴ χωρίων ἔτι ὀχυρότητι[5] πιστεύσαντας μᾶλλον ἢ τῇ οἰκείᾳ ἀρετῇ σῴζεσθαι· πόλεών τε οἰκήτορας ἐπέφηνε[6] καὶ νόμοις καὶ ἔθεσι χρηστοῖς ἐκόσμησεν. **(7)** αὐτῶν δὲ ἐκείνων τῶν βαρβάρων, ὑφ' ὧν πρόσθεν ἤγεσθε καὶ ἐφέρεσθε αὐτοί τε καὶ τά ὑμέτερα, ἡγεμόνας κατέστησεν ἐκ δούλων καὶ ὑπηκόων, καὶ τῆς Θρᾴκης τὰ πολλὰ τῇ Μακεδονίᾳ προσέθηκε, καὶ τῶν[7] ἐπὶ θαλάττῃ χωρίων τὰ ἐπικαιρότατα

---

1 τὴν οἴκαδε ὁρμήν, 'eagerness to go home.'

2 ὡς = ὥστε. What follows amounts to 'having shown your selves ungrateful to your benefactors'; this euphemistic use of οἷος, ὁποῖος, 'what manner of man,' is very common.

3 The inhabitants of the wild interior of the Balkan peninsula, a very mixed lot, lived thus until recently.

4 The χλαμύς is the Macedonian regimental cloak. It is perfectly true that Philip had trained the army that Alexander used.

5 ὀχυρότης, subst. of ὀχυρός.

6 ἀπέφηνε, 'made you.'

7 τῶν ἐπὶ θαλάττῃ χ., the coast line, including Methone and Pydna with Chalcidice and the mouth of the Strymon, had been Greek, either free or subject to Athens.

καταλαβόμενος τὴν ἐμπορίαν τῇ χώρᾳ ἀνεπέτασε, καὶ τῶν μετάλλων τὴν ἐργασίαν ἀνενδεῆ[1] παρέσχε· Θεσσαλῶν δὲ ἄρχοντας, οὓς πάλαι ἐτεθνήκετε[2] τῷ δέει, ἀπέφηνε, καὶ τὸ Φωκέων ἔθνος ταπεινώσας τὴν ἐς τὴν Ἑλλάδα πάροδον πλατεῖαν καὶ εὔπορον ἀντὶ στενῆς καὶ ἀπόρου ὑμῖν ἐποίησεν· Ἀθηναίους δὲ καὶ Θηβαίους, ἐφεδρεύσοντας ἀεὶ τῇ Μακεδονίᾳ, ἐς τοσόνδε ἐταπείνωσεν, ἤδη ταῦτά γε καὶ ἡμῶν αὐτῷ ξυμπονούντων, ὡς ἀντὶ τοῦ φόρους τελεῖν Ἀθηναίοις[3] καὶ ὑπακούειν Θηβαίων, παρ' ἡμῶν ἐν τῷ μέρει ἐκείνους τὴν ἀσφάλειάν σφισι πορίζεσθαι. **(8)** ἐς Πελοπόννησον δὲ παρελθὼν τά ἐκεῖ αὖ ἐκόσμησε· καὶ ἡγεμὼν αὐτοκράτωρ συμπάσης τῆς ἄλλης Ἑλλάδος[4] ἀποδειχθεὶς τῆς ἐπὶ τὸν Πέρσην στρατείας οὐχ ἑαυτῷ μᾶλλόν τι τὴν δόξαν τήνδε ἢ τῷ κοινῷ τῶν Μακεδόνων προσέθηκε.

(9) Ταῦτα μὲν τὰ ἐκ τοῦ πατρὸς τοῦ ἐμοῦ ἐς ὑμᾶς ὑπηργμένα, ὡς μὲν αὐτὰ ἐφ' ἑαυτῶν σκέψασθαι μεγάλα,[5] μικρὰ δὲ ὥς γε δὴ πρὸς τὰ ἡμέτερα ξυμβαλεῖν· ὃς παραλαβὼν

---

1 ἀνενδεής, 'unfailing.' The gold and silver mines in the neighbourhood of his city Philippi.

2 ἐτεθνήκετε τῷ δέει has the construction of the simple φοβεῖσθαι. ἀπέφηνε, 'appointed you.' Philip became lord (ταγός) of the united Thracian districts in 344 B.C. Immediately afterwards he destroyed the power of the Phocians and received a place in the Amphictyonic Council.

3 That the Macedonians had been tributaries of Athens is asserted by the Athenian opponents of Philip; but there is no proof of it. The power of Thebes is somewhat exaggerated in the reference to it; but Philip had been brought up there as a hostage. Both states in 338 B.C. entered the union of Greek states under Philip's presidency; and a garrison was placed in Thebes. In the same year the affairs of the Peloponnese were settled by Philip, and the territory of Sparta was considerably curtailed. At the same time he was elected commander-in-chief of the league.

4 Philip had made plans for invading Asia himself, but was assassinated in 336 B.C. before taking any action.

5 μεγάλα ὡς σκέψασθαι, 'great when looked at.'

παρὰ τοῦ πατρὸς χρυσᾶ μὲν καὶ ἀργυρᾶ ἐκπώματα ὀλίγα, τάλαντα δὲ οὐδὲ ἑξήκοντα ἐν τοῖς θησαυροῖς, χρεῶν δὲ ὀφειλόμενα ὑπὸ Φιλίππου[1] ἐς πεντακόσια τάλαντα, δανεισάμενος ἐπὶ τούτοις αὐτὸς ἄλλα ὀκτακόσια, ὁρμηθεὶς ἐκ τῆς χώρας τῆς γε οὐδὲ ὑμᾶς αὐτοὺς βοσκούσης καλῶς, εὐθὺς μὲν τοῦ Ἑλλησπόντου ὑπῖν τὸν πόρον, θαλασσοκρατούντων ἐν τῷ τότε Περσῶν, ἀνεπέτασε· **(10)** κρατήσας δὲ τῇ ἵππῳ τοὺς σατράπας τοὺς Δαρείου τήν τε Ἰωνίαν πᾶσαν τῇ ὑμετέρᾳ ἀρχῃ προσέθηκα καὶ τὴν Αἰολίδα πᾶσαν καὶ Φρύγας[2] ἀμφοτέρους καὶ Λυδούς, καὶ Μίλητον εἶλον πολιορκίᾳ· τὰ δὲ ἄλλα πάντα προχωρήσαντα λαβὼν ἑκόντα ὑμῖν καρποῦσθαι ἔδωκα· καὶ τὰ ἐξ Αἰγύπτου καὶ Κηρήνης ἀγαθά, ὅσα ἀμαχεὶ ἐκτησάμην, ὑμῖν ἔρχεται· ἥ τε κοίλη Συρία καὶ ἡ Παλαιστίνη καὶ ἡ[3] μέση τῶν ποταμῶν ὑμέτερον κτῆμά εἰσι· καὶ Βαβυλὼν καὶ Βάκτρα καὶ Σοῦσα ὑμέτερα· καὶ ὁ Μήδων πλοῦτος καὶ οἱ Περσῶν θησαυροὶ καὶ τὰ Ἰνδῶν ἀγαθὰ καὶ ἡ ἔξω θάλασσα ὑμέτερα· ὑμεῖς σατράπαι, ὑμεῖς στρατηγοί, ὑμεῖς ταξιάρχαι. **(11)** ὡς ἔμοιγε αὐτῷ τί περίεστιν ἀπὸ τούτων τῶν πόνων ὅτι[4] μὴ αὕτη ἡ προφύρα καὶ τὸ διάδημα τοῦτο; κέκτημαι δὲ ἰδίᾳ οὐδέν, οὐδὲ ἔχει τις ἀποδεῖξαι θησαυροὺς ἐμοὺς ὅτι μὴ ταῦτα τὰ ὑμέτερα κτήματα ἢ ὅσα ἕνεκα ὑμῶν φυλάττεται.

---

1 This is much exaggerated; but a contemporary states that Philip left debts amounting to 200 talents.

2 Φρύγες ἀμφότεροι: the Persian empire was divided into twenty provinces (*satrapies*). There were two called Phrygia, the greater in the interior, with Celaenae for its capital, the other ἡ κάτω Φρυγία or Φ. ἐφ' Ἑλλησπόντῳ, with Dascylium in Bithynia for its capital.

3 ἡ μέση τῶν π., Mesopotamia. The list of places and privileges gained is very impressive; but is slightly spoiled by some exaggeration.

4 ὅτι μή, 'except.' The χλαμύς was purple: the διάδημα was a long band of fine stuff worn on the Macedonian felt hat (καυσία).

(12) ἐπεὶ οὐδὲ ἔστιν ἰδίᾳ μοι ἐς ὅ τι φυλάξω αὐτούς,[1] σιτουμένῳ τε τὰ αὐτὰ ὑμῖν σιτία καὶ ὕπνον τὸν αὐτὸν αἱρουμένῳ· καίτοι οὐδὲ σιτία ἐμοὶ δοκῶ τὰ αὐτὰ τοῖς τρυφῶσιν ὑμῶν σιτεῖσθαι· προαγρυπνῶν[2] δὲ ὑμῶν οἶδα, ὡς καθεύδειν ἔχοιτε ὑμεῖς.

(13) Ἀλλὰ[3] ταῦτα γὰρ ὑμῶν πονούντων καὶ ταλαιπωρουμένων ἐκθησάμην αὐτὸς ἀπόνως καὶ ἀταλαιπώρως ἐξηγούμενος. **(14)** καὶ τίς ὑμῶν πονήσας οἶδεν ὑπὲρ ἐμοῦ μᾶλλον ἢ ἐγὼ ὑπὲρ ἐκείνου; ἄγε δὴ καὶ ὅτῳ τραύματα ὑμῶν ἐστι γυμνώσας αὐτὰ ἐπιδειξάτω, καὶ ἐγὼ τὰ ἐμὰ ἐπιδείξω ἐν μέρει· ὡς ἔμοιγε οὐκ ἔστιν ὅ τι τοῦ σώματος τῶν γε δὴ ἔμπροσθεν μερῶν ἄτρωτον ὑπλέλειπται, οὐδὲ ὅπλον τι ἔστιν ἢ ἐκ[4] χειρὸς ἢ ἐκ τῶν ἀφιεμένων οὗ γε οὐκ ἴχνη ἐν ἐμαυτῷ φέρω·[5] ἀλλὰ καὶ ξίφει ἐκ χειρὸς τέτρωμαι καὶ τετόξευμαι ἤδη καὶ ἀπὸ μηχανῆς[6] βέβλημαι, καὶ λίθοις πολλαχῇ καὶ ξύλοις παιόμενος ὑπὲρ ὑμῶν καὶ τῆς ὑμετέρας δόξης καὶ τοῦ ὑμετέρου πλούτου νικῶντας ὑμᾶς ἄγω διὰ πάσης γῆς καὶ θαλάσσης καὶ πάντων ποταμῶν καὶ ὀρῶν καὶ πεδίων πάντων.[7] **(15)** γάμους τε ὑμῖν τοὺς αὐτοὺς γεγάμηκα καὶ πολλῶν ὑμῶν οἱ παῖδες συγγενεῖς ἔσονται τοῖς παισὶ τοῖς ἐμοῖς. ἔτι τε ᾧ χρέα ἦν, οὐ πολυπραγμονήσας ἐφ' ὅτῳ

---

1 'I have no object in treasuring them for my own enjoyment.'

2 προ-αγρυπνεῖν, 'be awake earlier.'

3 ἀλλὰ . . . γάρ, 'but, it may be said,' putting a supposed objection.

4 ἐκ χειρός, from the hand, 'at close quarters'; ἐκ τῶν ἀφιεμένων, from those that are discharged, 'at a distance.'

5 It is true that Alexander had many times been wounded.

6 μηχανή, catapulta.

7 Alexander had married the Asiatic Rhoxana, and given Persian wives to many Macedonians.

ἐγένετο,[1] τοσαῦτα μὲν μισθοφορούντων, τοσαῦτα δὲ ἁρπαζόντων, ὁπότε ἐκ πολιορκίας ἁρπαγὴ γίγνοιτο, διαλέλυμαι πάντα. **(16)** στέφανοί τε χρυσοῖ τοῖς πλείστοις ὑμῶν εἰσι,[2] μνημεῖα τῆς τε ἀρετῆς τῆς ὑμετέρας καὶ τῆς ἐξ ἐμοῦ τιμῆς ἀθάνατα. ὅστις δὲ δὴ καὶ ἀπέθανεν, εὐκλεὴς μὲν αὐτῷ ἡ τελευτὴ ἐγένετο, [3] περιφανὴς δὲ ὁ τάφος, χαλκαῖ δὲ εἰκόνες τῶν πλείστων οἴκοι ἑστᾶσιν, οἱ γονεῖς δ' ἔντιμοί εἰσι, λειτουργίας τε ξυμπάσης καὶ εἰσφορᾶς ἀπηλλαγμένοι· οὐ γάρ τίς γε φεύγων ὑμῶν ἐτελεύτα ἐμοῦ ἄγοντος.

(17) Καὶ νῦν τοὺς ἀπολέμους ὑμῶν ζηλωτοὺς τοῖς οἴκοι ἀποπέμψειν ἔμελλον· ἀλλ' ἐπειδὴ πάντες ἀπιέναι βούλεσθε, ἄπιτε ἅπαντες καὶ ἀπελθόντες οἴκοι ἀπαγγείλατε ὅτι τὸν βασιλέα ὑμῶν Ἀλέξανδρον,[4] νικῶντα μὲν Πέρσας καὶ Μήδους καὶ Βακτρίους καὶ Σάκας, καταστρεψάμενον δὶ Οὐξίους τε καὶ Ἀραχωτοὺς καὶ Δράγγας, κεκτημένον δὲ καὶ Παρθυαίους καὶ Χωρασμίους καὶ Ὑρκανίους ἔστε[5] ἐπὶ τὴν θάλασσαν τὴν Κασπίαν, ὑπερβάντα δὲ τὸν Καύκασον ὑπὲρ τὰς Κασπίας[6]

1 'Without troubling about the reason for which they were incurred.' Although they received so much in pay and as plunder, he paid off all debts.

2 Decoration with a golden crown is a form of reward adopted from the Greeks.

3 We should have to assume that the honour paid to all those who fell in victorious engagements was a statue in the ancient capital Dion, and the exemption of the parents from all compulsory services and payments to the government. This actually happened in the case of the battle of the Granicus; but no doubt the statement here made is a generalisation from that instance.

4 The verb that governs this object does not arrive till Mutiny of the Macedonians (17 end). The enormous length of the sentence and its monotony are contrived to depict the enormous results achieved.

5 ἔστε ἐπί, 'right up to.'

6 The names Caucasus and Tanais were wrongly given, by the Macedonians to the Parapamisus (Hindu Kush) and the Jaxartes (Syr Darya). They confused the rivers and hills of India with those that they had heard of in the north-west of Asia; and this was natural since they began by supposing the Caspian Sea to be the Sea of Azov or even the outer ocean.

πύλας, καὶ περάσαντα Ὦξόν τε ποταμὸν καὶ Τάναϊν, ἔτι δὲ τὸν Ἰνδὸν ποταμόν, οὐδενὶ ἄλλῳ ὅτι μὴ Διονύσῳ περαθέντα,[1] καὶ τὸν Ὑδάσπην καὶ τὸν Ἀκεσίνην καὶ τὸν Ὑδραώτην, καὶ τὸν Ὕφασιν διαπεράσαντα ἄν, εἰ μὴ ὑμεῖς ἀπωκνήσατε,[2] καὶ εἰς τὴν μεγάλην θάλασσαν κατ' ἀμφότερα τοῦ Ἰνδοῦ τὰ στόματα ἐμβαλόντα, καὶ διὰ τῆς Γαδρωσίας τῆς ἐρήμου ἐλθόντα, ᾗ οὐδείς πω πρόσθεν ξὺν στρατιᾷ ἦλθε, καὶ Καρμανίαν ἐν παρόδῳ προσκτησάμενον καὶ τὴν Ὠρειτῶν γῆν, περιπεπλευκότος δὲ ἤδη αὐτῷ τοῦ ναυτικοῦ τὴν ἀπ' Ἰνδῶν γῆς εἰς Πέρσας θάλασσαν, ὡς εἰς Σοῦσα ἐπανηγάγετε, ἀπολιπόντες οἴχεσθε, παραδόντες φυλάσσειν τοῖς νενικημένοις βαρβάροις. **(18)** ταῦτα ὑμῖν[3] καὶ πρὸς ἀνθρώπων ἴσως εὐκλεᾶ καὶ πρὸς θεῶν ὅσια δήπου ἔσται ἀπαγγελθέντα. ἄπιτε.'

(19) Ταῦτα εἰπὼν κατεπήδησέ τε ἀπὸ τοῦ βήματος ὀξέως καὶ ἐς τά βασίλεια παρελθὼν[4] οὔτε ἐθεράπευσε τὸ σῶμα οὔτε τῳ ὤφθη τῶν ἑταίρων· ἀλλ' οὐδὲ ἐς τὴν ὑστεραίαν ὤφθη. **(20)** τῇ τρίτῃ δὲ καλέσας εἴσω τῶν Περσῶν τοὺς ἐπιλέκτους τάς τε ἡγεμονίας αὐτοῖς τῶν τάξεων διένειμε καὶ ὅσους συγγενεῖς ἀπέφηνε, τούτοις δὲ νόμιμον ἐποίησε φιλεῖν αὐτὸν μόνοις.[5] **(21)** οἱ δὲ Μακεδόνες ἔν τε τῷ παραυτίκα ἀκούσαντες τῶν λόγων ἐκπεπληγμένοι σιγῇ ἔμενον αὐτοῦ πρὸς τῷ βήματι

---

1 Alluding to the fabled travels of Bacchus, which included India.

2 'Would have crossed': in reality Alexander turned back at the Hyphasis of his own accord.

3 ὑμῖν depends on εὐκλεᾶ and ὅσια, but supplies also the agent to ἀπαγγελθέντα. 'The report of these things will be for you,' etc.

4 He omitted the bath and exercise, and took his meals alone.

5 By a Persian custom the relatives of the king had the right to kiss him. These Persian 'kinsmen,' however, were not *natural* relations of Alexander, but had the title bestowed on them.

οὐδέ τις ἠκολούθησε τῷ βασιλεῖ ἀπαλλαττομένῳ ὅτι μὴ οἱ ἀμφ' αὐτὸν ἑταῖροί τε καὶ οἱ σωματοφύλακες· οἱ δὲ πολλοὶ οὔτε μένοντες ὅ τι πράττωσιν ἢ λέγωσιν εἶχον,[1] οὔτε ἀπαλλάσσεσθαι ἤθελον. **(22)** ὡς δὲ τὰ Περσῶν τε καὶ Μήδων αὐτοῖς ἐξηγγέλλετο, αἵ τε ἡγεμονίαι Πέρσαις διδόμεναι καὶ ἡ στρατιὰ ἡ βαρβαρικὴ[2] ἐς λόχους τε καταλεγομένη καὶ τὰ Μακεδονικὰ ὀνόματα ἄγημά τι Περσικὸν καλούμενον, καὶ πεζέταιροι Πέρσαι καὶ ἀργυρασπίδων τάξις Περσικὴ καὶ ἡ τῶν ἑταίρων ἵππος, καὶ ταύτης ἄλλο ἄγημα βασιλικόν, οὐκέτι καρτεροὶ[3] σφῶν ἦσαν· ἀλλὰ ξυνδραμόντες ὡς πρὸς τά βασίλεια τά μὲν ὅπλα αὐτοῦ[4] πρὸ τῶν θυρῶν ἐρρίπτουν, ἱκετηρίας ταύτας τῷ βασιλεῖ· αὐτοὶ δ' ἐβόων πρὸ τῶν θυρῶν ἑστηκότες δεόμενοι παρελθεῖν εἴσω· τούς τε αἰτίους τῆς ἐν τῷ τότε ταραχῆς καὶ τοὺς ἄρξαντας τῆς βοῆς ἐκδιδόναι ἐθέλειν· οὐκ οὖν ἀπαλλαγήσεσθαι τῶν θυρῶν οὔτε ἡμέρας οὔτε νυκτός, εἰ μή τινα οἶκτον σφῶν ἕξει Ἀλέξανδρος.

(23) Ταῦτα ὡς ἀπηγγέλλετο αὐτῷ, ὃ[5] δὲ σπουδῇ ἐξέρχεται, καὶ ἰδών τε ταπεινῶς διακειμένους καὶ ἀκούσας

---

1 'Knew not what to do or what to say.'

2 The new Persian companies had been formed before this; but now they entered the personal service of the king as a separate army, and the names of the crack Macedonian regiments were given to them with the addition 'Persian.' The Foot Guards, Silver Shields, and Horse Guards each contained a 'Royal Corps.'

3 καρτεροὶ σφῶν ἦσαν: Attic ἑαυτῶν ἐκράτησαν. ὡς πρός is merely for πρός in Arrian.

4 αὐτοῦ, adverb, ταύτας (the arms) is attracted in gender to ἱκετηρίας, 'tokens of supplication'; supply οὔσας. The weapons were ἱκετηρίαι for approaching the king, just as an olive branch bound with wool was for approaching a god.

5 ὅ δέ, still Alexander. This use of ὅ δέ is an imitation of old Ionic style; Attic only uses it when the subject is changed.

σὺν οἰμωγῇ τῶν πολλῶν βοώντων καὶ[1] αὐτῷ προχεῖται δάκρυα. **(24)** καὶ ὃ μὲν ἀνήγετο[2] ὥς τι ἐρῶν· οἱ δὲ ἔμενον λιπαροῦντες. καί τις αὐτῶν καθ' ἡλικίαν τε καὶ ἱππαρχίαν τῆς ἵππου τῆς ἑταιρικῆς οὐκ ἀφανής, Καλλίνης ὄνομα, τοιαῦτα εἶπεν· **(25)** 'ὦ βασιλεῦ, τὰ λυποῦντά[3] ἐστι Μακεδόνας ὅτι σὺ Περσῶν μέν τινας ἤδη πεποίησαι σαυτῷ συγγενεῖς καὶ καλοῦνται Πέρσαι συγγενεῖς Ἀλεξάνδρου καὶ φιλοῦσί σε· Μακεδόνων δὲ οὔπω τις γέγευται ταύτης τῆς τιμῆς.' **(26)** ἔνθα δὴ ὑπολαβὼν Ἀλέξανδρος, 'ἀλλ' ὑμᾶς γε, ἔφη, ξύμπαντας ἐμαυτῷ τίθεμαι συγγενεῖς καὶ τό[4] γε ἀπὸ τούτου οὕτω καλέσω.' ταῦτα εἰπόντα προσελθὼν ὁ Καλλίνης τε ἐφίλησεν καὶ ὅστις ἄλλος φιλῆσαι ἠθέλησε. **(27)** καὶ οὕτω δὴ ἀναλαβόντες τὰ ὅπλα βοῶντές τε καὶ παιανίζοντες ἐς τὸ στρατόπεδον ἀπῄεσαν. **(28)** Ἀλέξανδρος δὲ ἐπὶ τούτοις θυσίαν τε θύει τοῖς θεοῖς οἷς[5] αὐτῷ νόμος καὶ θοίνην δημοτελῆ ἐποίησε, καθήμενός τε αὐτὸς καὶ πάντων καθημένων, ἀμφ' αὐτὸν μὲν Μακεδόνων, ἐν[6] δὲ τῷ ἐφεξῆς τούτων Περσῶν, ἐπὶ δὲ τούτοις τῶν ἄλλων ἐθνῶν ὅσοι[7] κατ' ἀξίωσιν ἤ τινα ἄλλην ἀρετὴν πρεσβευόμενοι, καὶ ἀπὸ τοῦ

---

1 καὶ αὐτῷ (agent) προχεῖται (passive): Arrian had in mind ἐδάκρυσε, but substitutes a phrase with a different grammatical construction; no doubt he thought this needless change very good style.

2 ἀνάγεσθαι is 'to weigh anchor,' hence 'to start.' ὡς with fut. partic. to express the purpose after it is idiomatic.

3 'What troubles the M. is that,' etc.

4 τό γε ἀπὸ τούτου, 'henceforward.'

5 οἷς αὐτῷ νόμος (ἦν θύειν). The Macedonian custom was to *sit* at meals, not to recline like the Greeks and Orientals.

6 ἐν τῷ ἐφεξῆς τούτων, 'next to them.'

7 ὅσοι . . . πρεσβευόμενοι: the verb *to be* is so regularly omitted when the predicate to ὅσος is an *adjective* (ὅσοι ὑμῶν ἀγαθοί, sc. ἐστέ), that Arrian here uses a *participle* just like an adj., with ἦσαν to be supplied.

αὐτοῦ κρατῆρος[1] αὐτός τε καὶ οἱ ἀμφ' αὐτὸν ἀρυόμενοι ἔσπενδον τὰς αὐτὰς σπονδάς,[2] καταρχομένων τῶν τε Ἑλλήνων μάντεων καὶ τῶν Μάγων. εὔχετο δὲ τά τε ἄλλα ἀγαθὰ καὶ ὁμόνοιάν τε καὶ κοινωνίαν τῆς ἀρχῆς Μακεδόσι καὶ Πέρσαις. **(29)** εἶναι δὲ κατέχει λόγος τοὺς μετασχόντας τῆς θοίνης ἐς ἐνναкισχιλίους, καὶ τούτους πάντας μίαν τε σπονδὴν σπεῖσαι καὶ ἐπ' αὐτῇ παιανίσαι.

(30) Ἔνθα δὴ ἐθελονταὶ ἤδη αὐτῷ ἀπῄεσαν τῶν Μακεδόνων ὅσοι διὰ γῆρας ἤ τινα ἄλλην ξυμφορὰν ἀπόλεμοι ἦσαν· καὶ οὗτοι αὐτῷ ἐγένοντο ἐς τοὺς μυρίους. τούτοις δὲ τήν τε μισθοφορὰν οὐ τοῦ ἐξήκοντος ἤδη χρόνου ἔδωκεν Ἀλέξανδρος μόνον,[3] ἀλλὰ καὶ τοῦ ἐς τὴν ἀπονόστησιν τὴν οἴκαδε ξυμβαίνοντος· ἐπέδωκε δὲ καὶ τάλεντον ἑκάστῳ ὑπὲρ τὴν μισθοφπράν. παῖδες δὲ εἴ τῳ ἦσαν ἐκ τῶν Ἀσιανῶν γυναικῶν, παρὰ οἷ καταλιπεῖν ἐκέλευσε μηδὲ στάσιν κατάγειν ἐς Μακεδονίαν ἀλλοφύλους τε καὶ ἐκ τῶν βαρβάρων γυναικῶν παῖδας τοῖς οἴκοι ὑπολελειμμένοις παισί τε καὶ μητράσιν αὐτῶν· αὐτὸς δὲ ἐπιμελήσεσθαι ὡς ἐκτρέφοιντο Μακεδονικῶς τὰ τε ἄλλα καὶ ἐς τὰ πολέμια κοσμούμενοι·[4] γενομένους δὲ ἄνδρας ἄξειν αὐτὸς ἐς Μακεδονίαν καὶ παραδώσειν τοῖς πατράσι. **(31)** ταῦτά τε ἀπαλλαττομένοις ἀστάθμητα[5] καὶ ἀτέκμαρτα ἐπηγγέλλετο, καὶ ὅπως ἔχει φιλίας τε καὶ πόθου ἐς αὐτοὺς τὸ ἀτρεκέστατον τεκμήριον

---

1 To drink from the same bowl is a pledge of friendship; hence the phrase φιλοτήσιος κρατήρ, like 'loving cup.'

2 The king offered the prayer when the libation was poured.

3 They received full pay for the time that would elapse before they reached home, and a talent besides.

4 Their military training as well as their general education were to be Macedonian.

5 στάθμη is a carpenter's line, τέκμαρ the mark that shows the point to which he is to cut; hence 'without control or limit' is the meaning, ὅπως ἔχει φιλίας ἐς, 'how friendly he is towards.'

ἐκεῖνο ποιεῖσθαι ἠξίου, ὅτι τὸν πιστότατόν τε αὐτῷ καὶ ὅντινα ἴσον τῇ ἑαυτοῦ κεφαλῇ ἄγει, Κράτερον ξυμπέμπει αὐτοῖς φύλακά τε καὶ ἡγούμενον τοῦ στόλου. **(32)** οὕτω δὴ ἀσπασάμενος ξύμπαντας αὐτός τε δακρύων καὶ δακρύοντας ἐκείνους ἀπὸ οὗ[1] ἀπήλλαξε.

1 **οὗ**: this gen. of the personal pronoun is obsolete in Attic; Arrian got it from Herodotus.

V. GREAT BRITAIN

From the Description of Strabo.

In the time of Alexander, Pytheas of Massilia (Marseilles) sailed along the Atlantic coast-line from Gades (Cadiz) as far as Brittany, thence to the Scilly Islands and Britain, and through St. George's Channel to the northern extremity of Scotland, which he named Ὄρκαν; the name is preserved in the Orkneys. These islands, and at least the Shetlands as well, were visited by him; and he obtained accounts of an island called Thule, situated in the Arctic circle, and of the congealed sea wherein the elements earth, water, and air were combined in a wonderful blubber-like jelly. From here it seems that he crossed to the German coast of the North Sea; he supposed the whole of the North Sea to be studded with islands, among which Ἀλβίων (Britain) was the largest. This name seems to have been known even earlier as that of an island in the north-west. It was natural that he should overrate the distances, often going so far astray as to double them. When he was off the west coast of England he supposed that he was going eastwards, and so he imagined Ἶρις (Ireland) to lie *north* of Albion.

The great discoveries of Pytheas were inserted by Eratosthenes in his map. Polybius thought himself entitled to declare Pytheas a swindler: Posidonius was too scientific to suppose that, and he followed him in his description of Britain. This view was the current one which was adopted by Caesar, who corrected it through his new investigations. Strabo shared the prejudice of Polybius, and he has followed Caesar and oral information gathered from Romans: in some respects however — for example, in the position he assigns to Ireland — he follows the old map. The occupation of England under Claudius, and the fighting with the inhabitants of Scotland, did indeed teach the Romans to understand these regions: yet, in consequence of the lack of the scientific spirit, the imperial period never succeeded in giving substantially better accounts of Ireland than the Massiliot traveller had furnished. Thule remained a mysterious Wonderland, with which geographical romances might play just as they did with the Hyperboreans; later it became the sport of geographical hypotheses, and is so still.[1]

---

1 List of names: — Πρεττανική, Britain; Κελτική, Gaul; Ῥῆνος, Rhine; Πυρήνη, Pyrenees; Σηκουόνα, Seine; Λίγηρ, Loire; Ἴτιον, Wissant.

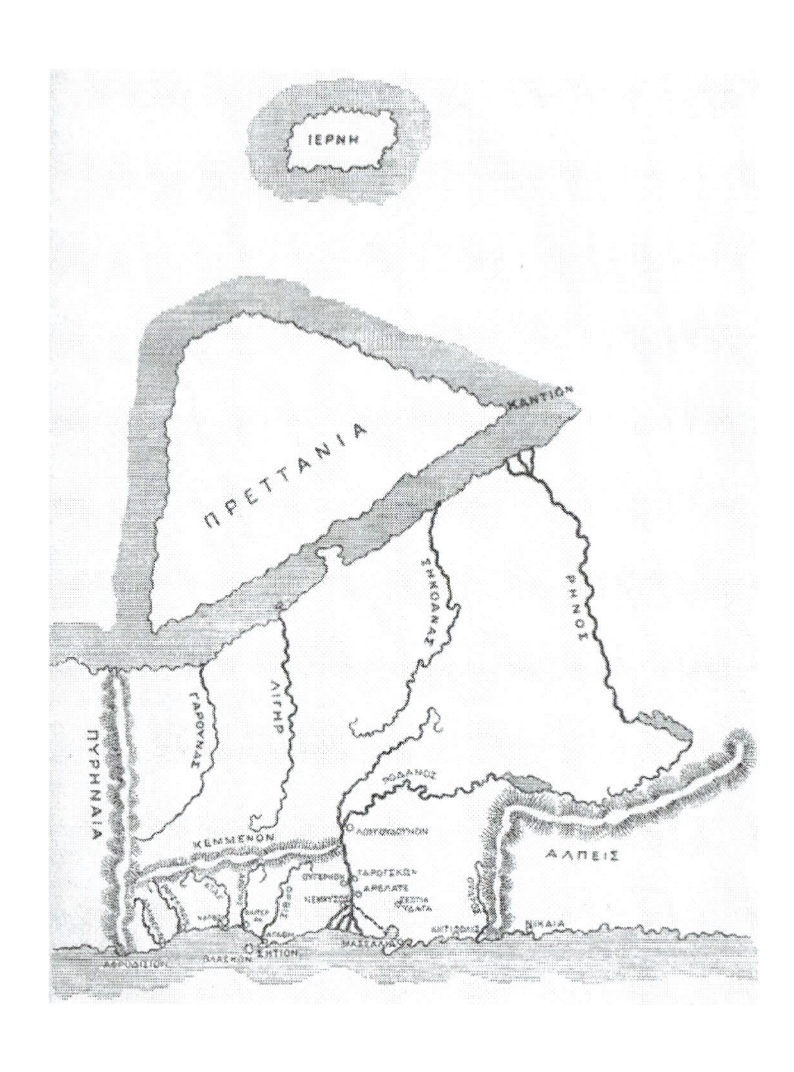
ΙΕΡΝΗ
ΠΡΕΤΤΑΝΙΑ
ΚΑΝΤΙΟΝ
ΣΗΚΟΑΝΑΣ
ΡΗΝΟΣ
ΓΑΡΟΥΝΑΣ
ΛΙΓΗΡ
ΠΥΡΗΝΑΙΑ
ΚΕΜΜΕΝΟΝ
ΡΟΔΑΝΟΣ
ΑΡΕΛΑΤΕ
ΑΛΠΕΙΣ
ΜΑΣΣΑΛΙΑ
ΝΙΚΑΙΑ
ΣΗΤΙΟΝ

Ἡ δὲ Πρεττανικὴ τρίγωνος μέν ἐστι τῷ σχήματι, παραβέβληται[1] δὲ τὸ μέγιστον αὐτῆς πλευρὸν τῇ Κελτικῇ, τοῦ μήκους οὔθ' ὑπερβάλλον οὔτ' ἐλλεῖπον· ἔστι γὰρ ὅσον τετρακισχιλίων καὶ τριακοσίων ἢ τετρακοσίων σταδίων ἑκάτερον, τό τε Κελτικὸν τὸ ἀπὸ τῶν ἐκβολῶν τοῦ Ῥήνου μέχρι πρὸς τὰ βόρεια τῆς Πυρήνης ἄκρα τὰ κατὰ Ἀκυιτανίαν, καὶ τὸ ἀπὸ Καντίου τοῦ καταντικρὺ τῶν ἐκβολῶν τοῦ Ῥήνου, ἑωθινωτάτου σημείου τῆς Πρεττανικῆς, μέχρι πρὸς τὸ ἑσπέριον ἄκρον τῆς νήσου τὸ κατὰ τὴν Ἀκυιτανίαν καὶ τὴν Πυρήνην ἀντικείμενον. τοῦτο μὲν δὴ τοὐλάχιστον διάστημα ἀπὸ τῆς Πυρήνης ἐπὶ τὸν Ῥῆνόν ἐστιν, ἐπεὶ τὸ μέγιστον[2] εἴρηται ὅτι καὶ πεντακισχιλίων σταδίων ἐστίν· ἀλλ' εἰκὸς εἶναί τινα σύννευσιν ἐκ τῆς παραλλήλου θέσεως τῷ ποταμῷ πρὸς τὸ ὄρος, ἀμφοτέρωθεν ἐπιστοφῆς[3] τινος γιγνομένης κατὰ τὰς πρὸς τὸν ὠκεανὸν ἐσχατιάς.

Τέτταρα δ' ἐστὶ διάρματα,[4] οἷς χρῶνται συνήθως ἐπὶ τὴν νῆσον ἐκ τῆς ἠπείρου, τὰ ἀπὸ τῶν ἐκβολῶν τῶν ποταμῶν, τοῦ τε Ῥήνου καὶ τοῦ Σηκουόνα καὶ τοῦ Λίγερος καὶ τοῦ Γαρούνα. τοῖς δ' ἀπὸ τῶν περὶ τὸν Ῥῆνον τόπων ἀναγομένοις οὐκ ἀπ' αὐτῶν τῶν ἐκβολῶν ὁ πλοῦς ἐστιν, ἀλλὰ ἀπὸ τῶν

---

1 In spite of Pytheas the projecting peninsula of Brittany was almost forgotten: the S. side of Britain, by a compromise between Caesar's account and the old map, where a point of the triangle formed by Kent approached within about 12 miles of the Gallic coast, made parallel to it; the two other sides Strabo leaves doubtful, as he did not accept the measurements given by Pytheas and Posidonius (7,500 stadia for the S. side in place of 4,300 here; 10,500 from Kantion to Orkan, 20,000 from Orkan to Belerion, the S.W. point). But Ierne, in spite of Caesar, he places at the north, following the old map.

2 This 'greatest distance' he has given in a previous passage, and he assumes that the Pyrenees and Rhine converge where they approach the sea. σύννευσις, 'convergence.'

3 ἐπιστροφή, 'change of direction.'

4 δίαρμα, 'route,' = ᾗ διαίρουσιν.

ὁμορούντων τοῖς Μεναπίοις Μορίνων, παρ' οἷς ἐστι καὶ τὸ Ἴτιον, ᾧ ἐχρήσατο ναυστάθμῳ Καῖσαρ ὁ[1] θεός, διαίρων εἰς τὴν νῆσον· νύκτωρ δ' ἀνήχθη, καὶ τῇ ὑστεραίᾳ κατῆρε περὶ τετάρτην ὥραν τριακοσίους καὶ εἴκοσι σταδίους τοῦ διάπλου τελέσας· κατέλαβε δ' ἐν ἀρούραις τὸν σῖτον.

Ἔστι δ' ἡ πλείστη τῆς νήσου πεδιὰς καὶ κατάδρυμος,[2] πολλὰ δὲ καὶ γεώλοφα τῶν χωρίων ἐστί, φέρει δὲ σῖτον καὶ βοσκήματα καὶ χρυσὸν καὶ ἄργυρον καὶ σίδηρον· ταῦτά τε δὴ κομίζεται ἐξ αὐτῆς καὶ δέρματα καὶ ἀνδράποδα καὶ κύνες εὐφυεῖς πρὸς τὰς κυνηγεσίας·[3] Κελτοὶ δὲ καὶ πρὸς τοὺς πολέμους χρῶνται καὶ τούτοις καὶ τοῖς ἐπιχωρίοις. οἱ δὲ ἄνδρες εὐμηκέστεροι τῶν Κελτῳν εἰσι καὶ ἧσσον ξανθότριχες,[4] χαυνότεροι δὲ τοῖς σώμασι. σημεῖον δὲ τοῦ μεγέθους· ἀντίπαιδας[5] γὰρ εἴδομεν ἡμεῖς ἐν Ῥώμῃ τῶν ὑψηλοτάτων αὐτόθι ὑπερέχοντας καὶ ἡμιποδίῳ, βλαισοὺς[6] δὲ καὶ τἆλλα οὐκ εὐγράμμους τῇ συστάσει. τὰ δ' ἔθη τὰ μὲν ὅμοια τοῖς Κελτοῖς τὰ δ' ἁπλούστερα καὶ βαρβαρώτερα, ὥστ' ἐνίους γάλακτος εὐποροῦντας μὴ τυροποιεῖν[7] διὰ τὴν

---

1 ὁ θεός, divus. Strabo here follows Caesar iv. 23. That Caesar gives the hour, and also at v. 13 tells of calculations that he had made in Britain with the water-clock, proves that he understood more about the importance and method of scientific inquiry than his countrymen, and felt himself to be a discoverer. He wanted also to act like a Greek: he wrote his own history himself. But Pompey in Asia had Greek literary men on his staff. — Caesar v. 2 gives the distance as only 30 Roman miles; Strabo did not look up the passage.

2 κατάδρυμος: covered with δρυμοί.

3 The Celtic greyhounds, vertragi and Petronii, are praised by the poet Grattius (Cyneget. 199), a contemporary of Strabo.

4 ξανθότριχες, having ξανθοὶ τρίχες.

5 ἀντίπαις, 'youth.'

6 βλαισός, 'bandy-legged.' Their whole frame was clumsily built, ill-proportioned, σύστασις, frame, contour.

7 τυροποιεῖν = τυροὺς ποιεῖν.

ἀπειρίαν, ἀπείρους δ' εἶναι καὶ κηπείας καὶ ἄλλων[1] γεωργικῶν. δυναστεῖαι[2] δ' εἰσὶ παρ' αὐτοῖς. πρὸς δὲ τοὺς πολέμους ἀπήναις[3] χρῶνται τὸ πλέον, καθάπερ καὶ τῶν Κελτῶν ἔνιοι. πόλεις δ' αὐτῶν εἰσιν οἱ δρυμοί. περιφράξαντες γὰρ δένδρεσι καταβεβλημένοις εὐρυχωρῆ[4] κύκλον ἐνταῦθα καὶ αὐτοὶ καλυβοποιοῦνται[5] καὶ τὰ βοσκήματα κατασταθμεύουσιν[6] οὐ πρὸς πολὺν χρόνον. ἔπομβροι δ' εἰσὶν οἱ ἀέρες μᾶλλον ἢ νιφετώδεις· ἐν δὲ ταῖς αἰθρίαις ὁμίχλη κατέχει πολὺν χρόνον, ὥστε δι' ἡμέρας ὅλης ἐπὶ τρεῖς μόνον ἢ τέτταρας ὥρας τὰς περὶ τὴν μεσημβρίαν ὁρᾶσθαι τὸν ἥλιον. τοῦτο δὲ κἀν τοῖς Μορίνοις συμβαίνει καὶ τοῖς Μεναπίοις καὶ ὅσοι τούτων πλησιόχωροι.

Δὶς δὲ διέβη Καῖσαρ εἰς τὴν νῆσον ὁ θεός, ἐπανῆλθε δὲ διὰ ταχέων οὐδὲν μέγα διαπραξάμενος οὐδὲ προελθὼν ἐπὶ πολὺ τῆς νήσου, διά τε τὰς ἐν τοῖς Κελτοῖς γενομένας στάσεις τῶν τε βαρβάρων[7] καὶ τῶν οἰκείων στρατιωτῶν, καὶ διὰ τὸ πολλὰ τῶν πλοίων ἀπολέσθαι κατὰ τὴν πανσέληνον αὔξησιν λαβουσῶν[8] τῶν ἀμπώτεων καὶ τῶν πλημμυρίδων. δύο μέντοι

1 So they knew only ἄγρια λάχανα and ἄγρια δένδρα.

2 They were governed by δυνάσται. Posidonius, following Pytheas, says of them βασιλεῖς καὶ δυνάστας πολλοὺς ἔχειν καὶ πρὸς ἀλλήλους κατὰ τὸ πλεῖστον εἰρηνικῶς διακεῖσθαι. That they had a form of government appears to the historian worthy of note, because in some respects, e.g. in not using milk, they stood below the Cyclopes, the type of wild savages.

3 These war chariots are described by Caesar vi. 24. Compare Caesar v. 21, oppidum Britanni vocant, cum silvas impeditas vallo atque fossa munierunt. Evidently Strabo follows some more detailed account.

4 εὐρυχωρής = εὐρύχωρος.

5 καλύβη is a hut of brushwood.

6 σταθμός, 'livestock pens,' hence κατασταθμεύειν = 'to corral.'

7 Nothing is known about mutiny among Caesar's troops; as the text is based in other respects only on Caesar's account, the remark is due to an oversight.

8 From Caesar iv. 29.

ἢ τρεῖς νίκας ἐνίκησε τοὺς Πρεττανούς, καίπερ δύο τάγματα μόνον περαιώσας τῆς στρατιᾶς, καὶ ἀπήγαγεν ὅμηρά τε καὶ ἀνδράποδα καὶ τῆς ἄλλης λείας πλῆθος. νυνὶ μέντοι τῶν δυναστῶν τινες τῶν αὐτόθι, πρεσβεύσεσι καὶ θεραπείαις κατασκευασάμενοι τὴν πρὸς Καίσαρα τὸν Σεβαστὸν[1] φιλίαν, ἀναθήματά τε ἀνέθηκαν ἐν τῷ Καπετωλίῳ καὶ οἰκείαν σχεδόν τι παρεσκεύασαν τοῖς Ῥωμαίοις ὅλην τὴν νῆσον. τέλη δὲ οὕπως ὑπομένουσι βαρέα τῶν τε εἰσαγομένων εἰς τὴν Κελτικὴν ἐκεῖθεν καὶ τῶν ἐξαγομένων ἐνθένδε (ταῦτα δ' ἐστὶν ἐλεφάντινα ψέλια καὶ περιαυχένια καὶ λυγγούρια[2] καὶ ὑαλᾶ σκεύη καὶ ἄλλος ῥῶπος[3] τοιοῦτος), ὥστε μηδὲν δεῖν φρουρᾶς τῆς νήσου· τοὐλάχιστον[4] μὲν γὰρ ἑνὸς τάγματος χρῄζοι ἂν καὶ ἱππικοῦ τινος, ὥστε καὶ φόρους ἀπάγεσθαι παρ' αὐτῶν, εἰς ἴσον δὲ καθίσταιτ' ἂν τὸ ἀνάλωμα τῇ στρατιᾷ τοῖς προσφερομένοις χρήμασιν· ἀνάγκη γὰρ μειοῦσθαι τὰ τέλη φόρων ἐπιβαλλομένων, ἅμα δὲ καὶ κινδύνους ἀπαντᾶν τινας βίας ἐπαγομένης.

Εἰσὶ δὲ καὶ ἄλλαι περὶ τὴν Πρεττανικὴν νῆσοι μικραί· μεγάλη δ' ἡ Ἰέρνη πρὸς ἄρκτον αὐτῇ παραβεβλημένη, προμήκης μᾶλλον ἢ πλάτος ἔχουσα. περὶ ἧς οὐδὲν ἔχομεν λέγειν σαφὲς πλὴν ὅτι ἀγριώτεροι τῶν Πρεττανῶν ὑπάρχουσιν οἱ κατοικοῦντες αὐτὴν, ἀνθρωποφάγοι τε ὄντες

---

1 Augustus at first had the intention of subjugating Britain, but after 26 B.C. he definitely abandoned it. The reasons are given here. In his account of his deeds (Monumentum Ancyranum 6, 3) he declares that two British kings, Dumnobellanus and Tim . . . (or Tinc . . .; the end of the name is lost), had fled to him. Both struck coins with Latin inscriptions.

2 λυγγούριον, 'amber,' here an adjective.

3 ῥῶπος, 'nicknacks.'

4 τοὐλάχιστον, 'at least.' The cost of collecting the duty would be as great as the sum collected. εἰς ἴσον, 'equal,' is followed by τοῖς π. χρήμασιν.

καὶ ποηφάγοι,[1] τοὺς πατέρας τελευτήσαντας κατεσθίειν ἐν καλῷ τιθέμενοι. καὶ ταῦτα δ' οὕτω λέγομεν ὡς οὐκ ἔχοντες ἀξιοπίστους μάρτυρας· [2]καίτοι τό γε τῆς ἀνθρωποφαγίας καὶ Σκυθικὸν εἶναι λέγεται, καὶ ἐν ἀνάγκαις πολιορκητικαῖς καὶ Κελτοὶ καὶ Ἴβηρες καὶ ἄλλοι πλείους ποιῆσαι τοῦτο λέγονται.

Περὶ δὲ τῆς Θούλης ἔτι μᾶλλον ἀσαφὴς ἡ ἱστορία διὰ τὸν ἐκτοπισμόν·[3] ταύτην γὰρ τῶν ὀνομαζομένων ἀρκτικωτάτην τιθέασιν. ἃ δ' εἴρηκε Πυθέας περί τε ταύτης καὶ τῶν ἄλλων τῶν ταύτῃ τόπων ὅτι μὲν πέπλασται, φανερὸν ἐκ τῶν γνωριζομένων χωρίων· κατέψευσται γὰρ αὐτῶν τὰ πλεῖστα, ὥσπερ καὶ πρότερον εἴρηται, ὥστε δῆλός ἐστιν ἐψευσμένος μᾶλλον περὶ τῶν ἐκτετοπισμένων.[4] πρὸς μέντοι τὰ οὐράνια καὶ τὴν μαθηματικὴν θεωρίαν ἱκανῶς ἂν δόξειε κεχρῆσθαι τοῖς πράγμασι, τοῖς τῇ[5] κατεψυγμένῃ ζώνῃ πλησιάζουσι

1 ποηφάγοι, πόα, 'grass,' but ἄγρια λάχανα are meant. Strabo has not observed what Caesar v. 12 distinctly says, that the inhabitants of England were immigrant Celts, whereas those of Wales, Scotland and Ireland were Caledonian aborigines, who were not Indo-German, and continued for centuries utterly uncivilised. Many of their customs passed over more or less to the immigrant population.

2 The Spaniards did it in the siege of Numantia (133 B.C.) and the Celts during the invasion of the Cimbri (Caesar vii. 77).

3 ἐκτοπισμός: of places lying outside the known world, and only called by a name (ὀνομαζόμενοι). The inference is not drawn by Strabo, viz. that Thule, for which there was no evidence but that of Pytheas, should be struck out as imaginary.

4 ἐκτετοπισμένων, that are ἐκτόπιοι.

5 ἡ κατ. ζώνη, the Arctic circle.

λέγων καρπῶν εἶναι τῶν ἡμέρων[1] καὶ ζῴων τῶν μὲν ἀφορίαν παντελῆ τῶν δὲ σπάνιν, κέγχρῳ δὲ καὶ ἀγρίοις λαχάνοις καὶ καρποῖς καὶ ῥίζαις τρέφεσθαι· παρ' οἷς δὲ σῖτος καὶ μέλι γίνεται, καὶ τὸ πόμα ἐντεῦθεν ἔχειν· τὸν δὲ σῖτον, ἐπειδὴ τοὺς ἡλίους οὐκ ἔχουσι καθαρούς, ἐν οἴκοις μεγάλοις κόπτουσι, συγκομισθέντων δεῦρο τῶν σταχύων· αἱ γὰρ ἅλως[2] ἄχρηστοι γίνονται διὰ τὸ ἀνήλιον καὶ τοὺς ὄμβρους.

---

1 This is a general statement of Pytheas, which does not apply at all to Thule, but to the νῆσοι Πρεττανικαί, including the N. coast of Gaul. Hence the mention of millet, which does not grow in the far north. It has been supposed that there is a reference to the popularity of porridge in Scotland; in another passage we have the same statement applied to Gaul. We hear of beer also as used among the Celts. That they have no threshing-floors, but carry the grain into barns — which to a southerner seemed extraordinary — is related of the Britons by Posidonius from Pytheas. All this Strabo has no scruple in repeating, since it agrees with the postulates of physical geography (μαθηματικὴ θεωρία).

2 ἅλως: the regular form of the plural in hellenistic Greek.

VI. HIERO'S GALLEON

(Moschion in Athenaeus, v. 206 E.)

This extract gives an example of the scientific ingenuity of Archimedes; it shows what the art of practical mechanics could achieve under the direction of such a man. To be sure that art needed also the material prosperity which Hiero II, ruler of Syracuse, through his moderate government and his connexion with Rome, knew how to bestow on his Sicilian realm, and the discerning encouragement that he afforded to the efforts of his relative Archimedes. Similar praise may be bestowed on almost all the Hellenistic monarchies of the third century B.C., and so this became the great era of mechanics. Especially the art of ship-building, through the emulation of princes and engineers alike, reached unexampled perfection. The ship whose description we read below, was actually built as a show and gala vessel, and sent to Alexandria, doubtless to Ptolemy III, surnamed Euergetes (248-222 B.C.), because Alexandria was the head quarters of science and technical skill. Shortly afterwards the Hannibalic war destroyed the prosperity of Sicily for ever, and the strength of Egypt was sapped through the contemptible rule of Ptolemy IV, called Philopator. Philopator himself, it is true, had a much more magnificent Nile boat built; and we possess the description of this vessel too. The art of ship-building then declined, and never again reached such perfection before the nineteenth century.

The following description, which is by a certain Moschion, otherwise unknown, is vivid and clear, but it is intended wholly for unskilled readers, and so does not allow even of a rough reconstruction.

Archimedes, a relative of Hiero, had studied at Alexandria, and formed lasting connexions with the men of learning there, especially with Eratosthenes, the librarian of the celebrated royal library, who was also a writer on mathematics and astronomy. Archimedes lived afterwards for many years at Syracuse, his native city, and devoted himself to the study of mathematics and theoretical mechanics. He also solved practical problems. In particular, he protected Syracuse with ordnance and provided those machines which in 212 B.C. frustrated all the assaults of Marcellus on the sea side of the city. In the final storming of the town he lost his life. The victorious Roman commander gave him an honourable burial; but the Syracusans allowed the grave of their great citizen to go to ruin, and it was reserved for Cicero, when quaestor in Sicily, to find it out and to restore it (*Tusc. Disp.* v. 64 f.).

(1) Ἱέρων ὁ Συρακοσίων βασιλεύς, ὁ πάντα ῾Ρωμαίοις φίλος, ἐσπουδάκει μὲν καὶ περὶ ἱερῶν καὶ γυμασίων κατασκευάς, ἦν δὲ καὶ περὶ ναυπηγίας φιλότιμος, πλοῖα σιτηγὰ κατασκευαζόμενος, ὧν ἑνὸς τῆς κατασκευῆς μνησθήσομαι. ὕλης[1] μὲν ξύλων ἐκ τῆς Αἴτνης παρεσκεύαστο ἑξήκοντα τετρηρικῶν[2] σκαφῶν πλῆθος ἐξεργάσαθαι[3] δυναμένην, κατὰ[4] δὲ ταὐτὰ ἡτοιμάσατο γόμφους τε καὶ ἐγκοίλια καὶ σταμῖνας[5] καὶ τὴν εἰς τὴν ἄλλην χρείαν ὕλην τὴν μὲν ἐξ Ἰταλίας, τὴν δ' ἐκ Σικελίας, εἰς δὲ σχοινία λευκέαν[6] μὲν ἐξ Ἰβηρίας, κάνναβιν δὲ καὶ πίτταν ἀπὸ τοῦ Ῥοδανοῦ ποταμοῦ καὶ τἆλλα πάντα τὰ χρειώδη πολλαχόθεν. συνήγαγε δὲ καὶ ναυπηγοὺς καὶ τοὺς ἄλλους τεχνίτας καὶ καταστήσας

---

1 ὕλη, 'raw material.'

2 τετρηρικῶν, here 'ordinary'; see next note,

3 ἐξεργάσασθαι, 'furnish, provide.' It was in Corinth in the seventh century B.C. that the addition of a second bank of rowers was first thought of; it was placed beneath the first on the footstools used as stretchers by the upper rowers, (hence the name θρανῖται from θράνυς = θρῆνυς; the Doric α remained always in the word); and then a third was added, the θαλαμῖται, sitting in the θάλαμος, hold. This is the ναῦς τριήρης, the normal ship of the fifth century B.C. In the second half of the fourth century the τετρήρης appeared, a larger type; but it is not certain that it really had four banks of rowers. This is the normal type of the hellenistic period, and so is used as the example here, where we are not dealing with a war-ship at all. Already in the time of Alexander's successors, the Diadochi, much larger vessels existed, extending to the εἰκοσήρης, which of course had not twenty banks, but was named from its relative size.

4 κατὰ ταὐτά, 'in proportion.' γόμφοι are wooden pegs, ἐγκοίλια, planks to make the ship's belly (κοιλία), where the bilge, ἀντλία, sentina, collects; hence of a wood specially suited to resist wet.

5 σταμῖνες, 'ribs.'

6 λευκέα: a Spanish plant, a sort of hemp that afforded the best material for rope, and from this (σπάρτα, cp. σπεῖρα) was called σπάρτος. It is still called esparto in Spanish.

ἐπὶ πάντων Ἀρχίαν τὸν Κορίνθιον ἀρχιτέκτονα παρεκάλεσε προθύμως ἐπιλαβέσθαι τῆς κατασκευῆς, προσκαρτερῶν καὶ αὐτὸς ὅλας ἡμέρας. τὸ μὲν οὖν ἥμισυ τοῦ κύτους τῆς νεὼς ἐν μησὶν ἓξ ἐξειργάσατο, καὶ ταῖς ἐκ μολίβου[1] ποιηθείσαις κεραμίσιν[2] ἀεὶ καθ' ὃ ναυπηγηθείη μέρος περιελαμβάνετο, ὡς[3] ἂν τριακοσίων ὄντων τῶν τὴν ὕλην ἐργαζομένων τεχνιτῶν χωρὶς τῶν ὑπηρετούντων. τοῦτο μὲν οὖν τὸ μέρος εἰς τὴν θάλασσαν καθέλκειν προσετέτακτο, τὴν λοιπὴν κατασκευὴν ἵν' ἐκεῖ λαμβάνῃ. ὡς δὲ περὶ τὸν καθελκυσμὸν[4] αὐτοῦ τὸν εἰς τὴν θάλασσαν πολλὴ ζήτησις ἦν, Ἀρχιμήδης ὁ μηχανικὸς μόνος αὐτὸ κατήγαγε δι' ὀλίγων σωμάτων. κατασκευάσας γὰρ ἕλικα[5] τὸ τηλικοῦτον σκάφος εἰς τὴν θάλασσαν κατήγαγε. ὡς δὲ καὶ τὰ λοιπὰ μέρη τῆς νεὼς ἂν ἄλλοις ἓξ μησὶ κατεσκευάσθη καὶ τοῖς χαλκοῖς[6] ἥλοις πᾶσα περιελήφθη, ὧν οἱ πολλοὶ δεκάμνοοι[7] ἦσαν, οἱ δ' ἄλλοι τούτων ἡμιόλιοι (διὰ τρυπάνων δ' ἦσαν οὗτοι ἡρμοσμένοι

---

1 The word for 'lead' was spoken and written μόλιβδος, μόλυβδος, βόλιβος, μόλιβος. Moschion writes μόλιβος, but for the adj. μολύβδινος.

2 ταῖς κεραμίσι, 'the plates' (required in ship-building). Of course so called from being shaped like κέραμοι and used for an analogous purpose.

3 ὡς ἄν: in late Greek = ὡς; 'as there were 300 workmen' gives the explanation of the speed, and what comes between serves to emphasise the achievement.

4 καθελκυσμός, 'launching.'

5 ἕλιξ: this means a screw for pushing great weights from behind. It is the machine that was, among Archimedes' discoveries, specially famous, and led to stories such as the anecdote that he said, with reference to it, δός μοι ποῦ στῶ καὶ κινῶ τὴν γῆν. The later name of the implement was βαρουλκός. There is a book by Archimedes περὶ ἑλίκων, 'on spirals.' Of course a similar implement is still used for raising and pushing; 'a jack.'

6 Round the ship ran a row of bolts. These bolts were driven through the planks, the holes being bored for them. They also passed through the lead plates; and under the heads of the bolts there was tarred sail-cloth, to grip them tight.

7 δεκάμνοοι: not 'worth,' but 'weighing ten minae': the mina weighs nearly a pound.

τοὺς σταμῖνας συνέχοντες· μολυβδίναις δὲ κεραμίσιν ἀπεστεγνοῦντο[1] πρὸς τὸ ξύλον, ὑποτιθεμένων ὀθονίων μετὰ πίττης)· ὡς οὖν τὴν ἐκτὸς ἐπιφάνειαν ἐξειργάσατο, τὴν ἐντὸς διασκευὴν[2] ἐξεπονεῖτο. (**2**) ἦν δὲ ἡ ναῦς τῇ μὲν κατασκευῇ εἰκόσορος,[3] τριαπάροδος δέ· τὴν μὲν κατωτάτω ἔχουσα ἐπὶ τὸν γόμον, ἐφ' ἣν διὰ κλιμάκων[4] πηκτῶν ἡ κατάβασις ἐγίνετο· ἡ δ' ἑτέρα τοῖς εἰς τὰς διαίτας[5] βουλομένοις εἰσιέναι ἐμεμηχάνητο· μεθ' ἣν ἡ τελευταία τοῖς ἐπὶ[6] τοῖς ὅπλοις τεταγμένοις. ἦσαν δὲ τῆς μέσης παρόδου παρ' ἑκάτερον τῶν τοίχων δίαιται τετράκλινοι τοῖς ἀνδράσι, τριάκοντο τὸ πλῆθος. ἡ δὲ ναυκληρικὴ[7] δίαιτα κλινῶν μὲν ἦν πεντεκαίδεκα, θαλάμους[8] δὲ τρεῖς εἶχε τρικίνους, ὧν ἦν τὸ κατὰ τὴν πρύμναν ὀπτανεῖον.[9] ταῦτα δὲ πάντα δάπεδον εἶχεν ἐν ἀβακίσκοις[10] συγκείμενον ἐκ παντοίων λίθων, ἐν οἷς ἦν κατεσκευασμένος πᾶς ὁ περὶ τὴν Ἰλιάδα μῦθος.

---

1 ἀποστεγνοῦν, 'to make fast.'

2 διασκευή, 'fittings.'

3 εἰκόσορος: in the sense of εἰκοσήρης, denoting the type of ship. We must say 'of the largest type'; see note Hiero's Galleon (1) πάροδος, properly a gangway extending from end to end of the ship, on which the crew, the ἐπιβάται, moved. Here the corridor on each deck and the deck itself.

4 κλῖμαξ πηκτή, i.e. wooden, to distinguish it from stone steps and rope ladders, which were also called κλίμακες.

5 δίαιτα, 'dining room, lounge.' The size is denoted by the number of couches for which there was room in it.

6 οἱ ἐπι τοῖς ὅπλοις ('rigging') τεταγμένοι, 'the watch.'

7 ναυκληρική: the captain's (ναύκληρος) state-cabin.

8 θαλάμους: small rooms, 'cabins.'

9 ὀπτανεῖον, 'kitchen.'

10 ἄβαξ is a calculating table and a playing table comparable to a chess-board; so the dimin. is used of a single square. Into such squares the mosaic is divided, and each contains a scene: we possess many such mosaics of the Roman period.

θαυμασίως δὲ ταῖς τε κατασκευαῖς[1] καὶ ταῖς ὀροφαῖς καὶ θυρώμασι πάντα ἦν ταῦτα πεπονημένα. κατὰ δὲ τὴν ἀνωτάτω πάροδον γυμνάσιον ἦν καὶ περίπατοι σύμμετρον ἔχοντες τὴν κατασκευὴν τῷ τοῦ πλοίου μεγέθει, ἐν οἷς κῆποι παντοῖοι θαυμασίως ἦσαν ὑπερβάλλοντες ταῖς φυτείαις διὰ κεραμίδων μολυβδινῶν[2] κατεστεγνωμένων ἀρδευόμενοι, ἔτι δὲ σκηναὶ κιττοῦ λευκοῦ καὶ ἀμπέλων,[3] ὧν αἱ ῥίζαι τὴν τροφὴν ἐν πίθοις εἶχον γῆς πεπληρωμένοις, τὴν αὐτὴν ἄρδευσιν λαμβάνουσαι καθάπερ καὶ οἱ κῆποι. αὗται δὲ αἱ σκηναὶ συνεσκίαζον τοὺς περιπάτους. ἑξῆς δὲ τούτων Ἀφροδίσιον[4] κατεσκεύαστο τρίκλινον, δάπεδον ἔχον ἐκ λίθων ἀχατῶν[5] τε καὶ ἄλλων χαριεστάτων ὅσοι κατὰ τὴν νῆσον ἦσαν· τοὺς τοίχους δ' εἶχε καὶ τὴν ὀροφὴν κυπαρίττου, τὰς δὲ θύρας ἐλέφαντος καὶ θύου.[6] γραφαῖς δὲ καὶ ἀγάλμασιν,[7] ἔτι δὲ ποτηρίων κατασκευαῖς ὑπερβαλλόντως κατεσκεύαστο. **(3)**

---

1 κατασκευή, 'decoration'; especially the ornamentation of the walls, which at that time consisted of real or imitation marble incrustation with coloured panels, architectural designs and projecting sculptured ornaments of various materials. The older Pompeian wall painting is an imitation of the style.

2 The water was not carried through pipes, but the channel consists of lead plates joined together. Many similarly constructed channels of actual tiles are known from Greek lands.

3 The 'pale' ivy, which was then preferred, has only light berries, but in dense clusters. Theophrastus, who describes it, mentions that it needs water. It is still grown as a pot plant. (It does not mean a white-leaved ivy).

4 In Roman palaces also it was usual to give names to the rooms. Thus Lucullus named a salon 'Apollo.'

5 ἀχάτης, 'agate,' the name is taken from the Achates, a stream near Selinus in Sicily where it is found.

6 θύου, a scented and costly wood, imported, it is said, from Cyrene. The thuja or arbor vitae, though named from this tree, has really nothing to do with it.

7 A table with silver drinking-cups, a κυλικεῖον, is part of the decoration of the dining-room.

τούτου δ' ἐφεξῆς σχολαστήριον[1] ὑπῆρχε πεντάκλινον, ἐκ πύξου τοὺς τοίχους καὶ τὰ θυρώματα κατεσκευασμένον, βιβλιοθήκην ἔχον ἐν αὑτῷ,[2] κατὰ δὲ τὴν ὀροφὴν πόλον ἐκ τοῦ κατὰ τὴν Ἀχραδίνην ἀπομεμιμημένον ἡλιοτροπίου. ἦν δὲ καὶ βαλανεῖον τρίκλινον πυρίας[3] χαλκᾶς ἔχον τρεῖς καὶ λουτῆρα[4] πέντε μετρητὰς[5] δεχόμενον ποικίλον τοῦ Ταυρομενίτου[6] λίθου. κατεσκεύαστο δὲ καὶ οἰκήματα πλείω τοῖς ἐπιβάταις καὶ τοῖς τὰς ἀντλίας φυλάττουσι. χωρὶς δὲ τούτων ἱππῶνες ἦσαν ἑκατέρου τῶν τοίχων δέκα· κατὰ δὲ τούτους ἡ τροφὴ τοῖς ἵπποις ἔκειτο καὶ τῶν ἀναβατῶν[7] καὶ τῶν παίδων τὰ σκεύη. ἦν δὲ καὶ ὑδροθήκη[8] κατὰ τὴν πρῷραν κλειστή, δισχιλίους μετρητὰς δεχομένη, ἐκ σανίδων καὶ πίττης καὶ ὀθονίων κατεσκευασμένη. παρὰ δὲ ταύτην κατεσκεύαστο διὰ μολιβδώματος[9] καὶ σανίδων κλειστὸν ἰχθυοτροφεῖον·[10] τοῦτο δ' ἦν πλῆρες θαλάττης, ἐν ᾧ πολλοὶ ἰχθύες ἐτρέφοντο. ὑπῆρχον δὲ καὶ τῶν τοίχων ἑκατέρωθεν τροποὶ[11] προεωσμένοι, διάστημα σύμμετρον ἔχοντες· ἐφ' ὧν

---

1 σχολαστήριον, 'reading-room.'

2 It had a vaulted roof (πόλος), with a picture of the signs of the zodiac, copied from the sun-dial in the principal quarter of Syracuse. This also had a figure of the heavens depicted on the inner side of a hemisphere.

3 πυρία, hot-air chamber, in which a vapour bath could be taken.

4 λουτήρ, 'bath.'

5 μετρητής, about nine gallons.

6 Ταυρομενίτου, Tauromenium, now Taormena, on the east coast.

7 The ἀναβάτης, rider (= ἱππεύς), had a 'lad' who was his own slave.

8 ὑδροθήκη, 'cistern.'

9 μολίβδωμα, 'lead casing.'

10 ἰχθυτροφεῖον, 'fish-tank.'

11 τροποί, properly 'ropes' (see Hiero's Galleon (4); then any part outside the vessel proper; such additions were originally held by ropes, but not always, and not in this case. The original meaning is so entirely forgotten that προωθεῖν can be used of them: 'beams.'

κατεσκευασμέναι ἦσαν ξυλοθῆκαι[1] καὶ κρίβανοι[2] καὶ ὀπτανεῖα καὶ μύλοι καὶ πλείους ἕτεραι διακονίαι.[3] ἄτλαντές[4] τε περιέτρεχον τὴν ναῦν ἐκτὸς ἑξαπήχεις, οἳ τοὺς ὄγκους ὑπειλήφεσαν τοὺς ἀνωτάτω καὶ τὸ τρίγλυφον, πάντες ἐν διαστήματι συμμέτρῳ βεβῶτες. ἡ δὲ ναῦς πᾶσα οἰκείαις γραφαῖς ἐπεπόνητο. (**4**) πύργοι τε ἦσαν ἐν αὐτῇ ὀκτὼ σύμμετροι τὸ μέγεθος τοῖς τῆς νεὼς ὄγκοις· δύο μὲν κατὰ πρύμναν, οἱ δ' ἴσοι κατὰ πρῷραν, οἱ λοιποὶ δὲ κατὰ μέσην ναῦν. τούτων δὲ ἑκάστῳ παρεδέδεντο κεραῖαι[5] δύο, ἐφ' ὧν κατεσκεύαστο φατνώματα, δι' ὧν ἠφίεντο λίθοι πρὸς τοὺς ὑποπλέοντας τῶν πολεμίων. ἐπὶ δὲ τῶν πύργων ἕκαστον ἀνέβαινον τέτταρες μὲν καθωπλισμένοι νεανίσκοι, δύο δὲ τοξόται. πᾶν δὲ τὸ ἐντὸς τῶν πύργων λίθων καὶ βελῶν πλῆρες ἦν. τεῖχος[6] δὲ ἐπάλξεις ἔχον καὶ καταστρώματα διὰ νεὼς ἐπὶ κιλλιβάντων[7] κατεσκεύαστο· ἐφ' οὗ λιθοβόλος ἐφειστήκει, τριτάλαντον[8] λίθον ἀφ' αὑτοῦ ἀφιεὶς καὶ δωδεκάπηχυ βέλος. τοῦτο δὲ τὸ μηχάνημα κατεσκεύασεν Ἀρχιμήδης· ἑκάτερον δὲ τῶν βελῶν ἔβαλλεν ἐπὶ στάδιον. μετὰ

---

1 ξυλοθήκη, 'wood-house.'

2 κρίβανος, 'oven.'

3 διακονίαι, 'offices,' as we say of the back premises of a house. The supporting figures, over which ran a cornice, gave an architectural finish to the vessel.

4 ἄτλας, 'supporter.' These figures, supporting ornamental wood-work, gave an architectural finish to the ship.

5 κεραῖαι, moveable beams that could be jerked with a spring, and so slung the stones, φατνώματα are the cups or pockets cut in the beams (from φάτνη 'stall'), in which lay the stones.

6 This 'fort' runs across the ship like the bridge of a modern vessel.

7 κιλλίβας, trestle or 'horse,' supporting the κατάστρωμα.

8 The stone weighs 171 lb.; the spear is 18 ft. 4 in. long; the range, one state = ±200 metres, λιθοβόλος is a machine for hurling stones.

δὲ ταῦτα παραρρύματα[1] ἐκ τροπῶν παχέων συγκείμενα διὰ ἁλύσεων χαλκῶν κρεμάμενα. τριῶν δὲ ἱστῶν ὑπαρχόντων ἐξ ἑκάστου κεραῖαι[2] λιθοφόροι ἐξήρτηντο δύο, ἐξ ὧν ἅρπαγές[3] τε καὶ πλίνθοι μολίβου πρὸς τοὺς ἐπιτιθεμένους ἠφίεντο. ἦν δὲ καὶ χάραξ κύκλῳ τῆς νεὼς σιδηροῦς πρὸς τοὺς ἐπιχειροῦντας ἀναβαίνειν κόρακές τε σιδηροῖ, οἳ δι' ὀργάνων ἀφιέμενοι τὰ τῶν ἐναντίων ἐκράτουν σκάφη καὶ παρέβαλλον εἰς πληγήν, ἑκατέρῳ δὲ τῶν τοίχων ἑξήκοντα νεανίσκοι πανοπλίας ἔχοντες ἐφειστήκεσαν καὶ τούτοις ἴσοι περί τε τοὺς ἱστοὺς καὶ τὰς λιθοφόρους κεραίας. ἦσαν δὲ καὶ κατὰ τοὺς ἱστοὺς ἐν τοῖς καρχησίοις[4] οὖσι χαλκοῖς ἐπὶ μὲν τοῦ πρώτου τρεῖς ἄνδρες, εἶθ' ἑξῆς καθ'[5] ἕνα λειπόμενοι· τούτοις δ' ἐν πλεκτοῖς γυργάθοις[6] διὰ τροχιλιῶν εἰς τὰ θωράκια λίθοι παρεβάλλοντο καὶ βέλη διὰ τῶν παίδων. ἄγκυραι δὲ ἦσαν ξύλιναι μὲν τέτταρες, σιδηραῖ δ' ὀκτώ. τῶν δὲ ἱστῶν ὁ μὲν δεύτερος καὶ τρίτος κατὰ τὴν Αἴτνην εὑρέθησαν, δυσχερῶς δὲ ὁ πρῶτος εὑρέθη ἐν τοῖς ὄρεσι τῆς Βρεττίας[7] ὑπὸ συβώτου ἀνδρός· κατήγαγε δ' αὐτὸν ἐπὶ θάλατταν Φιλέας ὁ Ταυρομενίτης μηχανικός. ἡ δὲ ἀντλία καίπερ βάθος

---

1 παραρρύματα in this case are nets intended to catch the enemy's missiles and to break their force; they were suspended when necessary in front of the vulnerable parts of the ship (παραβάλλονται).

2 κεραῖαι, not the 'yard-arms,' but machines like those on the towers.

3 ἅρπαγες, stakes with hooks on them; they had cords attached to them, and so, when flung at the enemy's ship, could be drawn back with whatever they clutched. They are the manus ferreae. The κόρακες below are somewhat similar. They were for catching small boats, which were hit by the body of the ship and shattered.

4 καρχήσιον, 'mast-head.'

5 καθ' ἕνα λειπόμενοι, 'one less in each' of the tiers.

6 γύργαθος, 'basket'; τροχιλία, 'pulley'; θωράκιον, 'crow's nest.'

7 βρεττία, Bruttium (Calabria); its forests were famous.

ὑπερβάλλον ἔχουσα δι' ἑνὸς ἀνδρὸς ἐξηντλεῖτο διὰ κοχλίου,[1] Ἀρχιμήδους ἐξευρόντος. ὄνομα δ' ἦν τῇ νηὶ Συρακοσία· ὅτε δ' αὐτὴν ἐξέπεμπεν Ἱέρων, Ἀλεξανδρίδα αὐτὴν μετωνόμασεν. ἐφόλκια[2] δ' ἦσαν αὐτῇ τὸ μὲν πρῶτον κέρκουρος τρισχίλια τάλαντα δέχεσθαι δυνάμενος· πᾶς δ' ἦν οὗτος ἐπίκωπος.[3] μεθ' ὃν χίλια πεντακόσια βαστάζουσαι ἁλιάδες[4] τε καὶ σκάφαι πλείους. ὄχλος δ' ἦν οὐκ ἐλάττων ... μετὰ[5] τοὺς προειρημένους, ἄλλοι τε ἑξακόσιοι παρὰ τὴν πρῷραν ἐπιτηροῦντες τὰ παραγγελλόμενα. τῶν δὲ κατὰ ναῦν ἀδικημάτων δικαστήριον καθειστήκει ναύκληρος, κυβερνήτης καὶ πρῳρεύς,[6] οἵπερ ἐδίκαζον κατὰ τοὺς Συρακοσίων νόμους. (**5**) σίτου δὲ ἐνεβάλλοντο εἰς τὴν ναῦν μυριάδες[7] ἕξ, ταρίχων δὲ Σικελικῶν κεράμια μύρια, ἐρεῶν τάλαντα δισμύρια, καὶ ἕτερα δὲ φορτία δισμύρια. χωρὶς δὲ τούτων ὁ ἐπισιτισμὸς ἦν τῶν ἐμπλεόντων. ὁ δ' Ἱέρων ἐπεὶ πάντας τοὺς λιμένας ἤκουεν τοὺς μὲν ὡς οὐ δυνατοί εἰσι τὴν ναῦν δέχεσθαι, τοὺς δὲ καὶ ἐπικινδύνους ὑπάρχειν, διέγνω δῶρον αὐτὴν ἀποστεῖλαι Πτολεμαίῳ τῷ βασιλεῖ εἰς Ἀλεξάνδρειαν· καὶ γὰρ ἦν σπάνις σίτου κατὰ τὴν Αἴγυπτον. καὶ οὕτως ἐποίησε, καὶ ἡ ναῦς κατήχθη εἰς τὴν Ἀλεξάνδρειαν, ἔνθα καὶ

---

1 κοχλίας, a wheel for raising water invented by Archimedes.

2 ἐφόλκια, boats towed behind; κέρκουρος, named from a fish: a narrow boat with one bank of oars.

3 'This was completely furnished with oars.'

4 ἁλιάς, a boat of such considerable size that it could cross the seas independently.

5 It is not possible to calculate the number of men on board. The loss of at least a line in the text makes μετὰ τοὺς προειρημένους also unintelligible.

6 πρῳρεύς is the second officer, who gave orders from the πρῷρα; the κυβερνήτης is the first officer; the ναύκληρος, the captain.

7 μυριάδες ἕξ: supply μέδιμνοι. How much κεράμια held is unknown. The fish was of course salt.

ἐνεωλκήθη.[1]

1 νεωλκεῖν = 'to beach'.

VII. PAUSANIAS AND THEMISTOCLES

(Thucydides, i. 128-138.)

Thucydides has described the end of the two most celebrated generals of the Persian wars in a passage which is only loosely connected with the rest of his work, evidently because he was in a position to correct the common opinions by the results of new inquiry.[1] In the case of Pausanias he had obtained knowledge of the decisive letters; part of the story he declares to be a report, which is evidently from a Spartan source: the events at the Hellespont and the catastrophe were notorious. Herodotus (v. 32) had mentioned the treason; and he refers to a daughter of Megabates, who is mentioned also by Thucydides, as the Persian bride of Pausanias. But he speaks of this last matter as only a report; and it follows from Thucydides that it was false.

About Themistocles, too, a different story was often told. Between his flight from Athens and his appearance as governor of Magnesia some years intervened, in which the less they knew the more people talked of the most famous man in Greece. Here, however, in one chief point of the reports Thucydides found there was nothing credible. The next generation unanimously declared that Themistocles had gone to Xerxes. In this they were right, since Thucydides makes him escape across the sea just when the Athenians were blockading the island of Naxos. According to his account this siege occurred at the latest in 470 B.C., the year which later tradition also gives for the flight of Themistocles. Artaxerxes, however, succeeded Xerxes as king only in 465 B.C. (see c. 10). If a mistake can be detected in a point so important, the credibility of the whole account is, of course, seriously impaired, so far as it is concerned with distant regions or secret matters. The letter of

---

1 Thucydides has previously related the following events in a different connexion: 'In 478 B.C. Pausanias in command of the Greek fleet first undertook an expedition to Cyprus, and then took Byzantium. But through his haughty behaviour he forfeited the sympathy of the allies. He was recalled to Sparta, where he was put on his trial for certain isolated acts, and was acquitted. But the allies in the meantime had entered into a new league with Athens, and refused to follow the successor to Pausanias whom Sparta sent out' (c. 94, 95). He now continues; but he first goes back to 478 B.C, and proves that already then he was in correspondence with Persia; and it is only at c. 131 that he reaches the point to which he had got in c. 95.

Themistocles, in contrast with the documents in the story of Pausanias, we should in any case take for a free invention. We must then be content with this — that Thucydides believed what he says, for which he refers to relatives of Themistocles. In one respect he is completely right, namely, in his estimate of the gifted statesman, whose portrait, as Herodotus had given it, was marred by the painter's blind hatred of his subject.

(**1**) Ἐπειδὴ Παυσανίας ὁ Λακεδαιμόνιος τὸ πρῶτον μεταπεμφθεὶς ἀπὸ τῆς ἀρχῆς τῆς ἐν Ἑλλησπόντῳ καὶ κριθεὶς ὑπ' αὐτῶν ἀπελύθη μὴ[1] ἀδικεῖν, δημοσίᾳ μὲν οὐκέτι ἐξεπέμφθη, ἰδίᾳ δὲ αὐτὸς τριήρη λαβὼν Ἑρμιονίδα[2] ἄνευ[3] Λακεδαιμονίων ἀφικνεῖται ἐς Ἑλλήσποντον, τῷ μὲν λόγῳ ἐπὶ τὸν Μηδικὸν πόλεμον, τῷ δὲ ἔργῳ τὰ πρὸς βασιλέα πράγματα πράσσειν,[4] ὥσπερ καὶ τὸ πρῶτον ἐπεχείρησεν, ἐφιέμνος τῆς Ἑλληνικῆς ἀρχῆς.

Εὐεργεσίαν δὲ ἀπὸ τοῦδε πρῶτον ἐς βασιλέα[5] κατέθετο καὶ τοῦ παντὸς πράγματος ἀρχὴ ἐποιήσατο· Βυζάντιον γὰρ ἑλὼν τῇ προτέρᾳ παρουσίᾳ μετὰ τὴν ἐκ Κύπρου ἀναχώρησιν (εἶχον δὲ Μῆδοι[6] αὐτὸ καὶ βασιλέως προσήκοντές τινες καὶ

---

1 μὴ ἀδικεῖν, epexegetic infin., which the early language used very freely; it gives the substance of the κρίσις.

2 Ἑρμιών, an independent town on the east coast of Argolis.

3 ἰδία . . . ἄνευ Λακεδαιμονίων gives the same point in positive and neg. form.

4 πράσσειν corresponds to ἐπὶ τὸν πόλεμον, and expresses purpose. The fut. partic. would be more usual.

5 See note on Pausanias and Themistocles (2).

6 Μῆδοι, often in Thucydides for the Persians; at the time of the Persian wars (τὰ Μηδικά) this name (or Μήδειοι) was invariably used by the Greeks. The character of the garrison captured and enslaved is of such importance that Thucydides has explained it in an independent parenthetical sentence, to which he has to refer in τούτων.

ξυγγενεῖς, οἳ ἑάλωσαν ἐν αὐτῷ τότε) τούτων οὓς ἔλαβεν ἀποπέμπει βασιλεῖ[1] κρύφα τῶν ἄλλων ξυμμάχων, τῷ δὲ λόγῳ ἀπέδρασαν αὐτόν. ἔπρασσε δὲ ταῦτα μετὰ Γογγύλου τοῦ Ἐρετριέως, ᾧπερ ἐπέτρεψε τό τε Βυζάντιον καὶ τοὺς αἰχμαλώτους. ἔπεμψε δὲ καὶ ἐπιστολὴν τὸν Γόγγυλον[2] φέροντα αὐτῷ· ἐνεγέγραπτο δὲ τάδε ἐν αὐτῇ, ὡς ὕστερον ἀνηυρέθη· 'Παυσανίας[3] ὁ ἡγεμὼν τῆς Σπάρτης τούσδε τέ σοι χαρίζεσθαι βουλόμενος ἀποπέμπει δορὶ ἑλών· καὶ γνώμην[4] ποιοῦμαι, εἰ καὶ σοὶ δοκεῖ, θυγατέρα[5] τε σὴν γῆμαι καὶ σοὶ Σπάρτην τε καὶ τὴν ἄλλην Ἑλλάδα ὑποχείριον ποιῆσαι. δυνατὸς δὲ δοκῶ εἶναι ταῦτα πρᾶξαι μετὰ σοῦ βουλευόμενος. εἰ οὖν τί σε τούτων ἀρέσκει, πέμπε ἄνδρα πιστὸν ἐπὶ θάλασσαν[6] δι' οὗ τὸ λοιπὸν τοὺς λόγους ποιησόμεθα.' **(2)** τοσαῦτα μὲν ἡ γραφὴ ἐδήλου. Ξέρξης δὲ ἥσθη τε τῇ ἐπιστολῇ καὶ ἀποστέλλει

---

1 A specially large portion of the spoil of course fell to the commander.

2 At the time Thucydides wrote this, the descendants of this Gongylus ruled some places in the Troad, which their ancestor had received from Xerxes in reward for his treason, just as Themistocles received Magnesia: when Pausanias made Gongylus commander at Byzantium, he must have been still an Eretrian citizen and unsuspected.

3 Pausanias begins with the 3rd. person, as this is in a measure the superscription in which the 3rd. person was always kept. The correspondence is Ionic, in the written language of the time. Thucydides has removed the Ionic forms; and in the vocabulary nothing unusual appears, because Thucydides himself uses so many Ionic and poetical words. But δορὶ ἑλεῖν is poetical, cf. δοριάλωτος.

4 γνώμην ποιοῦμαι = γιγνώσκω in the sense 'intend,' 'determine,' which is common in the aor. ἔγνων.

5 θυγατέρα σήν, 'a daughter of yours.'

6 θάλασσα, in Persian official language the sea on their west boundary.

Ἀρτάβαζον[1] τὸν Φαρνάκου ἐπὶ θάλασσαν καὶ κελεύει αὐτὸν τήν τε Δασκυλῖτιν σατραπείαν παραλαβεῖν Μεγαβάτην ἀπαλλάξαντα, ὃς πρότερον ἦρχε, καὶ παρὰ Παυσανίαν ἐς Βυζάντιον ἐπιστολὴν ἀντεπετίθει[2] αὐτῷ ὡς τάχιστα διαπέμψαι καὶ τὴν σφραγῖδα[3] ἀποδεῖξαι καί, ἤν τι αὐτῷ Παυσανίας παραγγέλλῃ περὶ τῶν ἑαυτοῦ πραγμάτων, πράσσειν ὡς ἄριστα καὶ πιστότατα. ὃ δὲ ἀφικόμενος τά τε ἄλλα ἐποίησεν ὥσπερ εἴρετο καὶ τὴν ἐπιστολὴν διέπεμψεν· ἀντενεγέγραπτο δὲ τάδε· 'Ὧδε λέγει βασιλεὺς Ξέρξης Παυσανίᾳ· καὶ τῶν ἀνδρῶν οὓς μοι πέραν θαλάσσης ἔσωσας κεῖταί σοι εὐεργεσία[4] ἐν τῷ ἡμετέρῳ οἴκῳ ἐς ἀεὶ ἀνάγραπτος, καὶ τοῖς λόγοις τοῖς ἀπὸ σοῦ ἀρέσκομαι. καί σε μήτε[5] νὺξ μήθ' ἡμέρα ἐπισχέτω ὥστε ἀνεῖναι πράσσειν τι ὧν ἐμοὶ ὑπισχνῇ, μηδὲ χρυσοῦ καὶ ἀργύρου δαπάνῃ

---

1 The satrapy Φρυγία ἐφ' Ἑλλησπόντῳ or κάτω Φρυγία with the chief town Dascylium on the sea east of Cyzicus remained almost without a break in the family of Artabazus until Alexander.

2 ἀντεπετίθει αὐτῷ, instead of saying ἀντεπεστελλε he transfers the idea of 'reply' to the delivery of the letter to the messenger. The general notion of a charge is taken from the special phrase for the following clause.

3 The royal seal.

4 Pausanias is entered as a benefactor in the register kept in the royal archives, and thereby he has established a lasting claim to consideration for himself and his descendants. The same custom existed in Greek states. This is expressed, 'your well-doing lies recorded in my house,' and in this sense we have εὐεργεσίαν καταθέσθαι, Pausanias and Themistocles (1).

5 μήτε νὺξ μήθ' ἡμέρα, a poetical expression, which has the mark of being genuine.

κεκώλυσο[1] μηδὲ στρατιᾶς πλήθει, εἴ ποι δεῖ παραγίγνεσθαι, ἀλλὰ μετ' Ἀρταβάζου, ἀνδρὸς[2] ἀγαθοῦ, ὅν σοι ἔπεμψα, πρᾶσσε θαρσῶν καὶ τὰ ἐμὰ καὶ τὰ σὰ ὅπῃ κάλλιστα καὶ ἄριστα ἕξει ἀμφοτέροις.' (**3**) ταῦτα λαβὼν ὁ Παυσανίας τὰ γράμματα, ὢν καὶ πρότερον ἐν μεγάλῳ ἀξιώματι ὑπὸ τῶν Ἑλλήνων διὰ τὴν Πλαταιᾶσιν ἡγεμονίαν, πολλῷ τότε μᾶλλον ἦρτο καὶ οὐκέτι ἐδύνατο[3] ἐν τῷ καθεστηκότι τρόπῳ βιοτεύειν, ἀλλὰ σκευάς τε Μηδικὰς ἐνδυόμενος ἐκ τοῦ Βυζαντίου ἐξῄει, καὶ διὰ τῆς Θρᾴκης πορευόμενον αὐτὸν Μῆδοι καὶ Αἰγύπτιοι[4] ἐδορυφόρουν, τράπεζάν τε Περσικὴν[5] παρετίθετο, καὶ κατέχειν τὴν διάνοιαν οὐκ ἐδύνατο, ἀλλ' ἔργοις βραχέσι προυδήλου ἃ τῇ γνώμῃ μειζόνως ἐς ἔπειτα ἔμελλε πράξειν, δυσπρόσοδόν τε αὐτὸν παρεῖχε καὶ τῇ ὀργῇ[6] οὕτω χαλεπῇ ἐχρῆτο ἐς

1 The perf. κεκώλυσο because the all-powerful King knows that Pausanias can never be in the condition of being hampered, so far as concerns external means (money and men): so 'be assured that you are not.'

2 ἀνδρὸς ἀγαθοῦ evidently represents some Persian title of honour. Similarly the Roman senate styled representatives of allied states ἄνδρες καλοὶ κἀγαθοί.

3 αἴρειν, ἐπαίρειν, μετεωρίζειν were used of the rise of self-confidence and the 'aspirations' that it awakens.

4 This body-guard consists of slaves or hired barbarians.

5 Persian in cost and style; both seemed τρυφή to the ὀλιγοτράπεζοι Ἕλληνες (i. e. 'who have but few tables'; the courses were served on the tables, and there were only two).

6 ὀργή, 'humour,' 'manner.' He received no visitors but only issued orders. The Greeks of Thucydides' day, sensitive in points of honour, felt hurt when they had to 'wait before the doors of barbarians' — an experience which they met with in dealing with Tissaphernes and Cyrus.

πάντας ὁμοίως ὥστε μηδένα δύνασθαι προσιέναι· διόπερ καὶ πρὸς τοὺς Ἀθηναίους οὐχ ἥκιστα ἡ ξυμμαχία μετέστη.

(**4**) Οἱ δὲ Λακεδαιμόνιοι αἰσθόμενοι τό τε πρῶτον διὰ ταῦτα ἀνεκάλεσαν αὐτόν,[1] καὶ ἐπειδὴ τῇ Ἑρμιονίδι νηὶ τὸ δεύτερον ἐκπλεύσας οὐ κελευσάντων αὐτῶν τοιαῦτα ἐφαίνετο ποιῶν, καὶ ἐκ τοῦ Βυζαντίου βίᾳ ὑπ' Ἀθηναίων ἐκπολιορκηθεὶς ἐς μὲν τὴν Σπάρτην οὐκ ἐπανεχώρει, ἐς δὲ Κολωνὰς[2] τὰς Τρῳάδας ἱδρυθεὶς πράσσων τε ἐσηγγέλλετο αὐτοῖς πρὸς τοὺς βαρβάρους καὶ οὐκ ἐπ' ἀγαθῷ τὴν μονὴν ποιούμενος, οὕτω δὴ οὐκέτι ἐπέσχον, ἀλλὰ πέμψαντες κήρυκα[3] οἱ ἔφοροι καὶ σκυτάλην εἶπον τοῦ κήρυκος μὴ λείπεσθαι, εἰ δὲ μή, πόλεμον αὐτῷ Σπαρτιάτας προαγορεύειν. ὁ δὲ βουλόμενος ὡς ἥκιστα ὕποπτος εἶναι καὶ πιστεύων χρήμασι διαλύσειν τὴν διαβολὴν ἀνεχώρει τὸ δεύτερον ἐς Σπάρτην, καὶ ἐς μὲν τὴν εἱρκτὴν ἐσπίπτει τὸ πρῶτον ὑπὸ τῶν ἐφόρων (ἔξεστι δὲ τοῖς ἐφόροις τὸν

1 The first recall occurred in the winter of 478/7. When he again went out, when he was turned out of Byzantium by the Athenians, and how long he remained in the Troad, cannot be exactly fixed.

2 Colonae, in the Troad; its exact situation still unknown.

3 'Stick,' says Thucydides, for the 'written order,' in accordance with the Spartan practice. In case he refuses to come ('remained behind the herald') they declare war on him; i.e. the herald will make the declaration: this is expressed by the present. The future would imply a subsequent message to be sent to him.

βασιλέα δρᾶσαι[1] τοῦτο), ἔπειτα διαπραξάμενος ὕστερον ἐξῆλθε καὶ καθίστησιν ἑαυτὸν ἐς κρίσιν τοῖς βουλομένοις περὶ αὐτῶν[2] ἐλέγχειν. (**5**) καὶ φανερὸν μὲν εἶχον οὐδὲν οἱ Σπαρτιᾶται σημεῖον, οὔτε οἱ ἐχθροὶ οὔτε ἡ πᾶσα πόλις, ὅτῳ[3] ἂν πιστεύσαντες βεβαίως ἐτιμωροῦντο ἄνδρα γένους τε τοῦ βασιλείου ὄντα καὶ ἐν τῷ παρόντι τιμὴν ἔχοντα (Πλείσταρχον γὰρ τὸν Λεωνίδου ὄντα βασιλέα καὶ νέον[4] ἔτι ἀνεψιὸς ὢν ἐπετρόπευεν), ὑποψίας δὲ πολλὰς παρεῖχε τῇ τε παρανομίᾳ[5] καὶ ζηλώσει τῶν βαρβάρων μὴ ἴσος βούλεσθαι εἶναι τοῖς παροῦσι, καὶ τά[6] τε ἄλλα αὐτοῦ ἀνεσκόπουν, εἴ τί που ἐξεδεδιῄτητο τῶν καθεστώτων νομίμων, καὶ ὅτι ἐπὶ τὸν τρίποδά[7] ποτε τὸν ἐν Δελφοῖς, ὃν ἀνέθεσαν οἱ Ἕλληνες ἀπὸ τῶν Μήδων ἀκροθίνιον, ἠξίωσεν

1 δρᾶσαι τοῦτο, i.e. ἐμβάλλειν εἰς τὴν εἱρκτήν: in εἰσπίπτειν is contained the passive of ἐμβάλλειν. διαπραξάμενος implies that he did it by wrong methods (bribery).

2 αὐτῶν has no grammatical reference; but the sense is clear (the matters that had led to his summons).

3 ὅτῳ, 'of such a kind that.' ἐτιμωροῦντο is imperf. because the τιμωρία is transferred to the same time as εἶχον.

4 νέος in Attic and later Greek 'not grown up,' 'minor'; νεανίας, 'youth,' in reference to his vigour.

5 παρανομία = ἐκδιαιτᾶσθαι . . . νομίμων. In Sparta a deviation from the customary manner of life is a direct illegality, since the νόμος, custom resting on unwritten law, extended to this.

6 τὰ παρόντα, the circumstances in which he was placed; cf. 1. ii. He wanted to be more than a Σπαρτιάτης.

7 The tripod supported by the column of serpents; the shaft still stands at Constantinople and still shows the second inscription.

ἐπιγράψασθαι αὐτὸς ἰδίᾳ τὸ ἐλεγεῖον τόδε·

Ἑλλήνων ἀρχηγὸς[1] ἐπεὶ στρατὸν ὤλεσε Μήδων
Παυσανίας Φοίβῳ μνῆμ' ἀνέθηκε τόδε.

τὸ μὲν οὖν ἐλεγεῖον οἱ Λακεδαιμόνιοι ἐξεκόλαψαν εὐθὺς τότε ἀπὸ τοῦ τρίποδος τοῦτο καὶ ἐπέγραψαν ὀνομαστὶ τὰς πόλεις ὅσαι ξυγκαθελοῦσαι τὸν βάρβαρον ἔστησαν τὸ ἀνάθημα· τοῦ μέντοι Παυσανίου ἀδίκημα καὶ τότ' ἐδόκει εἶναι, καὶ ἐπειδὴ ἐν[2] τούτῳ καθειστήκει, πολλῷ μᾶλλον παρόμοιον πραχθῆναι ἐφαίνετο τῇ παρούσῃ διανοίᾳ. ἐπυνθάνοντο δὲ καὶ ἐς τοὺς Εἵλωτας πράσσειν τι αὐτόν· καὶ ἦν δὲ οὕτως· ἐλευθέρωσίν τε γὰρ ὑπισχνεῖτο αὐτοῖς καὶ πολιτείαν, ἢν ξυνεπαναστῶσι καὶ τὸ πᾶν ξυγκατεργάσωνται. ἀλλ' οὐδ' ὧς οὐδὲ τῶν Εἱλώτων μηνυταῖς τισι πιστεύσαντες ἠξίωσαν νεώτερόν[3] τι ποιεῖν ἐς αὐτόν, χρώμενοι τῷ τρόπῳ ᾧπερ εἰώθασιν ἐς σφᾶς αὐτούς, μὴ ταχεῖς εἶναι περὶ ἀνδρὸς Σπαρτιάτου ἄνευ ἀναμφισβητήτων τεκμηρίων βουλεῦσαί τι ἀνήκεστον, πρίν γε δὴ αὐτοῖς, ὡς λέγεται, ὁ μέλλων τὰς τελευταίας βασιλεῖ ἐπιστολὰς πρὸς Ἀρτάβαζον κομιεῖν, ἀνὴρ Ἀργίλιος,[4]

---

1 The title ἀρχηγός as well as the name was offensive. It is the proper title of Spartan kings, βασιλεύς being borrowed from Ionic.

2 ἐν τούτῳ καθειστήκει, 'was in this position.'

3 νεώτερόν τι, extreme measures of whatever sort; but ἀνήκεστόν τι (Pausanias and Themistocles (5) means the death penalty, with the usual employment of euphemism.

4 Ἀργίλιος. He was a slave from the Thracian town Argilus, and, as usual, has no other name but that of his birthplace.

παιδικά ποτε ὢν αὐτοῦ καὶ πιστότατος[1] ἐκείνῳ, μηνυτὴς γίγνεται, δείσας κατὰ ἐνθύμησίν[2] τινα ὅτι οὐδείς πω τῶν πρὸ ἑαυτοῦ ἀγγέλων πάλιν ἀφίκετο· καὶ παραποιησάμενος σφραγῖδα,[3] ἵνα, ἢν ψευσθῇ τῆς δόξης ἢ καὶ ἐκεῖνός τι μεταγράψαι αἰτήσῃ, μὴ ἐπιγνῷ, λύει τὰς ἐπιστολάς· ἐν αἷς ὑπονοήσας τι τοιοῦτο προσεπεστάλθαι καὶ αὑτὸν ηὗρεν ἐγγεγραμμένον κτείνειν.[4] **(6)** τότε δὴ οἱ ἔφοροι δείξαντος αὐτοῦ τὰ γράμματα μᾶλλον μὲν ἐπίστευσαν, αὐτήκοοι δὲ βουληθέντες ἔτι γενέσθαι αὐτοῦ Παυσανίου τι λέγοντος, ἀπὸ παρασκευῆς[5] τοῦ ἀνθρώπου ἐπὶ Ταίναρον ἱκέτου οἰχομένου καὶ σκηνωσαμένου διπλῆν διαφράγματι καλύβην, ἐς ἣν τῶν ἐφόρων ἐντός[6] τινας ἔκρυψε, καὶ Παυσανίου ὡς αὐτὸν ἐλθόντος καὶ ἐρωτῶντος τὴν πρόφασιν τῆς

---

1 πιστότατος, 'reliable' in the opinion of Pausanias; hence ἐκείνῳ, although αὐτοῦ has already-been used of the same person. Without a pronoun the sense would be 'faithful.'

2 ἐνθύμησις, a new formation from ἐνθυμεῖσθαι, which implies anxiety; he noticed it with some uneasiness. After δείσας participles ought strictly to follow; but the sentence extends so far that it takes an independent form.

3 That he would have taken the letter to the address if his suspicion proved mistaken, is so self-evident that it is not expressed, though, in that case, it would of course be the person to whom he took the letter, and not the sender, who was to examine the seal.

4 κτείνειν, where we expect passive.

5 παρασκευῆς: everything, the flight, the plan of the hut, παρεσκεύαστο. The shrine of Poseidon on Taenarus was sanctuary (asylum) for Laconian slaves who reached it as ἱκέται: here also emancipations took place; there are records of these, probably by slaves who had sought the asylum. In Athens the Theseum was such a sanctuary.

6 ἐντός, in the inner, i.e. the back, room.

ἱκετείας ᾔσθοντο πάντα σαφῶς, αἰτιωμένου τοῦ ἀνθρώπου τά τε περὶ αὑτοῦ γραφέντα καὶ τἆλλ' ἀποφαίνοντος καθ' ἕκαστον, ὡς οὐδὲν πώποτε αὐτὸν ἐν ταῖς πρὸς βασιλέα διακονίαις παραβάλοιτο,[1] προτιμηθείη δ' ἐν ἴσῳ τοῖς πολλοῖς τῶν διακόνων ἀποθανεῖν, κἀκείνου αὐτά τε ταῦτα ξυνομολογοῦντος καὶ περὶ τοῦ παρόντος οὐκ ἐῶντος ὀργίζεσθαι, ἀλλὰ πίστιν διδόντος τῆς ἀναστάσεως[2] καὶ ἀξιοῦντος ὡς τάχιστα πορεύεσθαι καὶ μὴ τὰ πρασσόμενα διακωλύειν.

(7) Ἀκούσαντες δὲ ἀκριβῶς τότε μὲν ἀπῆλθον οἱ ἔφοροι, βεβαίως δὲ ἤδη εἰδότες ἐν τῇ πόλει τὴν ξύλληψιν ἐποιοῦντο. λέγεται δ' αὐτὸν μέλλοντα ξυλληφθήσεσθαι ἐν τῇ ὁδῷ, ἑνὸς μὲν τῶν ἐφόρων τὸ πρόσωπον προσιόντος ὡς εἶδε, γνῶναι ἐφ' ᾧ ἐχώρει, ἄλλου δὲ νεύματι ἀφανεῖ[3] χρησαμένου καὶ δηλώσαντος εὐνοίᾳ, πρὸς τὸ ἱερὸν τῆς Χαλκιοίκου[4] χωρῆσαι δρόμῳ καὶ προκαταφυγεῖν· ἦν δὲ ἐγγὺς τὸ

---

1 παραβάλοιτο, 'risked,' 'endangered.' προτιμηθείη, is said with bitterness; 'his only reward was.' The slave thinks that he should not have been treated like the rest, but should have been recommended to the Great King for promotion and reward.

2 ἀνάστασις, sc. ἐκ τοῦ ἱεροῦ, from which Pausanias wishes to remove him, ἀνίστησι. He promises him safety.

3 ἀφανεῖ, unnoticed, i.e. so that nobody saw. εὐνοίᾳ, dat. of cause, 'out of.'

4 Athena Χαλκίοικος, called only by the epithet, was the goddess of the Spartan acropolis, and was named after an old bronze figure which stood in a shrine covered with reliefs in bronze. The holy τέμενος was much larger, and contained many other buildings, like the Athenian acropolis. Pausanias lived like the Argilian in his hut on Taenarus, but of course could walk about the τέμενος without any risk. So the ephors had to wait for an opportunity when he was in the building, so as to 'cut him off' (ἀπολαβεῖν) inside.

τέμενος. καὶ ἐς οἴκημα οὐ μέγα ὃ ἦν τοῦ ἱεροῦ ἐσελθών, ἵνα μὴ ὑπαίθριος ταλαιποροίη, ἡσύχαζεν. οἳ δε το παραυτίκα μὲν ὑστέρησαν τῇ διώξει, μετὰ δὲ τοῦτο τοῦ τε οἰκήματος τὸν ὄροφον ἀφεῖλον καὶ τὰς θύρας, ἔνδον ὄντα τηρήσαντες αὐτὸν καὶ ἀπολαβόντες ἔσω, ἀπῳκοδόμησαν, προσκαθεζόμενοί τε ἐξεπολιόρκησαν[1] λιμῷ. καὶ μέλλοντος αὐτοῦ ἀποψύχειν[2] ὥσπερ εἶχεν ἐν τῷ οἰκήματι, αἰσθόμενοί τε ἐξάγουσιν ἐκ τοῦ ἱεροῦ ἔτι ἔμπνουν ὄντα, καὶ ἐξαχθεὶς ἀπέθανε παραχρῆμα. καὶ αὐτὸν ἐμέλλησαν μὲν ἐς τὸν Καιάδαν[3] οἷπερ τοὺς κακούργους ἐμβάλλειν· ἔπειτα ἔδοξε πλησίον που κατορύξαι. ὁ δὲ θεὸς ὁ ἐν Δελφοῖς τόν τε τάφον ὕστερον ἔχρησε τοῖς Λακεδαιμονίους μετενεγκεῖν οὗπερ ἀπέθανε (καὶ νῦν κεῖται ἐν τῷ προτεμενίσματι,[4] ὃ γραφῇ στῆλαι δηλοῦσι), καί, ὡς

---

1 ἐξεπολιόρκησαν, a bold metaphor; there was no surrender in this case, much less a city.

2 ἀποψύχειν, 'expire.' Any holy place was profaned by death: the dying therefore must be taken outside. By this means they hypocritically intended to excuse the violation of the right of asylum.

3 Traitors could find no grave, at least in the land they had betrayed. Hence the body was flung down a hole; at Athens in what was called τὸ βάραθρον. At Sparta it was called ὁ Καιάδας: καίατα are crevices produced by earthquake, and they were so common in Laconia that Sparta is called in Homer καιετάεσσα. As the traitor was not formally condemned to death, this intention was not carried out.

4 The grave is to be found in the hitherto unconsecrated space before the τέμενος; the boundary is marked by stones, showing that the space enclosed belongs now to those below.

ἄγος αὐτοῖς ὂν τὸ πεπραγμένον,[1] δύο σώματα ἀνθ' ἑνὸς τῇ Χαλκιοίκῳ ἀποδοῦναι. οἱ δὲ ποιησάμενοι χαλκοῦς ἀνδριάντας δύο ὡς ἀντὶ Παυσανίου ἀνέθεσαν.

(**8**) Τοῦ δὲ μηδισμοῦ τοῦ Παυσανίου Λακεδαιμόνιοι, πρέσβεις πέμψαντες παρὰ τοὺς Ἀθηναίους, ξυνεπῃτιῶντο καὶ τὸν Θεμιστοκλέα, ὡς ηὕρισκον ἐκ τῶν περὶ Παυσανίαν ἐλέγχων,[2] ἠξίουν τε τοῖς αὐτοῖς κολάζεσθαι αὐτόν. οἱ δὲ πεισθέντες (ἔτυχε γὰρ ὠστρακισμένος[3] καὶ ἔχων δίαιταν μὲν ἐν Ἄργει, ἐπιφοιτῶν δὲ καὶ ἐς τὴν ἄλλην Πελοπόννησον) πέμπουσι μετὰ τῶν Λακεδαιμονίων ἑτοίμων ὄντων ξυνδιώκειν ἄνδρας οἷς εἴρητο ἄγειν ὅπου ἂν περιτύχωσιν. (**9**) ὁ δὲ Θεμιστοκλῆς προαισθόμενος φεύγει ἐκ Πελοποννήσου ἐς

---

1 They make two figures; not portraits of Pausanias, though so explained already in antiquity. These ἀνδριάντες are such as served for consecrated gifts to the gods of the upper and lower world (in the latter case they appear to be sepulchral figures). The addition of some attribute or of an explanatory note gave them their special meaning.

2 'In the proofs (documents) in the case of Pausanias.' Thucydides allows the guilt of Themistocles to rest entirely on the assertion of the accusers, but expresses no doubt.

3 The man banished by ostracism for ten years kept his goods and rights; there was not the least degradation in it: the people had judged the citizen so important that they decided to dispense with his presence for a time in the interests of peace. It is a case of a trusted servant of the people losing their confidence for a time, a defeated prime minister. But the inquiry into treason threatens honour and life. The exile must fly from all territory of the Greek allies (since 480 B.C.), for the crime was committed against all Greeks.

Κέρκυραν,[1] ὢν αὐτῶν εὐεργέτης. δεδιέναι δὲ φασκόντων Κερκυραίων ἔχειν αὐτὸν ὥστε[2] Λακεδαιμονίοις καὶ Ἀθηναίοις ἀπεχθέσθαι, διακομίζεται ὑπ' αὐτῶν ἐς τὴν ἤπειρον τὴν καταντικρύ. καὶ διωκόμενος ὑπὸ τῶν προστεταγμένων κατὰ πύστιν ᾗ χωροίη, ἀναγκάζεται κατά[3] τι ἄπορον παρὰ Ἄδμητον τὸν Μολοσσῶν βασιλέα, ὄντα αὐτῷ οὐ[4] φίλον, καταλῦσαι. καὶ ὃ μὲν οὐκ ἔτυχεν ἐπιδημῶν, ὃ δὲ τῆς γυναικὸς ἱκέτης γενόμενος διδάσκεται ὑπ' αὐτῆς τὸν παῖδα σφῶν λαβὼν καθέζεσθαι ἐπὶ τὴν ἑστίαν. καὶ ἐλθόντος οὐ πολὺ ὕστερον τοῦ Ἀδμήτου δηλοῖ τε ὅς

1 Corcyra was not in the Greek alliance of 480 B.C. Themistocles had been honoured by Corcyra on an earlier occasion with the title εὐεργέτης, as Pausanias by Xerxes. We have hundreds of such decrees of honour. In all ἀσυλία is granted, i. e. protection of the person of the εὐεργέτης within the community so honouring him. On this Themistocles relies, and he is helped by it to this extent, that he is not surrendered, but politely asked to withdraw.

2 ὥστε, 'and so'; in sense = ἐφ' ᾧτε, on the grounds that.

3 κατά τι ἄπορον, 'finding himself in a difficulty'; what exactly caused him to seek Admetus is not explained.

4 οὐ φίλον: the οὐ shows this is one idea, 'no friend,' as we say; this is stronger than μή would be or even ἐχθρόν.

ἐστι καὶ οὐκ ἀξιοῖ,[1] εἴ τι ἄρα αὐτὸς ἀντεῖπεν αὐτῷ Ἀθηναίων δεομένῳ, φεύγοντα τιμωρεῖσθαι. καὶ γὰρ ἂν ὑπ' ἐκείνου πολλῷ ἀσθενέστερος ἐν τῷ παρόντι κακῶς πάσχειν, γενναῖον δὲ εἶναι τοὺς ὁμοίους ἀπὸ τοῦ ἴσου τιμωρεῖσθαι. καὶ ἅμα αὐτὸς μὲν ἐκείνῳ χρείας[2] τινὸς καὶ οὐκ ἐς[3] τὸ σῶμα[4] σῴζεσθαι ἐναντιωθῆναι, ἐκεῖνον δ' ἄν, εἰ ἐκδοίη αὐτόν (εἰπὼν ὑφ' ὧν καὶ ἐφ' ᾧ διώκεται), σωτηρίας ἂν τῆς ψυχῆς ἀποστερῆσαι. **(10)** ὁ δὲ ἀκούσας ἀνίστησί τε αὐτὸν μετὰ τοῦ ἑαυτοῦ υἱέος (ὥσπερ[5] καὶ ἔχων ἐκαθέζετο, καὶ μέγιστον ἦν ἱκέτευμα τοῦτο) καὶ ὕστερον οὐ

---

1 What request of Admetus had been rejected in the Athenian assembly on the motion of Themistocles we do not know: there are only guesses by ancient commentators. Thuc. cannot have known what Themistocles said, and yet, like a poet, gives his speech. This shows that his wide divergence from the manner of Homeric and Ionic narrative is sometimes more a matter of theory than of practice. Even the limited admission that the speeches were freely composed, ὡς ἐδόκουν μοι ἕκαστοι περὶ τῶν ἀεὶ παρόντων τὰ δέοντα μάλιστ' εἰπεῖν . . . οὕτως εἴρηται (i. 22), could not apply here. For Thuc. gives merely generalities, which could scarcely impose on a choleric barbarian: 'I am now weaker than you: a gentleman takes vengeance on his equals (so Themistocles claims to be this, in spite of his condition) only when the weapons are equal. This was so with us, when I opposed you. Wait till it is so again, and then it will be time to take your revenge.'

2 χρείας: the gen. as with verbs of hindering, privation.

3 ἐς τὸ σῶμα σῴζεσθαι: grammatically the article is required twice; but it is an idiom of the older language to put it only once in such cases.

4 It is clear that σῶμα and ψυχή here are interchangeable, although the distinction (cf. the Pythagorean σῶμα σῆμα ψυχῆς) was already current.

5 ὥσπερ ἔχων, 'in which condition,' viz. μετὰ τοῦ υἱέος. Thuc. thinks it necessary to insist on the solemnity of the supplication by the life of the child. In one of the most famous tragedies of Euripides the Mysian Telephus conjured the hostile Achaeans by seizing the little Orestes at Clytaemnestra's advice, taking his station with him at Agamemnon's hearth and threatening to kill the child if any one laid hands on him.

πολλῷ τοῖς Λακεδαιμονίοις καὶ Ἀθηναίοις ἐλθοῦσι καὶ πολλὰ εἰποῦσιν οὐκ ἐκδίδωσιν, ἀλλ' ἀποστέλλει βουλόμενον ὡς βασιλέα πορευθῆναι ἐπὶ τὴν ἑτέραν θάλασσαν πεζῇ ἐς Πύδναν[1] τὴν Ἀλεξάνδρου. ἐν ᾗ ὁλκάδος τυχὼν ἀναγομένης ἐπ' Ἰωνίας καὶ ἐπιβὰς καταφέρεται χειμῶνι ἐς τὸ Ἀθηναίων στρατόπεδον ὃ ἐπολιόρκει Νάξον. καὶ (ἦν γὰρ ἀγνὼς τοῖς ἐν τῇ νηί) δείσας φράζει τῷ ναυλκήρῳ ὅστις ἐστὶ καὶ δἰ ἃ φεύγει, καὶ εἰ μὴ σώσει αὐτόν, ἔφη ἐρεῖν ὅτι χρήμασι πεισθεὶς αὐτὸν ἄγει· τὴν δὲ ἀσφάλειαν εἶναι μηδένα ἐκβῆναι ἐκ τῆς νεὼς μέχρι πλοῦς[2] γένηται· πειθομένῳ δ' αὐτῷ χάριν ἀπομνήσεσθαι[3] ἀξίαν. ὁ δὲ ναύκληρος[4] ποιεῖ τε ταῦτα καὶ ἀποσαλεύσας ἡμέραν καὶ νύκτα ὑπὲρ τοῦ στρατοπέδου ὕστερον ἀφικνεῖται ἐς Ἔφεσον. καὶ ὁ Θεμιστοκλῆς ἐκεῖνόν τε ἐθεράπευσε χρημάτων δόσει (ἦλθε[5] γάρ αὐτῷ ὕστερον ἔκ τε Ἀθηνῶν παρὰ τῶν φίλων καὶ ἐξ Ἄργους ἃ ὑπεξέκειτο), καὶ μετὰ τῶν κάτω Περσῶν

---

1 Pydna was a Greek town, but still under Macedonian rule. But Macedon did not as yet extend so far south; hence 'belonged to Alexander,' called Φιλέλλην, because he was the first to lay claim to a Greek origin. This Alexander was the great, great grandfather of Alexander the Great.

2 πλοῦς, 'the possibility of sailing'; the adverse wind at present caused ἄπλοια.

3 ἀπομνήσεσθαι: grateful thoughts would not vanish from his mind.

4 The wind would carry him into the harbour where the fleet lay; so he tacked. The wind was N., the prevalent wind in the Archipelago. The ship had been driven S. out of its course,and should have found shelter in the Sound between Paros and Naxos. The Athenian fleet lay before the town of Naxos.

5 The goods of the traitor were confiscated so far as the state had been able to secure them: friends had secreted some: at Argos no doubt the property had been deposited (as a παρακαταθήκη) in a temple.

τινος πορευθεὶς ἄνω[1] ἐσπέμπει γράμματα πρὸς βασιλέα Ἀρτοξέρξην τὸν Ξέρξου νεωσὶ βασιλεύοντα.[2] ἐδήλου δ' ἡ γραφὴ ὅτι 'Θεμιστοκλῆς ἥκω παρὰ σέ, ὃς κακὰ μὲν πλεῖστα Ἑλλήνων εἴργασμαι τὸν ὑμέτερον οἶκον,[3] ὅσον χρόνον τὸν σὸν πατέρα ἐπιόντα ἐμοὶ[4] ἀνάγκῃ ἠμυνόμην, πολὺ δ' ἔτι πλείω ἀγαθά, ἐπειδὴ ἐν[5] τῷ ἀσφαλεῖ μὲν ἐμοί, ἐκείνῳ δὲ ἐν ἐπικινδύνῳ πάλιν ἡ ἀποκομιδὴ ἐγίγνετο, καί μοι εὐεργεσία ὀφείλεται (γράψας[6] τὴν ἐκ Σαλαμῖνος προάγγελσιν τῆς ἀναχωρήσεως καὶ τὴν τῶν γεφυρῶν, ἣν ψευδῶς προσεποιήσατο, τότε δι' αὑτὸν οὐ διάλυσιν[7]), καὶ νῦν ἔχων σε μεγάλα ἀγαθὰ δρᾶσαι πάρειμι διωκόμενος ὑπὸ τῶν Ἑλλήνων διὰ τὴν σὴν φιλίαν. βούλομαι δ' ἐνιαυτὸν ἐπισχὼν αὐτός

---

1 ἄνω: from the coast into the upper country of Asia. The residence of the king is not specified: we need not think of Persia, because the kings habitually did not live there.

2 βασιλεύοντα, who had not been long on the throne. No definite mark of time is here meant: Artaxerxes reigned 465-425 B.C.; the event occurs 'early' in his reign.

3 οἶκος, 'family' in its Attic sense.

4 ἐμοὶ: he speaks as if he were ruler of Athens. He defends himself because he was forced to: the other matter depended on his deliberate choice.

5 ἐν τῷ ἀσφαλεῖ: supply a general phrase like τὰ πράγματα: in the next clause this is ousted by the particular ἀποκομιδή.

6 γράψας has no grammatical construction: but a reader has the writer of the letter in his mind as subject. The parenthesis gives briefly the two messages of Themistocles to Xerxes. In full sense: 'I sent the message from Salamis that the Greeks wanted to withdraw: by this I caused the defeat of the King. I sent the warning from Andros, that the line of retreat was threatened, and so rescued the King.' Thucydides could be brief because the reader knew about it from Herod. viii. 78 and 110.

7 The simple construction would be καὶ τὰς γεφύρας δι' αὑτὸν τότε οὐ διαλυθῆναι.

σοι περὶ ὧν ἥκω δηλῶσαι.' (**11**) βασιλεὺς δέ, ὡς λέγεται, ἐθαύμασέ τε αὐτοῦ τὴν διάνοιαν[1] καὶ ἐκέλευε ποιεῖν οὕτως. ὃ δ' ἐν τῷ χρόνῳ ὃν ἐπέσχε τῆς Περσίδος γλώσσης ὅσα ἐδύνατο κατενόησε καὶ τῶν ἐπιτηδευμάτων τῆς χώρας· ἀφικόμενος δὲ μετὰ τὸν ἐνιαυτὸν γίγνεται παρ' αὐτῷ μέγας καὶ ὅσος οὐδείς πω Ἑλλήνων διά τε τὴν προϋπάρχουσαν ἀξίωσιν καὶ τοῦ[2] Ἑλληνικοῦ ἐλπίδα ἣν ὑπετίθει αὐτῷ δουλώσειν, μάλιστα δὲ ἀπὸ τοῦ πεῖραν διδοὺς ξυνετὸς φαίνεσθαι.

Ἦν γὰρ ὁ Θεμιστοκλῆς, βεβαιότατα δὴ φύσεως[3] ἰσχὺν δηλώσας, καὶ διαφερόντως τι ἐς[4] αὐτὸ μᾶλλον ἑτέρου ἄξιος θαυμάσαι· οἰκείᾳ γὰρ ξυνέσει καὶ οὔτε προμαθὼν ἐς αὐτὴν οὐδὲν οὔτ' ἐπιμαθὼν τῶν τε

---

1 διάνοια, here not ἅ διενοεῖτο, which Themistocles has not revealed, but οἷα διενοεῖτο = ξύνεσις, as Plato uses διάνοια in contrast with σῶμα. The ability of Themistocles imposed on the King.

2 τοῦ Ἑλληνικοῦ . . . δουλώσειν, two constructions combined, (1) τῆς τοῦ Ἑ. δουλώσεως ἐλπίδα, (2) τὴν ἐλπίδα, δουλώσειν τὸ Ἑλληνικόν.

3 In the time of Thucydides the question was much discussed whether pre-eminent ability came φύσει or μαθήσει or ἀσκήσει. Early intuition decided for φύσις: Pindar says σοφὸς ὁ πολλὰ εἰδὼς φυᾷ. (Oympian 2). The Sophists professed to teach it. Themistocles appears to Thucydides to prove the old view correct. He denies that learning had anything to do with it, or self-teaching by experience, and takes all his achievements for improvisations (ἐξ αὐτοσχεδίου, off-hand). We know that some declared Mnesiphilus, said to be a pupil of Solon, to be the teacher of Themistocles, others connected him with Anaxagoras, the master of Pericles. Thucydides rejects all this.

4 ἐς αὐτό = ἐς τὸ ξυνετὸν φαίνεσθαι, which is easily supplied, because it stands emphatically at the head of the description.

παραχρῆμα δὶ ἐλαχίστης βουλῆς κράτιστος[1] γνώμων, καὶ τῶν μελλόντων ἐπὶ πλεῖστον τοῦ γενησομένου ἄριστος εἰκαστής· καὶ ἃ μὲν μετὰ χεῖρας ἔχοι καὶ ἐξηγήσασθαι[2] οἷός τε, ὧν δέ ἄπειρος εἴη κρῖναι ἱκανῶς οὐκ ἀπήλλακτο· τό τε ἄμεινον[3] ἢ χεῖρον ἐν τῷ ἀφανεῖ ἔτι προεώρα μάλιστα· καὶ τὸ ξύμπαν εἰπεῖν, φύσεως μὲν δυνάμει, μελέτης[4] δὲ βραχύτητι κράτιστος δὴ οὗτος αὐτοσχεδιάζειν τὰ δέοντα ἐγένετο.

Νοσήσας δὲ τελευτᾷ τὸν βίον· λέγουσι δέ τινες καὶ ἑκούσιον φαρμάκῳ[5] ἀποθανεῖν αὐτόν, ἀδύνατον νομίσαντα εἶναι ἐπιτελέσαι βασιλεῖ ἃ ὑπέσχετο. μνημεῖον μὲν οὖν αὐτοῦ ἐν Μαγνησίᾳ ἐστὶ τῇ Ἀσιανῇ ἐν τῇ ἀγορᾷ· ταύτης γὰρ ἦρχε τῆς χώρας, δόντος

---

1 Again (cp. διάλυσιν, (10) above), nouns in place of the simple verbs κράτιστος γνῶναι, ἄριστος εἰκάσαι. γνώμων not elsewhere in this sense, and εἰκαστής occurs nowhere else. The antithetic clauses, similar in sound and length, are artificial: this is an example of the Γοργίεια σχήματα, the 'figures' of the then admired rhetor, which soon after came to be thought μειρακιώδη, silly. — μέλλον, that which lies in the vague future, is a wide circle; only one point in the circle is γενησόμενον, now actually about to come to pass. Just that one thing among τὰ μέλλοντα Themistocles could accurately foresee.

2 His eloquence is described in modest terms: at that time oratory had not been perfected, οὐκ ἀπήλλακτο (in later Greek τοῦ would be necessary with the infin.), 'he was not far from,' is a meiosis.

3 ἄμεινον ἢ χεῖρον: in respect of utility.

4 μελέτη πᾶν is an old saying; but this impromptu statesmanship runs counter to it. This μελέτης βραχύτης is not in itself praise: Thucydides knows how to value the preparation of a Pericles; but it was in this that the peculiar greatness of Themistocles lay.

5 Thucydides knew what the φάρμακον was, for Aristophanes already makes Themistocles drink bull's blood, but he thinks the fable not worth mentioning.

βασιλέως αὐτῷ Μαγνησίαν[1] μὲν ἄρτον, ἣ προσέφερε πεντήκοντα τάλαντα τοῦ ἐνιαυτοῦ, Λάμψακον δὲ οἶνον (ἐδόκει γὰρ πολυοινότατον τῶν τότε εἶναι), Μυοῦντα δὲ ὄψον. [2] τὰ δὲ ὀστᾶ φασι κομισθῆναι αὐτοῦ οἱ προσήκοντες οἴκαδε κελεύσαντος ἐκείνου καὶ τεθῆναι κρύφα Ἀθηναίων ἐν τῇ Ἀττικῇ· οὐ γὰρ ἐξῆν ὡς ἐπὶ προδοσίᾳ φεύγοντος. τὰ μὲν κατὰ Παυσανίαν τὸν Λακεδαιμόνιον καὶ Θεμιστοκλέα τὸν Ἀθηναῖον λαμπροτάτους γενομένους τῶν καθ' ἑαυτοὺς Ἑλλήνων οὕτως ἐτελεύτησεν.

---

1 Magnesia on the Maeander, Ἀσιανή to distinguish it from the district in Thessaly: the one by Sipylus was then so unimportant that it is left out of account. This is the tribute to the King, taken over by the governor. Lampsacus on the Propontis, and Myus, a little town near Magnesia, he did not get possession of. They belonged to the Athenian alliance. But in hellenistic times a festival was celebrated in his honour at Lampsacus, and descendants of his received honours.

2 Thucydides then had obtained information from relatives of Themistocles. A son, Cleophantus, lived at Athens. The grave was then unknown: later fables located it at the entry into the Piraeus, and it is still pointed out there.

IONIC GREEK

Important vowel differences

Attic	Herodotus	Examples
ε	ει (before ν,ρ,λ)	ξείνος
ει	ε	ἀπόδεξις
εο/ου	ευ	σευ, ποιεύμενα
ᾱ	η	αἰτίη, πρῆγμα
ει	ηι	οἰκήιος
ο	ου	μοῦνος
α/ου	ω	ἑωυτοῦ, ὦν (οὖν)

Important consonant changes

π	κ	κῶς (πῶς)
ττ	σσ	θάλασσα, πρήσσω

Differences in declensional endings

1st Decl.	Attic	Herodotus
gen. sing.	-ου	-εω
gen. pl.	-ῶν	-έων
dat. pl.	-αις	-ησι(ν)
2nd Decl.		
dat. pl.	-οις	-οισι(ν)
3rd Decl.		
dat. pl.	-σι(ν)	-εσσι(ν)

Many endings remain un-contracted in Herodotus: γενέος (γενοῦς)

Differences in personal pronouns

1st pers.	Attic	Herodotus
gen. s.	ἐμοῦ, μοῦ	ἐμέο, ἐμεῦ
gen. pl.	ἡμῶν	ἡμέων
2nd pers.		
gen. s.	σοῦ, σου	σέο, σεῦ
dat. s.	σοί, σοι	τοι
gen. pl.	ὑμῶν	ὑμέων
acc. pl.	ὑμᾶς	ὑμέας

3rd pers. These are significantly different

gen. s.	αὐτοῦ,-ῆς	εὑ (not in this section)
dat. s.	αὐτῷ,-ῇ	οἱ
acc. s.	αὐτόν,-ήν,-ό	μιν
nom. pl.	αὐτοί,-αί,-ά	σφεῖς
gen. pl.	αὐτῶν	σφέων
dat. pl.	αὐτοῖς,-αῖς	σφι(ν)
acc. pl.	αὐτούς,-άς,-ά	σφέας

THE BATTLE OF THERMOPYLAE

(from Herodotus, *Histories*, Book 7)

Herodotus was born in 484 BC, six years after the battle of Marathon and four years before the battle of Thermopylae. In his childhood began the period of Athenian ascendancy, and Pericles commenced his career as a statesman while Herodotus was still a boy. A native of the Dorian colony of Halicarnassus (SW coast of Asia Minor) and inheriting, we may believe, from his uncle Panyasis a taste for epic poetry and an enthusiastic love for the heroic legends of the past, he transferred his home to Samos and there perfected himself in the use of the Ionic dialect, the most appropriate vehicle for his History, which at a very early time of his life, he had determined to compose. But 'History' in the sense in which Herodotus uses the word, signifies 'researches' (ἱστορίαι), and he intended it to be the collected results of his extensive travels.

Before he reached middle age, Herodotus had explored Egypt as far as the First Cataract on the border with Nubia (modern Sudan), Libya, Phoenicia, Babylon, and Persia. He had penetrated northward as far as the mouths of the Dniester and Dnieper Rivers. He had coasted along the southern shores of the Black Sea, as well as the coastline and islands of the Aegean. Finally he had visited the colonies of Magna Graecia (southern Italy and Sicily) and made a home for himself in Thurii. He was an open-minded man of generous sensibility, willing to listen to anyone and to report all the facts, or at least what his informants considered to be the facts.

Instead of contenting himself with merely reporting the results of his travels, he weaves them into his history as part of a distinct plan. He proposed to narrate the varying fortunes of the struggle between Asia and Europe and the final triumph of Greece over the Persian power. To this central theme everything is made subservient, everything is so arranged as to show a connection with the theme. Croesus, King of Lydia (western Asia Minor) was known to have committed acts of hostility against the Greeks; therefore his history and that of Lydia is fully recorded. The history of the Persian King Cambyses introduces the description of Egypt. The expedition of King Darius against the Scythians makes possible a description of northern and eastern Europe. Meanwhile the revolt of the Ionians against Persian rule had brought the quarrel between Persia and Greece to a head, and after a notice of the rise of Athens and a digression upon the government of Sparta, the parallel streams of his history unit in one broad channel, his narrative of the Persian War. Herodotus carries his account of this war up to the capture of Sestos by the Greeks (479-8 BC), and there his work abruptly closes.

Herodotus' history is not just a description of a struggle between two nations; it is a picture of human action under the controlling influence of a moral law, "pride goes before a fall." He illustrates this with wonderful stories about Croesus, Cyrus, Polycrates, Xerxes, and others. One of the most famous is the following narration of the battle at Thermopylae, so celebrated even in modern times. (The text and notes presented here are selected and adapted from Walter Merry, *Selections from Herodotus*, (Oxford: The Clarendon Press) 1884.)

The dialect of Herodotus

Herodotus wrote in Ionic, a dialect closely related to the Attic found in the rest of this textbook. Indeed, Attic is a sub-dialect of Ionic. These are the main differences:

1. The shift from long α to η occurs in almost all words; in Attic it does not occur after ε, ι, ρ: αἰτίη for Attic αἰτία, πρῆγμα (πρᾶγμα).

2. κ for π: κῶς for πῶς, κότερος (πότερος), κοῦ (ποῦ).

3. With a few exceptions, there are no 'h' sounds in Ionic. Thus aspiration is usually omitted: ἀπικνέομαι (ἀφικνέομαι), μετίημι (μεθίημι); the rough mutes in Attic (φ, τ, χ) are smooth (π, τ, κ): αὖτις (αὖθις), δέκομαι (δέχομαι). The English-speaking student must remember that the difference, in the 5th century BC, between τ and θ would seem barely audible to us; τ is the 't' in bit, and θ is the 't' in tip. The latter has a slight puff of air with it. Hold a lightweight piece of paper in front of your lips and say 'pit,' then 'tip' to see the difference.

4. Ionic σσ appears as ττ in later Classical Attic: τέσσαρες (τέτταρες). Koine Greek kept the σσ.

5. Herodotus frequently does not contract vowels in verbs and nouns: φιλέω (φιλῶ), ποιέειν (ποιεῖν), ποιεύμενοι (ποιούμενοι), νόος, (νοῦς), γένεα (γένη).

6. Crasis, the contraction of a vowel or diphthong at the end of a word with the vowel or diphthong beginning the next word, is common: τ'ὠυτό (τὸ αὐτό), ὦλλοι (οἱ ἄλλοι).

VERBS

7. Verb forms are generally the same as those found in Attic, but Epic endings such as -αται (–νται), –ατο (–ντο occur in the optative and present and imperfect of –μι verbs. Later

historians like Arrian imitate this usage (see footnote to 'Battle of Porus' in this Reader).

8. Verb augment is often lacking, especially in verbs beginning with a diphthong.

PRONOUNS:

9. The relative pronoun is identical to the definite article, although masc. sing is ὅς. You will see many examples in the following section.

10. The forms of the third person pronoun are those found in Epic. See the Ionic Greek table above.

The Battle of Thermopylae

The Persian king Darius had been defeated by the Athenians at Marathon in 490 BC. Ten years later, his son Xerxes, who had inherited the ambition and the enmities of his father, returned to finally conquer the Greek states. He concentrated in Asia Minor an army of two million men (according to Herodotus, doubtless greatly exaggerated) from the forty-six nations ruled by the Persians. The promontory of Athos was cut across by a ship-canal; the Hellespont was spanned by a bridge of boats, over which the troops kept marching without intermission for seven days and seven nights. The king sat on a marble throne and saw with pride this mighty armament, but he could not restrain his tears when he thought that within a few years every man of that mighty host would have passed away.

Demaratus, who had been king of Sparta from 515 until 491 BC, when he was exiled and fled to Persia (like the Athenian Themistocles a few years later — see section VII. 9ff in this Reader), was in Xerxes' train. The king called him to his side and questioned him about the possibility that the Greeks might resist this overwhelming force.

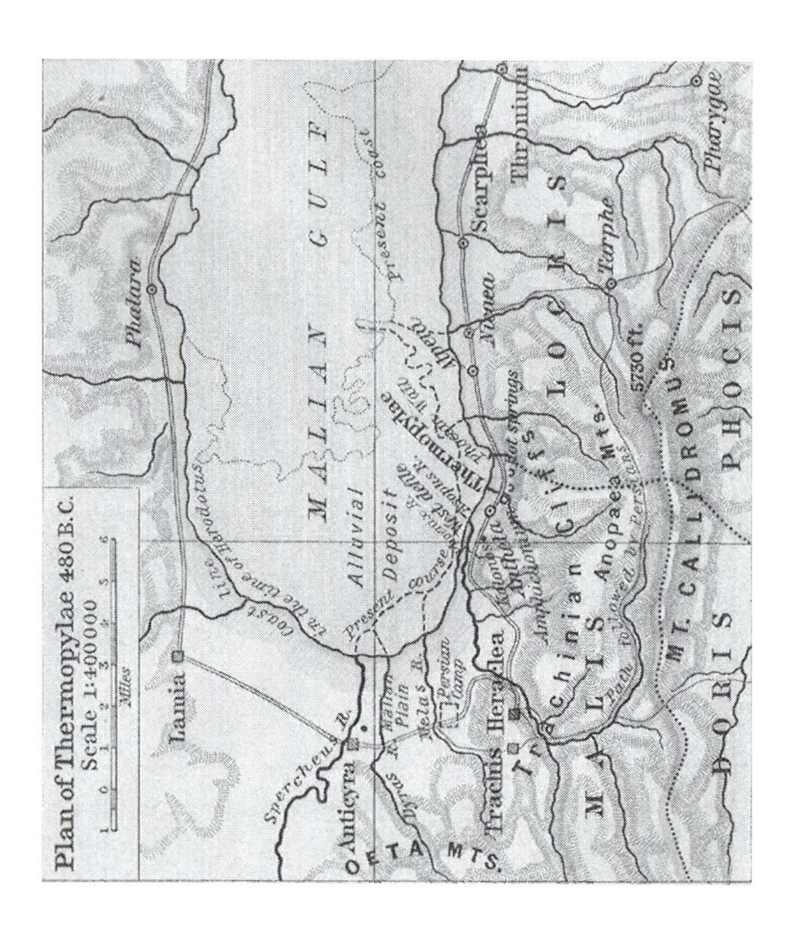
Plan of Thermopylae 480 B.C.
Scale 1:400000
Miles
Lamia
Phalara
MALIAN GULF
Present coast
Scarphea
Thronium
Pharygae
Nicaea
Alpeni
Thermopylae
Phocian Wall
Hot springs
Anthela
Alluvial Deposit
Present course
Asopus R.
West defile
Trachis
Heraclea
Anticyra
Spercheus R.
Malian Plain
Melas R.
Persian Camp
OETA MTS.
Tarphe
5730 ft.
MT. CALLIDROMUS
PHOCIS
DORIS
MALIS
Anopaea Mts.
Path followed by Persians

[1] 'Δημάρητε,[1] νῦν μοί σε ἡδύ τι ἐστὶ εἴρεσθαι τὰ[2] θέλω. σὺ εἶς Ἕλλην τε καὶ, ὡς ἐγὼ πυνθάνομαι σεῦ τε καὶ τῶν ἄλλων Ἑλλήνων τῶν ἐμοὶ ἐς λόγους ἀπικνεομένων, πόλιος οὔτ' ἐλαχίστης, οὔτ' ἀσθενεστάτης. νῦν ὦν μοι τόδε φράσον, εἰ Ἕλληνες ὑπομενέουσι[3] χεῖρας ἐμοὶ ἀνταειρόμενοι.[4] οὐ γὰρ, ὡς ἐγὼ δοκέω, οὐδ' εἰ πάντες Ἕλληνες καὶ οἱ λοιποὶ οἱ πρὸς ἑσπέρης[5] οἰκέοντες ἄνθρωποι συλλεχθείησαν, οὐκ ἀξιόμαχοί εἰσι ἐμὲ ἐπιόντα ὑπομεῖναι, μὴ ἐόντες ἄρθμιοι.[6] ἐθέλω μέντοι καὶ τὸ ἀπὸ σεῦ,[7] ὁκοῖόν τι λέγεις περὶ αὐτῶν, πυθέσθαι,'

Ὁ μὲν ταῦτα εἰρώτα. ὁ δὲ ὑπολαβὼν ἔφη· 'Βασιλεῦ, κότερα ἀληθηίῃ χρήσομαι πρὸς σὲ, ἢ ἡδονῇ;'[8]

Ὁ δέ μιν ἀληθηίῃ χρήσασθαι ἐκέλευε, φὰς οὐδέν οἱ ἀηδέστερον[9] ἔσεσθαι ἢ πρότερον ἦν. (VII.101)

Demaratus answers.

[2] Ὡς δὲ ταῦτα ἤκουε Δημάρητος, ἔλεγε τάδε· 'Βασιλεῦ,

---

1 Demaretus, king of Sparta, had been banished through the intrigues of his colleague Cleomenes (Sparta had two kings at a time). He had been welcomed by Darius with a friendliness that was not altogether disinterested. Herodotus represents him as sincerely attached to the Persian cause; but according to the historian Justin, his patriotism made him a false friend to his patron, inasmuch as he kept the state of Lacedaemon informed of the projects of the Persian king. Justin calls him 'amicior patriae post fugam quam regi post beneficia' (Justin II.10).

2 Remember, the relative pronoun in Ionic is the same as the definite article; see ¶9 above.

3 with ὑπομενέουσι supply με.

4 ἀντ-αείρω (cp. αἴρω); raise up one's [hands] against.

5 i.e. those who live west of Asia Minor all the way to Sicily.

6 μὴ ἐόντες ἄρθμιοι; 'if they are not in agreement.'

7 τὸ ἀπὸ σεῦ; 'the [opinion] coming from you', your view.

8 ἡδονῇ is used by a sort of zeugma with χρήσομαι. 'Should I use the truth or pleasure.' We might rather expect something like ἢ πρὸς ἡδονὴν λέγω.

9 οὐδέν οἱ ἀηδέστερον; he should experience nothing unpleasant, i.e. no less favour than before. ἀηδέστερον from ἀ - ἡδύς. οἱ is the 3rd person dat. sing. pronoun.

ἐπειδὴ ἀληθηίῃ[1] χρήσασθαι πάντως με κελεύεις, ταῦτα λέγοντα τὰ μὴ ψευδόμενός τις ὕστερον ὑπὸ σεῦ ἁλώσεται· τῇ Ἑλλάδι πενίη μὲν αἰεί κοτε σύντροφός[2] ἐστι· ἀρετὴ δὲ ἔπακτός ἐστι, ἀπό τε σοφίης κατεργασμένη καὶ νόμου ἰσχυροῦ· τῇ διαχρεωμένη ἡ Ἑλλὰς τήν τε πενίην ἀπαμύνεται καὶ τὴν δεσποσύνην. αἰνέω μέν νυν πάντας Ἕλληνας τοὺς περὶ κείνους τοὺς Δωρικοὺς χώρους[3] οἰκημένους· ἔρχομαι δὲ λέξων[4] οὐ περὶ πάντων τούσδε τοὺς λόγους, ἀλλὰ περὶ Λακεδαιμονίων μούνων· πρῶτα μὲν, ὅτι οὐκ ἔστι ὅκως[5] κοτὲ σοὺς δέξονται λόγους δουλοσύνην φέροντας τῇ Ἑλλάδι· αὖτις δὲ,[6] ὡς ἀντιώσονταί τοι ἐς μάχην, καὶ ἢν οἱ ἄλλοι Ἕλληνες πάντες τὰ σὰ φρονέωσι.[7] ἀριθμοῦ δὲ πέρι, μὴ πύθῃ ὅσοι τινὲς ἐόντες ταῦτα ποιέειν οἷοί τέ εἰσι· ἤν τε γὰρ τύχωσι[8] ἐξεστρατευμένοι χίλιοι, οὗτοι μαχήσονταί τοι, ἤν τε ἐλάσσονες τούτων, ἤν τε καὶ πλεῦνες.' (VII.102)

---

1 ἐπειδὴ ἀληθηίῃ κτλ. 'Since you order me to use the truth, speaking in such a way as that one may not afterwards be detected (ἁλίσκομαι future) by you as lying.' τὰ is the accusative object, equivalent to ἃ ψεύδεα ψευδόμενος. The use of μὴ instead of the simple negative οὐ may be accounted for by the fact that the passage has somewhat the sense of a result clause, as though the sentence were οὕτω λέγουσι ὥστε μὴ ψευδόμενόν τινα ἁλώσεσθαι.

2 From συν-τρέφω; 'brought up together with,' raised with.' In the next sentence ἔπακτός is derived from ἐπ-άγω; brought in.

3 τοὺς Δωρικοὺς χώρους; those regions of the Peloponnese where the Dorian race preponderated, Sparta being the most powerful Dorian city.

4 Future participle for purpose.

5 οὐκ ἔστι ὅκως; 'it is not possible that . . .'

6 αὖτις δὲ (Attic αὖθις) picks up πρῶτα μὲν; 'in the first place . . .in the second . . .'

7 καὶ ἢν . . . φρονέωσι; 'even if the rest of the Greeks join your side.' φρονέω, lit. 'think like you.'

8 ἤν τε γὰρ τύχωσι κτλ; 'if only a thousand of them should happen to march to war . . .'

When the Greek states who refused homage to the Persian king held their council of war at the Isthmus of Corinth, Leonidas, King of Sparta, was chosen supreme commander and marched with 5000 men into Thessaly to guard the pass of Thermopylae, the key to southern Greece. (See accompanying map of Thermopylae; coasts with similar characteristics are northeast Scotland, Italy's Adriatic and the Big Sur of California.) Meanwhile the Greek fleet under Eurybiades lay off the island of Euboea. Xerxes arrives with his army at the entrance of the narrow pass between the mountains and the coast, where he finds Leonidas and this troops awaiting him. The battle begins.

[3] Τέσσερας μὲν δὴ παρεξῆκε[1] ἡμέρας ὁ Ξέρξης, ἐλπίζων αἰεί σφεας ἀποδρήσεσθαι.[2] πέμπτῃ δὲ, ὡς οὐκ ἀπαλλάσσοντο, ἀλλά οἱ ἐφαίνοντο ἀναιδείῃ τε καὶ ἀβουλίῃ διαχρεώμενοι[3] μένειν, πέμπει ἐπ' αὐτοὺς Μήδους τε καὶ Κισσίους θυμωθείς,[4] ἐντειλάμενος σφέας ζωγρήσαντας ἄγειν ἐς ὄψιν τὴν ἑωυτοῦ. Ὡς δ' ἐπέπεσον φερόμενοι ἐς τοὺς Ἕλληνας οἱ Μῆδοι, ἔπιπτον[5] πολλοί· ἄλλοι δ' ἐπεσήισαν, καὶ οὐκ ἀπήλαυνον, καίπερ μεγάλως προσπταίοντες.[6] δῆλον δ' ἐποίευν παντί τεῳ, καὶ οὐκ ἥκιστα αὐτῷ βασιλέϊ, ὅτι πολλοὶ μὲν ἄνθρωποι εἶεν, ὀλίγοι δὲ ἄνδρες.[7] ἐγίνετο δὲ ἡ συμβολὴ δι'

1 'let pass'.

2 future inf. of ἀποδιδράσκω. σφεας refers to the Greeks.

3 ἀναιδείῃ τε καὶ ἀβουλίῃ διαχρεώμενοι; 'using (i.e. motivated by) lack of respect and folly.'

4 θυμόομαι (pass.); being angered, provoked; in the next phrase ζωγρήσαντας is aor. act. part. from ζωγρέω; take prisoner.

5 ἔπιπτον, ἐπεσήισαν (ἐπ-έσ-ειμι impf.), ἀπήλαυνον The force of these tenses is to suggest repeated attacks and defeats. But the Medes were unable to dislodge them, though they suffered terrible losses.

6 προσ-πταίω; stumble against something, be defeated.

7 a famous contrast. Cp. Livy 27.13: contio dimissa fatentium iure ac merito sese increpitos neque illo die uirum quemquam in acie Romana fuisse praeter unum ducem.

ἡμέρης.[1](VII.210)

[4] Ἐπεί τε δὲ οἱ Μῆδοι τρηχέως περιείποντο,[2] ἐνθαῦτα οὗτοι μὲν ὑπεξήισαν, οἱ δὲ Πέρσαι ἐκδεξάμενοι ἐπήισαν, τοὺς ἀθανάτους[3] ἐκάλεε βασιλεύς, τῶν ἦρχε Ὑδάρνης, ὡς δὴ οὗτοί γε εὐπετέως κατεργασόμενοι.[4] Ὡς δὲ καὶ οὗτοι συνέμισγον τοῖσι Ἕλλησι, οὐδὲν πλέον ἐφέροντο[5] τῆς στρατιῆς τῆς Μηδικῆς, ἀλλὰ τὰ αὐτά, ἅτε ἐν στεινοπόρῳ τε χώρῳ μαχόμενοι, καὶ δόρασι βραχυτέροισι χρεώμενοι ἤπερ οἱ Ἕλληνες, καὶ οὐκ ἔχοντες πλήθεϊ χρήσασθαι.[6] Λακεδαιμόνιοι δὲ ἐμάχοντο ἀξίως λόγου, ἄλλα τε ἀποδεικνύμενοι,[7] ἐν οὐκ ἐπισταμένοισι μάχεσθαι ἐξεπιστάμενοι, καὶ ὅκως ἐντρέψειαν τά νῶτα, ἁλέες[8] φεύγεσκον δῆθεν· οἱ δὲ βάρβαροι ὁρέοντες φεύγοντας, βοῇ τε καὶ πατάγῳ ἐπήισαν· οἱ δ' ἂν καταλαμβανόμενοι, ὑπέστρεφον ἀντίοι εἶναι τοῖσι βαρβάροισι· μεταστρεφόμενοι δὲ κατέβαλλον πλήθεϊ ἀναριθμήτους τῶν Περσέων. ἐπίπτον δὲ καὶ αὐτῶν τῶν Σπαρτιητέων ἐνθαῦτα ὀλίγοι. Ἐπεὶ δὲ οὐδὲν ἐδυνέαντο παραλαβεῖν οἱ Πέρσαι τῆς ἐσόδου πειρεώμενοι, καὶ κατὰ

---

1 'right through the day'.

2 τρηχέως περιείποντο; 'were roughly handled'.

3 The Immortals were 10,000 picked Persian troops, so called because their number was always kept up exactly at that sum. If one man died, his place was instantly filled.

4 εὐπετέως κατεργασόμενοι; 'sure to make short work of them;' fut. part. for purpose.

5 ἐφέροντο; note the middle voice: 'they won nothing more' i.e. gained no more success.

6 from χράομαι, 'to use their numbers' i.e. to gain advantage from their numbers.

7 'putting on a show'. This consisted of pretended flight (φεύγεσκον; δῆθεν gives the sense of 'pretend'), then just as they were about to be caught, turning around (καταλαμβανόμενοι ὑπέστρεφον). ἂν with the indicative ὑπέστρεφον gives the sense of repeated and customary action. This is not a conditional sentence.

8 ἁλής; crowded together, in a mass.

τέλεα[1] καὶ παντοίως προσβάλλοντες, ἀπήλαυνον ὀπίσω. (VII. 211)

[5] Ἐν ταύτῃσι τῇσι προσόδοισι[2] τῆς μάχης λέγεται βασιλέα θηεύμενον[3] τρὶς ἀναδραμεῖν ἐκ τοῦ θρόνου, δείσαντα περὶ τῇ στρατιῇ. τότε μὲν οὕτω ἠγωνίσαντο· τῇ δ' ὑστεραίῃ οἱ βάρβαροι οὐδὲν ἄμεινον ἀέθλεον.[4] ἅτε γὰρ ὀλίγων ἐόντων,[5] ἐλπίσαντές σφεας κατατετρωματίσθαι[6] τε καὶ οὐκ οἵους τε ἔσεσθαι ἔτι χεῖρας ἀνταείρασθαι, συνέβαλλον. οἱ δὲ Ἕλληνες κατὰ τάξις τε καὶ κατὰ ἔθνεα κεκοσμημένοι ἦσαν, καὶ ἐν μέρεϊ[7] ἕκαστοι ἐμάχοντο, πλὴν Φωκέων· οὗτοι δὲ ἐς τὸ ὄρος ἐτάχθησαν, φυλάξοντες τὴν ἀτραπόν. Ὡς δὲ οὐδὲν εὕρισκον ἀλλοιότερον οἱ Πέρσαι ἢ τῇ προτεραίῃ ἐνώρεον,[8] ἀπήλαυνον. [VII.212]

But Ephialtes (Ἐπιάλτης in Ionic) the Thessalian pointed out a mountain path (ἡ ἀτραπός – see the map) by which the Greeks might be taken in the rear.

[6] Ἀπορέοντος δὲ βασιλέος ὅ τι χρήσεται[9] τῷ παρεόντι πρήγματι, Ἐπιάλτης ὁ Εὐρυδήμου, ἀνὴρ Μηλιεὺς, ἦλθέ οἱ[10] ἐς λόγους, ὡς μέγα τι παρὰ βασιλέος δοκέων οἴσεσθαι· ἔφρασέ τε τὴν ἀτραπὸν τὴν διὰ οὔρεος φέρουσαν ἐς Θερμοπύλας, καὶ διέφθειρε τοὺς ταύτῃ ὑπομείναντας Ἑλλήνων. Ξέρξης δὲ, ἐπεί

---

1 'by squads or companies.'

2 'assaults'.

3 Attic θεώμενον, from θεάομαι.

4 ἀθλέω; struggle, contest.

5 ἐόντων and σφεας refer to Ἑλλήνων, but ἐλπίσαντες refers to the Persians.

6 κατα-τετρωματίσθαι from κατα-τραυματίζω, pass. 'to be wounded'; cp. τραῦμα, Engl. trauma.

7 'in turn, taking turns.'

8 ἐν-οράω, impf.; 'than they had observed the previous day'.

9 ὅ τι χρήσεται; 'how he should deal with.'

10 3rd. pers. pronoun!

οἱ ἤρεσε[1] τὰ ὑπέσχετο ὁ Ἐπιάλτης κατεργάσεσθαι, αὐτίκα περιχαρὴς γενόμενος ἔπεμπε Ὑδάρνεα, καὶ τῶν ἐστρατήγεε Ὑδάρνης· ὡρμέατο δὲ περὶ λύχνων ἁφὰς[2] ἐκ τοῦ στρατοπέδου. Ἔχει δὲ ὧδε ἡ ἀτραπὸς αὕτη. Ἄρχεται μὲν ἀπὸ τοῦ Ἀσωποῦ ποταμοῦ τοῦ διὰ τῆς διασφάγος[3] ῥέοντος· οὔνομα τὲ τῷ οὔρεϊ τούτῳ καὶ τῇ ἀτραπῷ τὠυτὸ κεῖται, Ἀνόπαια.[4] τείνει δὲ ἡ Ἀνόπαια αὕτη κατὰ ῥάχιν τοῦ οὔρεος, λήγει δὲ κατά τε Ἀλπηνὸν πόλιν, πρώτην ἐοῦσαν τῶν Λοκρίδων πρὸς τῶν Μηλιέων, τῇ καὶ τὸ στεινότατόν ἐστι· κατὰ ταύτην δὴ τὴν ἀτραπὸν καὶ οὕτω ἔχουσαν οἱ Πέρσαι, τὸν Ἀσωπὸν διαβάντες, ἐπορεύοντο πᾶσαν τὴν νύκτα, ἐν δεξιῇ μὲν ἔχοντες οὔρεα τὰ Οἰταίων, ἐν ἀριστερῇ δὲ τὰ Τρηχινίων· ἠώς τε δὴ διέφαινε καὶ ἐγένοντο ἐπ' ἀκρωτηρίῳ τοῦ οὔρεος. (VII.213, 215-217 selections)

[7] Κατὰ δὲ τοῦτο τοῦ οὔρεος ἐφύλασσον, ὡς καὶ πρότερόν μοι δεδήλωται,[5] Φωκέων χίλιοι ὁπλῖται, ῥυόμενοί τε τὴν σφετέρην χώρην καὶ φρουρέοντες τὴν ἀτραπόν. Ἡ μὲν γὰρ κάτω ἐσβολὴ[6] ἐφυλάσσετο ὑπὸ τῶν εἴρηται·[7] τὴν δὲ διὰ

---

1 ἀρέσκω, aorist.

2 περὶ λύχνων ἁφὰς; 'around the time lamps are lit.' Before the invention of clocks, the times of day or night were named by various phrases like this. So in Homer, 'dinner-time' means midday; 'ox-loosing time' means evening. Similarly below in §9: ἐς ἀγορῆς πληθώρην 'when the agora fills up' for morning.

3 ἡ διασφάξ; a gorge, canyon; the river ran down to the sea at the bottom of a steep canyon. Hence the difficult traverse. Alpenos was the first Locrian town in the direction of the Malians, i.e. to the west.

4 Ἀνόπαια (ἄνω) simply means 'high pass'; the next word τείνω means 'stretch,' 'extend.' The change of coastline and the altered course of the rivers must be taken into account if we are to understand that Thermopylae was a narrow pass or defile at that time.

5 See §5 above.

6 ἡ κάτω ἐσβολὴ is the pass by the shoreline.

7 ὑπὸ τῶν εἴρηται; 'by those by whom it was said [to be guarded].'

τοῦ οὔρεος ἀτραπὸν ἐθελονταὶ Φωκέες ὑποδεξάμενοι[1] Λεωνίδῃ ἐφύλασσον. Ἔμαθον δὲ σφέας[2] οἱ Φωκέες ὧδε ἀναβεβηκότας· ἀναβαίνοντες γὰρ ἐλάνθανον οἱ Πέρσαι, τὸ οὖρος πᾶν ἐὸν δρυῶν ἐπίπλεον. ἦν μὲν δὴ νηνεμίη,[3] ψόφου δὲ γινομένου πολλοῦ, ὡς οἰκὸς[4] ἦν φύλλων ὑποκεχυμένων ὑπὸ τοῖσι ποσὶ, ἀνά τε ἔδραμον οἱ Φωκέες καὶ ἔδυντο τὰ ὅπλα· καὶ αὐτίκα οἱ βάρβαροι παρῆσαν. Ὡς δὲ εἶδον ἄνδρας ἐνδυομένους ὅπλα, ἐν θώματι[5] ἐγένοντο· ἐλπόμενοι γὰρ οὐδένα σφι φανήσεσθαι ἀντίξοον,[6] ἐνεκύρησαν στρατῷ. Ἐνθαῦτα Ὑδάρνης καταρρωδήσας[7] μὴ οἱ Φωκέες ἔωσι Λακεδαιμόνιοι, εἴρετο τὸν Ἐπιάλτεα ποδαπὸς εἴη ὁ στρατός· πυθόμενος δὲ ἀτρεκέως, διέτασσε τοὺς Πέρσας ὡς ἐς μάχην. Οἱ δὲ Φωκέες, ὡς ἐβάλλοντο τοῖσι τοξεύμασι πολλοῖσί τε καὶ πυκνοῖσι, οἴχοντο φεύγοντες ἐπὶ τοῦ οὔρεος τὸν κόρυμβον,[8] ἐπιστάμενοι ὡς ἐπὶ σφέας ὡρμήθησαν ἀρχὴν, καὶ παρεσκευάδατο ὡς ἀπολεόμενοι. Οὗτοι μὲν δὴ ταῦτα ἐφρόνεον· οἱ δὲ ἀμφὶ Ἐπιάλτεα καὶ Ὑδάρνεα Πέρσαι Φωκέων μὲν οὐδένα λόγον ἐποιεῦντο,[9] οἱ δὲ κατέβαινον τὸ οὖρος

---

1 ὑποδεξάμενοι; 'having pledged themselves' or 'having promised to Leonidas.'

2 σφέας refers to the Persians.

3 νηνεμίη (νη, negative prefix + ἄνεμος), no wind, i.e. calm.

4 οἰκὸς is Ionic for ἐοικός 'likely,' 'probable,' 'as you might expect.' In the next line ἀνα-ἔδραμον is from ἀνα-τρέχω 'started up.' The separation of ἀνα from ἔδραμον is called tmesis and is common in Homer, less common in prose.

5 Attic θαύματι, cp. θαυμάζω.

6 opponent, opposition. The next word is from ἐγ-κύρω; meet, happen upon.

7 κατ-αρρωδέω; fear, dread.

8 κόρυμβος; crest, rounded top of the mountain. The next word ἐπιστάμενοι has the sense 'believe,' as it does frequently in Herodotus. 'believing that the attack was directed principally (ἀρχὴν) against themselves.'

9 οἱ δὲ Πέρσαι, took no further notice of the Phocians, but passed them by and began the descent.

κατὰ τάχος. (VII.217-218)

Leonidas dismisses his allies and prepares to hold the pass with 300 Spartans.

[8] Τοῖσι δὲ ἐν Θερμοπύλῃσι ἐοῦσι Ἑλλήνων, πρῶτον μὲν ὁ μάντις Μεγιστίης, ἐσιδὼν ἐς τὰ ἱρὰ,[1] ἔφρασε τὸν μέλλοντα ἔσεσθαι ἅμα ἠοῖ σφι θάνατον· ἐπὶ δὲ[2] καὶ αὐτόμολοι ἦισαν οἱ ἐξαγγείλαντες τῶν Περσέων τὴν περίοδον· οὗτοι μὲν ἔτι νυκτὸς ἐσήμηναν·[3] τρίτοι δὲ οἱ ἡμεροσκόποι καταδραμόντες ἀπὸ τῶν ἄκρων, ἤδη διαφαινούσης ἡμέρης. ἐνθαῦτα ἐβουλεύοντο ὁι Ἕλληνες, καί σφεων ἐσχίζοντο αἱ γνῶμαι. οἱ μὲν γὰρ οὐκ ἔων[4] τὴν τάξιν ἐκλιπεῖν, οἱ δὲ ἀντέτεινον. μετὰ δὲ τοῦτο διακριθέντες,[5] οἱ μὲν ἀπαλλάσσοντο καὶ διασκεδασθέντες[6] κατὰ πόλις ἕκαστοι ἐτράποντο· οἱ δὲ αὐτῶν ἅμα Λεωνίδῃ μένειν αὐτοῦ παρασκευάδατο. Λέγεται δὲ ὡς αὐτός σφεας ἀπέπεμψε Λεωνίδης, μὴ ἀπόλωνται κηδόμενος·[7] αὐτῷ δὲ καὶ Σπαριητέων τοῖσι παρεοῦσι οὐκ ἔχειν εὐπρεπέως[8] ἐκλιπεῖν τὴν τάξιν ἐς τὴν ἦλθον φυλάξοντες

---

1 more commonly τὰ σφάγια, 'the victims' in the sacrifice done just before any battle.

2 'and besides' or 'and next' taking up πρῶτον μὲν. One might wonder what sort of deserters (αὐτόμολοι) could have been fleeing *to* the Greeks.

3 'brought the news (σημαίνω) while it was still night.' The next words (τρίτοι δὲ) introduce a climax: 'third and last.'

4 οὐκ ἔων (from ἐάω impf.) 'were not for permitting . . .' ἀντι-τείνω; 'resist, oppose' the proposal to stay.

5 δια-κρίνομαι; 'having broken up (the council of war).'

6 δια-σκεδάννυμι; scatter in all directions.

7 κήδομαι; be concerned for. Leonidas tried to send away everyone but the Spartans.

8 οὐκ ἔχειν εὐπρεπέως. This construction depends on some participle like νομίζων, easily supplied from κηδόμενος. 'Thinking that it was not seemly for him and his Spartans to . . .'

ἀρχήν.[1] Οἱ μέν νυν σύμμαχοι οἱ ἀποπεμπόμενοι οἴχοντό τε ἀπιόντες καὶ ἐπείθοντο Λεωνίδῃ. Θεσπιέες δὲ καὶ Θηβαῖοι κατέμειναν μοῦνοι παρὰ Λακεδαιμονίοισι. Τούτων δὲ, Θηβαῖοι[2] μὲν ἀέκοντες ἔμενον καὶ οὐ βουλόμενοι· κατεῖχε γὰρ σφέας Λεωνίδης, ἐν ὁμήρων λόγῳ ποιεύμενος. Θεσπιέες δὲ, ἑκόντες μάλιστα· οἳ οὐκ ἔφασαν ἀπολιπόντες Λεωνίδην καὶ τοὺς μετ' αὐτοῦ ἀπαλλάξεσθαι, ἀλλὰ καταμείναντες συναπέθανον. ἐστρατήγεε δὲ αὐτῶν Δημόφιλος Διαδρόμεω. (VII.219-222 selections)

The death of Leonidas and his companions.

[9] Ξέρξης δὲ, ἐπεὶ ἡλίου ἀνατείλαντος σπονδὰς ἐποιήσατο,[3] ἐπισχὼν χρόνον, ἐς ἀγορῆς κου μάλιστα πληθώρην[4] πρόσοδον ἐποιέετο· καὶ γὰρ ἐπέσταλτο[5] ἐξ Ἐπιάλτεω οὕτω. ἀπὸ γὰρ τοῦ οὔρεος ἡ κατάβασις συντομωτέρη τέ ἐστι, καὶ βραχύτερος ὁ χῶρος πολλὸν, ἤ περ ἡ περίοδός τε καὶ ἀνάβασις. Οἵ τε δὴ βάρβαροι οἱ ἀμφὶ Ξέρξεα προσήισαν· καὶ οἱ ἀμφὶ Λεωνίδην Ἕλληνες, ὡς τὴν ἐπὶ θανάτῳ ἔξοδον ποιεύμενοι, ἤδη πολλῷ μᾶλλον ἢ κατ' ἀρχὰς ἐπεξήισαν ἐς τὸ εὐρύτερον τοῦ αὐχένος. τὸ μὲν γὰρ

---

1 ἀρχήν is adverbial, as in §7 above 'originally.'

2 The Thebans had been the first to offer earth and water (i.e. surrender) to Xerxes, and they were probably unwilling combatants at Thermopylae. Thus they are described as being detained as hostages. Perhaps the eager readiness of the Thespians was connected with their jealousy of the Thebans: if the Thebans were disgraced, the Thespians might have a chance of heading the Boeotian confederacy.

3 Xerxes is described in Herodotus VII. 54 as pouring these libations from a golden cup to greet the rising sun.

4 ἐς ἀγορῆς πληθώρην. See the note on §6 above for this type of phrase.

5 'A message had been sent.' Xerxes had to wait until Hydarnes and the Immortals were in position to the rear of the Greeks. The descent was much quicker than the ascent had been.

ἔρυμα τοῦ τείχεος[1] ἐφυλάσσετο, οἱ δὲ ἀνὰ τὰς προτέρας ἡμέρας ὑπεξιόντες ἐς τὰ στεινότερα ἐμάχοντο. Τότε δὴ, συμμίσγοντες[2] ἔξω τῶν στεινῶν, ἔπιπτον πλήθεϊ πολλοὶ τῶν βαρβάρων. ὄπισθε γὰρ οἱ ἡγεμόνες τῶν τελέων,[3] ἔχοντες μάστιγας, ἐρράπιζον πάντα ἄνδρα, αἰεὶ ἐς τὸ πρόσω ἐποτρύνοντες. πολλοὶ μὲν δὴ ἐσέπιπτον αὐτῶν ἐς τὴν θάλασσαν καὶ διεφθείροντο· πολλῷ δ' ἔτι πλεῦνες κατεπατέοντο ζωοὶ ὑπ' ἀλλήλων· ἦν δὲ λόγος οὐδεὶς τοῦ ἀπολλυμένου.[4] ἅτε γὰρ ἐπιστάμενοι τὸν μέλλοντά σφι ἔσεσθαι θάνατον ἐκ τῶν περιϊόντων τὸ οὖρος, ἀπεδείκνυντο ῥώμης ὅσον εἶχον μέγιστον ἐς τοὺς βαρβάρους, παραχρεώμενοί τε καὶ ἀτέοντες.[5] καὶ Λεωνίδης τε ἐν τούτῳ τῷ πόνῳ πίπτει, ἀνὴρ γενόμενος ἄριστος, καὶ ἕτεροι μετ' αὐτοῦ ὀνομαστοὶ Σπαρτιητέων, τῶν ἐγὼ ὡς ἀνδρῶν ἀξίων γενομένων ἐπυθόμην[6] τὰ οὐνόματα· ἐπυθόμην δὲ καὶ ἁπάντων τῶν τριηκοσίων. καὶ δὴ καὶ Περσέων πίπτουσι ἐνθαῦτα ἄλλοι τε πολλοὶ καὶ ὀνομαστοί· ἐν δὲ δὴ καὶ Δαρείου

---

1 ἔρυμα τοῦ τείχεος 'the protection provided by this wall.' This wall was at the eastern end of the defile. The Phocians had built it to resist any encroachment from the Thessalians to the north.

2 συμμίσγοντες ('fighting hand to hand') is exactly parallel with ὑπεξιόντες ('withdrawing') but greatly confuses the grammar of the sentence, for it refers to the Greeks, and not at all to the πολλοὶ τῶν βαρβάρων which is the subject of the sentence. A genitive absolute would have removed the difficulty.

3 τὰ τέλεα here means a body of soldiers, as in §4 above. The 'sergeants' had whips to force the troops forward.

4 λόγος τοῦ ἀπολλυμένου, 'reckoning/counting of the lost,' a collective singular. The next sentence returns to the Greeks, with ἐπιστάμενοι, i.e. Ἕλληνες.

5 παραχρεώμενοί (i.e. τοῖς σώμασι) τε καὶ ἀτέοντες, 'recklessly sacrificing themselves in their desperation.' παρα-χράομαι; use recklessly, misuse; ἀτάομαι (the Attic form), be in distress.

6 πυνθάνομαι. These names were all inscribed on a pillar at Sparta, which was still standing 600 years after the event in the time of Pausanias (2nd cent. AD), who saw it there.

δύο παῖδες. Ξέρξεώ τε δὴ δύο ἀδελφεοὶ ἐνθαῦτα πίπτουσι μαχεόμενοι ὑπὲρ τοῦ νεκροῦ τοῦ Λεωνίδεω. Περσέων τε καὶ Λακεδαιμονίων ὠθισμὸς ἐγένετο πολλὸς, ἐς ὃ τοῦτόν τε ἀρετῇ οἱ Ἕλληνες ὑπεξείρυσαν[1] καὶ ἐτρέψαντο τοὺς ἐναντίους τετράκις. (VII.223-224 selections)

[10] Τοῦτο δὲ συνεστήκεε[2] μέχρι οὗ οἱ σὺν Ἐπιάλτῃ παρεγένοντο. ὡς δὲ τούτους ἥκειν ἐπύθοντο οἱ Ἕλληνες, ἐνθεῦτεν ἑτεροιοῦτο τὸ νεῖκος. ἔς τε γὰρ τὸ στεινὸν τῆς ὁδοῦ ἀνεχώρεον ὀπίσω, καὶ παραμειψάμενοι[3] τὸ τεῖχος, ἐλθόντες ἵζοντο ἐπὶ τὸν κολωνὸν πάντες ἁλέες οἱ ἄλλοι, πλὴν Θηβαίων. ὁ δὲ κολωνός ἐστι ἐν τῇ ἐσόδῳ ὅκου νῦν ὁ λίθινος λέων ἕστηκε ἐπὶ Λεωνίδῃ. ἐν τούτῳ σφέας τῷ χώρῳ ἀλεξομένους μαχαίρῃσι, τοῖσι αὐτῶν ἐτύγχανον ἔτι περιεοῦσαι,[4] καὶ χερσὶ καὶ στόμασι, κατέχωσαν οἱ βάρβαροι βάλλοντες· οἱ μὲν, ἐξ ἐναντίης ἐπισπόμενοι,[5] καὶ τὸ ἔρυμα τοῦ τείχεος συγχώσαντες·[6] οἱ δὲ, περιελθόντες πάντοθεν περισταδόν.[7] (VII.225)

[11] Λακεδαιμονίων δὲ καὶ Θεσπιέων τοιούτων γενομένων, ὅμως λέγεται ἀνὴρ ἄριστος γενέσθαι Σπαρτιήτης Διηνέκης. τὸν τόδε φασὶ εἶναι τὸ ἔπος πρὶν ἢ συμμῖξαι[8] σφέας τοῖσι Μήδοισι, πυθόμενον πρός τευ[9] τῶν Τρηχινίων ὡς, ἐπεὰν οἱ

---

1 ὑπ-εξ-ερύω; 'dragged (τοῦτον, the body) away.'

2 'was still being waged,' 'was still being fiercely fought,' συν-ίστημι.

3 παρ-αμείβομαι; 'passing over.'

4 τοῖσι περιεοῦσαι; 'those of them who still had them (μάχαιραι) remaining.'

5 ἐξ ἐναντίης ἐπισπόμενοι; 'those attacking on the opposite side;' these were the Immortals with Ephialtes who had come around the mountain on the ἀτραπός.

6 συγ-χώννυμι; heap up earth, cover something with a mound of earth.

7 πάντοθεν περισταδόν; 'standing all around them.'

8 συμ-μίγνυμι, cp. συμμίσγοντες §9 above.

9 Attic τινός; 'from someone.'

βάρβαροι ἀπιέωσι[1] τὰ τοξεύματα, τὸν ἥλιον ὑπὸ τοῦ πλήθεος τῶν ὀϊστῶν ἀποκρύπτουσι· τοσοῦτό τι πλῆθος αὐτῶν εἶναι. τὸν δὲ, οὐκ ἐκπλαγέντα τούτοισι, εἰπεῖν ἐν ἀλογίῃ ποιεύομενον[2] τὸ τῶν Μήδων πλῆθος, ὡς 'πάντα σφι ἀγαθὰ ὁ Τρηχίνιος ξεῖνος ἀγγέλλοι, εἰ ἀποκρυπτόντων τῶν Μήδων τὸν ἥλιον, ὑπὸ σκιῇ ἔσοιτο πρὸς αὐτοὺς ἡ μάχη, καὶ οὐκ ἐν ἡλίῳ.' ταῦτα μὲν καὶ ἄλλα τοιουτότροπα ἔπεά φασι Διηνέκεα τὸν Λακεδαιμόνιον λιπέσθαι μνημόσυνα.[3] (VII.226)

[12] Θαφθεῖσι[4] δέ σφι αὐτοῦ ταύτῃ τῇπερ[5] ἔπεσον, καὶ τοῖσι πρότερον τελευτήσασι ἢ[6] τοὺς ὑπὸ Λεωνίδεω ἀποπεμφθέντας οἴχεσθαι, ἐπιγέγραπται γράμματα λέγοντα τάδε·

Μυριάσιν ποτὲ τῇδε τριηκοσίαις[7] ἐμάχοντο
ἐκ Πελοποννάσου χιλιάδες τέτορες.

ταῦτα μὲν δὴ τοῖσι πᾶσι ἐπιγέγραπται· τοῖσι δὲ Σπαρτιήτῃσι ἰδίῃ·

Ὦ ξεῖν', ἀγγέλλειν Λακεδαιμονίοις ὅτι τῇδε
κείμεθα, τοῖς κείνων[8] ῥήμασι πειθόμενοι.

Λακεδαιμονίοισι μὲν δὴ τοῦτο· τῷ δὲ μάντι, τόδε·

---

1 Attic ἀφ-ίημι; Ionic loses the aspirate.

2 ἐν ἀλογίῃ ποιεύομενον; 'making of no account, minimising.'

3 μνημόσυνον (pl.); a memorial. These words are a memorial for Dienekes.

4 θάπτω, aor. pass. participle, dative pl. 'For those who were buried . . .'

5 αὐτοῦ ταύτῃ τῇπερ; 'just on the very spot where . . .'

6 πρότερον . . . ἢ; 'who had fallen before those who were dismissed by Leonidas had gone.'

7 Μυριάσιν τριηκοσίαις; 10,000 x 300. One should not of course put much credence in this ridiculous figure, which was the traditional number of the Persians. The population of the entire Greek world was less than 3 million.

8 ἐκείνων.

Μνῆμα τόδε κλεινοῖο Μεγιστία, ὅν ποτε Μῆδοι

Σπερχειὸν ποταμὸν κτεῖναν ἀμειψάμενοι·

μάντιος, ὃς τότε κῆρας[1] ἐπερχομένας σάφα εἰδὼς,

οὐκ ἔτλη Σπάρτης ἡγεμόνας προλιπεῖν.

οἱ μὲν δὴ περὶ Θερμοπύλας Ἕλληνες οὕτω ἠγωνίσαντο. (VII.227-8, 234)

The Spartan Character

Since antiquity, Sparta and the Spartan way of life have been both admired and viewed with dismay. Sparta's admirable qualities derive from its citizens' courage, austerity, and virtue, as well as the stability of their political system. The dismay derives from a knowledge of the means used to attain these versions of virtue and stability, not to mention their less desirable side effects. Many philosophers, beginning with Plato, have preferred the orderly totalitarianism of Sparta to the messy democracy of Athens, concluding that the Spartan regime was more likely to produce virtuous citizens. It was a cliché of the early 20th century that the Athenian disorder of democracies like Britain and America was no match for the Spartan organisation and purposefulness of strictly governed states like Germany or the USSR. History has not been kind to that opinion. Even in antiquity, some writers rebelled against such Laconophilia. Herodotus portrays the Spartans, except when actually in battle and essentially unbeatable, as rustic, hesitant, corrupt, and naïve, as one might expect from men of such limited education. When not at war, they were generally incompetent and corrupt. For an example of one prominent leader whose life shows Spartan style at its best and worst, see Section 'Pausanias . . .' in this Reader: when Spartans like Pausanias were put in positions of authority outside Sparta, they were prone to indulge unbounded desires and megalomania.

Reference books, and Wikipedia, generally provide a view of Spartan history that outlines the city's rise from rural obscurity to a position as the most powerful state of the Greek world, its leadership in the Persian Wars of the 5th century, and its decline, both in power and population, until the city became a backwater in

1 η Κῆρ, Κηρός; doom, fate (sing. or pl.). In the next line ἔτλη (aor.) is an Epic verb, 'bear,' 'endure.'

Roman times. While the city flourished, it was influential as the result of its unusual constitution, its ἀγωγή or way of life. Everything in its constitution aimed at encouraging discipline, physical and mental toughness, and the group cohesiveness necessary for successful warfare. Such warrior training was given, starting in their earliest years, to the Σπαρτιᾶται, full citizens who ruled the state and did the fighting. Generally speaking, Greek culture was war-like and Greek cities were usually at war with someone. However, in most Greek cities men were part-time soldiers and had other occupations during periods of peace. In Sparta, by contrast, the citizens were full-time soldiers, and at least in theory, had no other job. All manual work, trade, or manufacturing was done by the other two groups in Spartan society, the Εἵλωτες (Helots), serfs who farmed the allotments assigned to the Spartiatai, and the Περίοικοι, who were free persons (but not citizens) who lived in villages throughout Spartan territory.

Spartan women of the citizen class enjoyed a status, power, and respect that was unknown in the rest of the Greek world. The respect was partly due to the fact that they controlled their own property and that of their husbands, who were often abroad at war. Women also exercised and even competed in sports, an unheard-of practice in Athens, for example, and were not married until they were in their late teen's in contrast to the usual Mediterranean pattern of marrying girls at age 13 or so. Spartan women were outspoken on public matters. A few examples of their comments can be found below (¶10-12).

Sparta always had a serious demographic problem. The number of Spartiatai steadily decreased over the centuries from perhaps 8000 at the time of the battle of Thermopylae to fewer than 1000 in Aristotle's day (around 350 BC) to only 700 by 244 BC. Shortly thereafter under Roman rule the city became a 'living history' museum, where tourists could come and see a few real Spartans living as their ancestors did.

Spartans were famous for their brief and pithy statements, called 'laconic,' after Laconia, the Latin name of the area where Sparta is located. (The Greek name is Λακεδαίμων; the inhabitants are Λακεδαιμόνιοι, the usual word for Spartans in the ancient historians.) Plutarch collected famous saying of Spartan men (Ἀποφθέγματα Λακωνικά) and of Spartan women (Λακαινῶν Ἀποφθέγματα), both of which survive in his essay collection, known as the *Moralia*. (See the introduction to Section 'Pericles' in this Reader for an introduction to Plutarch.) The text presented here has been selected from F. C. Babbitt, Plutarch's *Moralia*, vol. 3 (Loeb) 1931.

Several saying were attributed to Leonidas, the hero of Thermopylae. Here are a few.

1. He had no illusions about what was going to happen. (The ephors were the five elected governors who ruled Sparta along with the two kings.)

Λεγόντων δὲ τῶν ἐφόρων ὀλίγους ἄγειν αὐτὸν εἰς Θερμοπύλας, 'οὐκ, ἀλλά πλέονας,' ἔφη 'πρὸς ἣν βαδιζομεν πρᾶξιν.'[1] (225A)

2. They can't escape now!

Ἄλλου δὲ εἰπόντος, 'πάρεισιν ἐγγὺς ἡμῶν.' 'οὐκοῦν,' ἔφη, 'καὶ ἡμεῖς αὐτῶν ἐγγύς.' (225B)

Compare the famous quote from US Marine General Chesty Puller: 'We're surrounded. That simplifies our problem of getting to these people and killing them.' (Chosin Reservoir, Korea, 1950).

3. Come and get them!

Πάλιν δὲ τοῦ Ξέρξου γράψαντος, 'πέμψον τὰ ὅπλα.' ἀντέγραψε, 'μολὼν[2] λάβε.' (225C)

4. Your last meal on earth.

Τοῖς δὲ στρατιώταις παρήγγειλεν ἀριστοιποεῖσθαι[3] ὡς ἐν Ἅιδου δειπνοποιησομένους. (225D)

5. Leonidas agrees with Achilles.

Ἐρωτηθεὶς δὲ διὰ τί οἱ ἄριστοι τὸν ἔνδοξον θάνατον τῆς ἀδόξου προκρίνουσι[4] ζωῆς, 'ὅτι,' ἔφη, 'τὸ μὲν τῆς φύσεως ἴδιον, τὸ δὲ αὑτῶν εἶναι νομίζουσιν.' (225D)

6. Lycurgus (Λυκοῦργος) was the lawgiver who established the Spartan way of life. Plutarch wrote a Life of Lycurgus, which is

---

1 πρᾶξις; activity, action.

2 μολών; aor. part. of βλώσκω, μολοῦμαι (fut.), ἔμολον (aor.), come, go. This phrase is inscribed on a modern monument at Thermopylae.

3 ἄριστον - ποιέομαι.

4 προ-κρίνομαι; prefer. τῆς ζωῆς is a genitive of comparison, as if the sentence were ὁ ἔνδοξος θάνατος κρείττων ἐστὶ τῆς ἀδόξου ζωῆς. τὸ μέν, the former; τὸ δέ, the latter.

perhaps our best description of the traditional Spartan ethos. Plutarch also cites many sayings of Lycurgus in his Ἀποφθέγματα. These are not particularly laconic, but do give justifications for his policies. Here is an example which explains his institution of common meals for the Spartiatai, the συσσίτια.

Ἐπιθέσθαι δὲ τῇ τρυφῇ[1] καὶ τὸν ζῆλον ἀφελέσθαι τοῦ πλούτου διανοηθεὶς, τὰ συσσίτια εἰσηγήσατο. πρὸς γοῦν τοὺς ἐπιζητοῦντας[2] διὰ τί ταῦτα συνεστήσατο καὶ μεθ' ὅπλων κατ' ὀλίγους τοὺς πολίτας διῄρηκεν,[3] 'ὅπως,' ἔφη, 'ἐξ ἑτοίμου τὰ παραγγελλόμενα δέχωνται, καὶ ἐάν τι νεωτερίζωσιν, ἐν ὀλίγοις ᾖ τὸ ἀμπλάκημα,[4] ἰσομοιρία τε τῆς τροφῆς καὶ πόσεως[5] ᾖ καὶ μήτε πόσει τινὶ ἢ βρώσει ἀλλὰ μηδὲ στρωμνῇ ἢ σκεύεσιν[6] ἢ ἄλλῳ τινὶ τὸ σύνολον πλέον ἔχῃ ὁ πλούσιος τοῦ πένητος.' (226D–E)

7. 'Family life' meant life with one's σύσσιτοι, not with a wife and children.

Πρὸς δὲ τὸν θαυμάζοντα, δι' ὅ τι τὸν γεγαμηκότα[7] ἀπεῖρξε μὴ συγκοιμᾶσθαι τῇ γεγαμημένῃ, προσέταξε δὲ τὸ πλεῖστον

---

1 τρυφή; luxury.

2 ἐπι-ζητέω; inquire, seek to know.

3 perf. from δι-αιρέω. μεθ' ὅπλων κατ' ὀλίγους 'when in arms into small groups.' The Spartiatai not only ate in these small groups (κατ' ὀλίγους), but spent most of their time together.

4 ἀμπλάκημα; offence. Remember, anything νεός was bad.

5 ἰσομοιρία τῆς τροφῆς καὶ πόσεως; 'an equal share of food and drink' (πόσις). In the next clause βρῶσις is another word for 'food' or 'meat.'

6 στρωμνή; bedding; σκεῦος, -ους; utensils, cups, plates, etc. All these datives are dat. of respect: '. . .the rich man won't have more than the poor man in food, drink, bedding, or utensils.' Of course silver cups and plates would be a status symbol — which is just what Lycurgus wants to eliminate.

7 ὁ γεγαμηκώς (perf. act. ptcpl. fr. γαμέω) is the married man; ἡ γεγαμημένη (also νύμφη below) is the married woman. In the next clause, ἀπ-εῖρξε μὴ συγκοιμᾶσθαι; 'he (Lycurgus) prevented him (τὸν γεγαμηκότα) from sleeping with . . .'

τῆς ἡμέρας συνεῖναι τοῖς ἡλικιώταις[1] καὶ τὰς νύκτας ὅλας συναναπαῦεσθαι,[2] τῇ δὲ νύμφῃ κρύφα καὶ μετ' εὐλαβείας[3] συνεῖναι, 'ὅπως,' ἔφη, 'καὶ τοῖς σώμασιν ἰσχυροὶ ὦσι διακορεῖς[4] μὴ γενόμενοι, καὶ τῷ φιλεῖν ἀεὶ καινοὶ ὑπάρχουσι καὶ τὰ ἔκγονα[5] ἐρρωμενέστερα παρέχωσι.' (228A)

8. When asked why he instituted exercises for women (running, wrestling, discus and javelin throwing) he answered:

' ἵν', ἔφη, ἡ τῶν γεννωμένων ῥίζωσις[6] ἰσχυρὰν ἐν ἰσχυροῖς σώμασιν ἀρχὴν λαβοῦσα καλῶς βλαστάνῃ,[7] αὐταί τε μετὰ ῥώμης τοὺς τόκους[8] ὑπομένουσαι ῥᾳδίως τε ἅμα καὶ καλῶς ἀγωνίζωνται πρὸς τὰς ὠδῖνας, καί, εἴ τις ἀνάγκη γένοιτο, δύνωνται ὑπὲρ αὑτῶν καὶ τέκνων καὶ τῆς πατρίδος μάχεσθαι.' (227D)

9. Spartans knew how others viewed them, but did not care.

Πρὸς δὲ τὸν ἀμαθεῖς καλοῦντα τοὺς Λακεδαιμονίους Ἀθηναῖον,[9] 'μόνοι γοῦν,' εἶπεν, 'ἡμεῖς οὐδὲν μεμαθήκαμεν παρ' ὑμῶν κακόν.'[10](217D)

10. Gorgo (Γοργώ) was the daughter of King Cleomenes and the wife of Leonidas. Here she responds to an Athenian woman.

---

1 ἡλικιώτης; someone of the same age, comrade.

2 συν-ανα-παύω; 'stay with' i.e. his comrades, not his wife.

3 εὐλάβεια; caution.

4 διακορής (also spelled διάκορος); satiated with, glutted with.

5 i.e. τὰ τέκνα, τὰ παιδία.

6 ἡ τῶν γεννωμένων ῥίζωσις; lit., 'the rooting (cp. ῥίζα) of the ones begotten.' In modern terms 'the development of the foetuses.'

7 βλαστάνω; sprout, grow.

8 τόκος; childbirth. In the next clause αἱ ὠδῖναι means 'the pains of childbirth.'

9 Ἀθηναῖος τις τοὺς Λακεδαιμονίους ἐκάλει ἀμαθεῖς.

10 If they were ignorant, then they were also ignorant of any evil thing that the Athenians would have taught them. This plays with the meme 'smart and deceitful' vs. 'dull and honest.'

Ἐρωτηθεῖσα δὲ ὑπό τινος Ἀττικῆς, 'διὰ τί ὑμεῖς ἄρχετε μόναι τῶν ἀνδρῶν αἱ Λάκαιναι;' 'ὅτι' ἔφη, 'καὶ τίκτομεν μόναι ἄνδρας.' (240E)

11. Here she addresses her son with the most famous Spartan exhortation of all times:

Ἄλλη[1] προσαναδιδοῦσα τῷ παιδὶ τὴν ἀσπίδα καὶ παρακελευομένη, 'τέκνον,' ἔφη, 'ἢ τὰν ἢ ἐπὶ τᾶς.'[2](241F)

12. Spartan women were proud of their children, not their possessions. Compare the Roman story of Cornelia and her two jewels, her sons (Val. Max. 4.4)

Σεμνυνομένης γυναικός τινος Ἰωνικῆς[3] ἐπί τινι τῶν ἑαυτῆς ὑφασμάτων[4] ὄντι πολυτελεῖ, Λάκαινα ἐπιδείξασα τοὺς τέτταρας υἱοὺς ὄντας κοσμιωτάτους,[5] 'τοιαῦτα,' ἔφη, 'δεῖ εἶναι τὰ τῆς καλῆς καὶ ἀγαθῆς γυναικὸς ἔργα καὶ ἐπὶ τούτοις ἐπαίρεσθαι καὶ μεγαλαυχεῖν.'[6](241D)

---

1 Aristotle attributed this saying to Gorgo, Plutarch to someone else. Hence the Ἄλλη.

2 Doric dialect: τὰν is Attic τὴν (i.e. ἀσπίδα ἀνά-φερε); τᾶς is τῆς (ἀσπίδος).

3 Ionia was the richest area of mainland Greece and the Aegean.

4 τὰ ὑφάσματα are things that have been woven, garments (cp. ὑφαίνω; 'weave').

5 κόσμιος; orderly, well-behaved.

6 ἐπ-αίρομαι (middle); be proud of (ἐπί); μεγαλαυχέω; boast.

VIII. STORIES FROM THE LIFE OF AESOP

The Athenians of the Age of Pericles were already convinced that the beast fables in prose that they had read as children were written by the Phrygian Αἴσωπος, who had lived in Samos as a slave somewhere about the time of Solon and Croesus. They had wonderful things to tell of his life and death. The Delphians, so the story went, annoyed by fables of his in which they were treated with scant respect, had put among his baggage a vessel that belonged to Apollo, and when it was found there, they flung him from the rocks as a temple-robber. This 'Life' of Aesop, just like the 'Fables', became transformed in the course of centuries into a popular book, full of jests, of stories good and bad, serious and comic. In the case of both books we have now only the latest version, dating from the fourth or fifth century after Christ. Aesop is represented as a deformed Phrygian slave sold to Xanthus, a professor of philosophy at Samos. The shrewd mother wit of the despised servant proves itself superior to the learned folly of the master. The absent-minded professor, the distracted and befuddled scholar (in Greek ὁ σχολαστικός) has long been a figure of fun. The philosopher Thales was the first scholasticus: he was so intent on studying the stars that he fell into a well. Socrates in Aristophanes's play The Clouds is another: he lives in a basket hoisted to the ceiling so as to be nearer to the stars and other meteorological phenomena. In joke books, the scholasticus has no common sense at all: he sees a flock of sparrows sitting in a tree. He spreads out his cloak, shakes the tree, and waits for the sparrows to fall down onto his cloak. Here is another joke about a scholasticus in danger on the sea and how he helps his fellow travellers.

Σχολαστικοῦ πλέοντος ἐκινδύνευεν ὑπὸ χειμῶνος τὸ πλοῖον. τῶν δὲ συμπλεόντων[1] ἀπορριπτούντων[2] ἐκ τῶν σκευῶν, ἵνα κουφισθῇ[3] τὸ πλοῖον, κἀκείνῳ τὸ αὐτὸ

1 συμ-πλέω.

2 ἀπορ-ρίπτω (ρ is doubled when a prefix is added to the verb).

3 κουφίζω, ἐπι-κουφίζω, to make κοῦφος, light, so that the ship would float more easily.

παραινούντων,[1] ὁ δὲ ἔχων χειρόγραφον[2] ἑκατὸν πεντήκοντα μυριάδων, τὰς πεντήκοντα ἀπαλείψας·[3] ἴδε, φησίν, ὅσοις χρήμασιν ἐπεκούφισα τὴν ναῦν. (*Philogelos* #80)

In addition to examples of Aesop's wit, we read here how the slave, after obtaining his liberty, came to honour at the Court of King Croesus, and brought peace to his new country Samos.

(1) Εἰς τὸ βαλανεῖον ἐλθόντος τοῦ Ξάνθου καί τισιν ἐντυχόντος ἐκεῖ τῶν φίλων καὶ πρὸς τὸν Αἴσωπον εἰπόντος εἴς τε τὴν οἰκίαν προδραμεῖν καὶ φακῆν[4] εἰς τὴν χύτραν ἐμβαλόντα ἑψῆσαι, ἐκεῖνος ἀπελθὼν κόκκον ἕνα φακῆς εἰς τὴν χύτραν ἕψει βαλών. (2) ὁ δὲ δὴ Ξάνθος ἅμα τοῖς φίλοις λουσάμενος ἐκάλει τούτους συναριστήσοντας, προεῖπε μέντοι καὶ ὡς λιτῶς,[5] 'ἐπὶ φακῇ γὰρ ἔσται τὸ δεῖπνον,' καὶ μὴ δεῖν τῇ ποικιλίᾳ[6] τῶν ἐδεσμάτων τοὺς φίλους κρίνειν, ἀλλὰ δοκιμάζειν τὴν προθυμίαν. (3) τῶν δὲ εἰξάντων[7] καὶ πρὸς τὴν οἰκίαν ἀφικομένων, ὁ Ξάνθος φησί 'δὸς ἡμῖν ἀπὸ[8] λουτροῦ

---

1 παρ-αινέω, to urge, recommend.

2 χειρόγραφος, a check or money order. The following amount (150 x 10,000) is in the genitive case and refers to drachmas. We would say "a check for so much." τὰς πεντήκοντα [δραχμὰς] in the next clause.

3 ἀπ-αλείφω, erase.

4 φακῆ: properly collective of φακός, 'lentils' as well as 'lentil porridge.'

5 λιτῶς, from λῖτός: supply συναριστήσουσι. The construction is first indirect after ὡς, then direct, then again indirect in accus. and infin.: the later prose often drifts about in this way. The principal dish is regarded as the whole of the meal; 'we shall lunch on.'

6 ποικιλία, 'variety.'

7 εἴκειν 'accept.'

8 ἀπό marks the immediate sequence in point of time, as in ἀπὸ δείπνου περιπατεῖν, rise from supper and take a walk. So here 'let us have the drink' usually taken directly after the bath. To get the joke in, you might say, 'Now, Aesop, from the bath to the cup!'

πιεῖν, Αἴσωπε. τοῦ δ' ἐκ τῆς ἀπορροίας τοῦ λουτροῦ λαβόντος καὶ ἐπιδόντος, ὁ Ξάνθος τῆς δυσωδίας ἀναπλησθείς 'φεῦ, τί τοῦτο, φησίν, Αἴσωπε;' καὶ ὅς· 'ἀπὸ λουτροῦ, ὡς ἐκέλευσας.' (4) τοῦ δὲ Ξάνθος διὰ τὴν παρουσίαν τῶν φίλων τὴν ὀργὴν ἐπισχόντος καὶ λεκάνην αὐτῷ παρατεθῆναι κελεύσαντος, Αἴσωπος τὴν λεκάνην θεὶς ἵστατο. (5) καὶ ὁ Ξάνθος 'οὐ νίπτεις·' κἀκεῖνος· 'ἐντέταλταί μοι ταῦτα μόνα ποιεῖν, ὅσα ἂν ἐπιτάξῃς. σὺ δὲ νῦν οὐκ εἶπας· βάλε ὕδωρ εἰς τὴν λεκάνην καὶ νίψον τοὺς πόδας μου καὶ θὲς τὰς ἐμβάδας καὶ ὅσα[1] ἐφεξῆς.' πρὸς δὴ ταῦτα τοῖς φίλοις ὁ Ξάνθος ἔφη· 'μὴ γὰρ δοῦλον ἐπριάμην; οὐκ[2] ἔστιν ὅπως· ἀλλὰ διδάσκαλον.' (6) ἀνακλιθέντων[3] τοίνυν αὐτῶν καὶ τοῦ Ξάνθου τὸν Αἴσωπον ἐρωτήσαντος, εἰ ἥψηται ἡ φακῆ, δοίδυκι[4] λαβὼν ἐκεῖνος τὸν τῆς φακῆς κόκκον ἀνέδωκεν. (7) ὁ δὲ Ξάνθος λαβὼν καὶ οἰηθεὶς ἕνεκεν τοῦ πεῖραν λαβεῖν τῆς ἑψήσεως τὴν φακῆν δέξασθαι, τοῖς δακτύλοις διατρίψας ἔφη 'καλῶς ἥψηται· κόμισον.' (8) τοῦ δὲ μόνον τὸ ὕδωρ κενώσαντος εἰς τὰ τρυβλία καὶ παραθέντος, ὁ Ξάνθος 'ποῦ ἐστιν ἡ φακῆ;' καὶ ὅς 'ἔλαβες αὐτήν.' καὶ ὁ Ξάνθος· 'ἕνα κόκκον ἥψησας;' καὶ ὁ Αἴσωπος· 'μάλιστα.[5] φακῆν γὰρ ἑνικῶς εἶπας, ἀλλ' οὐ φακᾶς, ὃ δὴ πληθυντικῶς λέγεται.' (9) ὁ μὲν οὖν Ξάνθος ἀπορήσας παντελῶς 'ἄνδρες ἑταῖροι, φησίν, οὗτος εἰς μανίαν με περιτρέψει.' εἶτα στραφεὶς πρὸς τὸν Αἴσωπον εἶπεν 'ἀλλ' ἵνα μὴ δόξω, κακὲ δοῦλε, τοῖς φίλοις ἐνυβρίζειν, ἀπελθὼν ὤνησαι πόδας χοιρείους τέτταρας, καὶ διὰ ταχέων ἑψήσας παράθες.' (10) τοῦ δὲ σπουδῇ τοῦτο

1 ὅσα ἐφεξῆς (ἐστι), 'whatever comes next.'

2 οὐκ ἔστιν ὅπως (δοῦλον ἐπριάμην), 'impossible!'

3 ἀνακλίνεσθαι, at table; late for καταλίνεσθαι.

4 δοῖδυξ, 'ladle.'

5 μάλιστα, 'certainly.' ἑνικῶς, 'in the singular.' πληθυντικῶς, 'in the plural.'

ποιήσαντος καὶ τῶν ποδῶν ἑψομένων, ὁ Ξάνθος εὐλόγως θέλων τύψαι[1] τὸν Αἴσωπον, αὐτοῦ περί τι τῶν εἰς χρείαν ἀσχολουμένου,[2] ἕνα τῶν ποδῶν ἐκ τῆς χύτρας λαθραίως ἀνελόμενος ἔκρυψε. μετὰ μικρὸν δὲ καὶ ὁ Αἴσωπος ἐλθὼν καὶ τὴν χύτραν ἐπισκεψάμενος, ὡς τοὺς τρεῖς μόνον πόδας ἑώρα, συνῆκεν ἐπιβουλὴν αὐτῷ τινα γεγονυῖαν. (11) καὶ δὴ καταδραμὼν ἐπὶ τὴν αὐλὴν καὶ τοῦ σιτευομένου χοίρου τὸν ἕνα τῶν ποδῶν τῇ μαχαίρᾳ περιελὼν καὶ τῶν τριχῶν ψιλώσας εἰς τὴν χύτραν ἔρριψε καὶ συνῆψε[3] τοῖς ἄλλοις. (12) Ξάνθος δὲ δείσας, μή πως Αἴσωπος τὸν ὑφαιρεθέντα τῶν ποδῶν οὐχ εὑρὼν ἀποδράσῃ, αὖθις εἰς τὴν χύτραν αὐτὸν ἐνέβαλε. (13) τοῦ δ' Αἰσώπου τοὺς πόδας εἰς τὸ τρυβλίον κενώσαντος καὶ πέντε τούτων ἀναφανέντων, ὁ Ξάνθος 'τί τοῦτο, φησίν, Αἴσωπε; πῶς πέντε;' κἀκεῖνος 'τὼ δύο χοίρω πόσους ἔχετον πόδας;' καὶ ὁ Ξάνθος 'ὀκτώ.' (14) καὶ ὁ Αἴσωπος· 'εἰσὶν οὖν ἐνταυθὶ πέντε, καὶ ὁ σιτευόμενος χοῖρος νέμεται κάτω τρίπους.' καὶ ὁ Ξάνθο πάνυ βαρέως σχὼν[4] πρὸς τοὺς φίλους φησίν 'οὐχὶ μικρῷ πρόσθεν εἶπον, ὡς τάχιστά με πρὸς μανίαν οὗτος δὴ περιτρέψει;' (15) καὶ ὁ Αἴσωπος 'δέσποτα, οὐκ[5] οἶσθ' ὅτι τὸ ἐκ προσθέσεώς τε καὶ ἀφαιρέσεως εἰς τὸ κατὰ λόγον ποσὸν συγκεφαλαιούμενον

---

1 τύψαι, late form of the aorist, the Attic in use being πατάξαι, and here in a slang sense, 'to give him one,' i.e. humiliate him.

2 ἀσχολεῖσθαι περί, 'to be busy about.'

3 συνῆψε, imperf. of συν-έψω, 'boil together with.'

4 ἔχειν, with an adverb means 'to be', or 'feel.' καλῶς ἔχω, 'I am well.' For βαρέως σχών, we say 'took it very hard, was very annoyed.'

5 'that what is reckoned in by addition and subtraction to an equivalent amount is no false reckoning'; i.e. if I both add and subtract the same amount from a number, the total remains the same. ποσόν belongs to the second τό. Aesop again uses school phrases, as in ἑνικῶς and πληθυντικῶς. By οὔκ ἐστιν ἁμάρτημα he implies 'I haven't done anything wrong.'

οὔκ ἐστιν ἁμάρτημα;' ὁ μὲν οὖν Ξάνθος μηδεμίαν εὐπρόσωπον αἰτίαν εὑρηκὼς μαστιγῶσαι τὸν Αἴσωπον, ἡσύχασε.

(**16**) Μετὰ δ' οὐ πολλὰς ἡμέρας φιλοσόφους καὶ ῥήτορας καλέσας[1] ὁ Ξάνθος ἐκέλευσε τῷ Αἰσώπῳ πρὸ τοῦ πυλῶνος στῆναι καὶ μηδένα τῶν ἰδιωτῶν[2] εἰσελθεῖν συγχωρῆσαι, ἀλλ' ἢ[3] τοὺς σοφοὺς μόνους. (**17**) τῇ δὲ ὥρᾳ τοῦ ἀρίστου κλείσας Αἴσωπος τὸν πυλῶνα ἐντὸς ἐκαθέσθη.[4] τῶν κεκλημένων δέ τινος ἐλθόντος καὶ τὴν θύραν κόπτοντος, Αἴσωπος ἔνδοθεν ἔφη 'τί σείει ὁ κύων;' ὃ δὲ νομίσας κύων κληθῆναι ὀργισθεὶς ἀνεχώρησεν. (**18**) οὕτως οὖν ἕκαστος ἀφικνούμενος αὖθις ἀπῄει σὺν ὀργῇ, νομίζων ὑβρίζεσθαι, τοῦ Αἰσώπου ταὐτὰ πάντας ἔνδοθεν ἐρωτῶντος. (**19**) ἑνὸς δ' αὐτῶν κόψαντος καὶ 'τί σείει ὁ κύων;' ἀκούσαντος καὶ 'τήν τε κέρκον καὶ τὰ ὦτα' ἀποκριθέντος, Αἴσωπος αὐτὸν ὀρθῶς δοκιμάσας[5] ἀποκεκρίσθαι ἀνοίξας πρὸς τὸν δεσπότην ἤγαγε καὶ φησίν 'οὐδεὶς τῶν φιλοσόφων συνεστιαθῆναί σοι ἦλθεν, ὦ δέσποτα, πλὴν οὗτος.' (**20**) καὶ ὁ Ξάνθος σφόδρα ἠθύμησε, παραλελογίσθαι[6] οἰηθεὶς ὑπὸ τῶν κληθέντων. (**21**) τῇ δ' ὑστεραίᾳ συνελθόντες οἱ κληθέντες ἐπὶ τὴν διατριβήν,[7]

---

1 κελεύειν with dat. is not a classical construction.

2 ἰδιώτης is properly a private person, as distinguished from a soldier or official; the man in the street, as distinct from the learned. So here; but the word as here used implies a slight, because it suggests want of knowledge, and this implied slight led ultimately to the meaning of our word 'idiot.'

3 ἀλλ' ἤ, 'but (only).'

4 Aesop sits in the porter's lodge. The people 'shake' the knocker, giving a rat-tat on the closed door. Not unnaturally they suppose Aesop is calling them dogs.

5 δοκιμάσας, 'finding.'

6 παραλελογίσθαι, impersonal.

7 διατριβή, like σχολή, came to mean the place where people stayed and conversed, but was applied only to a philosopher's school.

ἐνεκάλουν τῷ Ξάνθῳ φάσκοντες 'ὡς ἔοικας, ὦ καθηγητά, ἐπεθύμεις μὲν αὐτὸς ἐξουδενῶσαι ἡμᾶς, αἰδούμενος δὲ τὸν σαπρὸν ἐπὶ τοῦ πυλῶνος ἔστησας Αἴσωπον, ὡς προπηλακίσαι καὶ κύνας ἡμᾶς ἀποκαλέσαι.' (**22**) καὶ ὁ Ξάνθος 'ὄναρ τοῦτ' ἐστὶν ἢ ὕπαρ;' κἀκεῖνοι, 'εἰ μὴ ῥέγχομεν, ὕπαρ.' καὶ δὴ ὡς τάχος μετακληθεὶς Αἴσωπος καὶ ἐρωτηθεὶς σὺν ὀργῇ, τοῦ[1] χάριν ἀτίμως τοὺς φίλους ἀπέστρεψεν, ἔφη 'οὐχὶ σύ μοι, δέσποτα, ἐνετείλω μή τινα τῶν ἰδιωτῶν καὶ ἀμαθῶν ἀνδρῶν ἐᾶσαι πρὸς τὴν σὴν συνεισελθεῖν εὐωχίαν, ἀλλ' ἢ τοὺς σοφοὺς μόνους;' (**23**) καὶ ὁ Ξάνθος 'καὶ τίνες οὗτοι; οὐ τῶν σοφῶν;' καὶ ὁ Αἴσωπος 'οὐδεμιᾷ μηχανῇ· αὐτῶν γὰρ κοπτόντων τὴν θύραν, κἀμοῦ ἔνδοθεν ἐρωτῶντος 'τί ποτε σείει ὁ κύων;' οὐδ' ὁστισοῦν αὐτῶν συνῆκε τὸν λόγον. (**24**) ἔγωγ' οὖν, ὡς ἀμαθῶν πάντων φανέντων, οὐδένα τούτων εἰσήγαγον,[2] πλὴν τὸν σοφῶς τοῦτον ἀποκριθέντα μοι.' οὕτως οὖν τοῦ Αἰσώπου ἀπολελογημένου, ὀρθῶς ἅπαντες λέγειν αὐτὸν ἐψηφίσαντο.

Next we read how the Samians inquired of Xanthus, as their wisest man, the meaning of an omen. In his need Aesop obtained leave to answer in place of him, appeared in the Assembly of the People, which was of course closed to slaves, and contrived to control the indignation aroused so skilfully that Xanthus was constrained to give him his freedom. Aesop then interpreted the omen as indicating a danger of subjugation by a foreign king; and in what follows this danger turns out to be actually pressing.

(**25**) Μετὰ δ' οὐ πολὺν χρόνον γράμματα παρὰ Κροίσου τοῦ Λυδῶν βασιλέως ἥκει Σαμίοις κελεύοντα τὸ[3] ἀπὸ τοῦδε φόρους αὐτῷ παρέχειν, εἰ δὲ μὴ πείθοιντο, πρὸς μάχην

---

1 τοῦ (τίνος) χάριν, 'for what purpose.'

2 εἰσάγειν, 'bring in, introduce.'

3 τὸ ἀπὸ τοῦδε, 'henceforward, for the future.'

ἑτοίμους εἶναι. (**26**) ἐβουλεύσαντο μὲν οὖν ἅπαντες (ἔδεισαν γάρ) ὑπήκοοι γενέσθαι τῷ Κροίσῳ, συνοίσειν[1] μέντοι καὶ Αἴσωπον ἐρωτῆσαι. (**27**) κἀκεῖνος ἐρωτηθεὶς εἶπε 'τῶν ἀρχόντων ὑμῶν γνώμην[2] δεδωκότων εἰς[3] φόρου ἀπαγωγὴν ὑπακούειν τῷ βασιλεῖ, συμβουλὴν μὲν οὐ δώσω, λόγον δὲ ἐρῶ ὑμῖν, καὶ εἴσεσθε[4] τὸ συμφέρον. (**28**) ἡ τύχη δύο ὁδοὺς ἔδειξεν ἐν τῷ βίῳ, ἑτέραν μὲν ἐλευθερίας,[5] ἧς ἡ μὲν ἀρχὴ δύσβατος, τὸ δὲ τέλος ὁμαλόν· ἑτέραν δὲ δουλέιας, ἧς ἡ μὲν ἀρχὴ εὐπετής τε καὶ βάσιμος, τὸ δὲ τὲλος ἐπώδυνον.' (**29**) ταῦτα ἀκούσαντες οἱ Σάμιοι ἀνεβόησαν 'ἡμεῖς ἐλεύθεροι ὄντες ἑκόντες οὐ γινόμεθα δοῦλοι,' καὶ τὸν πρεσβευτὴν οὐ σὺν εἰρήνῃ ἀπέπεμψαν. (**30**) ὁ μὲν οὖν Κροῖσος ταῦτα μαθὼν ἐβούλετο πόλεμον κατὰ Σαμίων κινεῖν, ὁ δὲ πρεσβευτὴς ἀνήνεγκεν,[6] ὡς οὐκ ἂν δυνηθείη Σαμίους ὑπὸ[7] χεῖρα λαβεῖν, Αἰσώπου παρ' αὐτοῖς ὄντος καὶ γνώμας ὑποτιθέντος. (**31**) 'δύνῃ δὲ μᾶλλον,' εἶπεν, 'ὦ βασιλεῦ, πρέσβεις ἀποστείλας ἐξαιτῆσαι παρ' αὐτῶν Αἴσωπον, ὑποσχόμενος αὐτοῖς ἀντ' αὐτοῦ χάριτας ἄλλας τε δώσειν καὶ λύσιν τῶν ἐπιταττομένων φόρων. καὶ τότε τάχα οἷός τ' ἔσῃ περιγενέσθαι αὐτῶν.' (**32**) καὶ ὁ μὲν Κροῖσος κατὰ ταῦτα πρεσβευτὴν ἀποστείλας

---

1 συνοίσειν, oratio obliqua, 'it would be useful.'

2 γνώμην διδόναι, 'propose,' constructed like γνῶναι.

3 εἰς, 'for, so as to (pay).'

4 ἔισεσθε, φρομ οἶδα, 'perceive.'

5 Hesiod had written of the Two Ways: the broad that leads to wickedness and calamity, and the narrow, the path of virtue and happiness. Aesop recasts the allegory.

6 ἀναφέρειν: properly = referre, refer a matter to another. Being often used where an inferior ἀναφέρει τι to a superior, it is a suitable word for the declaration of a minister to a king.

7 ὑπὸ χεῖρα λαβεῖν = ὑποχείριον ποιείσθαι, 'bring into subjection.'

ἔκδοτον[1] ᾔτει τὸν Αἴσωπον. Σάμιοι δὲ ἐκδόσθαι ἔγνωσαν. (**33**) Αἴσωπος δὲ τοῦτο μαθὼν ἐν μέσῳ τῆς ἀγορᾶς ἔστη καὶ φησίν 'ἄνδρες Σάμιοι, κἀγὼ μὲν περὶ πολλοῦ ποιοῦμαι παρὰ τοὺς πόδας ἀφικέσθαι τοῦ βασιλέως· ἐθέλω δὲ ὑμῖν μῦθόν τινα εἰπεῖν. (**34**) καθ' ὃν χρόνον ὁμόφωνα ἦν τὰ ζῷα, πόλεμον οἱ λύκοι τοῖς προβάτοις συνῆψαν. τῶν δὲ κυνῶν συμμαχούντων τοῖς θρέμμασι καὶ τοὺς λύκους ἀποσοβούντων, οἱ λύκοι πρεσβευτὴν ἀποστείλαντες ἔφασαν τοῖς προβάτοις, εἰ βούλοιντο βιοῦν ἐν εἰρήνῃ καὶ μηδένα πόλεμον ὑποπτεύειν, τοὺς κύνας αὐτοῖς ἐκδοῦναι. (**35**) τῶν δὲ προβάτων ὑπ' ἀνοίας πεισθέντων καὶ τοὺς κύνας ἐκδεδωκότων, οἱ λύκοι τούς τε κύνας διεσπάραξαν καὶ τὰ πρόβατα ῥᾷστα διέφθειραν.' (**36**) οἱ Σάμιοι τοίνυν τὸ τοῦ μύθου βούλημα συννοήσαντες, ὥρμησαν μὲν παρ' ἑαυτοῖς κατασχεῖν τὸν Αἴσωπον. ὃ δὲ οὐκ ἠνέσχετο, ἀλλὰ τῷ πρεσβευτῇ συναποπλεύσας[2] πρὸς Κροῖσον ἀπῄει.

(**37**) Ἀφικομένων δ' αὐτῶν εἰς Λυδίαν, ὁ βασιλεὺς ἐπίπροσθεν[3] αὐτοῦ στάντα τὸν Αἴσωπον θεασάμενος ἠγανάκτησε λέγων· 'ἴδε ποῖον ἀνθρώπιον ἐμποδών[4] μοι γέγονε νῆσον ὑποτάξαι τοσαύτην.' (**38**) καὶ ὁ Αἴσωπος 'μέγιστε βασιλεῦ, οὐ βίᾳ οὐδ' ἀνάγκῃ πρὸς σὲ παρεγενόμην, ἀλλ' αὐθαίρετος πάρειμι. ἀνάσχου δέ μου μικρὸν ἀκοῦσαι. (**39**) ἀνήρ τις ἀκρίδας συλλέγων καὶ ἀποκτιννὺς[5] εἷλε καὶ τέττιγα. ἐπεὶ δὲ κἀκεῖνον ἠβούλετο κτεῖναι, φησὶν ὁ τέττιξ

1 ἔκδοτον αἰτεῖν τινα, 'to demand the surrender of.'

2 συν-απο-πλεῖν: see ἀποπλέω.

3 ἐπίπροσθεν, preposition with genitive.

4 ἐμποδών μοι γέγονε = ἐκώλυσέ με.

5 ἀποκτίννυμι = ἀποκτείνω: in classical Greek it was a word used in the ritual of sacrifices.

'ἄνθρωπε, μή με μάτην ἀνέλῃς. ἐγὼ γὰρ οὔτε στάχυν βλάπτω οὔτ' ἄλλο τί σε ἀδικῶ, τῇ κινήσει δὲ τῶν ἐν ἐμοὶ ὑμένων[1] ἡδὺ φθέγγομαι, τέρπων τοὺς ὁδοιπόρους. φωνῆς οὖν παρ' ἐμοὶ πλέον οὐδὲν εὑρήσεις.' (**40**) κἀκεῖνος ταῦτα ἀκούσας ἀφῆκεν. κἄγωγ' οὖν, ὦ βασιλεῦ, τῶν σῶν ποδῶν ἅπτομαι, μή με εἰκῇ φονεύσῃς. οὐδὲ γὰρ οἷός τ' εἰμὶ ἀδικῆσαί τινα, ἐν[2] εὐτελείᾳ δὲ σώματος γενναῖον φθέγγομαι λόγον.'

(**41**) ὁ δὲ βασιλεὺς θαυμάσας ἅμα καὶ οἰκτίρας αὐτὸν ἔφη 'Αἴσωπε, οὐκ οὖν ἐγώ σοι δίδωμι τὸ ζῆν, ἀλλ' ἡ μοῖρα. ὃ δὲ δὴ θέλεις, αἴτει καὶ λήψῃ.' (**42**) καὶ ὅς 'δέομαί σου, βασιλεῦ, διαλλάγηθι Σαμίοις.' τοῦ δὲ βασιλέως εἰπόντος 'διήλλαγμαι,' πεσὼν ἐκεῖνος ἐπὶ τὴν γῆν χάριτάς τε αὐτῷ ὡμολόγει καὶ μετὰ τοῦτο τοὺς οἰκείους συγγραψάμενος μύθους, τοὺς καὶ μέχρι νῦν φερομένους, παρὰ τῷ βασιλεῖ κατέλιπε. (**43**) δεξάμενος δὲ παρ' αὐτοῦ γράμματα πρὸς Σαμίους, ὡς ἕνεκεν Αἰσώπου τούτοις διήλλακται, καὶ δῶρα πολλά, πλεύσας ἐπανῆλθεν εἰς Σάμον. (**44**) οἱ μὲν οὖν Σάμιοι τοῦτον ἰδόντες στέμματά τε αὐτῷ προσήνεγκαν καὶ χοροὺς ἐπ' αὐτῷ συνεστήσαντο. ὃ δ' αὐτοῖς τά τε τοῦ βασιλέως ἀνέγνω γράμματα καὶ ἀπέδειξεν ὡς τὴν εἰς αὐτὸν γενομένην παρὰ τοῦ δήμου ἐλευθερίαν ἐλευθερίᾳ πάλιν ἠμείψατο.

---

1 ὑμήν, 'membrane,' meaning here 'vocal chord.'

2 ἐν εὐτέλείᾳ σώματος, 'with a mean body'.

IX. PERICLES

Buildings and Foundations in the Years of the Peace.

To walk to-day on the rock of the Athenian Acropolis is to walk in the Athens of Pericles. So overpowering was the might of the old spirit that it has forced the moderns to remove or conceal everything of later origin as a defilement. But that which already in the days of Pericles was of honourable antiquity does not jar on us; even the grace of the (later) Erechtheum stands like a toy beside the over whelming grandeur of the Parthenon, while the noble lines of the hills on the horizon, the blue of the Attic sea, and the sparkle of the limitless air accord so completely with the greatness of this art, that its works seem not to have been made, but to have grown. Here alone does the greatness of Athens fully display itself; here it is still possible to trace directly what was the purpose and how great the power of the statesmanship of Pericles.

In the days of Trajan just the same experience fell to the lot of Plutarch of Chaeronea, when he based his belief in the greatness of his nation on these monuments. It was in this mood that he wrote the following chapter; and mainly through it, long before Athens once more became accessible and well known, was formed the belief that the Periclean era, the few years between 450 and 430 B.C., had been the golden age of the highest art under the sun.

Plutarch dedicated his βίοι παράλληλοι to Sosius Senecio, a high official under Trajan. His object was to bring together the two nations of the world-empire, by teaching them to understand and respect each other. He wanted to show them that they were equal, by setting beside every great man of the one nation a similarly great man of the other, and comparing the two. Each pair together make up a book, and only as a whole can each book be critically judged. Plutarch is not a historian, but a philosopher, and the writing of biography among the Greeks sprang not from history, but from philosophy. Its purpose is not to record facts, but rather to describe how the individual (or even a species of living beings, a class or set of persons) solves the problem of living — manages βίος, in fact. In such a speculation the element of fact, on which it is dependent, is a means to an end; and the speculations of the moralist constantly force their way in between the facts.

(1) Τότε μάλιστα τῷ δήμῳ τὰς ἡνίας ἀνεὶς ὁ

Περικλῆς ἐπολιτεύετο πρὸς[1] χάριν, ἀεὶ μέν τινα θέαν πανηγυρικὴν ἢ ἑστίασιν ἢ πομπὴν εἶναι μηχανώμενος[2] ἐν ἄστει καὶ διαπαιδαγωγῶν οὐκ ἀμούσοις ἡδοναῖς τὴν πόλιν, ἑξήκοντα δὲ τριήρεις[3] καθ' ἕκαστον ἐνιαυτὸν ἐκπέμπων, ἐν αἷς πολλοὶ τῶν πολιτῶν ἔπλεον ὀκτὼ μῆνας ἔμμισθοι, μελετῶντες ἅμα καὶ μανθάνοντες τὴν ναυτικὴν ἐμπειρίαν. (**2**) πρὸς δὲ τούτοις χιλίους[4] μὲν ἔστειλεν εἰς Χερρόνησον κληρούχους, εἰς δὲ Νάξον πεντακοσίους, εἰς δ' Ἄνδρον τοὺς ἡμίσεις τούτων, εἰς δὲ Θρᾴκην χιλίους Βισάλταις συνοικήσοντας, ἄλλους δ' εἰς Ἰταλίαν ἀνοικιζομένης Συβάρεως, ἣν Θουρίους προσηγόρευσαν. (**3**) καὶ ταῦτ' ἔπραττεν ἀποκουφίζων μὲν ἀργοῦ καὶ διὰ σχολὴν πολυπράγμονος ὄχλου τὴν πόλιν, ἐπανορθούμενος[5]

---

1 πρὸς χάριν, 'so as to please them.' The 'spectacles' meant are musical and gymnastic competitions (ἀγῶνες): ἑστίασις is the word for the feasts of a tribe (φυλή) or parish (δῆμος), and, sometimes, of the whole state. The flesh of the victims was distributed among those entitled to a share; and it was only on such occasions that the common people tasted meat.

2 Processions took place at most festivals; e.g. the Panathenaic shown on the Parthenon Sculptures, δια-παιδαγωγεῖν, 'entertain.'

3 The complement of a trireme was 200 men. The period of service dated is the maximum possible, since the sea was considered open for only eight months in the year.

4 The distribution of land in the Chersonese and Naxos occurred in 452 B.C.; about Andros we do not know. Thurii was founded as an Athenian colony in 445; Amphipolis, in the neighbourhood of which the Bisaltae lived, in 438. The list of places distributed among 'cleruchs' is not exhaustive; and the most important, Euboea, is omitted.

5 ἐπ-αν-ορθοῦσθαι, lit. 'to straighten again something that was bent,' so 'to correct, repair.'

δὲ τὰς ἀπορίας τοῦ δήμου, φόβον δὲ καὶ φρουρὰν τοῦ[1] μὴ νεωτερίζειν παρακατοικίζων τοῖς συμμάχοις.

(4) Ὃ δὲ πλείστην μὲν ἡδονὴν ταῖς Ἀθήναις καὶ κόσμον ἤνεγκε,[2] μέγιστην δὲ τοῖς ἄλλοις ἔκπληξιν ἀνθρώποις, μόνον δὲ τῇ Ἑλλάδι μαρτυρεῖ μὴ ψεύδεσθαι τὴν λεγομένην δύναμιν αὐτῆς ἐκείνην καὶ τὸν παλαιὸν ὄλβον, ἡ τῶν ἀναθημάτων[3] κατασκευή, τοῦτο μάλιστα τῶν πολιτευμάτων τοῦ Περικλέους ἐβάσκαινον[4] οἱ ἐχθροὶ καὶ διέβαλλον ἐν ταῖς ἐκκλησίαις, βοῶντες ὡς ὁ μὲν δῆμος ἀδοξεῖ καὶ κακῶς ἀκούει τὰ[5] κοινὰ τῶν Ἑλλήνων χρήματα πρὸς αὑτὸν ἐκ Δήλου μεταγαγών, ἣ δ' ἔνεστιν αὐτῷ πρὸς

---

1 τοῦ μή expresses a purpose.

2 This is Plutarch's own opinion. He refreshes his belief in the greatness of the past, which might well seem incredible amid the decay of Greece in his own days, by a glance at the splendid Athens of Pericles, which then stood almost intact. He draws on two speeches contained in some historical work, one directed against Pericles, the other attributed to him. Plutarch quotes actual words, as is shown by ἡμᾶς (4 end), which looks odd here. No doubt the two speeches were fictitious, but they rested on good information. In the last sentence of (4), the words ὅ and τοῦτο are correlatives, as is common in Greek prose. 'What produced most pleasure . . . That thing his enemies criticised.' In English we would reverse these clauses.

3 ἀναθήματα, properly 'offerings,' was used at this time of all public buildings.

4 βασκαίνειν, a strong word for φθονεῖν. Plutarch is fond of double expressions like βασκαίνειν καὶ διαβάλλειν, which really form one idea (hendiadys), and may be so rendered.

5 τὰ κοινὰ χρήματα, the common funds of the Delian Confederacy. The treasury was removed from Delos to Athens in 454 B.C. The ναοὶ χιλιοτάλαντοι of l. 18 means the Parthenon, which was begun in 449 B.C. The best excuse for the removal was that the money would be safer from the Persians at Athens; but this excuse, says Plutarch, was destroyed when some of the money, which was contributed for the common war against Persia, was spent on beautifying the city.

τοὺς ἐγκαλοῦντας εὐπρεπεστάτη τῶν προφάσεων, δείσαντα τοὺς βαρβάρους ἐκεῖθεν[1] ἀνελέσθαι καὶ φυλάττειν ἐν ὀχυρῷ τὰ κοινά, ταύτην ἀνῄρηκε[2] Περικλῆς, καὶ δοκεῖ δεινὴν ὕβριν ἡ Ἑλλὰς ὑβρίζεσθαι καὶ τυραννεῖσθαι περιφανῶς, ὁρῶσα τοῖς εἰσφερομένοις[3] ὑπ' αὐτῆς ἀναγκαίως πρὸς τὸν πόλεμον ἡμᾶς τὴν πόλιν καταχρυσοῦντας καὶ καλλωπίζοντας ὥσπερ ἀλαζόνα γυναῖκα, περιαπτομένην λίθους πολυτελεῖς καὶ ἀγάλματα καὶ ναοὺς χιλιοταλάντους. (**5**) ἐδίδασκεν οὖν ὁ Περικλῆς τὸν δῆμον ὅτι χρημάτων μὲν οὐκ ὀφείλουσι τοῖς συμμάχοις λόγον προπολεμοῦντες αὐτῶν καὶ τοὺς βαρβάρους ἀνείργοντες, οὐχ ἵππον, οὐ ναῦν, οὐχ ὁπλίτην ἀλλὰ χρήματα μόνον τελούντων, ἃ τῶν διδόντων οὔκ ἐστιν ἀλλὰ τῶν λαμβανόντων, ἂν παρέχωσιν ἀνθ' οὗ λαμβάνουσι· δεῖ δέ, τῆς πόλεως κατεσκευασμένης ἱκανῶς τοῖς ἀναγκαίοις πρὸς τὸν πόλεμον, εἰς ταῦτα τὴν εὐπορίαν τρέπειν αὐτῆς ἀφ' ὧν δόξα μὲν γενομένων ἀίδιος, εὐπορία δὲ γινομένων ἑτοίμη παρέσται, παντοδαπῆς ἐργασίας φανείσης καὶ ποικίλων χρειῶν, αἳ πᾶσαν μὲν τέχνην ἐγείρουσαι, πᾶσαν δὲ χεῖρα κινοῦσαι, σχεδὸν ὅλην ποιοῦσιν ἔμμισθον τὴν πόλιν, ἐξ αὑτῆς ἅμα κοσμουμένην καὶ τρεφομένην. (**6**) τοῖς μὲν γὰρ ἡλικίαν ἔχουσι καὶ ῥώμην αἱ στρατεῖαι τὰς ἀπὸ τῶν

---

1 ἐκεῖθεν, from Delos.

2 ἀνῄρηκε, 'has destroyed'; the sentence still depends on ὡς.

3 τὰ εἰσφερόμενα means the contribution (φόρος) of the allies to the funds of the league.

κοινῶν εὐπορίας παρεῖχον, τὸν δ' ἀσύντακτον[1] καὶ βάναυσον ὄχλον οὔτ' ἄμοιρον εἶναι λημμάτων βουλόμενος οὔτε λαμβάνειν ἀργὸν καὶ σχολάζοντα, μεγάλας κατασκευασμάτων ἐπιβολὰς[2] καὶ πολυτέχνους ὑποθέσεις ἔργων διατριβὴν ἐχόντων ἐνέβαλε[3] φέρων εἰς τὸν δῆμον, ἵνα μηδὲν ἧττον τῶν πλεόντων καὶ φρουρούντων[4] καὶ στρατευομένων τὸ οἰκουροῦν ἔχῃ πρόφασιν ἀπὸ τῶν δημοσίων ὠφελεῖσθαι καὶ μεταλαμβάνειν. **(7)** ὅπου[5] γὰρ ὕλη μὲν ἦν λίθος[6] χαλκὸς ἐλέφας χρυσὸς ἔβενος κυπάρισσος, αἱ δὲ ταύτην ἐκπονοῦσαι καὶ κατεργαζόμεναι τέχναι, τέκτονες πλάσται[7] χαλκοτύποι λιθουργοὶ βαφεῖς χρυσοῦ, μαλακτῆρες[8]

---

1 ἀ-σύν-τακτον, 'not admitted to the regiments' (τάξεις). Service in the army was a privilege in ancient Greece and Rome, and the poor were excluded. But the latter served in the fleet as rowers, and so earned a livelihood.

2 ἐπιβολή and ὑπόθεσις are practically synonyms. πολύτεχνος is 'needing much skill,' and διατριβὴν ἔχειν, 'to involve (require) time' for their carrying out.

3 ἐμ-βάλλειν, 'put into their minds.' φέρειν εἰς τὸν δῆμον, 'bring before the assembly (Ecclesia),' 'propose.'

4 φρουροί are 'garrisons.' Plutarch is contrasting those serving abroad with those staying at home (τὸ οἰκουροῦν): he did not know that there were φρουροί in Attica also.

5 ὅπου, 'since'; the main verb only comes at διένεμον, Pericles (7 end).

6 λίθος, 'marble.'

7 πλάσται are 'modellers in clay,' who model the works before they are cast by the χαλκοτύποι. Almost all gold is alloyed; βαφεύς, 'dipper' (βάπτειν), may allude to this. What the process was by which ivory was softened in liquid for the purpose of working is quite unknown.

8 μαλακτήρ, ὁ μαλάσσων, μαλακὸν ποιῶν.

ἐλέφαντος, ζωγράφοι[1] ποικιλταὶ τορευταί, πομποὶ[2] δὲ τούτων καὶ κομιστῆρες ἔμποροι καὶ ναῦται καὶ κυβερνῆται κατὰ θάλατταν, οἱ δὲ κατὰ γῆν ἁμαξοπηγοὶ[3] καὶ ζευγοτρόφοι καὶ ἡνίοχοι καὶ καλωστρόφοι καὶ σκυτοτόμοι[4] καὶ ὁδοποιοὶ καὶ μεταλλεῖς, ἑκάστη δὲ τέχνη καθάπερ στρατηγὸς ἴδιον στράτευμα τὸν θητικὸν ὄχλον καὶ ἰδιώτην[5] συντεταγμένον εἶχεν, ὄργανον καὶ σῶμα τῆς ὑπηρεσίας γινόμενον, εἰς πᾶσαν ὡς ἔπος εἰπεῖν ἡλικίαν καὶ φύσιν[6] αἱ χρεῖαι διένεμον καὶ διέσπειρον τὴν εὐπορίαν.

(**8**) Ἀναβαινόντων δὲ τῶν ἔργων ὑπερηφάνων μὲν μεγέθει μορφῇ δ' ἀμιμήτον καὶ χάριτι,[7] τῶν δημιουργῶν ἁμιλλωμένων ὑπερβάλλεσθαι τὴν

---

1 ζωγράφοι are here painters of architecture and sculpture; ποικιλταί and τορευταί, enamelers and chasers of the metal parts, especially those of the gold and ivory statues.

2 πομποί, κομιστῆρες, render by verbs, 'those who convoy and carry these.'

3 ἁμαξο-πηγός, 'a cartwright': ζευγο-τρόφος, 'keeper of teams,' here of mules.

4 σκυτο-τόμοι here are not cobblers, but 'harness-makers.' All these people are employed in getting the materials for the buildings up to the Acropolis. The μεταλλεύς quarries the stone, and the ὁδο-ποιός makes the road from the quarry.

5 ἰδιώτης (ὄχλος), gang of labourers, ἰδιώτης as subst. meaning 'an unskilled labourer,' 'mate,' in contrast with τεχνίτης.

6 φύσις, 'natural gift,' 'talent.'

7 The workmen, he says, strove to expend more skill than the mechanical part of the work demanded; they put more into it than they need have done. For example, the parts of the reliefs and statues that would not be seen were finished with the same care as the visible parts, and in all the details of the building no pains were spared. The results still astonish those best able to judge the merits of the workmanship.

δημιουργίαν τῇ καλλιτεχνίᾳ, μάλιστα θαυμάσιον ἦν τὸ τάχος. (**9**) ὧν γὰρ ἕκαστον ᾤοντο πολλαῖς διαδοχαῖς[1] καὶ ἡλικίαις μόλις ἐπὶ τέλος ἀφίξεσθαι, ταῦτα πάντα μιᾶς ἀκμῇ πολιτείας ἐλάμβανε τὴν συντέλειαν. (**10**) καίτοι ποτέ φασιν Ἀγαθάρχου[2] τοῦ ζωγράφου μέγα φρονοῦντος ἐπὶ τῷ ταχὺ καὶ ῥᾳδίως τὰ ζῷα ποιεῖν ἀκούσαντα τὸν Ζεῦξιν εἰπεῖν 'ἐγὼ δ' ἐν πολλῷ χρόνῳ.' (**11**) ἡ γὰρ ἐν τῷ ποιεῖν εὐχέρεια καὶ ταχύτης οὐκ ἐντίθησι βάρος ἔργῳ μόνιμον οὐδὲ κάλλους ἀκρίβειαν· ὁ δ' εἰς τὴν γένεσιν τῷ πόνῳ προδανεισθεὶς[3] χρόνος ἐν τῇ σωτηρίᾳ τοῦ γενομένου τὴν[4] ἰσχὺν ἀποδίδωσιν. (**12**) ὅθεν καὶ μᾶλλον θαυμάζεται τὰ Περικλέους ἔργα πρὸς πολὺν χρόνον ἐν ὀλίγῳ γενόμενα. (**13**) κάλλει μὲν γὰρ ἕκαστον εὐθὺς ἦν τότε ἀρχαῖον,[5] ἀκμῇ δὲ μέχρι νῦν πρόσφατόν ἐστι καὶ νεουργόν·[6] οὕτως ἐπανθεῖ καινότης ἀεί τις ἄθικτον ὑπὸ τοῦ χρόνου διατηροῦσα τὴν ὄψιν, ὥσπερ ἀειθαλὲς[7] πνεῦμα καὶ

---

1 διαδοχαὶ καὶ ἡλικίαι means merely 'successive generations,' in contrast with μία πολιτεία, 'the public life of one man.' The datives refer to time: 'for many generations,' 'during one lifetime.'

2 Agatharchus painted the decorations of the tragic stage; Zeuxis painted pictures: hence the antagonism.

3 προ-δανείζειν, 'lend beforehand,' render, 'expended.'

4 τὴν ἰσχὺν ἀποδίδωσιν, 'repays the effort' through the durability of the work when finished.

5 ἀρχαῖον, 'ancient,' meaning 'classical' in style, because in Plutarch's time what was ἀρχαῖον was necessarily classical.

6 νεουργός, 'newly wrought.'

7 ἀει-θαλής ('ever fresh'), πνεῦμα, etc., are object of ἐχόντων.

ψυχὴν ἀγήρω τῶν ἔργων ἐχόντων.

(**14**) Πάντα δὲ διεῖπε[1] καὶ πάντων ἐπίσκοπος ἦν αὐτῷ Φειδίας, καίτοι μεγάλους ἀρχιτέκτονας ἐχόντων καὶ τεχνίτας τῶν ἔργων. (**15**) τὸν μὲν γὰρ ἑκατόμπεδον Παρθενῶνα[2] Καλλικράτης εἰργάζετο καὶ Ἰκτῖνος· τὸ δ' ἐν Ἐλευσῖνι τελεστήριον[3] ἤρξατο μὲν Κόροιβος οἰκοδομεῖν,[4] καὶ τοὺς ἐπ' ἐδάφους κίονας ἔθηκεν οὗτος καὶ τοῖς ἐπιστυλίοις ἐπέζευξεν· ἀποθανόντος δὲ τούτου Μεταγένης ὁ Ξυπεταιὼν τὸ διάζωμα καὶ τοὺς ἄνω κίονας ἐπέστησε· τὸ δ' ὀπαῖον ἐπὶ τοῦ ἀνακτόρου Ξενοκλῆς ὁ Χολαργεὺς[5]

---

1 δι-εῖπε is imperf. of δι-έπω, 'direct,' not found in Attic prose; and καίτοι = Attic καίπερ with participle.

2 The shrine (cella) of Athena in the Parthenon was 100 ft. long; and officially Παρθενών meant only a single apartment in the temple. But in popular language 'Parthenon' meant the whole temple. Plutarch's use of Παρθενών here to mean only the shrine is somewhat confusing.

3 The house in which the candidates for admission to the Eleusinian mysteries were consecrated, ἐτελοῦντο, and saw the holy mysteries, ἐπόπται ἐγένοντο, was also called σηκός. It was a huge square hall borne on many pillars, on the old acropolis of Eleusis. It replaced an older building, and was not completed until the time of Demosthenes.

4 The lower range of pillars was set up by Coroebus, and the pillars joined at the top by the architrave (ἐπιστύλιον) above them. The gallery (διάζωμα) above and the upper range of pillars reaching to the roof were added by Metagenes of Xypete (a deme, parish, of Attica). Of the opening in the roof, lantern (ὀπαῖον), which was in that part of the building which formed the temple of the two Eleusinian goddesses Demeter and Persephone, nothing is known: it evidently formed the crowning feature of the work.

5 Χολαργεύς, of the parish of Cholargus.

ἐκορύφωσε. (**16**) τὸ δὲ μακρὸν τεῖχος,[1] περὶ οὗ Σωκράτης ἀκοῦσαί φησιν αὐτὸς εἰσηγουμένου γνώμην Περικλέους, ἠργολάβησε Καλλικράτης. κωμῳδεῖ δὲ τὸ ἔργον Κρατῖνος[2] ὡς βραδέως περαινόμενον·

πάλαι γὰρ αὐτὸ
λόγοισι προάγει Περικλέης, ἔργοισι δ' οὐδὲ κινεῖ.

(**17**) τὸ δ' ᾠδεῖον,[3] τῇ μὲν ἐντὸς διαθέσει πολύεδρον καὶ πολύστυλον, τῇ δ' ἐρέψει[4] περικλινὲς καὶ κάταντες ἐκ μιᾶς κορυφῆς πεποιημένον, εἰκόνα λὲγουσι γενέσθαι καὶ μίμημα τῆς βασιλέως σκηνῆς, ἐπιστατοῦντος καὶ τούτῳ Περικλέους. (**18**) διὸ καὶ πάλιν Κρατῖνος ἐν Θρᾴτταις[5] παίζει πρὸς αὐτόν·

---

1 In Plato's Gorgias (455 E) Socrates says that he was present when Pericles proposed the building of τό διὰ μέσου τεῖχος. This was the wall running from the city to the Piraeus, between the two walls built by Themistocles, and parallel to that on the west. The eastern wall of Themistocles ran to the old harbour of Phalerum; but when the Piraeus became a town, it was allowed to fall into decay. The two parallel walls together were called the 'Long Walls.'

2 Cratinus, a celebrated writer of Comedies, contemporary with Aristophanes.

3 The ᾠδεῖον, a name first found in this passage, lay at the south-west corner of the Acropolis. It perished early in the first century B.C. In this case also the object was to erect a large covered building, and the plan of the dome roof excited much wonder: hence also the story that it was a copy of Xerxes' (βασιλεύς, the Great King) pavilion. Inside were many ἕδραι (πολύ-εδρος) and many στύλοι (πολύ-στυλος).

4 ἔρεψις, 'roof'; περι-κλινής, 'sloping'; 'made to fall (κάταν τες) from a single summit.' The description of a large domed building, which was unfamiliar to the Greeks, is rather elaborate.

5 Θρᾷτται, a comedy called 'The Thracian Women.'

ὁ σχινοκέφαλος Ζεὺς ὁδὶ[1]
προσέρχεται τῴδεῖον ἐπὶ τοῦ κρανίου
ἔχων, ἐπειδὴ τοὔστρακον[2] παροίχεται.

(**19**) φιλοτιμούμενος δ' ὁ Περικλῆς τότε πρῶτον ἐψηφίσατο μουσικῆς ἀγῶνα τοῖς Παναθηναίοις[3] ἄγεσθαι καὶ διέταξεν αὐτὸς ἀθλοθέτης[4] αἱρεθείς, καθότι χρὴ τοὺς ἀγωνιζομένους αὐλεῖν ἢ ᾄδειν ἢ κιθαρίζειν. (**20**) ἐθεῶντο δὲ καὶ τότε καὶ τὸν ἄλλον χρόνον ἐν τῷ ᾠδείῳ τοὺς μουσικοὺς ἀγῶνας. (**21**) τὰ δὲ προπύλαια[5] τῆς ἀκροπόλεως ἐξειργάσθη μὲν ἐν πενταετίᾳ Μνησικλέους ἀρχιτεκτονοῦντος· τύχη δὲ θαυμαστὴ συμβᾶσα περὶ τὴν οἰκοδομίαν ἐμήνυσε τὴν θεὸν οὐκ ἀποστατοῦσαν ἀλλὰ συνεφαπτομένην τοῦ

---

1 Plutarch has explained that Pericles' head was too long and ill-shaped. The busts of Pericles are helmeted; but the true reason of that is that they are taken from a statue by Cresilas of Crete, the base of which has been found on the Acropolis: Pericles was represented in the full dress of his office as στρατηγός. σχινο-κέφαλος means 'with a peaked head.' Zeus is a sarcasm on the great power of Pericles: similarly Aristophanes calls him 'the Olympian.'

2 τὸ ὄστρακον, 'the oyster-shell,' means here 'the danger of ostracism, temporary banishment.' Every year a vote was taken in the Assembly to decide whether it was necessary to banish any public man; and the vote was given on an oyster shell.

3 What Pericles really did was to reorganise the musical competition held in connexion with the Panathenaic festival. It took place in the Odeum.

4 ἀθλο-θέτης: one of the ten stewards elected for every Panathenaic festival.

5 The Propylaea, so far as they were ever built, were put up in the last five years before the outbreak of the Peloponnesian war (πενταετία, space of πέντε ἔτη). But only a fragment of the original plan was carried out.

ἔργου καὶ συνεπιτελοῦσαν.[1] (**22**) ὁ γὰρ ἐνεργότατος καὶ προθυμότατος τῶν τεχνιτῶν ἀποσφαλεὶς ἐξ ὕψους ἔπεσε καὶ διέκειτο μοχθηρῶς, ὑπὸ τῶν ἰατρῶν ἀπεγνωσμένος, ἀθυμοῦντος δὲ τοῦ Περικλέους ἡ θεὸς ὄναρ φανεῖσα συνέταξε θεραπείαν, ᾗ χρώμενος ὁ Περικλῆς ταχὺ καὶ ῥᾳδίως ἰάσατο τὸν ἄνθρωπον. (**23**) ἐπὶ τούτῳ δὲ καὶ τὸ χαλκοῦν ἄγαλμα τῆς Ὑγιείας Ἀθηνᾶς ἀνέστησαν ἐν ἀκροπόλει παρὰ τὸν βωμόν, ὃς καὶ πρότερον ἦν, ὡς λέγουσιν.

(**24**) ὁ δὲ Φειδίας[2] εἰργάζετο μὲν τῆς θεοῦ τὸ χρυσοῦν ἕδος, καὶ τούτου δημιοργὸς ἐν τῇ στήλῃ συναναγέγραπται, πάντα δ' ἦν σχεδὸν ἐπ' αὐτῷ, καὶ πᾶσιν, ὡς εἰρήκαμεν, ἐπεστάτει τοῖς τεχνίταις διὰ φιλίαν Περικλέους.

---

1 This anecdote is still told with many embellishments. It has its origin in the fact that an altar of Ἀθηνᾶ Ὑγίεια stood beside a pillar in front of the Propylaea, where it still stands at the present day. Athena had the name Hygieia because there was no special goddess of Health at that time. The story was that the statue of the goddess, erected later than the altar (probably after the plague at Athens, 430-426 B.C.), was put up on this occasion.

2 Plutarch states expressly that Pheidias worked with his own hands only on the gold and ivory statue of Athena so far as the evidence showed; and this evidence was contained in an inscription, which contained either the contract or the account; he must have been mentioned in it beside the ἐπιμεληταί, at whose head was Pericles, συν-ανα-γράφειν, 'inscribe among others.'

X. ACTS OF THE THIRTY

From Lysias 12, *Against Eratosthenes* [*The Attic Orators*, R.C. Jebb].

Polemarchus, brother of Lysias, had been put to death by the Thirty Tyrants, **οἱ τριάκοντα**, a junta which ruled Athens after the city's defeat at the hands of the Spartans in 404 BC. Eratosthenes, one of their number, was the man who had arrested Polemarchus and taken him to prison. In this speech Lysias, himself the speaker, charges Eratosthenes with the murder of Polemarchus, and, generally, with his share in the Tyranny. A special clause in the Amnesty of 403 BC, passed after the restoration of democracy, excluded the Thirty Tyrants, the Ten who had succeeded them, and the Eleven who had executed their sentences. But any one even of these might enjoy the Amnesty if he chose to stand a public inquiry and was acquitted. When the oligarchy was finally overthrown, Pheidon and Eratosthenes were the only members of it who stayed at Athens. As they dared to do this, they must have availed themselves of the permission to give account of their office. Here, then, we have not to do with an ordinary indictment for murder (γραφὴ φόνου). The public inquiry into the conduct of Eratosthenes afforded Lysias the opportunity for preferring his accusation. This is indicated: (1) by the wide range of topics in the speech, dealing, as it does, with the whole history of the Anarchy; (2) by § 37, where the accuser says that he has done enough in having shown that the guilt of the accused reaches the point at which death is deserved; which he could scarcely have said if (as in a γραφὴ φόνου) death had been the *necessary* penalty in case of conviction.

Date, 403 B.C., shortly after the formal restoration of the Democracy in Sept., and before the expedition against Eleusis had dislodged the fugitive Tyrants from that place (Xen. *Hellen.* ii. 4. 43): see § 80 of the speech, μηδ᾽ ἀποῦσι μὲν τοῖς τριάκοντα ἐπιβουλεύετε, παρόντας δ᾽ ἀφῆτε. *Attic Orators*, I. 261 f.

(4) Οὑμὸς πατὴρ Κέφαλος[1] ἐπείσθη μὲν ὑπὸ Περικλέους εἰς ταύτην τὴν γῆν ἀφικέσθαι, ἔτη δὲ

1 Κέφαλος. A Syracusan who settled at Athens as a μέτοικος, a resident alien. Metics had a regular status in Athens and could be a respected part of society, but were not full citizens. Plato marks his hospitable disposition in the Republic (328 d), of which the opening scene is laid at the house of his eldest son Polemarchus, the man whose murder is described here.

τριάκοντα ᾤκησε, καὶ οὐδενὶ πώποτε οὔτε ἡμεῖς οὔτε ἐκεῖνος δίκην οὔτε ἐδικασάμεθα οὔτε ἐφύγομεν,[1] ἀλλ᾽ οὕτως ᾠκοῦμεν δημοκρατούμενοι ὥστε μήτε εἰς τοὺς ἄλλους ἐξαμαρτάνειν μήτε ὑπὸ τῶν ἄλλων ἀδικεῖσθαι. **(5)** ἐπειδὴ δ' οἱ τριάκοντα πονηροὶ μὲν καὶ συκοφάνται[2] ὄντες εἰς τὴν ἀρχὴν κατέστησαν, φάσκοντες χρῆναι τῶν ἀδίκων καθαρὰν ποιῆσαι τὴν πόλιν καὶ τοὺς λοιποὺς πολίτας ἐπ᾽ ἀρετὴν καὶ δικαιοσύνην τραπέσθαι,[3] τοιαῦτα λέγοντες οὐ τοιαῦτα ποιεῖν ἐτόλμων, ὡς ἐγὼ περὶ τῶν ἐμαυτοῦ πρῶτον εἰπὼν καὶ περὶ τῶν ὑμετέρων ἀναμνῆσαι πειράσομαι.[4] **(6)** Θέογνις γὰρ καὶ Πείσων ἔλεγον ἐν τοῖς Τριάκοντα περὶ τῶν μετοίκων ὡς εἶέν τινες τῇ πολιτείᾳ ἀχθόμενοι· καλλίστην οὖν εἶναι πρόφασιν τιμωρεῖσθαι μὲν δοκεῖν, τῷ δ' ἔργῳ χρηματίζεσθαι· πάντως[5] δὲ τὴν μὲν πόλιν πένεσθαι, τὴν δ' ἀρχὴν δεῖσθαι χρημάτων. **(7)** καὶ τοὺς ἀκούοντας οὐ χαλεπῶς ἔπειθον· ἀποκτιννύναι μὲν γὰρ ἀνθρώπους περὶ οὐδενὸς ἡγοῦντο, λαμβάνειν δὲ χρήματα περὶ

---

1 ἐδικασάμεθα . . . ἐφύγομενομεν, prosecuted an action . . . defended an action. Though δικάζεσθαι can be said of both parties to a suit, yet δίκην δικάζεσθαί τινι is esp. said of him who 'goes to law' with another, ὁ διώκων.

2 συκοφάνται, 'mercenary accusers', 'informers'.

3 τραπέσθαι, 'and that the rest of the citizens should come into the paths of virtue and justice'.

4 Lysias will first speak of his own affairs and then will remind the Athenians of their own situation at the time of the tyranny.

5 χρηματίζεσθαι, 'to make money': lit. 'to do business to one's own profit'. πάντως, 'at any rate',i.e. whatever view their colleagues might be disposed to take of the project for plundering the resident aliens.

πολλοῦ ἐποιοῦντο. ἔδοξεν οὖν αὐτοῖς δέκα συλλαβεῖν, τούτων δὲ δύο πένητας, ἵνα αὐτοῖς ᾖ πρὸς τοὺς ἄλλους ἀπολογία, ὡς οὐ χρημάτων ἕνεκα ταῦτα πέπρακται, ἀλλὰ συμφέροντα τῇ πολιτείᾳ γεγένηται, ὥσπερ τι τῶν ἄλλων εὐλόγως πεποιηκότες.[1] διαλαβόντες δὲ τὰς οἰκίας ἐβάδιζον.[2]

(8) Καὶ ἐμὲ μὲν ξένους ἑστιῶντα κατέλαβον, οὓς ἐξελάσαντες Πείσωνί με παραδιδόασιν· οἱ δὲ ἄλλοι εἰς τὸ ἐργαστήριον ἐλθόντες τὰ ἀνδράποδα ἀπεγράφοντο.[3] ἐγὼ δὲ Πείσωνα μὲν ἠρώτων εἰ βούλοιτό με σῶσαι χρήματα λαβών· ὁ δ' ἔφασκεν, εἰ πολλὰ εἴη.[4] **(9)** εἶπον οὖν ὅτι τάλαντον ἀργυρίου ἕτοιμος εἴην δοῦναι. ὁ δ' ὡμολόγησε ταῦτα ποιήσειν. ἠπιστάμην μὲν οὖν ὅτι οὔτε θεοὺς οὔτ' ἀνθρώπους νομίζει, ὅμως δ' ἐκ τῶν παρόντων ἐδόκει μοι ἀναγκαιότατον εἶναι πίστιν παρ' αὐτοῦ λαβεῖν. **(10)** ἐπειδὴ δὲ ὤμοσεν, ἐξώλειαν ἑαυτῷ καὶ τοῖς παισὶν ἐπαρώμενος,[5] λαβὼν τὸ τάλαντόν με σώσειν,

---

1 ἵνα...πρός τοὺς ἄλλους, 'in order that, as against the others', [the eight rich μέτοικοι] 'they might have the excuse that these measures had not been taken from mercenary motives, but in the interests of the State, just as they might defend any other measure adopted for sufficient reasons'.

2 διαλαβόντες δέ, 'dividing up the houses . .'.

3 τὸ ἐργαστήριον, The shield-manufactory, the property of the brothers, near the house in the Peiraeus occupied by Lysias. ἀπεγράφοντο, 'proceeded to take a list of'.

4 ἔφασκεν . . ., i.e. σώσειν. His words were, σώσω, ἂν πολλὰ ᾖ τὰ χρήματα—εἴη (the optative) is used because this is indirect statement.

5 ἐξώλειαν . . . ἐπαρώμενος, 'vowing destruction on himself and his children,' see ὄλλυμι; ἐπ-αράομαι, 'to curse, vow solemnly'. Of course as soon as Peison sees how much is there, greed conquers his vow.

εἰσελθὼν εἰς τὸ δωμάτιον τὴν κιβωτὸν[1] ἀνοίγνυμι· Πείσων δ' αἰσθόμενος εἰσέρχεται, καὶ ἰδὼν τὰ ἐνόντα καλεῖ τῶν ὑπηρετῶν δύο,[2] καὶ τὰ ἐν τῇ κιβωτῷ λαβεῖν ἐκέλευσεν. **(11)** ἐπεὶ δὲ οὐχ ὅσον ὡμολόγησα εἶχεν, ὦ ἄνδρες δικασταί, ἀλλὰ τρία τάλαντα ἀργυρίου καὶ τετρακοσίους κυζικηνοὺς καὶ ἑκατὸν δαρεικοὺς[3] καὶ φιάλας ἀργυρᾶς τεσσάρας, ἐδεόμην αὐτοῦ ἐφόδιά μοι δοῦναι, ὁ δ' ἀγαπήσειν με ἔφασκεν, εἰ τὸ σῶμα σώσω.[4] **(12)** Ἐξιοῦσι δ' ἐμοὶ καὶ Πείσωνι ἐπιτυγχάνει Μηλόβιός τε καὶ Μνησιθείδης ἐκ τοῦ ἐργαστηρίου ἀπιόντες, καὶ καταλαμβάνουσι πρὸς αὐταῖς ταῖς θύραις, καὶ ἐρωτῶσιν ὅπῃ βαδίζοιμεν· ὁ δ' ἔφασκεν εἰς τὰ τοῦ ἀδελφοῦ τοῦ ἐμοῦ, ἵνα καὶ τὰ ἐν ἐκείνῃ τῇ οἰκίᾳ σκέψηται.[5] ἐκεῖνον μὲν οὖν ἐκέλευον βαδίζειν, ἐμὲ δὲ μεθ' αὐτῶν ἀκολουθεῖν εἰς Δαμνίππου. **(13)** Πείσων δὲ προσελθὼν σιγᾶν μοι παρεκελεύετο καὶ θαρρεῖν, ὡς ἥξων ἐκεῖσε. καταλαμβάνομεν δὲ αὐτόθι Θέογνιν ἑτέρους φυλάττοντα· ᾧ παραδόντες ἐμὲ πάλιν ᾤχοντο. ἐν τοιούτῳ δ' ὄντι μοι κινδυνεύειν ἐδόκει, ὡς

---

1 τὴν κιβωτὸν, his money chest.

2 τῶν ὑπηρετῶν, attendants who accompanied officials on duty.

3 The Stater from Cyzikus (on the Sea of Marmara, now in Turkey) was a gold coin worth 28 drachmas; the Daric was a Persian gold coin worth about 20 drachmas. Lysias had a lot of money on hand.

4 ἀγαπήσειν; He said, ἀγαπήσεις εἰ τὸ σῶμα σώσεις, 'you will be content (ἀγαπάω) if you save your life'.

5 σκέψηται, 'examine' i.e. search.

τοῦ γε ἀποθανεῖν ὑπάρχοντος ἤδη.[1] **(14)** καλέσας δὲ Δάμνιππον λέγω πρός αὐτὸν τάδε, ' ἐπιτήδειος μέν μοι τυγχάνεις ὤν, ἥκω δ' εἰς τὴν σὴν οἰκίαν, ἀδικῶ δ' οὐδέν, χρημάτων δ' ἕνεκα ἀπόλλυμαι. σὺ οὖν ταῦτα πάσχοντί μοι πρόθυμον παράσχου τὴν σεαυτοῦ δύναμιν[2] εἰς τὴν ἐμὴν σωτηρίαν.' ὁ δ' ὑπέσχετο ταῦτα ποιήσειν. ἐδόκει δ' αὐτῷ βέλτιον εἶναι πρὸς Θέογνιν μνησθῆναι· ἡγεῖτο γὰρ ἅπαν ποιήσειν αὐτόν, εἴ τις ἀργύριον διδοίη. **(15)** ἐκείνου δὲ διαλεγομένου Θεόγνιδι, (ἔμπειρος γὰρ ὢν ἐτύγχανον τῆς οἰκίας, καὶ ᾔδειν ὅτι ἀμφίθυρος εἴη,[3]) ἐδόκει μοι ταύτῃ πειρᾶσθαι σωθῆναι, ἐνθυμουμένῳ ὅτι,[4] ἐὰν μὲν λάθω, σωθήσομαι, ἐὰν δὲ ληφθῶ, ἡγούμην μὲν, εἰ Θέογνις εἴη πεπεισμένος ὑπὸ τοῦ Δαμνίππου χρήματα λαβεῖν, οὐδὲν ἧττον ἀφεθήσεσθαι, εἰ δὲ μή, ὁμοίως ἀποθανεῖσθαι. **(16)** ταῦτα διανοηθεὶς ἔφευγον, ἐκείνων ἐπὶ τῇ αὐλείῳ θύρᾳ τὴν φυλακὴν ποιουμένων· τριῶν δὲ θυρῶν οὐσῶν ἃς ἔδει με διελθεῖν, ἅπασαι ἀνεῳγμέναι ἔτυχον. ἀφικόμενος δὲ εἰς Ἀρχένεω τοῦ ναυκλήρου ἐκεῖνον πέμπω εἰς

1 ὡς . . . ''ηδη, 'for in any case I should have to die.' ὑπάρχοντος, 'there was death for me to start with whatever I did.'

2 δύναμιν, i.e.your power, your assistance i.e. do all that lies in your power.

3 ὅτι ἀμφίθυρος εἴη, It had two doors and a passage from the front-door, αὔλειος θύρα, to the back-door, κηπαία θύρα.

4 ἐνθυμουμένῳ . . . ἀποθανεῖσθαι, Lysias' line of thought at the time was this: 'if I escape notice, I will be saved, but if I am caught, well, in that case I think that I might get off nevertheless, supposing Theognis has been persuaded by Damnippus to take the money. If he hasn't, I'll die anyway.'

ἄστυ,[1] πευσόμενον περὶ τοῦ ἀδελφοῦ· ἥκων δὲ ἔλεγεν ὅτι Ἐρατοσθένης αὐτὸν ἐν τῇ ὁδῷ λαβὼν εἰς τὸ δεσμωτήριον ἀπαγάγοι. **(17)** Καὶ ἐγὼ τοιαῦτα πεπυσμένος τῆς ἐπιούσης νυκτὸς διέπλευσα Μέγαράδε. Πολεμάρχῳ δὲ παρήγγειλαν οἱ τριάκοντα τὸ ὑπ' ἐκείνων εἰθισμένον παράγγελμα,[2] πίνειν κώνειον, πρὶν τὴν αἰτίαν εἰπεῖν δι' ἥντινα ἔμελλεν ἀποθανεῖσθαι· οὕτω πολλοῦ ἐδέησε[3] κριθῆναι καὶ ἀπολογήσασθαι. **(18)** καὶ ἐπειδὴ ἀπεφέρετο ἐκ τοῦ δεσμωτηρίου τεθνεώς, τριῶν ἡμῖν οἰκιῶν οὐσῶν οὐδεμιᾶς εἴασαν ἐξενεχθῆναι, ἀλλὰ κλίσιον μισθωσάμενοι προὔθεντο αὐτόν.[4] καὶ πολλῶν ὄντων ἱματίων αἰτοῦσιν οὐδὲν ἔδοσαν εἰς τὴν ταφήν, ἀλλὰ τῶν φίλων ὁ μὲν ἱμάτιον, ὁ δὲ προσκεφάλαιον, ὁ δὲ ὅ τι ἕκαστος ἔτυχεν ἔδωκεν εἰς τὴν ἐκείνου ταφήν. **(19)** καὶ ἔχοντες μὲν ἑπτακοσίας ἀσπίδας τῶν ἡμετέρων, ἔχοντες δὲ ἀργύριον καὶ χρυσίον τοσοῦτον, χαλκὸν δὲ καὶ κόσμον[5] καὶ ἔπιπλα καὶ ἱμάτια γυναικεῖα ὅσα οὐδεπώποτε ᾤοντο

---

1 εἰς ἄστυ, The ship-master Archeneos lived in the Peiraeus, where Lysias himself resided. αὐτόν, Polemarchus.

2 τὸ ὑπ' ἐκείνων εἰθισμένον παράγγελμα, their 'usual' order, i.e. death by hemlock.

3 πολλοῦ ἐδέησε, 'there was a great lack of . . .' see δέω.

4 τριῶν . . . αὐτόν, 'Though we had three houses, they did not allow the funeral (ἐκφορά) to take place from any one of them, but hired a shed, and there laid out the corpse'; κλίσιον is used of an outhouse or shed for cattle. The Thirty did not let the family use Polemarchus' own clothes for the burial.

5 κόσμον, here 'valuables', 'precious objects', etc., as distinct from ἔπιπλα, 'furniture'.

κτήσασθαι,[1] καὶ ἀνδράποδα εἴκοσι καὶ ἑκατόν, ὧν τὰ μὲν βέλτιστα ἔλαβον, τὰ δὲ λοιπὰ εἰς τὸ δημόσιον ἀπέδοσαν,[2] εἰς τοσαῦτην ἀπληστίαν καὶ αἰσχροκέρδειαν ἀφίκοντο καὶ τοῦ τρόπου τοῦ αὑτῶν ἀπόδειξιν ἐποιήσαντο· τῆς γὰρ Πολεμάρχου γυναικὸς χρυσοῦς ἑλικτῆρας,[3] οὓς ἔχουσα ἐτύγχανεν, ὅτε τὸ πρῶτον ἦλθεν εἰς τὴν οἰκίαν Μηλόβιος, ἐκ τῶν ὤτων ἐξείλετο. **(20)** καὶ οὐδὲ κατὰ τὸ ἐλάχιστον μέρος τῆς οὐσίας ἐλέου παρ' αὐτῶν ἐτυγχάνομεν. ἀλλ' οὕτως εἰς ἡμάς διὰ τὰ χρήματα ἐξημάρτανον, ὥσπερ οὐδ' ἂν ἕτεροι μεγάλων ἀδικημάτων ὀργὴν ἔχοντες,[4] οὐ τούτων ἀξίους (ἡμᾶς) γε ὄντας τῇ πόλει, ἀλλὰ πάσας τὰς χορηγίας χορηγήσαντας, πολλὰς δ' εἰσφορὰς εἰσενεγκόντας,[5] κοσμίους δ' ἡμᾶς αὐτοὺς παρέχοντας καὶ πᾶν τὸ προσταττόμενον ποιοῦντας, ἐχθρὸν δ' οὐδένα κεκτημένους, πολλοὺς δ' Ἀθηναίων ἐκ τῶν πολεμίων

---

1 ᾤοντο κτήσασθαι, 'thought to acquire' (not, as the words might mean-, 'thought that they had acquired'). In these cases, the work of indicating future time is done by the principal verb (ἐλπίζω, etc.), and the aor. infin. has its proper function of marking a momentary as opposed to a continued or repeated act.

2 εἰς τὸ δημόσιον ἀπέδοσαν, 'handed over the rest for the benefit of the Treasury', (the middle voice, ἀπέδοντο, would have meant 'sold'.) ἀπληστίαν καὶ αἰσχροκέρδειαν immediately following are 'greed' and 'shameful lust for money'.

3 ἑλικτήρ, earrings in the shape of a helix.

4 ὥσπερ οὐδ' ἂν, understand ἐξαμαρτάνοιεν, 'They outraged us as other men would not outrage their bitterest enemies'.

5 χορηγίας, εἰσφορὰς εἰσενεγκόντας; χορηγίαι, wealthy citizen paid for chorus performances in the dramatic festivals; εἰσφοραί are occasional war taxes levied in emergencies; λυσαμένους below refers to ransoming prisoners held by the enemy. Lysias and his brother had not acted like average μέτοικοι, but had performed most of the duties of responsible citizens.

λυσαμένους τοιούτων ἠξίωσαν, οὐχ ὁμοίως μετοικοῦντας ὥσπερ αὐτοὶ ἐπολιτεύοντο.

XI. YOUTH OF SCIPIO AEMILIANUS

From Polybius.

Polybius, son of Lycortas of Megalopolis, grew up as the son of the most influential man in the Arcadian town, which, despite its high-sounding name, was only a Peloponnesian country-town, but nevertheless had a part to play in the Achaean League. Within this League he might think himself called to occupy a leading position; and accordingly, in addition to the education that all Greeks of good family then received, he had been instructed in the theory and practice of war, and had held a commission in the armies of the League, when the arbitrary action of the Roman Senate banished him, in 168 B.C. to Italy as one of the thousand Achaeans, whom it was thought advisable to demand from the Confederacy as political suspects and to intern in Italian towns. Polybius might have gone to ruin like the majority in these miserable little boroughs, since release was not granted till 151 B.C. But a lucky fate brought him into connexion with L. Aemilius Paullus; and he, the victor of Pydna, gained permission for him to remain at Rome, where, through his conversation and teaching, he would be useful to the sons of Paullus. This noblest man of his age had known how to unite the civic and manly virtue of the Roman with an appreciation of all that Greek culture could bestow on him; and he wished that his sons might be in the best sense Hellenes. In the case of his younger son, whom he allowed to pass by adoption into the family of the Scipios, he realised his wish, mainly by introducing Polybius to him. When Scipio appears to us as the conqueror of Carthage and Numantia and as the most innocent victim of the Gracchan Revolution, we too easily forget that he, who travelled over the whole Greek East, seemed to his contemporaries the king like citizen of Rome, who made the might and right of Rome clear to the best men by the very fact that he possessed that sensibility of mind and heart, which only the full participation in Hellenic culture could bestow. He stands as the type and forerunner of that reconciliation of the Hellenic and the Roman spirit, which in later days Cicero and Horace and the Emperor Augustus perfected in themselves and their work. Cicero knew that well enough, and so he made Scipio the hero of his noble work on the State. Plutarch opened the series of his *Parallel Lives* with Scipio and Epaminondas: in the moral sphere they were to him the most perfect statesmen of the two nations. It was through the pen of Scipio's older friend, Polybius, that his picture stood out so clear and so perfect before the eyes of after generations. What that friendship was Polybius is to tell us here. Unfortunately, large parts of the great history of Polybius have almost disappeared, as also has the biography by Plutarch, so that we cannot see further how Polybius gradually developed the sketch into a complete picture of his hero.

General characteristics of important personages are given in historical works, either on the occasion of their first entry upon the scene, or just when they have touched the highest point in their career, or, most frequently, the occasion is given by their death; and, in order to make the personality stand out in its completeness, facts are often related that did not come to the surface in the main stream of the narrative: in addition, we look for an estimate by the historian of the person and of his doings. Every historian paints these portraits, pronounces these judgements; else he is no historian. But the uses he can make of them in weaving the fabric of his work are various. The rule in fully developed Greek history is applied by Diodorus with a mechanical monotony. Every great man has sentence pronounced on him at his death. In the work of better artists two types occur: either the historian submits these portraits and judgements as his own, as Sallust does in the little monographs, or he allows his persons to characterise themselves through their actions and words, or gives the judgement of contemporaries and of posterity upon him, as Thucydides does almost invariably, and Tacitus frequently. Polybius (who in this respect had been anticipated by Theopompus, the historian of Philip II of Macedon) takes a middle course. While he leaves his hero to reveal his own character to us by acts and words, he often interrupts his narrative for various objects, and not infrequently in order to institute a discussion on persons: these are not general criticisms of the chief characters, but developments, frequently involving controversy, of single sides of their nature. Thus he occupies himself with the question whether, in the case of the victor of Zama, Inspiration and Good Fortune or Calculation and Merit predominated: with Hannibal's skill in reading the intentions of his enemy: with the barbarity and avarice that many attributed to him; and in every case he gives some part of the character, but never a full-length portrait. The death of the victor of Pydna gave him occasion to describe how his son early gained well-merited esteem. We have no complete description of the perfect hero, but a series of arresting traits for the picture of the coming great man.

Setting aside the opening, which deals with an event of 160 B.C., and the close, which is concerned with 168 B.C., the description is given in chronological sequence. The nearer acquaintance of Scipio with Polybius dates from 166 B.C.: about five years later we may place the death of the widow of the great Scipio, and that of Paullus some two years after that.

The following Tables will be useful for reference in this passage.

I.

P. Cornelius Scipio Africanus (consul 205, censor 199, d. 183) married *Aemilia,* sister of *L. Aemilius Paullus,* victor of Pydna.

Their children:

1. *P. Scipio,* augur, d. after 168.

He adopted: *P. Scipio Africanus,* son of the victor of Pydna (b. about 185, consul 147, 134, censor 142, d.129), who married Sempronia, sister of the Gracchi: see table II. 2.

2. *L. Scipio,* praetor 174.

3. *Cornelia* married *P. Scipio Nasica* (consul 162, censor 159). Their son: *P. Nasica Serapio* (consul 138), the opponent of the Gracchi.

4. *Cornelia* married *Ti. Sempronius Gracchus* (consul 177, 163, censor 169).

Their children:

1. *Ti. Gracchus* (tribune 133, d.133).

2. *C. Gracchus* (tribune 123, 122, d.121).

3. *Sempronia* married *P. Scipio Africanus minor.*

II.

L. Aemilius Paullus (consul 219, 216, killed at Cannae 216).

Children:

1. *L. Aemilius Paullus,* victor of Pydna (b. before 228, consul

182, 168, censor 164, d.160).

Married, first, *Papiria,* daughter of C. Papirius Maro (consul 231).

Children:

1. *Q. Fabius* (consul 145).

2. *P. Scipio Africanus minor* (hero of this piece).

3. *Aemilia* married *Q. Aelius Tubero.*

4. *Aemilia* married *M. Porcius Cato.*

Married, second, lady of unknown name, and had issue two sons who died before him.

2. *Aemilia* married *P. Scipio Africanus maior.*

The style of Polybius is difficult to us, both on account of the vocabulary and the peculiar sense in which he uses words, though to his contemporaries it was easy to follow, and though it is complicated by no unusual thoughts or expressions. The explanation of this seeming contradiction is that Polybius uses the actual language of his own time (which in the course of a natural development had got somewhat far away from the Greek of Demosthenes), though, at the same time, his style shows the influence of rhetorical and even philosophical training in a marked degree. A century after Polybius a reaction set in, a conscious effort to drive the Greek language back to the classical Attic; and this new Attic in the second century of our era completely prevailed, so that the true Hellenistic dialect survived only in the literature of the people — particularly the language of the New Testament and of Epictetus — and that only in the vocabulary, since the literature of the people makes no claim to a style of any sort. Polybius strove to give an artistic form to what he wrote by carefully avoiding the collision of vowels in different words (*hiatus*), by forming his periods carefully, and by expressing his thoughts fully and clearly. One consequence of his effort to write clearly is that synonyms are not only interchanged, but often, as we saw in the case of Plutarch also, used together to represent an idea completely. Then he is not satisfied with the ordinary word, but substitutes new forms or circumlocutions; for instance ἐγένετο συγκύπημά τι τοιούτον (Youth of Scipio 9) means nothing more than συνέβη τόδε: for τῷ χρωματι γενόμενος ἐνερευθής (Youth of Scipio 9) the simple ἐρυθριάσας would have sufficed. In translating, these periphrases constantly vanish; and when we break up his periods, it becomes apparent that many of his clauses were only inserted for the sake of rhetorical symmetry.

(1) Τὸ μέγιστον καὶ κάλλιστον σημεῖον τῆς Λευκίου Αἰμιλίου[1] προαιρέσεως μεταλλάξαντος τὸν βίον ἐγένετο πᾶσιν ἔκδηλον· οἷος γὰρ ὁ τρόπος αὐτοῦ ζῶντος ἐδοξάζετο, τοιοῦτος εὑρέθη τὸν βίον μεταλλάξαντος, ὅ μέγιστον εἴποι τις ἂν ὑπάρχειν τεκμήριον ἀρετῆς. **(2)** ὁ γὰρ πλεῖστον μὲν τῶν καθ’ αὑτὸν ἐξ[2] Ἰβηρίας χρυσὸν εἰς τὴν Ῥώμην μετενηνοχώς, μεγίστων δὲ θησαυρῶν[3] κύριος γενόμενος ἐν Μακεδονίᾳ, πλείστης δὲ περὶ[4] τὰ

1 The victor of Pydna. This victory in 168 B.C. over Perseus, last king of Macedon, put an end to the Macedonian monarchy.

2 ἐξ Ἰβηρίας: as praetor in 191.

3 θησαυρός: among the treasure of King Perseus in gold and silver alone over 6,000 talents were found.

4 περὶ τὰ π, 'in the events referred to.' τέτευχα is late perfect of τυγχάνω.

προειρημένα τετευχὼς ἐξουσίας, τοσοῦτον[1] ἀπέλιπε τὸν ἴδιον βίον ὥστε τοὺς υἱοὺς ἐκδεξαμένους τὴν κληρονομίαν μὴ δύνασθαι τὴν φερνὴν τῇ γυναικὶ διαλῦσαι πᾶσαν ἐκ τῶν ἐπίπλων, εἰ μὴ τῶν ἐγγείων τινὰς προσαπέδοντο[2] κτήσεων· ὑπὲρ[3] ὧν ἡμεῖς τὰ κατὰ μέρος ἐν τοῖς πρὸ τούτων εἰρήκαμεν. **(3)** ἐξ ὧν εἴποι τις ἂν καταλελύσθαι τὴν δόξαν τῶν θαυμαζομένων παρὰ τοῖς Ἕλλησι περὶ τοῦτο τὸ μέρος ἀνδρῶν· εἰ[4] γὰρ τὸ διδομένων χρημάτων ἐπὶ τῷ τοῦ διδόντος συμφέροντι, τούτων ἀπέχεσθαι θαυμαστόν ἐστιν, ὅ λέγεται γεγονέναι περί τε τὸν Ἀθηναῖον Ἀριστείδην καὶ περὶ τὸν Θηβαῖον Ἐπαμινώνδαν, τὸ κύριον γενόμενον αὐτὸν ἁπάσης τῆς βασιλείας, καὶ λαβόντα τὴν ἐξουσίαν ὡς βούλεται χρήσασθαι, μηδενὸς ἐπιθυμῆσαι πόσῳ θαυμαστότερόν ἐστιν; **(4)** εἰ δ᾽ ἀπίστῳ τὸ λεγόμενον ἐοικέναι[5] δόξει τισίν, ἐκεῖνο δεῖ λαμβάνειν ἐν νῷ,

---

1 τοσοῦτον, 'only so much.' βίος for the means by which one lives is Attic. To the property of the second wife of Paullus (ἡ γυνή) the sons of the first marriage had of course no right. But they could not raise enough by the sale of τὰ ἔπιπλα, their movable goods, to pay her back. They had consequently to sell some of their landed property. The sum to be paid amounted to twenty-five talents.

2 προσ-απεδόμην, 'sold in addition.'

3 ὑπέρ = περὶ: τὰ κατὰ μέρος, 'the details'; he refers to an earlier passage in which he has alluded to the matter. He thinks that the abstinence of Paullus outdoes that of those whom the Greeks admire most for their conduct in this respect (περὶ τοῦτο τὸ μέρος).

4 Construction: εἰ γὰρ τὸ . . . ἀπέχεσθαι (to refuse money when it is offered you) θαυμαστόν ἐστιν, . . . τὸ μηδενὸς ἐπιθυμῆσαι (to covet nothing when a whole kingdom is at your disposal) πόσῳ θαυμαστότερόν ἐστίν.

5 ἔοικεν ἀπίστῳ, 'it is like an untruth,' 'it can hardly be true.' But, says Polybius, if I speak falsely, my many Roman readers will know and condemn me.

διότι σαφῶς ὁ γράφων ᾔδει μάλιστα Ῥωμαίους ἀναληψομένους εἰς τὰς χεῖρας τὰ βυβλία ταῦτα διὰ τὸ τὰς ἐπιφανεστάτας καὶ τὰς πλείστας αὐτῶν πράξεις ἐν τούτοις περιέχεσθαι· παρ' οἷς οὔτ' ἀγνοεῖσθαι ταῦτα δυνατὸν[1] οὔτε συγγνώμης τεύξεσθαι τὸν ψευδολόγον εἰκός, διόπερ οὐδεὶς ἂν ἑκὼν εἰς πρόδηλον ἀπιστίαν καὶ καταφρόνησιν ἔδωκεν αὑτόν. (**5**) καὶ τοῦτο μνημονευέσθω παρ' ὅλην τὴν πραγματείαν[2] ἡμῖν, ὅταν τι παράδοξον δοκῶμεν λέγειν περὶ Ῥωμαίων.

(**6**) Τῆς δὲ κατὰ τὴν διήγησιν ἐφόδου[3] καὶ τῶν καιρῶν ἐφεστακότων ἡμᾶς ἐπὶ τὴν οἰκίαν ταύτην βούλομαι τὸ[4] κατὰ τὴν προτέραν βύβλον ἐν ἐπαγγελίᾳ καταλειφθὲν συνεκπληρῶσαι τῶν φιληκόων[5] ἕνεκα. (**7**) προϋπεσχόμην γὰρ διηγήσεσθαι διὰ τί καὶ πῶς ἐπὶ τοσοῦτο προέκοψε καὶ θᾶττον[6] ἢ καθῆκεν ἐξέλαμψεν ἡ τοῦ Σκιπίωνος ἐν τῇ Ῥώμῃ δόξα, σὺν δὲ τούτῳ πῶς ἐπὶ τοσοῦτον αὐξηθῆναι συνέβη τῷ Πολυβίῳ τὴν πρὸς τὸν

---

1 To δυνατόν and εἰκός supply ἐστί. 'No writer would have courted certain disbelief (i.e. have laid himself out to be disbelieved) and (consequent) contempt.'

2 πραγματεία was the special word used at this time for a serious and carefully written 'work.' παρά, 'throughout.'

3 ἔφοδος, 'plan of the work'; καιροί, 'the events' as narrated in the work, ἐκέστακα is a late perf. form with trans. sense, for ἐπέστησα: render 'having directed our attention.' οἰκία means the 'family' of Paullus.

4 τὸ ἐν ἐπαγγελίᾳ καταλειφθὲν συν-εκ-πληροῦν, 'to make good the promise that was left unfulfilled.'

5 φιληκόων: we should say 'the curious.'

6 θᾶττον ἤ καθῆκεν means 'before the time came,' 'at an unusually early age.'

προειρημένον φιλίαν καὶ συνήθειαν ὥστε μὴ μόνον ἕως[1] τῆς Ἰταλίας καὶ τῆς Ἑλλάδος ἐπιδιατεῖναι τὴν περὶ αὐτῶν φήμην, ἀλλὰ καὶ τοῖς πορρωτέρω γνώριμον γενέσθαι τὴν αἵρεσιν[2] καὶ συμπεριφορὰν αὐτῶν. (**8**) διότι μὲν οὖν ἡ καταρχὴ[3] τῆς συστάσεως ἐγεννήθη τοῖς προειρημένοις ἔκ τινος χρήσεως[4] βυβλίων καὶ τῆς περὶ τούτων λαλιᾶς, δεδηλώκαμεν· προβαινούσης δὲ τῆς συνηθείας καὶ τῶν ἀνακεκλημένων[5] ἐκπεμπομένων ἐπὶ τὰς πόλεις, διέσπευσαν[6] ὅ τε Φάβιος καὶ ὁ Σκιπίων οἱ τοῦ Λευκίου νεανίσκοι πρὸς τὸν στρατηγὸν μεῖναι τὸν Πολύβιον ἐν τῇ Ῥώμῃ. (**9**) γενομένου δὲ τούτου καὶ τῆς συμπεριφορᾶς ἐπὶ πολὺ προκοπτούσης, ἐγένετο συγκύρημά[7] τι τοιοῦτον. (**10**) ἐκπορευομένων γάρ ποτε κατὰ[8] ταὐτὸ πάντων ἐκ τῆς οἰκίας τῆς τοῦ Φαβίου, συνέβη τὸν μὲν Φάβιον ἐπὶ τὴν ἀγορὰν ἀπονεῦσαι,[9] τὸν δὲ Πολύβιον ἐπὶ θάτερα μετὰ τοῦ

---

1 ἕως, 'as far as.' ἐπι-δια-τείνω, 'extend,' intrans.

2 αἵρεσις, what one chooses; here 'preference' for each other; συμ-περι-φορά, 'constant intercourse.'

3 κατ-αρχή: a grander word for ἀρχή. σύστασις from συνιστάναι, to place together, associate.

4 χρῆσις means both 'lending' and 'borrowing.'

5 ἀνακεκλημένων: the 1,000 Achaean hostages had received a formal 'summons' to Rome. πόλεις means the Italian towns among which they were dispersed.

6 δια-σπεύδειν πρός τινα with object in infin. means 'to urge upon one that.' The two sons begged their father to let Polybius stay at Rome.

7 συγκύρημα: see preliminary note.

8 κατὰ ταὐτό, 'at the same (time).'

9 ἀπο-νεύειν, 'turn away.'

Σκιπίωνος. (**11**) προαγόντων δ' αὐτῶν ὁ Πόπλιος ἡσυχῇ καὶ πρᾴως τῇ φωνῇ φθεγξάμενος καὶ τῷ χρώματι γενόμενος ἐνερευθής[1] 'τί δαί' φησίν, 'ὦ Πολύβιε, δύ' ὄντων ἡμῶν τῷ μὲν ἀδελφῷ καὶ διαλέγει συνεχῶς καὶ πάσας τὰς ἐρωτήσεις καὶ τὰς ἀποφάσεις[2] ποιεῖ πρὸς ἐκεῖνον, ἐμὲ δὲ παραπέμπεις; ἢ δῆλον ὅτι καὶ σὺ περὶ ἐμοῦ τὴν αὐτὴν ἔχεις διάληψιν,[3] ἣν καὶ τοὺς ἄλλους πολίτας ἔχειν πυνθάνομαι. (**12**) δοκῶ γὰρ εἶναι πᾶσιν ἡσύχιός τις καὶ νωθρός, ὡς ἀκούω, καὶ πολὺ κεχωρισμένος τῆς Ῥωμαϊκῆς αἱρέσεως[4] καὶ πράξεως, ὅτι κρίσεις οὐχ αἱροῦμαι λέγειν. (**13**) τὴν δ' οἰκίαν οὔ φασι τοιοῦτον ζητεῖν προστάτην ἐξ ἧς ὁρμῶμαι,[5] τὸ δ' ἐναντίον ****. ὃ καὶ μάλιστά με λυπεῖ.' (**14**) ὁ δὲ Πολύβιος ξενισθεὶς[6] τῇ τοῦ μειρακίου καταρχῇ τῶν λόγων (οὐ γὰρ εἶχε πλέον ἐτῶν ὀκτωκαίδεκα τότε) 'μὴ πρὸς θεῶν, Σκιπίων,' ἔφη, 'μήτε λέγε ταῦτα μήτ' ἐν νῷ λάμβανε τὸ παράπαν.[7] (**15**) οὔτε γὰρ καταγιγνώσκων[8] οὔτε

---

1 ἐν-ερευθής, 'red'; see preliminary note.

2 ἀπόφασις, here merely 'remark,' below (Scipio 15) 'opinion.'

3 διάληψις, 'judgment.'

4 αἵρεσις here is 'principles,' and πρᾶξις 'activity.' κρίσεις λέγειν, causas agere, 'plead in the courts,' the method by which young Romans, ambitious to rise in political life, began their public career.

5 By 'the house from which I come' the speaker means the family of the Scipios, speaking as an adopted member of it. Some words have been lost here.

6 ξενισθείς, 'surprised.'

7 τὸ παράπαν, after a negative, 'at all.'

8 καταγιγνώσκων = καταφρονῶν.

παραπέμπων ἐγώ σε ποιῶ τοῦτο, πολλοῦ γε δεῖ, ἀλλὰ τῷ[1] πρεσβύτερον εἶναι τὸν ἀδελφὸν ἔν τε ταῖς ὁμιλίαις ἄρχομαί τ' ἀπ' ἐκείνου καὶ λήγω πάλιν εἰς[2] ἐκεῖνον, ἔν τε ταῖς ἀποφάσεσι καὶ συμβουλίαις πρὸς ἐκεῖνον ἀπερείδομαι, [3] δοκῶν καὶ σὲ τῆς αὐτῆς μετέχειν γνώμης ἐκείνῳ. (**16**) σοῦ γε μὴν ἄγαμαι νῦν ἀκούων, ὅτι δοκεῖς αὑτῷ[4] πραΰτερος εἶναι τοῦ καθήκοντος τοῖς ἐκ ταύτης τῆς οἰκίας ὁρμωμένοις· δῆλος γὰρ εἶ διὰ τούτων μέγα φρονῶν. (**17**) ἐγὼ δὲ κἂν αὐτὸς ἡδέως σοι συνεπιδοίην[5] ἐμαυτὸν καὶ συνεργὸς γενοίμην εἰς τὸ καὶ λέγειν τι καὶ πράττειν ἄξιον τῶν προγόνων. (**18**) περὶ μὲν γὰρ τὰ μαθήματα,[6] περὶ ἃ νῦν ὁρῶ σπουδάζοντας ὑμᾶς καὶ φιλοτιμουμένους, οὐκ ἀπορήσετε τῶν συνεργησόντων ὑμῖν ἑτοίμως, καὶ σοὶ κἀκείνῳ· πολὺ γὰρ δή τι φῦλον ἀπὸ τῆς Ἑλλάδος ἐπιρρέον ὁρῶ κατὰ[7] τὸ παρὸν τῶν τοιούτων ἀνθρώπων. (**19**) εἰς δὲ τὰ λυποῦντά σε νῦν, καθὼς φῄς, δοκῶ μηδένα συναγωνιστὴν καὶ συνεργὸν ἄλλον εὑρεῖν ἂν ἡμῶν ἐπιτηδειότερον.' (**20**) ἔτι δὲ ταῦτα λέγοντος τοῦ

---

1 τῷ . . . εἶναι: giving the cause, a very common construction in late Greek.

2 εἰς: we must say 'with.'

3 ἀπ-ερείδομαι πρός, i.e. 'I seek support from.'

4 αὑτῷ = σεαυτῷ.

5 'I would gladly devote myself entirely (συν-επι-δίδωμι) to you.' δυνατὸς λέγειν καὶ πράττειν was a phrase de scribing the competence of a public man.

6 μαθήματα are Scipio's studies in Greek.

7 κατὰ τὸ παρόν, 'at the present day.' τῶν τοιούτων, viz. τῶν συνεργησόντων, learned Greeks.

Πολυβίου, λαβόμενος ἀμφοτέραις χερσὶ τῆς δεξιᾶς αὐτοῦ καὶ πιέσας ἐμπαθῶς[1] 'εἰ γὰρ ἐγὼ ταύτην' φησίν, 'ἴδοιμι τὴν ἡμέραν, ἐν ᾗ σὺ πάντα τἆλλα δεύτερα[2] θέμενος ἐμοὶ προσέξεις τὸν νοῦν καὶ μετ' ἐμοῦ συμβιώσει. δόξω γὰρ αὐτόθεν εὐθέως ἐμαυτῷ καὶ τῆς οἰκίας ἄξιος εἶναι καὶ τῶν προγόνων.' (**21**) ὁ δὲ Πολύβιος τὰ μὲν ἔχαιρε, θεωρῶν τὴν ὁρμὴν[3] καὶ τὴν ἀποδοχὴν τοῦ μειρακίου, τὰ δὲ διηπορεῖτο, λαμβάνων ἐν νῷ τὴν ὑπεροχὴν[4] τῆς οἰκίας καὶ τὴν εὐκαιρίαν τῶν ἀνδρῶν. πλὴν[5] ἀπό γε ταύτης τῆς ἀνθομολογήσεως οὐκέτι τὸ μειράκιον ἐχωρίσθη τοῦ Πολυβίου, πάντα δ' ἦν αὐτῷ δεύτερα τῆς ἐκείνου συμπεριφορᾶς. (**22**) ἀπὸ δὲ τούτων τῶν καιρῶν λοιπὸν[6] ἤδη κατὰ τὸ συνεχὲς ἐπ' αὐτῶν τῶν πραγμάτων πεῖραν αὑτῶν διδόντες ἀλλήλοις εἰς πατρικὴν καὶ συγγενικὴν ἦλθον αἵρεσιν καὶ φιλοστοργίαν πρὸς ἀλλήλους.

(**23**) Πρώτη[7] δέ τις ἐνέπεσεν ὁρμὴ καὶ ζῆλος τῶν

---

1 ἐμπαθῶς, 'feelingly.'

2 δεύτερον τίθεσθαι, 'to reckon of less account.'

3 ὁρμή, impetus: ἀποδοχή, 'ready approbation,' together 'the eagerness with which he welcomed his advances.'

4 ὑπεροχή, 'eminence.'

5 πλήν, 'however.' ἀνθ-ομολόγησις, the result of τὸ ἀνθομολογεῖσθαι, 'mutual understanding.'

6 λοιπὸν ἤδη κατὰ τὸ συνεχές, 'for the future constantly.' By 'giving each other a proof of themselves in the facts themselves' he means 'by their lives proving to each other their sincerity.' The result was that they came to regard each other with 'a father's and kinsman's feeling and affection.'

7 πρώτη — ἐνέπεσεν — τό, 'the first — that filled him, was to.'

καλῶν τὸ τὴν ἐπὶ σωφρονύνῃ δόξαν ἀναλαβεῖν καὶ παραδραμεῖν ἐν τούτῳ τῷ μέρει τοὺς κατὰ τὴν αὐτὴν ἡλικίαν ὑπάρχοντας. (**24**) ὢν δὲ μέγας οὗτος καὶ δυσέφικτος[1] ὁ στέφανος εὐθήρατος ἦν κατ' ἐκεῖνον τὸν καιρὸν ἐν τῇ Ῥώμῃ διὰ τὴν ἐπὶ τὸ χεῖρον ὁρμὴν τῶν πλείστων. (**25**) συνέβη δὲ τὴν παροῦσαν αἵρεσιν οἷον[2] ἐκλάμψαι κατὰ τοὺς νῦν λεγομένους καιρούς, πρῶτον μὲν διὰ τὸ καταλυθείσης τῆς ἐν Μακεδονίᾳ βασιλείας δοκεῖν ἀδήριτον αὐτοῖς ὑπάρχειν τὴν περὶ τῶν ὅλων ἐξουσίαν, ἔπειτα διὰ τὸ πολλὴν ἐπίφασιν[3] γενέσθαι τῆς εὐδαιμονίας περί τε τοὺς κατ' ἰδίαν βίους καὶ περὶ τὰ κοινά, τῶν ἐκ Μακεδονίας μετακομισθέντων εἰς τὴν Ῥώμην χορηγίων. (**26**) πλὴν ὅ γε Σκιπίων ὁρμήσας ἐπὶ τὴν ἐναντίαν ἀγωγὴν τοῦ βίου καὶ πάσαις ταῖς ἐπιθυμίαις ἀντιταξάμενος καὶ κατὰ πάντα τρόπον ὁμολογούμενον[4] καὶ σύμφωνον ἑαυτὸν κατασκευάσας κατὰ τὸν βίον, ἐν ἴσως πέντε τοῖς πρώτοις ἔτεσι πάνδημον ἐποιήσατο τὴν ἐπ' εὐταξίᾳ καὶ σωφροσύνῃ δόξαν.

(**27**) Μετὰ δὲ ταῦτα κατὰ τὸ συνεχὲς ὥρμησεν ἐπὶ

---

1 δυσέφικτος = εἰς ὅν χαλεπὸν ἐφικέσθαι. Amongst the young Romans a general decline of morals and increase of luxury had set in as a result of the acquaintance with Greek and Asiatic manners which was the consequence of the war with Antiochus of Syria (192-189 B.C.). The recent fall of the Macedonian kingdom, he explains, had made matters much worse.

2 οἷον, 'as it were.'

3 ἐπίφασις: a general 'appearance' (cf. ἐπιφάνεια) of wealth in private as well as in public life was due to the arrival of the Macedonian treasure.

4 ὁμολογούμενος, 'consistent.'

τὸ περὶ τὰ χρήματα μεγαλοψυχίᾳ καὶ καθαρότητι διενεγκεῖν τῶν ἄλλων. (**28**) πρὸς δὲ τοῦτο τὸ μέρος καλὴν μὲν ὑποδοχὴν[1] εἶχε τὴν μετὰ τοῦ κατὰ φύσιν πατρὸς συμβίωσιν,[2] καλὰς δ' ἐκ φύσεως ὁρμὰς αὐτὸς ἐπὶ τὸ δέον· πολλὰ δὲ αὐτῷ καὶ ταὐτόματον[3] συνήργησε πρὸς τὴν ἐπιβολὴν ταύτην. (**29**) πρώτη μὲν γὰρ αὐτῷ μετήλλαξε τὸν βίον ἡ τοῦ κατὰ θέσιν πατρὸς μήτηρ, ἥτις ἦν ἀδελφὴ μὲν τοῦ κατὰ φύσιν πατρὸς αὐτοῦ Λευκίου, γυνὴ δὲ τοῦ κατὰ θέσιν πάππου Σκιπίωνος τοῦ μεγάλου προσαγορευθέντος. (**30**) ταύτης ἀπολιπούσης οὐσίαν μεγάλην κληρονόμος ὢν πρῶτον ἐν τούτοις ἔμελλε[4] πεῖραν δώσειν τῆς ἑαυτοῦ προαιρέσεως. (**31**) συνέβαινε δὲ τὴν Αἰμιλίαν (τοῦτο γὰρ ἦν ὄνομα τῇ προειρημένῃ γυναικί) μεγαλομερῆ[5] τὴν περίστασιν ἔχειν ἐν ταῖς γυναικείαις ἐξόδοις, ἅτε συνηκμακυῖαν τῷ βίῳ καὶ τῇ τύχῃ τῇ Σκιπίωνος· χωρὶς γὰρ τοῦ περὶ τὸ σῶμα καὶ τὴν ἀπήνην[6] κόσμου καὶ τὰ κανᾶ καὶ τὰ ποτήρια καὶ τἆλλα τὰ πρὸς τὴν θυσίαν ποτὲ μὲν ἀργυρᾶ ποτὲ

---

1 ὑποδοχή, 'support.' κατὰ φύσιν and κατὰ θέσιν πατήρ regular phrases for the natural and adoptive father. Among the Greeks adoption was then much commoner than among Romans of position.

2 συμβίωσις: the act of συμβιοῦν.

3 τὸ αὐτόματον is 'instinct.'

4 The adoptive grandson was heir to the widow's property because she left no surviving sons.

5 μεγαλομερής, extensive in its details, 'elaborate, magnificent.' περίστασις means the state or ceremony, with which a great lady would appear at public functions; the commonest occasions were religious ceremonies.

6 The right to use a carriage was a privilege of ladies of rank.

δὲ χρυσᾶ πάντα συνεξηκολούθει κατὰ τὰς ἐπιφανεῖς ἐξόδους αὐτῇ, τό τε τῶν παιδισκῶν καὶ τὸ τῶν οἰκετῶν τῶν παρεπομένων πλῆθος ἀκόλουθον[1] ἦν τούτοις. (**32**) ταύτην δὴ τὴν περικοπὴν ἅπασαν εὐθέως μετὰ τὸν τῆς Αἰμιλίας τάφον ἐδωρήσατο τῇ μητρί,[2] ᾗ συνέβαινε κεχωρίσθαι μὲν ἀπὸ τοῦ Λευκίου πρότερον[3] ἤδη χρόνοις πολλοῖς, τὴν δὲ τοῦ βίου χορηγίαν ἐλλιπεστέραν ἔχειν τῆς κατὰ τὴν εὐγένειαν φαντασίας. (**33**) διὸ τὸν πρὸ τοῦ χρόνον ἀνεκεχωρηκυίας αὐτῆς ἐκ τῶν ἐπισήμων ἐξόδων, τότε κατὰ τύχην οὔσης ἐπιφανοῦς καὶ πανδήμου θυσίας, ἐκπορευομένης αὐτῆς ἐν τῇ τῆς Αἰμιλίας περικομῇ καὶ χορηγίᾳ καὶ πρὸς τοῖς ἄλλοις καὶ τῶν ὀρεωκόμων καὶ τοῦ ζεύγους[4] καὶ τῆς ἀπήνης τῆς αὐτῆς ὑπαρχούσης, συνέβη τὰς γυναῖκας θεωμένας τὸ γεγονὸς ἐκπλήττεσθαι τὴν τοῦ Σκιπίωνος χρηστότητα καὶ μεγαλοψυχίαν, καὶ πάσας προτεινούσας τὰς χεῖρας εὔχεσθαι τῷ προειρημένῳ πολλὰ καὶ ἀγαθά. (**34**) τοῦτο δὲ πανταχῇ μὲν ἂν εἰκότως φαίνοιτο καλόν, ἐν δὲ Ῥώμῃ καὶ θαυμαστόν· ἁπλῶς γὰρ οὐδεὶς οὐδενὶ δίδωσι τῶν ἰδίων ὑπαρχόντων ἑκὼν οὐδέν.

---

1 ἀκόλουθον τούτοις, 'on a similar scale.' περικοπή means the same as περίστασις, 'splendour.'

2 μητρί, Papiria.

3 πρότερον ἤδη χ. πολλοῖς, 'a long time before this.' She 'had not the means to keep up her position.'

4 The ζεῦγος was a pair of mules, which then were called ἡμίονοι, but the old name was ὀρεῖς: hence ὀρεωκόμος, muleteer, coachman.

(**35**) Πρώτη μὲν οὖν αὕτη καταρχὴ τῆς ἐπὶ καλοκαγαθίᾳ φήμης αὐτῷ συνεκύρησε, καὶ μεγάλην ἐποίησε προκοπήν, ἅτε τοῦ τῶν γυναικῶν γένους καὶ λάλου καὶ κατακοροῦς[1] ὄντος, ἐφ' ὅ τι ἂν ὁρμήσῃ. (**36**) μετὰ δὲ ταῦτα ταῖς Σκιπίωνος μὲν τοῦ μεγάλου θυγατράσιν,[2] ἀδελφαῖς δὲ τοῦ κατὰ θέσιν πατρός, τὴν κληρονομίαν παραλαβόντα αὐτὸν ἔδει τὴν ἡμίσειαν ἀποδοῦναι τῆς φερνῆς. (**37**) ὁ γὰρ πατὴρ συνέθετο μὲν ἑκατέρᾳ τῶν θυγατέρων πεντήκοντα τάλαντα δώσειν,[3] τούτων δὲ τὸ μὲν ἥμισυ παραχρῆμα τοῖς ἀνδράσιν ἔδωκεν ἡ μήτηρ, τὸ δ' ἥμισυ κατέλειπεν ἀποθνῄσκουσα προσοφειλόμενον, ὅθεν ἔδει Σκιπίωνα διαλύειν τοῦτο τὸ χρέος ταῖς τοῦ πατρὸς ἀδελφαῖς. (**38**) κατὰ δὲ τοὺς Ῥωμαίων νόμους δέον[4] ἐν τρισὶν ἔτεσιν ἀποδοῦναι τὰ προσοφειλόμενα χρήματα τῆς φερνῆς ταῖς γυναιξί, προδοθέντων[5] πρώτων τῶν ἐπίπλων εἰς δέκα μῆνας κατὰ τὸ παρ' ἐκείνοις ἔθος, εὐθέως ὁ Σκιπίων συνέταξε τῷ τραπεζίτῃ τῶν εἴκοσι καὶ πέντε

---

1 κατακορής, 'excessive, wearisome,' esp. in talk.

2 The two Cornelias: see Table I above.

3 Scipio Africanus had agreed with his two sons-in-law to give this dowry to his daughters, and had arranged how it was to be paid. After his death his widow, doubtless in accordance with the arrangement, paid each daughter half the sum. Her heir, Scipio Aemilianus, had to pay the other half from her estate.

4 The law was that the dowry should be paid in three annual instalments. It is not mentioned elsewhere.

5 The custom referred to is that the movables that formed part of the dowry were handed over first (προδοθέντων πρώτων) within the first ten months (i.e., according to the old reckoning, a year) of the period of three years, and their value was deducted from the sum to be paid.

ταλάντων ἑκατέρᾳ ποιήσασθαι τὴν ἀνταπόδοσιν[1] ἐν τοῖς δέκα μησί. (**39**) τοῦ δὲ Τεβερίου καὶ τοῦ Νασικᾶ Σκιπίωνος (οὗτοι γὰρ ἦσαν ἄνδρες τῶν προειρημένων γυναικῶν) ἅμα τῷ διελθεῖν τοὺς δέκα μῆνας προσπορευομένων πρὸς τὸν τραπεζίτην καὶ πυνθανομένων, εἴ τι συνετέτακτο Σκιπίων αὐτῷ περὶ τῶν χρημάτων, κἀκείνου κελεύοντος αὐτοὺς κομίζεσθαι καὶ ποιοῦντος τὴν διαγραφὴν[2] ἑκατέρῳ τῶν εἴκοσι καὶ πέντε ταλάντων, ἀγνοεῖν[3] αὐτὸν ἔφασαν· δεῖν γὰρ αὑτοὺς οὐ πᾶν κατὰ τὸ παρόν, ἀλλὰ τὸ τρίτον μέρος κομίζεσθαι κατὰ τοὺς νόμους. (**40**) τοῦ δὲ φάσκοντος οὕτως αὐτῷ συντεταχέναι τὸν Σκιπίωνα, διαπιστήσαντες[4] προῆγον ἐπὶ τὸν νεανίσκον, διειληφότες ἐκεῖνον ἀγνοεῖν. (**41**) καὶ τοῦτ' ἔπασχον οὐκ ἀλόγως· οὐ[5] γὰρ οἷον πεντήκοντα τάλαντα δοίη τις ἂν ἐν Ῥώμῃ πρὸ[6] τριῶν ἐτῶν, ἀλλ' οὐδὲ τάλαντον ἓν πρὸ τῆς τεταγμένης ἡμέρας· τοιαύτη τίς ἐστι καὶ τηλικαύτη

---

1 Scipio had received the money and had to pay it back (ἀνταπόδοσις) into the dowry.

2 διαγραφή, 'account.'

3 ἀγνοεῖν, 'was mistaken,' for classical ἐψεῦσθαι.

4 δι-απιστεῖν, intensive of ἀπιστεῖν. προάγειν, intrans., 'to go on': δια-λαμβάνειν, 'suppose' (class, ὑπολαμβάνειν).

5 οὐ . . . οἷον, 'so far from.'

6 πρὸ τριῶν ἐτῶν, 'three years before the time.' This use of πρό and μετά in the later writers is quite usual.

περὶ πάντας ἅμα μὲν ἀκρίβεια περὶ τὸ διάφορον,[1] ἅμα δὲ λυσιτέλεια περὶ τὸν χρόνον. (**42**) οὐ[2] μὴν ἀλλὰ προσπορευθέντων αὐτῶν καὶ πυνθανομένων, πῶς τῷ τραπεζίτῃ συντέταχε, τοῦ δ' εἰπόντος ἀποδοῦναι πᾶν τὸ χρῆμα ταῖς ἀδελφαῖς,[3] ἀγνοεῖν αὐτὸν ἔφασαν, ἅμα τὸ[4] κηδεμονικὸν ἐμφανίζοντες· ἐξεῖναι γὰρ αὐτῷ κατὰ τοὺς νόμους χρῆσθαι τοῖς διαφόροις ἱκανὸν ἔτι χρόνον. (**43**) ὁ δὲ Σκιπίων ἀγνοεῖν ἔφη τούτων οὐδέν, ἀλλὰ πρὸς μὲν τοὺς ἀλλοτρίους τὴν ἐκ τῶν νόμων ἀκρίβειαν τηρεῖν, τοῖς δὲ συγγενέσι καὶ φίλοις ἁπλῶς χρῆσθαι καὶ γενναίως κατὰ δύναμιν· διὸ παραλαμβάνειν αὐτοὺς ἐκέλευε πᾶν τὸ χρῆμα παρὰ τοῦ τραπεζίτου. (**44**) οἱ δὲ περὶ τὸν Τεβέριον ταῦτ' ἀκούσαντες ἐπανῆγον[5] σιωπῶντες, καταπεπληγμένοι μὲν τὴν τοῦ Σκιπίωνος μεγαλοψυχίαν, κατεγνωκότες δὲ τῆς αὐτῶν μικρολογίας[6] καίπερ ὄντες οὐδενὸς δεύτεροι Ῥωμαίων.

---

1 διάφορον, 'cash': λυσιτέλια, 'gain,' viz. the interest received on money held back as long as possible. Even with the then moderate interest of 1 per cent, per month, Scipio might have made nine talents by keeping the money till it was legally due.

2 οὐ μὴν ἀλλά, 'however.'

3 ἀδελφαῖς, of the testator: they were young Scipio's adoptive aunts.

4 τὸ κηδεμονικὸν ἐμφανίζοντες, 'showing their solicitude' for him, by pointing out that he was opposing his own interests.

5 ἐπανῆγον, to the bank.

6 μικρο-λογία, 'meanness.'

(**45**) Μετὰ δ' ἔτη δύο μεταλλάξαντος[1] τοῦ κατὰ φύσιν πατρὸς αὐτοῦ Λευκίου καὶ καταλιπόντος κληρονόμους τῆς οὐσίας αὐτόν τε καὶ τὸν ἀδελφὸν Φάβιον, καλόν τι καὶ μνήμης ἄξιον ἐποίησεν. (**46**) ὁ γὰρ Λεύκιος ὑπάρχων ἄτεκνος[2] διὰ τὸ τοὺς μὲν εἰς ἑτέρας οἰκίας ἐκδεδόσθαι, τοὺς δ' ἄλλους υἱούς, οὓς ἔτρεφε διαδόχους αὑτοῦ καὶ τοῦ γένους, πάντας μετηλλαχέναι, τούτοις ἀπέλιπε τὴν οὐσίαν. (**47**) ὁ δὲ Σκιπίων θεωρῶν αὑτοῦ τὸν ἀδελφὸν καταδεέστερον ὄντα τοῖς ὑπάρχουσιν,[3] ἐξεχώρησε πάντων τῶν ὑπαρχόντων, οὔσης τῆς ὅλης τιμήσεως ὑπὲρ ἑξήκοντα τάλαντα, διὰ τὸ μέλλειν οὕτως ἴσον ὑπάρχειν αὐτῷ κατὰ τὴν οὐσίαν τὸν Φάβιον. (**48**) γενομένου δὲ τούτου περιβοήτου, προσέθηκεν ἕτερον τούτῳ δεῖγμα τῆς αὑτοῦ προαιρέσεως ἐμφανέστερον· βουλομένου γὰρ τἀδελφοῦ μονομαχίας[4] ἐπὶ τῷ πατρὶ ποιεῖν, οὐ δυναμένου δὲ δέξασθαι τὴν δαπάνην διὰ τὸ πλῆθος τῶν ἀναλισκομένων χρημάτων, καὶ ταύτης τὴν ἡμίσειαν εἰσήνεγκεν ὁ Σκιπίων ἐκ τῆς ἰδίας οὐσίας. ἔστι δ' οὐκ

---

1 μεταλλάξαντος, viz. τὸν βίον, Youth of Scipio 29. Paullus died 160 B. C, and left his property to two surviving sons, Fabius and Scipio, both of whom had been adopted into other families.

2 ἄτεκνος, 'without sons'; he had daughters.

3 τοῖς ὑπάρχουσιν, 'in possessions.' He 'gave up' (ἐκχωρεῖν) the share that now belonged to him, his half, the whole property being valued at over sixty talents.

4 μονομαχίας: these are the funeral games; they included, but did not consist wholly of combats between gladiators. The Adelphi of Terence was produced at them, and in the ancient prefatory note (didascalia) to the play, both brothers are mentioned as giving the entertainment.

ἐλάττων ἡ σύμπασα τριάκοντα ταλάντων, ἐάν τις μεγαλομερῶς[1] ποιῇ. (**49**) λαμπρᾶς δ' ἤδη διὰ ταῦτα τῆς φήμης περὶ αὐτοῦ διαδιδομένης μετήλλαξεν ἡ μήτηρ.[2] ὃ δὲ τοσοῦτον ἀπέσχε τοῦ κομίσασθαί τι ὧν πρότερον ἐδωρήσατο, περὶ ὧν ἀρτίως εἶπον, ὥστε καὶ ταῦτα καὶ τὴν λοιπὴν οὐσίαν τὴν τῆς μητρὸς ἅπασαν ἀπέδωκε ταῖς ἀδελφαῖς,[3] ἧς οὐδὲν αὐταῖς προσῆκε κατὰ τοὺς νόμους. (**50**) διὸ πάλιν τῶν ἀδελφῶν παραλαβουσῶν τὸν ἐν ταῖς ἐξόδοις κόσμον καὶ τὴν περίστασιν τὴν τῆς Αἰμιλίας, πάλιν ἐκαινοποιήθη τὸ μεγαλόψυχον καὶ φιλοίκειον[4] τῆς τοῦ Σκιπίωνος προαιρέσεως.

(**51**) Ταῦτα μὲν οὖν προκατεσκευασμένος[5] ἐκ τῆς πρώτης ἡλικίας Πόπλιος Σκιπίων προῆλθε πρὸς τὸ φιλοδοξεῖν[6] σωφροσύνῃ καὶ καλοκαγαθίᾳ. (**52**) καὶ μὴν ἴσως ἑξήκοντα τάλαντα δαπανήσας (τοσαῦτα γὰρ ἦν προειμένος[7] τῶν ἰδίων) ὁμολογουμένην ἔσχε τὴν ἐπὶ καλοκαγαθίᾳ φήμην, οὐχ οὕτω τῷ πλήθει τῶν χρημάτων τὸ προκείμενον[8] κατεργασάμενος ὡς

---

1 μεγαλομερῶς; see §31 above.

2 ἡ μήτηρ; Papiria, to whom Scipio had given Aemilia's περικοπή (p. 28, l. 33). It now came back to him by his mother's will; but instead of keeping it, he gave it to his sisters.

3 ἀδελφαῖς: the wives of Tubero and Cato.

4 τὸ φιλοίκειον, 'family affection.'

5 προκατασκευάξεσθαι, 'begin by doing.'

6 φιλο-δοξεῖν, 'seek honour.'

7 προίεσθαι, 'give away.'

8 προκείμενον, 'the matter in hand,' viz. τὴν φήμην.

τῷ καιρῷ τῆς δόσεως καὶ τῷ χειρισμῷ τῆς χάριτος.[1] (**53**) τὴν δὲ σωφρονύνην[2] περιεποιήσατο δαπανήσας μὲν οὐδέν, πολλῶν δὲ καὶ ποικίλων ἡδονῶν ἀποσχόμενος, προσεκέρδανε δὲ τὴν σωματικὴν ὑγίειαν καὶ τὴν εὐεξίαν, ἥτις αὐτῷ παρ' ὅλον τὸν βίον παρεπομένη πολλὰς ἡδονὰς καὶ καλὰς ἀμοιβὰς ἀπέδωκεν ἀνθ' ὧν πρότερον ἀπέσχετο[3] τῶν προχείρων ἡδονῶν. (**54**) Λοιποῦ δ' ὄντος τοῦ κατὰ τὴν ἀνδρείαν μέρους, καὶ κυριωτάτου σχεδὸν ἐν πάσῃ μὲν πολιτείᾳ μάλιστα δ' ἐν τῇ Ῥώμῃ, μεγίστην ἔδει καὶ τὴν ἄσκησιν περὶ τοῦτο τὸ μέρος ποιήσασθαι. (**55**) καλὸν μὲν οὖν τι πρὸς ταύτην τὴν ἐπιβολὴν αὐτῷ καὶ διὰ τῆς τύχης ἐγένετο συνέργημα.[4] (**56**) τῶν γὰρ ἐν Μακεδονίᾳ βασιλέων μεγίστην ποιουμένων σπουδὴν περὶ τὰς κυνηγεσίας καὶ ἀνεικότων[5] τοὺς ἐπιτηδειοτάτους τόπους πρὸς τὴν τῶν θηρίων συναγωγήν, ταῦτα συνέβη τὰ χωρία τετηρῆσθαι μὲν ἐπιμελῶς καθάπερ καὶ πρότερον

---

1 τῷ χειρισμῷ τῆς χάριτος, 'by the way in which he bestowed the favour.'

2 τῆν σωφροσύνην means τὴν ἐπὶ σωφροσύνῃ φήμην.

3 Construction: ἀντὶ τὸν προχείρων ('ordinary') ἡδονῶν ὧν π. ἀπέσχετο.

4 συνέργημα = συνεργία.

5 ἀνιέναι was used of land which was withdrawn from ordinary use, mostly for consecration to a god; but here it is 'preserved' for hunting (as a παράδεισος). This custom was adopted in the monarchies that resulted from Alexander's con quests. Alexander and his generals had met with such preserves among the Persians, and introduced the custom the more readily because hunting was the national sport in Macedon. In Greece hunting was usual, except where, as in Attica, the land was too much cultivated to make it possible. Hence Polybius, an Arcadian, was a keen hunter. Among the Romans, however, the sport did not flourish, and was regarded as something exotic. Hence Scipio, as in later times the emperor Hadrian, occasioned surprise by his devotion to hunting.

πάντα τὸν τοῦ πολέμου[1] χρόνον, κεκυνηγῆσθαι δὲ μηδέποτε τῶν τεττάρων ἐτῶν διὰ τοὺς περισπασμούς·[2] ᾗ καὶ θηρίων ὑπῆρχε πλήρη παντοδαπῶν. (**57**) τοῦ δὲ πολέμου λαβόντος κρίσιν ὁ Λεύκιος, καλλίστην ὑπολαμβάνων καὶ τὴν ἄσκησιν καὶ τὴν ψυχαγωγίαν[3] ὑπάρχειν τοῖς νέοις τὴν περὶ τὰ κυνηγέσια, τούς τε κυνηγοὺς συνέστησε[4] τοὺς βασιλικοὺς τῷ Σκιπίωνι καὶ τὴν ἐξουσίαν τὴν περὶ τὰ κυνηγέσια παρέδωκε τούτῳ πᾶσαν· ἧς ἐπιλαβόμενος[5] ὁ προειρημένος καὶ νομίσας οἱονεὶ βασιλεύειν, ἐν τούτῳ κατεγίνετο πάντα τὸν χρόνον, ὅσον ἐπέμεινε τὸ στρατόπεδον μετὰ τὴν μάχην[6] ἐν τῇ Μακεδονίᾳ. (**58**) γενομένης[7] δὲ μεγάλης ἐξουσίας περὶ τοῦτο τὸ μέρος, ὡς κατά τε τὴν ἡλικίαν ἀκμαίως ἔχοντος αὐτοῦ καὶ κατὰ φύσιν οἰκείως διακειμένου, καθάπερ εὐγενοῦς σκύλακος, ἐπίμονον αὐτοῦ συνέβη γενέσθαι τὴν περὶ τὰς κυνηγεσίας ὁρμήν· διὸ καὶ παραγενόμενος εἰς τὴν Ῥώμην καὶ προσλαβὼν τὸν τοῦ Πολυβίου πρὸς τοῦτο τὸ μέρος ἐνθουσιασμόν,[8] ἐφ᾽ ὅσον οἱ λοιποὶ τῶν νέων περὶ

---

1 The war between Macedon and Rome (171-168 B.C.).

2 περισπασμός, 'distraction, impediment,' occasioned by the war.

3 ψυχαγωγία, 'pastime.'

4 συνιστάναι, 'place at the disposal.' βασιλικούς, those of King Perseus.

5 ἐπιλαβόμενος, 'eagerly taking to.' οἱονεί, 'as it were.'

6 μάχην, Pydna.

7 The two clauses in gen. abs. give two different reasons for his ἐπίμονος ('permanent') ὁρμή. οἰκείως, 'suitably,' to make a keen hunter.

8 ἐνθονστασμός: the word is Attic only in the literal sense of 'inspiration.'

τὰς κρίσεις καὶ τοὺς χαιρετισμοὺς[1] ἐσπούδαζον κατὰ τὴν ἀγορὰν ποιούμενοι τὴν διατριβὴν καὶ διὰ τούτων συνιστάνειν[2] ἑαυτοὺς ἐπειρῶντο τοῖς πολλοῖς, ἐπὶ τοσοῦτον ὁ Σκιπίων ἐν ταῖς κυνηγεσίαις ἀναστρεφόμενος καὶ λαμπρὸν ἀεί τι ποιῶν καὶ μνήμης ἄξιον καλλίω δόξαν ἐξεφέρετο[3] τῶν ἄλλων. (**59**) οἷς[4] μὲν γὰρ οὐκ ἦν ἐπαίνου τυχεῖν, εἰ μὴ βλάψαιέν τινα τῶν πολιτῶν (ὁ γὰρ τῶν κρίσεων τρόπος τοῦτ' ἐπιφέρειν εἴωθεν) ὃ δ' ἁπλῶς οὐδένα λυπῶν ἐξεφέρετο τὴν ἐπ' ἀνδρείᾳ δόξαν πάνδημον, ἔργῳ πρὸς λόγον[5] ἁμιλλώμενος. (**60**) τοιγαροῦν ὀλίγῳ χρόνῳ τοσοῦτον παρέδραμε τοὺς καθ' αὑτόν, ὅσον οὐδείς πω μνημονεύεται Ῥωμαίων, καίπερ τὴν ἐναντίαν ὁδὸν πορευθεὶς ἐν φιλοδοξίᾳ τοῖς ἄλλοις ἅπασι πρὸς[6] τὰ Ῥωμαίων ἔθη καὶ νόμιμα.

(**61**) Ἐγὼ δὲ πλείω πεποίημαι λόγον ὑπὲρ τῆς Σκιπίωνος αἱρέσεως ἐκ τῆς πρώτης ἡλικίας, ἡδεῖαν μὲν ὑπολαμβάνων εἶναι τοῖς πρεσβυτέροις ὠφέλιμον δὲ τοῖς νέοις τὴν τοιαύτην ἱστορίαν, μάλιστα δὲ βουλόμενος πίστιν παρασκευάζειν τοῖς μέλλουσι

1 The salutations are meant, i.e. not only the receptions of prominent persons at their houses, but also the greetings in the forum by those who came there in attendance on important citizens for lawsuits and other business.

2 συνιστάνειν: colloquial form of συνιστάναι, serving here to avoid the hiatus.

3 ἐξεφέρετο, 'won from it.'

4 οἷς, demonstrative.

5 His ἔργα were more effectual than their λόγοι.

6 πρός, 'in reference to, in his attitude towards.'

λέγεσθαι ἐν ταῖς ἑξῆς βύβλοις περὶ αὐτοῦ, πρὸς τὸ μήτε διαπορεῖν τοὺς ἀκούοντας διὰ τὸ παράδοξά[1] τινα φανήσεσθαι τῶν συμβαινόντων μετὰ ταῦτα περὶ αὐτὸν μήτ' ἀφαιρουμένους τἀνδρὸς τὰ κατὰ λόγον γεγονότα κατορθώματα[2] τῇ τύχῃ προσάπτειν, ἀγνοοῦντας τὰς αἰτίας ἐξ ὧν ἕκαστα συνέβη γενέσθαι, πλὴν τελέως ὀλίγων, ἃ δεῖ μόνα προσάπτειν τῇ τύχῃ καὶ ταὐτομάτῳ.

---

1 'Because some of the things that happened later in his career will seem extraordinary.'

2 τὰ κατὰ λόγον γεγονότα κατορθώματα are the successes that were won as the result of his calculation, in contrast with what was due to mere fortune (τύχη) and luck (τὸ αὐτόματον).

XII. CHARACTER OF EMPEROR JUSTINIAN

From Procopius.

Procopius of Caesarea (ca. 500 - ca. 565) was the last major historian of the Greco-Roman world. Born in Caesarea (a few miles south of Haifa) in Palestine and trained as an orator and lawyer, he became the legal advisor to General Belisarius, the Emperor Justinian's chief military commander. As advisor he accompanied Belisarius on his Persian, African, and Italian campaigns from 527 to 540 AD, returning thereafter to Constantinople, where he presumably continued his official career. His main work is his History of the Wars of Justinian in eight books; these wars were against the Persians, against the Vandals in Africa, and against the Goths in Italy. As a member of Belisarius's staff and a careful and intelligent observer of current events, he wrote a generally reliable history of his times. Far different is his most famous work, his Secret History, Greek Ἀνέκδοτα, covering the same period as his previous History, but written at a much later period. Indeed this work, an uncritical, indeed venomous and malicious attack on Justinian, his wife Theodora, and even his patron Belisarius, could not have been openly published in the author's lifetime. It was known to the Suda lexicon and thus must have circulated clandestinely, largely because of its entertainment value; at least for those who enjoy vituperative prose. One might imagine that after a lifetime of obsequious grovelling before high officials, the author's bile overflowed in his descriptions of Justinian as an unalloyed monster of deceit and greed and of Theodora as prodigy of lust and licentiousness.

The following passage contains several chapters from Book 8 of the Secret History, Procopius's comments on the appearance and character of Emperor Justinian. Justinian was born in 483 at Tauresium in Macedonia. His father had married the sister of the Emperor Justin, who adopted his nephew. Justinian rose steadily through the ranks in the imperial court, and in 527 was crowned as Augustus, co-emperor with Justin. On Justin's death, Justinian became sole emperor, ruling for almost forty years, until his death in 565. His reign was troubled by religious dissension in the empire, by wars with the Persian Empire, and by his attempts to reconquer the western provinces of the Roman Empire which had been overrun by Germanic invaders. He recovered Africa from the Vandals, but his partially successful attempts to recover Italy from the Ostrogoths devastated the peninsula. The emperor is perhaps best known for his complete codification of Roman law in the Codex Iustinianus, the Digest, and the Pandects on a wide variety of legal topics. This codification is the basis for the modern systems of Civil Law characteristic of most European nations. (The Anglo-sphere generally uses the different system of Common Law.) It is difficult to reconcile the career of this austere and hard-working emperor with Procopius's portrayal of a monster in human guise.

Procopius writes in a classicising and clear Greek, with echoes of previous historians, especially Thucydides. Notable in the following passage is the author's use of the hyper-Attic ξυν- instead of συν-. He first gives a description of Justinian's appearance (sentence 1 below), then goes on to describe the emperor's moral character. In this section, vocabulary found only in this passage is listed at the bottom of the page, not in the end glossary.

(1) Οὐκ ἀπὸ δὲ καιροῦ ἡγοῦμαι εἶναι καὶ τὸ εἶδος τούτου δὴ τοῦ ἀνθρώπου σημῆναι. τὸ μὲν οὖν σῶμα οὔτε μακρὸς οὔτε κολοβὸς ἄγαν, ἀλλὰ μέτριος ἦν, οὐ μέντοι ἰσχνὸς, ἀλλὰ κατὰ βραχὺ εὔσαρκος, τὴν δὲ δὴ ὄψιν στρογγύλος τε καὶ οὐκ ἄμορφος· ἐπυρρία[1] γὰρ καὶ δυοῖν ἡμέραιν ἀπόσιτος[2] ὤν . . . **(2)** τὸ μὲν οὖν εἶδος τοιοῦτός τις ἦν· τὸν δὲ τρόπον ἐς μὲν τὸ ἀκριβὲς οὐκ ἂν φράσαιμι. ἦν γὰρ οὗτος ἀνὴρ κακοῦργός τε καὶ εὐπαράγωγος, ὅν δὴ μωροκακοήθη[3] καλοῦσιν, οὔτε αὐτὸς ἀληθιζόμενος τοῖς ἐντυγχάνουσιν, ἀλλὰ νῷ δολερῷ ἅπαντα ἐς ἀεὶ λέγων καὶ πράττων, καὶ τοῖς ἐξαπατᾶν ἐθέλουσιν ἀποκείμενος[4] οὐδενὶ πόνῳ. **(3)** καί τις ἀήθης κρᾶσις ἐν αὐτῷ ἐπεφύκει ἔκ τε ἀνοίας καὶ κακοτροπίας ξυγκεκραμένη[5]· καὶ τάχα τοῦτο ἦν ὅπερ ἐν τοῖς ἄνω χρόνοις τῶν τις ἐκ τοῦ

---

1 ἐπυρρία impf. πυρριάω, to have a ruddy complexion.

2 ἀπόσιτος, fasting (lit. away from food).

3 εὐπαράγωγος, easily led astray; μωροκακοήθη, foolishly wicked or criminally stupid.

4 ἀποκείμενος, exposed to, i.e. he could be easily deceived by those who wanted to trick him.

5 ξυγκεκραμένη, συν-κεράννυμι, mix, blend together.

Περιπάτου φιλοσόφων ἀπεφθέγξατο[1], ὡς καὶ τά ἐναντιώτατα ἐν ἀνθρώπου φύσει ξυμβαίνει εἶναι, ὥσπερ ἐν τῶν χρωμάτων τῇ μίξει. **(4)** (γράφω μέντοι ὧν μοι ἐφικέσθαι[2] οὐ δυνατὸν γέγονεν.) ἦν τοίνυν ὁ βασιλεὺς οὗτος εἴρων[3], δολερὸς, κατάπλαστος, σκότιος ὀργὴν, διπλοῦς, ἄνθρωπος δεινὸς, ὑποκρίνασθαι γνώμην τελεώτατος, καὶ δάκρυα οὐχ ὑφ' ἡδονῆς τινος ἢ πάθους ἐκφέρων, ἀλλὰ τεχνάζων ἐπὶ καιροῦ κατὰ τὸ τῆς χρείας παρὸν, ψευδόμενος ἐς ἀεὶ, οὐκ εἰκῇ μέντοι, ἀλλὰ καὶ γράμματα καὶ ὅρκους δεινοτάτους ἐπὶ τοῖς ξυγκειμένοις[4] πεποιημένος, καὶ ταῦτα πρὸς τοὺς κατηκόους[5] τοὺς αὑτοῦ. **(5)** ἀνεχώρει δὲ τῶν τε ὡμολογημένων καὶ ὀμωμοσμένων[6] εὐθὺς, ὥσπερ τῶν ἀνδραπόδων τά χείριστα, δέει[7] τῶν ἐγκειμένων σφίσι βασάνων διώμοτα[8] εἰς τὴν ὁμολογίαν ἠγμένα. **(6)** φίλος ἀβέβαιος, ἐχθρὸς ἄσπονδος[9] , φόνων τε καὶ χρημάτων διάπυρος[10] ἐραστὴς . . . **(7)** πῶς ἄν

---

1 ἀπεφθέγξατο, ἀπο-φθέγγω, say, declare; 'those from the Peripatos' are philosophers in the school of Aristotle.

2 ἐφικέσθαι, ἐφ-ικνέομαι with gen. case, attain to, reach; Procopius does not claim to have personal knowledge of what he is about to reveal.

3 Following is a list of adjectives applying to the emperor: κατάπλαστος (lit. plastered over), hypocritical, σκότιος ὀργὴν, secret in his anger, διπλοῦς, two-faced; τεχνάζων . . . κατὰ τὸ τῆς χρείας παρὸν, inventing according to immediate needs.

4 οἱ ξυγκείμενοι, his agreements.

5 οἱ κατήκοοι, his own subjects.

6 τῶν τε ὡμολογημένων καὶ ὀμωμοσμένων, of things he had agreed to and sworn to (ὄμνυμι, swear an oath).

7 δέει, v. δέος.

8 διώμοτα, δι-όμνυμι, to swear solemnly.

9 ἀβέβαιος, ἄσπονδος, α privative; v. βέβαιος, σπονδή.

10 διάπυρος, red-hot; a good example of δι, as an intensive verbal prefix like ζα-, "very"; δι-όμνυμι in the previous sentence is another example.

τις τῶν Ἰουστινιανοῦ τρόπων ἐφικέσθαι τῷ λόγῳ[1] δυνατὸς εἴη; ταῦτά τε καὶ πολλὰ ἔτι μείζω κακὰ οὐ κατὰ ἄνθρωπον ἔχων ἐφαίνετο, ἀλλὰ πᾶσαν ἡ Φύσις ἐδόκει τὴν κακοτροπίαν ἀφελομένη[2] τοὺς ἄλλους ἀνθρώπους ἐν τῇ τοῦδε τοῦ ἀνδρὸς καταθέσθαι ψυχῇ. **(8)** ἦν δὲ πρὸς τοῖς ἄλλοις ἐς μὲν τὰς διαβολὰς εὔκολος[3] ἄγαν, ἐς δὲ τὰς τιμωρίας ὀξύς. οὐ γάρ τι πώποτε διερευνησάμενος[4] ἔκρινεν, ἀλλ' ἀκούσας τοῦ διαβάλλοντος τὴν γνῶσιν εὐθὺς ἐξενεγκεῖν ἔγνω. **(9)** ἔγραφέ τε γράμματα[5] οὐδεμιᾷ ὀκνήσει[6], χωρίων τε ἁλώσεις[7] καὶ πόλεων ἐμπρησμοὺς καὶ ὅλων ἐθνῶν ἀνδραποδισμοὺς ἐξ αἰτίας οὐδεμιᾶς ἔχοντα. **(10)** ὥστε εἴ τις ἄνωθεν ἅπαντα τὰ Ῥωμαίοις ξυνενεχθέντα[8] σταθμώμενος[9] ἀντισηκοῦν αὐτὰ τούτοις ἐθέλοι, δοκεῖ μοι ἂν πλείω φόνον εὑρέσθαι ἀνθρώπων πρὸς τοῦ ἀνδρὸς τοῦδε ξυμβάντα ἢ ἐν τῷ ἄλλῳ παντὶ αἰῶνι γεγενῆσθαι τετύχηκε. **(11)** τῶν δὲ ἄλλων χρημάτων ἐς μὲν τὴν ἀναίσθητον[10] κτῆσιν ἀοκνότατος ἦν·

---

1 τῷ λόγῳ, i.e. in a history or any other narrative.

2 τὴν κακοτροπίαν ἀφελομένη (ἀφ-αιρέω) τοὺς ἄλλους ἀνθρώπους, the verb ἀφ-αιρέω often takes two accusatives, the thing taken (κακοτροπία) and the persons from whom it is taken (οἱ ἄλλοι ἄνθρωποι).

3 εὔκολος, easily led.

4 διερευνησάμενος, δι-ερευνάω, to examine closely or thoroughly; Justinian did not examine the accusations, but quickly condemned.

5 γράμματα are his orders and decrees.

6 ὀκνήσις, hesitation.

7 ἁλώσεις (from ἁλίσκομαι) captures, sackings; ἐμπρησμοί, burnings; ἀνδραποδισμοί, enslavement.

8 ξυνενεχθέντα v. συμ-φέρω "things that happen to".

9 σταθμάω, estimate; ἀντισκηνόω, compensate, balance against. αὐτὰ are all the things that happened in the past; τούτοις are the things that happened "here," under Justinian. πρὸς τοῦ ἀνδρὸς, at the hands of . . .

10 ἀν-αίσθητον, α privative; see αἰσθητός; ἀοκνότατος, again α privative in an adjective from ὀκνέω.

οὐδὲ γὰρ οὐδὲ σκῆψιν[1] ἠξίου τινὰ παραπέτασμα τοῦ δικαίου[2] προβεβλημένος τῶν οὐ προσηκόντων ἐπιβατεύειν·[3] γενομένων δὲ οἰκείων[4] ἑτοιμότατος ἦν ἀλογίστῳ φιλοτιμίᾳ περιφρονεῖν[5] τε καὶ τοῖς βαρβάροις προΐεσθαι οὐδενὶ λόγῳ. **(12)** καὶ τὸ ξύμπαν εἰπεῖν, χρήματα οὔτε αὐτὸς εἶχεν οὔτε ἄλλον τινὰ ἔχειν τῶν ἁπάντων εἴα, ὥσπερ οὐ φιλοχρηματίας ἡσσώμενος,[6] ἀλλὰ φθόνῳ ἐς τοὺς ταῦτα κεκτημένους ἐχόμενος. **(13)** ἐξοικίσας[7] οὖν ῥᾷστα τὸν πλοῦτον ἐκ Ῥωμαίων τῆς γῆς πενίας δημιουργὸς ἅπασι γέγονεν.

---

1 σκῆψις, excuse.

2 παραπέτασμα τοῦ δικαίου, a screen of justice, i.e. a pretence of acting justly.

3 ἐπιβατεύειν, to usurp, seize under some pretext.

4 γενομένων δὲ οἰκείων, i.e. τῶν χρημάτων.

5 περιφρονεῖν, to despise, i.e. the money, hold it in little esteem.

6 ἡσσάομαι, to be inferior to, defeated by (w. genitive).

7 ἐξοικίζω, banish.

XIII. CUSTOMS OF THE CELTS

From Posidonius.

Strabo, a learned man of Amasea in Pontus, was drawn to Rome immediately after the ending of the civil war that brought Octavius to the throne; and there he worked as a historian. His *Geography* was written from the historical point of view, and was intended for the educated public in general; and, though he deals carefully with the mathematical ground-work of geography, it cannot be said that he possessed the requisite scientific attainments. But he made the best use of the available literary material, and picked up, for the most part in Rome, a wonderfully just knowledge of the Empire. Hence this work of his old age, produced in the early years of Tiberius' reign, gives a survey of the geographical and ethnographical knowledge of the time, which does in fact impress us through the author's mastery over his material. The influence of previous writers is seen everywhere: the foundation is the geography of Artemidorus of Ephesus, written about 100 B.C.. Strabo also used Latin books and obtained information from Roman official sources. The influence of Posidonius too is strong, although Strabo had little sympathy with the religious disposition and artistic bias of Posidonius. The latter was the last great historian who had understood and described the connexion between the character of a country and its inhabitants, between the nature and the history of countries; and his influence was the more considerable, in that he was the last scholar and author with a great style that antiquity produced.

Posidonius was born at Apamea in Syria. In the time of Augustus it was a town of 170,000 inhabitants, now a ruin about 50 km. N.W. of Hama, Syria. He received his education at Athens and Rhodes, and settled permanently at the latter place, after making long voyages in the western seas and visiting Rome, where, following the example of Polybius and Panaetius, he attached himself to the ruling oligarchy. To this society he remained faithful, not only when Mithridates won over to his side the greatest part of the Greeks, but also in the history that he wrote as a continuation of Polybius, though he was not blind to the social evils, especially, that of slavery, which first grew to dangerous proportions under the Roman system. When he established himself in Rhodes, that island was the centre of freedom and learning, of astronomy which, mainly through Hipparchus, the discoverer of trigonometry, had made its home there, and of scientific grammar. At Rhodes, Cicero and Varro heard him, as did Pompey during his eastern expeditions. He was to the Romans for many years the embodiment of Hellenic culture. Though a Stoic, he had studied Plato and Aristotle. Like Aristotle he ranged over the several sciences, especially the natural sciences, and sought to comprehend the World and Life in their broadest aspects. He himself wrote on mathematics, and endeavoured to ascertain by calculation the measurement of the earth's circumference, and the size and distance of the sun, mingling exact science with audacious hypotheses, yet often arriving nearer the truth than the specialists. He observed the tides for himself, he thought over the circumnavigation of Africa, and the sea route to India during his voyage to the west. He apprehended geology to be the history of the earth's crust during countless ages.

His visit to Gaul occurred about 100 B.C. He made it his object to understand and to give an exhaustive description of the Celts. Being a philosopher, he was not only eager, but qualified to comprehend the character of the people, both as it was manifested in their customs, and how it was influenced by their surroundings. He observed certain resemblances between that primitive people and the primitive condition of his own race. He shows no traces of any sentimental tendency, such as that which lends a charm to Tacitus' account of the Germans, but, at the same time, blurs the outline of his picture. Posidonius had but one object, to get at the truth in the interests of science.

The Celts had become known to the Greeks, when about 500 B.C. they penetrated into Southern Gaul, North Italy, and down the Danube. But it was only through the incursion of the Gauls into the Balkan peninsula, which in 279 B.C. carried them as far south as Delphi, that the Greeks came to know them well, when Macedon no longer formed an effectual barrier to the barbarians. Henceforward, and especially since the inroad of three tribes into the interior of Asia Minor, the character of the new people was generally known. Only with difficulty did it shake off its wildness. This knowledge, however, has come down to us solely through the plastic art, which, since the victories of Attalus of Pergamum, represents the strange people not merely in their outward appearance, but so as to reflect also the noble sense of freedom inherent in the race. The group of the Celt and his wife,[1] the dying Gaul of the Capitol, and the statues from the votive offering of King Attalus at Athens are the most celebrated examples. They

1 See images at Wikipedia, Dying-Gaul.

merit comparison with the description of Posidonius. Later ages added hardly anything to them. It is only in the provincial art of after times that we can find fresh material, but the type of figure is no longer the true Celtic. Images at:

When Caesar formed the great design of conquering Gaul, he took with him the history of Posidonius; and his description of the Gauls is based on this earlier account. The two should be compared. In Latin literature the great history excited the emulation of Tacitus in his geographical digressions; and a further development leads the way to the *Germania* of Tacitus.

We possess but little of Posidonius in its original form; of what there is the best is contained in the piece lettered *c*. Strabo gives in his own arrangement and language an intelligently made extract. More detailed, and less independent, the work of a small mind and a small stylist, is the selection given by Diodorus, who compiled his World's History in the first years of Augustus' reign. — In the following passages, repetitions are avoided as much as possible by cutting down the text. It was impossible to do this thoroughly. But the reader has here an opportunity of realising that we possess many ancient works of authority only through the medium of excerptors and imitators of widely different capacity.

a. Extract by Strabo.

(**1**) Τὸ δὲ σύμπαν φῦλον, ὃ νῦν Γαλλικόν τε καὶ Γαλατικὸν καλοῦσιν, ἀρειμάνιόν[1] ἐστι καὶ θυμικόν τε καὶ ταχὺ πρὸς μάχην, ἄλλως δὲ ἁπλοῦν καὶ οὐ κακόηθες. (**2**) διὰ δὲ τοῦτο ἐρεθισθέντες μὲν ἀθρόοι συνίασι πρὸς τοὺς ἀγῶνας καὶ φανερῶς καὶ οὐ μετὰ περισκέψεως,[2] ὥστε καὶ εὐμεταχείριστοι γίνονται τοῖς καταστρατηγεῖν[3] ἐθέλουσι· καὶ γὰρ ὅτε βούλεται καὶ ὅπου καὶ ἀφ' ἧς[4] ἔτυχε προφάσεως παροξύνας τις αὐτοὺς ἑτοίμους ἔσχε πρὸς τὸν κίνδυνον, πλὴν

1 ἀρειμάνιον, ἄρει μιμηνός, 'warlike.'

2 περίσκεψις, 'consideration.'

3 κατα-οτρατηγεῖν, 'conquer by stratagem': στρατηγία versus βία and τόλμα.

4 ἀφ' ἧς ἔτυχε (παροξῦναι) προφάσεως: we say 'on any pretext he chooses.'

βίας καὶ τόλμης οὐδὲν ἔχοντας τὸ συναγωνιζόμενον. (**3**) παραπεισθέντες δὲ εὐμαρῶς ἐνδιδόασι πρὸς[1] τὸ χρήσιμον, ὥστε καὶ παιδείας ἅπτεσθαι καὶ λόγον.[2] τῆς δὲ βίας τὸ μὲν ἐκ τῶν σωμάτων ἐστὶ μεγάλων ὄντων, τὸ δ' ἐκ τοῦ πλήθους· συνίασι δὲ κατὰ πλῆθος ῥᾳδίως διὰ τὸ ἁπλοῦν ακὶ αὐθέκαστον,[3] συναγανακτούντων τοῖς ἀδικεῖσθαι δοκοῦσιν ἀεὶ τῶν πλησίον. (**4**) νυνὶ μὲν οὖν ἐν εἰρήνῃ πάντες εἰσὶ δεδουλωμένοι καὶ ζῶντες κατὰ τὰ προστάγματα τῶν ἑλόντων αὐτοὺς Ῥωμαίων, ἀλλ' ἐκ τῶν παλαιῶν χρόνων τοῦτο λαμβάνομεν περὶ αὐτῶν καὶ τῶν[4] μέχρι νῦν συμμενόντων παρὰ τοῖς Γερμανοῖς νομίμων. (**5**) καὶ γὰρ τῇ φύσει καὶ τοῖς πολιτεύμασιν ἐμφερεῖς εἰσι καὶ συγγενεῖς ἀλλήλοις οὗτοι, ὅμορόν τε οἰκοῦσι χώραν διοριζομένην τῷ Ῥήνῳ ποταμῷ καὶ παραπλήσια ἔχουσαν τὰ πλεῖστα. (**6**) διὰ τοῦτο δὲ καὶ τὰς μεταναστάσεις αὐτῶν ῥᾳδίως ὑπάρχειν συμβαίνει, φερομένων ἀγεληδὸν καὶ πανστρατιᾷ, μᾶλλον[5] δὲ καὶ πανοικίων ἐξαιρόντων, ὅταν ὑπ' ἄλλων ἐκβάλλωνται κρειττόνων. (**7**) οἵ τε Ῥωμαῖοι πολὺ ῥᾷον τούτους ἐχειρώσαντο ἢ τοὺς Ἴβηρας· καὶ

---

1 πρὸς τὸ χρήσιμον, so that it is possible χρῆσθαι αὐτοῖς, 'they give in readily and become sociable.'

2 λόγος, 'rhetoric,' the staple of the ancient higher education, in which the Gauls became very proficient.

3 αὐθέκαστον, 'bluntness,' whence quarrels readily arise, and when any one has a grievance, his neighbours share his resentment (συναγανακτεῖν).

4 τῶν, governed by ἐκ, not by περί.

5 μᾶλλον δέ, 'or rather.' πανοίκιος is an adjective from πανοικία. ἐξαίρειν = ἀπαίρειν, intrans.

γὰρ ἤρξαντο πρότερον καὶ ἐπαύσαντο ὕστερον ἐκείνοις πολεμοῦντες, τούτους δ' ἐν τῷ μεταξὺ χρόνῳ σύμπαντας κατέλυσαν, τοὺς ἀνὰ μέσον Ῥήνου καὶ τῶν Πυρηναίων ὀρῶν. (**8**) ἀθρόοι γὰρ καὶ κατὰ πλῆθος ἐμπίπτοντες ἀθρόοι κατελύοντο, οἳ δ' ἐταμίευον καὶ κατεκερμάτιζον τοὺς ἀγῶνας,[1] ἄλλοτε ἄλλοι καὶ κατ' ἄλλα μέρη ληστρικῶς πολεμοῦντες. (**9**) Εἰσὶ μὲν οὖν μαχηταὶ πάντες τῇ φύσει, κρείττους δ' ἱππόται ἢ πεζοί, καὶ ἔστι Ῥωμαίοις τῆς ἱππείας ἡ ἀρίστη παρὰ τούτων. (**10**) ἀεὶ δὲ οἱ προσβορρότεροι καὶ παρωκεανῖται[2] μαχιμώτεροι. (**11**) τούτων δὲ τοὺς Βέλγας ἀρίστους φασίν, εἰς πεντεκαίδεκα ἔθνη διῃρημένους, τὰ μεταξὺ τοῦ Ῥήνου καὶ τοῦ Λίγηρος παροικοῦντα τὸν ὠκεανόν, οὓς καὶ μόνους ἀντισχεῖν πρὸς τὴν τῶν Γερμανῶν ἔφοδον, Κίμβρων καὶ Τευτόνων. (**12**) αὐτῶν δὲ τῶν Βελγῶν Βελλοάκους ἀρίστους φασί, μετὰ δὲ τούτους Σουεσσίωνας. (**13**) τῆς δὲ πολυανθρωπίας σημεῖον· εἰς[3] γὰρ τριάκοντα μυριάδας ἐξετάζεσθαί φασι τῶν Βελγῶν πρότερον τῶν δυναμένων φέρειν ὅπλα. ἐξ ὧν ἡ πολυανθρωπία φαίνεται καί, ὅπερ εἶπον, ἡ τῶν γυναικῶν ἀρετὴ πρὸς τὸ τίκτειν καὶ ἐκτρέφειν τοὺς παῖδας.

---

1 The Spaniards 'regulated and split up (lit. changed into small money, κέρματα) the fighting' into a number of scattered campaigns, carrying on a guerrilla warfare, 'like freebooters' (ληστρικῶς). Hence it took long to subdue them.

2 παρ-ωκεανίτης, ὁ παρὰ τῷ ὠκεανῷ (Atlantic) οἰκῶν.

3 εἰς, 'as many as.'

(**14**) Σαγηφοροῦσι[1] δὲ καὶ κομοτροφοῦσι καὶ ἀναξυρίσι χρῶνται περιτεταμέναις, ἀντὶ δὲ χιτώνων σχιστοὺς[2] χειριδωτοὺς φέρουσι. (**15**) ἡ δ' ἐρέα[3] τραχεῖα μὲν ἀκρόμαλλος δέ, ἀφ' ἧς τοὺς δασεῖς σάγους ἐξυφαίνουσιν οὓς λαίνας[4] καλοῦσιν· οἱ μέντοι Ῥωμαῖοι καὶ ἐν τοῖς προσβορροτάτοις ὑποδιφθέρους[5] τρέφουσι ποίμνας ἱκανῶς[6] ἀστείας ἐρέας. (**16**) ὁπλισμὸς δὲ σύμμετρος τοῖς τῶν σωμάτων μεγέθεσι, μάχαιρα μακρὰ παρηρτημένη παρὰ τὸ δεξιὸν πλευρόν, καὶ θυρεὸς μακρὸς καὶ λόγχαι κατὰ[7] λόγον καὶ παλτοῦ τι εἶδος. χρῶνται δὲ καὶ τόξοις ἔνιοι καὶ σφενδόναις· ἔστι δέ τι καὶ γρόσφῳ[8] ἐοικὸς ξύλον, ἐκ χειρός, οὐκ ἐξ ἀγκύλης ἀφιέμενον, τηλεβολώτερον καὶ βέλους, ᾧ μάλιστα καὶ πρὸς τὰς τῶν ὀρνέων χρῶνται θήρας.

(**17**) χαμευνοῦσι[9] δὲ καὶ μέχρι νῦν οἱ πολλοὶ καὶ καθεζόμενοι δειπνοῦσιν ἐν στιβάσι. (**18**) τροφὴ δὲ

---

1 σαγηφορεῖν, 'to wear the soldier's cloak' (sagum), l. 18: κομοτροφεῖν, 'let the hair (coma) grow': περι-τεταμένος (τείνω), 'wide.'

2 σχιστός, 'slit,' but here as subst. for χιτὼν σχιστός: χιειριδωτός, having χειρῖδες, sleeves. He is merely describing a jacket which the Greeks did not use.

3 ἐρέα, late form for ἔριον. ἀκρόμαλλος, 'with long flocks.'

4 λαῖνα = laena, see χλαῖνα.

5 ὑποδίφθερος: the Romans introduced into Gaul the South Italian, originally Greek, method of sheep farming; the sheep, having fine wool, were covered with skins.

6 ἱκανῶς ἀ. ἐρέας, 'with fairly fine wool.'

7 κατὰ λόγον, 'in proportion,' as regards length.

8 γρόσφος is the short javelin of light-armed troops.

9 χαμ-ευνεῖν, χαμαὶ (on the ground) εὐνᾶσθαι.

πλείστη διὰ γάλακτος καὶ κρεῶν παντοίων, μάλιστα δὲ τῶν ὑείων, καὶ νέων καὶ ἁλιστῶν. αἱ δ' ὕες καὶ ἀγραυλοῦσιν,[1] ὕψει τε καὶ ἀλκῷ καὶ τάχει διαφέρουσαι· κίνδυνος γοῦν ἐστι τῷ ἀήθει προσιόντι, ὡσαύτως καὶ λύκῳ. (**19**) τοὺς δ' οἴκους ἐκ σανίδων καὶ γέρρων ἔχουσι μεγάλους θολοειδεῖς,[2] ὄροφον πολὺν ἐπιβάλλοντες. (**20**) οὕτως δ' ἐστὶ δαψιλῆ καὶ τὰ ποίμνια καὶ τὰ ὑοφόρβια[3] ὥστε τῶν σάγων καὶ τῆς ταριχείας[4] ἀφθονίαν μὴ τῇ Ῥώμῃ χορηγεῖσθαι μόνον, ἀλλὰ καὶ τοῖς πλείστοις μέρεσι τῆς Ἰταλίας.

(**21**) Ἀριστοκρατικαὶ δ' ἦσαν αἱ πλείους τῶν πολιτειῶν· ἕνα δ' ἡγεμόνα ᾑροῦντο κατ' ἐνιαυτὸν τὸ παλαιόν, ὡς[5] δ' αὔτως εἰς πόλεμον εἷς ὑπὸ τοῦ πλήθους ἀπεδείκνυτο στρατηγός· νυνὶ δὲ προσέχουσι τοῖς τῶν Ῥωμαίων προστάγμασι τὸ πλέον. (**22**) ἴδιον δὲ τὸ ἐν τοῖς συνεδρίοις συμβαῖνον· ἐὰν γάρ τις θορυβῇ τὸν λέγοντα καὶ ὑποκρούσῃ, προσιὼν ὁ ὑπηρέτης ἐσπασμένος[6] τὸ ξίφος κελεύει σιγᾶν μετ' ἀπειλῆς, μὴ παυομένου δέ, καὶ δεύτερον καὶ τρίτον ποιεῖ τὸ αὐτό, τελευταῖον δὲ ἀφαιρεῖ τοῦ σάγου τοσοῦτον ὅσον ἄχρηστον ποιῆσαι τὸ λοιπόν.

---

1 ἀγραυλοῦσιν: in contrast with those kept in confinement.

2 θολο-ειδής, 'round.'

3 ὑοφόρβιον, 'herd of swine.'

4 ταριχεία, for the older τάριχος, is meat preserved by drying, smoking, or salting.

5 ὡς δ' αὔτως = ὡσαύτως δέ.

6 ἐσπασμένος: see σπάω.

(**23**) παρὰ πᾶσι δ' ὡς ἐπίπαν τρία φῦλα τῶν τιμωμένων διαφερόντως ἐστί, βάρδοι τε καὶ ὀυάτεις καὶ δρυΐδαι· βάρδοι μὲν ὑμνηταί καὶ ποιηταί, ὀυάτεις δὲ ἱεροποιοὶ καὶ φυσιολόγοι,[1] δρυΐδαι δὲ πρὸς τῇ φυσιολογίᾳ καὶ τὴν ἠθικὴν φιλοσοφίαν ἀσκοῦσι· δικαιότατοι δὲ νομίζονται[2] καὶ διὰ τοῦτο πιστεύονται τάς τε ἰδιωτικὰς κρίσεις καὶ τὰς κοινάς, ὥστε καὶ πολέμους διῄτων[3] πρότερον καὶ παρατάττεσθαι μέλλοντας ἔπαυον, τὰς δὲ φονικὰς δίκας μάλιστα τούτοις ἐπετέτραπτο δικάζειν.

b. Extract by Diodoros, V. 25.

(**24**) Ἡ τοίνυν Γαλατία κατοικεῖται μὲν ὑπὸ πολλῶν ἐθνῶν διαφόρων τοῖς μεγέθεσι· τὰ μέγιστα γὰρ αὐτῶν σχεδὸν εἴκοσι μυριάδας ἀνδρῶν ἔχει, τὰ δ' ἐλάχιστα πέντε μυράδας, ὧν ἐστιν ἕν πρὸς Ῥωμαίους[4] ἔχον συγγένειαν παλαιὰν καὶ φιλίαν τὴν μέχρι τῶν καθ' ἡμᾶς χρόνων διαμένουσαν. (**25**) κειμένη δὲ κατὰ τὸ πλεῖστον ὑπὸ τὰς ἄρκτους χειμέριός ἐστι καὶ ψυχρὰ διαφερόντως.[5] (**26**) κατὰ γὰρ τὴν χειμερινὴν ὥραν ἐν ταῖς συννεφέσιν ἡμέραις ἀντὶ μὲν τῶν ὄμβρων χιόνι πολλῇ νίφεται, κατὰ δὲ

---

1 They manage religious ceremonies and study nature.

2 i.e. Druids.

3 δι-αιρέω, imperfect, used to separate before Roman times.

4 The Aedui are meant. Diodorus copies Posidonius closely, without bringing his statements up to date. The Aedui had in point of fact revolted against Caesar, and when Diodorus wrote their 'friendship' with Rome had lost its significance.

5 The cold of the northern winter, which had struck Posidonius, is wrongly attributed by Diodorus to the whole of Gaul.

τὰς αἰθρίας κρυστάλλῳ καὶ πάγοις ἐξαισίοις πλήθει,[1] δἰ ὧν οἱ ποταμοὶ πηγνύμενοι διὰ τῆς ἰδίας φύσεως γεφυροῦνται· οὐ μόνον γὰρ οἱ τυχόντες ὁδῖται κατ' ὀλίγους κατὰ τοῦ κρυστάλλου πορευόμενοι διαβαίνουσιν, ἀλλὰ καὶ στρατοπέδων μυριάδες μετὰ σκευοφόρων καὶ ἁμαξῶν γεμουσῶν ἀσφαλῶς περαιοῦνται. καὶ τοῦ κρυστάλλου διὰ τὴν φυσικὴν λειότητα ποιοῦντος τοὺς διαβαίνοντας ὀλισθάνειν, ἀχύρων ἐπιβαλλομένων ἀσφαλῆ τὴν διάβασιν ἔχουσι.

(**27**) Διὰ δὲ τὴν ὑπερβολὴν τοῦ ψύχους διαφθειρομένης τῆς κατὰ τὸν ἀέρα κράσεως οὔτε οἶνον οὔτε ἔλαιον φέρει· διόπερ τῶν Γαλατῶν οἱ τούτων τῶν καρηῶν στερισκόμενοι πόμα κατασκευάζουσιν ἐκ τῆς κριθῆς τὸ προσαγορευόμενον ζύθος,[2] καὶ τὰ κηρία πλύνοντες τῷ τούτων ἀποπλύματι[3] χρῶνται. (**28**) κάτοινοι δὲ ὄντες καθ᾽ ὑπερβολὴν τὸν εἰσαγόμενον ὑπὸ τῶν ἐμπόρων οἶνον ἄκρατον ἐμφοροῦνται, καὶ διὰ τὴν ἐπιθυμίαν λάβρῳ χρώμενοι τῷ ποτῷ καὶ μεθυσθέντες εἰς ὕπνον ἢ μανιώδεις διαθέσεις τρέπονται. (**29**) διὸ καὶ πολλοὶ τῶν Ἰταλικῶν ἐμπόρων διὰ τὴν συνήθη φιλαργυρίαν ἕρμαιον ἡγοῦνται τὴν τῶν Γαλατῶν φιλοινίαν. (**30**) οὗτοι γὰρ

---

1 The description of ice and hoarfrost is confused: Diodorus had no experience of them.

2 ζύθος, 'beer.'

3 ἀπόπλυμα, 'liquid, mead.' κάτοινος, 'given to drinking.'

διὰ μὲν τῶν πλωτῶν ποταμῶν πλοίοις, διὰ τὲ τῆς πεδιάδος χώρας ἁμάξαις κομίζοντες τὸν οἶνον, ἀντιλαμβάνουσι τιμῆς πλῆθος ἄπιστον· διδόντες γὰρ οἴνου κεράμιον ἀντιλαμβάνουσι παῖδα, τοῦ πόματος διάκονον ἀμειβόμενοι.[1]

(**31**) Κατὰ γὰρ τὴν Γαλατίαν ἄργυρος μὲν τὸ[2] σύνολον οὐ γίνεται, χρυσὸς δὲ πολύς, ὃν τοῖς ἐγχωρίοις ἡ φύσις ἄνευ μεταλλείας[3] καὶ κακοπαθείας ὑπουργεῖ. (**32**) ἡ γὰρ τῶν ποταμῶν ῥύσις, σκολιοὺς τοὺς ἀγκῶνας ἔχουσα, καὶ τοῖς τῶν παρακειμένων ὀρῶν ὄχθοις προσαράττουσα καὶ μεγάλους ἀπορρηγνῦσα κολωνούς, πληροῖ[4] χρυσοῦ ψήγματος. (**33**) τοῦτο δ' οἱ περὶ τὰς ἐργασίας ἀσχολούμενοι[5] συνάγοντες ἀλήθουσιν,[6] ἢ συγκόπτουσι τὰς ἐχούσας τὸ ψῆγμα βώλους, διὰ δὲ τῶν ὑδάτων τῆς[7] φύσεως τὸ γεῶδες ἀποπλύναντες παραδιδόασιν εἰς τὴν ἐν ταῖς καμίνοις χωνείαν.[8] (**34**) τούτῳ δὲ τῷ τρόπῳ σωρεύοντες χρυσοῦ πλῆθος καταχρῶνται πρὸς κόσμον οὐ μόνον αἱ γυναῖκες,

---

1 ἀμειβόμενοι, 'getting in exchange.' διάκονος, 'waiter.'

2 τὸ σύνολον οὐ γ., 'is wholly wanting.'

3 μεταλλεία, 'mining'; ἄνευ μ. καὶ κακοπαθείας, 'without the trouble of mining it.' ὑπουργεῖν, 'supply.' Diodorus is describing placer mining.

4 πληροῖ, intrans. = πλήθει.

5 ἀσχολεῖσθαι, 'to be engaged.'

6 ἀλήθουσιν, pound between stones.

7 τῆς φύσεως depends on τὸ γεῶδες, 'the earthy portion found in it': the object of παραδιδόασιν is τοῦτο (τὸ ψῆγμα).

8 χωνεία, 'melting.'

ἀλλὰ καὶ οἱ ἄνδρες. περὶ μὲν γὰρ τοὺς καρποὺς καὶ τοὺς βραχίονας ψέλια φοροῦσι, περὶ δὲ τοὺς αὐχένας κρίκους[1] παχεῖς ὁλοχρύσους καὶ δακτυλίους ἀξιολόγους ἔτι δὲ χρυσοῦς θώρακας. (**35**) ἴδιον δέ τι καὶ παράδοξον παρὰ τοῖς ἄνω Κελτοῖς ἐστι περὶ τὰ τεμένη τῶν θεῶν γινόμενον· ἐν γὰρ τοῖς ἱεροῖς καὶ τεμένεσιν ἐπὶ τῆς χώρας ἀνειμένοις[2] ἔρριπται πολὺς χρυσὸς ἀνατεθειμένος τοῖς θεοῖς, καὶ τῶν ἐγχωρίων οὐδεὶς ἅπτεται τούτου διὰ τὴν δεισιδαιμονίαν, καίπερ ὄντων τῶν Κελτῶν φιλαργύρων καθ' ὑπερβολήν.

(**36**) Οἱ δὲ Γαλάται τοῖς μὲν σώμασίν εἰσιν εὐμήκεις, ταῖς δὲ σαρξὶ κάθυγροι[3] καὶ λευκοί, ταῖς δὲ κόμαις οὐ μόνον ἐκ φύσεως ξανθοί, ἀλλὰ καὶ διὰ τῆς κατασκευῆς ἐπιτηδεύουσιν αὔξειν τὴν φυσικὴν τῆς χρόας ἰδιότητα. τιτάνου[4] γὰρ ἀποπλύματι σμῶντες τὰς τρίχας συνεχῶς ἀπὸ τῶν μετώπων ἐπὶ τὴν κορυφὴν καὶ τοὺς τένοντας[5] ἀνασπῶσιν, ὥστε τὴν πρόσοψιν αὐτῶν φαίνεσθαι Σατύροις καὶ Πᾶσιν

---

1 κρίκος, the torques, characteristic of the Celts and seen on figures of them.

2 A τέμενος ἀνειμένον is consecrated ground. A celebrated instance is the gold of Toulouse which was carried off by Q. Servilius Caepio, the Roman commander defeated by the Cimbri at Arausio in 105 B.C.; and the enormous booty secured by Caesar in Gaul consisted largely of this consecrated gold; cf. Caesar vi. 17.

3 κάθυγροι, 'moist,'

4 τινάνου ἀπόπλυμα, water poured on chalk, 'whitening.' Diodorus however means the sapo made of fat and ashes which the Gauls used for colouring their hair; from them it passed to the Germans. The folly of fashion brought it also to Rome (Martial xiv. 26). From this Gallic word and Gallic invention our soap is derived.

5 τένοντες, governed by ἐπί, the sinews of the neck, 'nape.'

ἐοικυῖαν· παχύνονται γὰρ αἱ τρίχες ἀπὸ τῆς κατεργασίας,[1] ὥστε μηδὲν τῆς τῶν ἵππων χαίτης διαφέρειν.[2] (**37**) τὰ δὲ γένεια τινὲς μὲν ξυρῶνται, τινὲς δὲ μετρίως τρέφουσιν· οἱ δ' εὐγενεῖς τὰς μὲν παρειὰς ἀπολεαίνουσι,[3] τὰς δ' ὑπήνας ἀνειμένας ἐῶσιν, ὥστε τὰ στόματα αὐτῶν ἐπικαλύπτεσθαι. διόπερ ἐσθιόντων μὲν αὐτῶν ἐμπλέκονται ταῖς τροφαῖς, πινόντων δὲ καθαπερεὶ[4] διά τινος ἠθμοῦ φέρεται τὸ πόμα. (**38**) δειπνοῦσι δὲ καθήμενοι πάντες, οὐκ ἐπὶ θρόνων, ἀλλ' ἐπὶ τῆς γῆς, ὑποστρώμασι[5] χρώμενοι λύκων ἢ κυνῶν δέρμασι. (**39**) διακονοῦνται δ' ὑπὸ τῶν νεωτάτων παίδων ἐχόντων[6] ἡλικίαν, ἀρρένων τε καὶ θηλειῶν. πλησίον δ' αὐτῶν ἐσχάραι κεῖνται γέμουσαι πυρὸς καὶ λέβητας ἔχουσι καὶ ὀβελοὺς πλήρεις κρεῶν ὁλομελῶν.[7] (**40**) τοὺς δ' ἀγαθοὺς ἄνδρας ταῖς καλλίσταις τῶν κρεῶν μοίραις γεραίρουσι, καθάπερ καὶ ὁ ποιητὴς τὸν Αἴαντα παρεισάγει τιμώμενον ὑπὸ τῶν ἀριστέων, ὅτε πρὸς τῶν ἀριστέων, ὅτε πρὸς Ἕκτορα μονομαχήσας ἐνίκησε,

---

1 κατεργασία, 'treatment.'

2 The extant figures of Gauls, which are taken from the Asiatic type, show only a moustache.

3 ἀπολεαίνω, 'keep smooth.' ὑπήνη is 'moustache.'

4 καθαπερ-εί, 'as if.'

5 ὑπό-στρωμα, 'mat.'

6 ἐχόντων ἡλικίαν, 'come to maturity,' qualifying νεωτάτων.

7 'With meat on them, not divided up' (ὅλον μέλος, limb), not cut into joints.

νώτοισιν δ' Αἴαντα διηνεκέεσσι γέραιρε.[1]

(**41**) καλοῦσι δὲ καὶ τοὺς ξένους ἐπὶ τὰς εὐωχίας, καὶ μετὰ τὸ δεῖπνον ἐπερωτῶσι τίνες εἰσὶ καὶ τίνων χρείαν ἔχουσιν. (**42**) εἰώθασι δὲ καὶ παρὰ τὸ δεῖπνον, ἐκ τῶν τυχόντων πρὸς τὴν διὰ τῶν λόγων ἅμιλλαν καταστάντες, ἐκ προκλήσεως μονομαχεῖν πρὸς ἀλλήλους, παρ'[2] οὐδὲν τιθέμενοι τὴν τοῦ βίου τελευτήν· ἐνισχύει γὰρ παρ' αὐτοῖς ὁ Πυθαγόρου λόγος ὅτι τὰς ψυχὰς τῶν ἀνθρώπων ἀθανάτους εἶναι συμβέβηκε καὶ δἰ ἐτῶν ὡρισμένων πάλιν βιοῦν, εἰς ἕτερον σῶμα τῆς ψυχῆς εἰσδυομένης. διὸ [3] καὶ κατὰ τὰς ταφὰς τῶν τετελευτηκότων ἐνίους ἐπιστολὰς γεγραμμένας τοῖς οἰκείοις τετελευτηκόσιν ἐμβάλλειν εἰς τὴν πυράν, ὡς τῶν τετελευτηκότων ἀναγνωσομένων ταύτας. (**43**) ἐν δὲ ταῖς ὁδοιπορίαις καὶ ταῖς μάχαις χρῶνται συνωρίσιν, ἔχοντος τοῦ ἅρματος ἡνίοχον καὶ παραβάτην. (**44**) ἀπαντῶντες δὲ τοῖς ἐφιππεύουσιν[4] ἐν τοῖς πολέμοις σαυνιάζουσι τοὺς ἐναντίους, καὶ καταβάντες εἰς τὴν ἀπὸ τοῦ ξίφους συνίστανται μάχην. (**45**) ἔνιοι δ' αὐτῶν ἐπὶ τοσοῦτο τοῦ θανάτου καταφρονοῦσιν ὥστε γυμνοὺς καὶ περιεζωσμένους καταβαίνειν εἰς τὸν κίνδυνον. (**46**) ἐπάγονται δὲ καὶ θεράποντας ἐλευθέρους ἐκ τῶν

---

1 Iliad vii. 321.

2 παρ' οὐδὲν τίθεσθαι, 'regard as nothing, of no account.'

3 The sentence is in accus. and infin. Diodorus was in the habit of writing with a book before him from which he made extracts. In doing this he sometimes writes as if he were reporting the author's statements.

4 ἐφιππεύω, attack on horseback, 'charge.' σαυνιάζω, 'hurl the javelin (σαυνίον) at.'

πενήτων καταλέγοντες, οἷς ἡνιόχοις καὶ παρασπισταῖς χρῶνται κατὰ τὰς μάχας. (**47**) κατὰ δὲ τὰς παρατάξεις εἰώθασι προάγειν τῆς παρατάξεως καὶ προκαλεῖσθαι τῶν ἀντιτεταγμένων τοὺς ἀρίστους εἰς μονομαχίαν, προανασείοντες[1] τὰ ὅπλα καὶ καταπληττόμενοι τοὺς ἐναντίους. ὅταν δέ τις ὑπακούσῃ πρὸς τὴν μάχην, τάς τε τῶν προγόνων ἀνδραγαθίας ἐξυμνοῦσι[2] καὶ τὰς ἑαυτῶν ἀρετὰς προφέρονται, καὶ τὸν ἀντιταττόμενον ἐξονειδίζουσι καὶ ταπεινοῦσι καὶ τὸ σύνολον τὸ θάρσος τῆς ψυχῆς τοῖς λόγοις προαφαιροῦνται.[3] τῶν δὲ πεσόντων πολεμίων τὰς κεφαλὰς ἀφαιροῦντες περιάπτουσι τοῖς αὐχέσι τῶν ἵππων· τὰ δὲ σκῦλα τοῖς θεράπουσι παραδόντες ᾑμαγμένα λαφυραγωγοῦσιν, ἐπιπαιανίζοντες[4] καὶ ᾄδοντες ὕμνον ἐπινίκιον, καὶ τὰ ἀκροθίνια ταῦτα ταῖς οἰκίαις προσηλοῦσιν, ὥσπερ οἱ ἐν κυνηγίαις τισὶ κεχειρωμένοι τὰ θηρία. (**48**) τῶν δὲ ἐπιφανεστάτων πολεμίων κεδρώσαντες[5] τὰς κεφαλὰς ἐπιμελῶς τηροῦσιν ἐν λάρνακι, καὶ τοῖς ξένοις ἐπιδεικνύουσι σεμνυνόμενοι, διότι τῆσδε τῆς κεφαλῆς τῶν προγόνων τις ἢ πατὴρ ἢ καὶ αὐτὸς πολλὰ χρήματα διδόμενα οὐκ ἔλαβε. (**49**) φασὶ δέ

---

1 προ-ανα-σείειν, 'shake in front.'

2 ἐξ-υμνεῖν, 'loudly proclaim.'

3 προ-αφαιρεῖσθαι, 'take away beforehand': here conative present.

4 ἐπι-παιανίζειν, 'chant a paean over.'

5 κεδροῦν, properly 'embalm with cedar oil'; this was used for embalming the dead by the Greeks; the Celts of course got the resin not from the cedar, but from trees of their own.

τινας αὐτῶν καυχᾶσθαι διότι χρυσὸν[1] ἀντίσταθμον τῆς κεφαλῆς οὐκ ἐδέξαντο, βάρβαρόν τινα μεγαλοψυχίαν ἐπιδεικνύμενοι· οὐ γὰρ τὸ μὴ πωλεῖν τὰ σύσσημα[2] τῆς ἀρετῆς εὐγενές, ἀλλὰ τὸ πολεμεῖν[3] τὸ ὁμόφυλον τετελευτηκὸς θηριῶδες.

(**50**) Ἐσθῆσι δὲ χρῶνται καταπληκτικαῖς,[4] χιτῶσι μὲν βαπτοῖς χρώμασι παντοδαποῖς καὶ διηνθισμέναις[5] ἀναξυρίσιν, ἃς ἐκεῖνοι βράκας προσαγορεύουσιν· ἐπιπορποῦνται[6] δὲ σάγους ῥαβδωτοὺς ἐν μὲν τοῖς χειμῶσι δασεῖς, κατὰ δὲ τὸ θέρος ψιλούς, πλινθίοις πυκνοῖς καὶ πολυανθέσι[7] διειλημμένους. (**51**) ὅπλοις δὲ χρῶνται θυρεοῖς μὲν ἀνδρομήκεσι, πεποικιλμένοις ἰδιοτρόπως·[8] τινὲς δὲ καὶ ζῴων χαλκῶν ἐξοχὰς ἔχουσιν, οὐ μόνον πρὸς κόσμον, ἀλλὰ καὶ πρὸς ἀσφάλειαν εὖ δεδημιουργημένας. (**52**) κράνη δὲ χαλκᾶ περιτίθενται

---

1 χρυσὸν ἀντίσταθμον, 'the weight in gold.'

2 σύσσημα, 'tokens.'

3 πολεμεῖν, trans, in late Greek, here governing τὸ ὁμόφυλον, which = τοὺς ὁμοφύλους.

4 καταπληκτικός, 'astonishing.'

5 διηνθισμένος, 'figured'; ornaments woven in stuff were called ἄνθη. The Celtic bracae were regarded by the Romans as a remarkable characteristic. In the imperial period the name spread, and got into several languages, Italian, Spanish, English.

6 ἐπι-πορπεῖν, 'fasten' with a πόρπη, fibula. ῥαβδωτός, 'plaid,' πλινθία being the 'squares' of the tartan. In summer the cloak (σάγος) was of smooth plaid, in winter of rough.

7 πολυανθής, 'variegated.' θυρεός, Customs of the Celts 16.

8 ἰδιοτρόπως, 'in a peculiar way.'

μεγάλας ἐξοχὰς[1] ἐξ ἑαυτῶν ἔχοντα, παμμεγέθη φαντασίαν ἐπιφέροντα τοῖς χρωμένοις· τοῖς μὲν γὰρ πρόκειται συμφυῆ κέρατα, τοῖς δὲ ὀρνέων ἢ τετραπόδων ζῴων ἐκτετυπωμέναι προτομαί. (**53**) σάλπιγγας[2] δ' ἔχουσιν ἰδιοφυεῖς καὶ βαρβαρικάς· ἐμφυσῶσι γὰρ ταύταις καὶ προβάλλουσιν ἦχον τραχὺν καὶ πολεμικῆς ταραχῆς οἰκεῖον (**54**) Θώρακας δ' ἔχουσιν οἳ μὲν σιδηροῦς ἁλυσιδωτούς,[3] οἳ δὲ τοῖς[4] ὑπὸ τῆς φύσεως δεδομένοις ἀρκοῦνται, γυμνοὶ μαχόμενοι. (**55**) ἀντὶ δὲ τοῦ ξίφους[5] σπάθας ἔχουσι μακρὰς σιδηραῖς ἢ χαλκαῖς ἁλύσεσιν ἐξηρτημένας, παρὰ τὴν δεξιὰν λαγόνα παρατεταμένας. (**56**) τινὲς δὲ τοὺς χιτῶνας ἐπιχρύσοις ἢ καταργύροις[6] ζωστῆρσι συνέζωνται. (**57**) προβάλλονται δὲ λόγχας, ἃς ἐκεῖνοι λαγκίας καλοῦσι, πηχυαῖα τῷ μήκει τοῦ σιδήρου καὶ ἔτι μείζω τὰ ἐπιθήματα[7] ἐχούσας, πλάτει δὲ βραχὺ λείποντα διπαλαίστων· τὰ μὲν γὰρ ξίφη τῶν παρ' ἑτέροις σαυνίων εἰσὶν οὐκ

---

1 ἐξοχή: these 'projections' are large crests, such as are seen on early Etruscan and Greek helmets.

2 The σαλπιγξ. This war-trumpet is called *carnyx*, from a Gallic word. It extended several feet above the head of the player. See Wikipedia illustration. ἰδιοφυής, 'of a peculiar kind.'

3 ἁλυσιδωτός, 'of chain' (ἅλυσις).

4 τοῖς, viz. θώραξι, a feeble joke, θώραξ meaning 'chest' also.

5 ξίφος is the short sword of Greeks and Romans.

6 κατάργυρος, 'covered with silver.' — συζώννυμι.

7 ἐπίθημα, 'head.'

ἐλάττω, τὰ δὲ σαυνία[1] τὰς ἀκμὰς ἔχει τῶν ξιφῶν μείζους. (**58**) τούτων δὲ τὰ μὲν ἐπ' εὐθείας[2] καχάλκευται, τὰ δὲ ἑλικοειδῆ δι' ὅλων ἀνάκλασιν[3] ἔχει πρὸς τὸ καὶ κατὰ τὴν πληγὴν μὴ μόνον τέμνειν, ἀλλὰ καὶ θραύειν[4] τὰς σάρκας καὶ κατὰ τὴν ἀνακομιδὴν[5] τοῦ δόρατος σπαράττειν τὸ τραῦμα.

(**59**) Αὐτοὶ δ' εἰσὶ τὴν πρόσοψιν καταπληκτικοὶ καὶ ταῖς φωναῖς βαρυηχεῖς καὶ παντελῶς τραχύφωνοι,[6] κατὰ δὲ τὰς ὁμιλίας βραχυλόγοι καὶ αἰνιγματίαι[7] καὶ τὰ πολλὰ αἰνιττόμενοι συνεκδοχικῶς, πολλὰ δὲ λέγοντες ἐν ὑπερβολαῖς ἐπ' αὐξήσει[8] μὲν ἑαυτῶν, μειώσει δὲ τῶν ἄλλων. (**60**) ἀπειληταί τε καὶ ἀνατατικοὶ[9] καὶ τετραγῳδημένοι ὑπάρχουσι, ταῖς δὲ διανοίαις ὀξεῖς καὶ πρὸς μάθησιν οὐκ ἀφυεῖς.

---

1 For σαυνία see note on Customs (21a). It is the παλτοῦ τι εἶδος of Customs (16a).

2 ἐπ' εὐθείας, 'straight': ἑλικοειδής, 'twisted': δι' ὅλων, 'throughout,' the plural is used to avoid hiatus.

3 ἀνάκλασις, 'bend.'

4 θραύειν, 'tear.'

5 ἀνακομιδή, 'withdrawal.'

6 τραχύφωνοι, τραχεῖαν τὴν φωνὴν ἔχοντες.

7 αἰνιγματίαι, 'like to hint at a thing.' συνεκδοχή is the way of speaking that suggests a thing without mentioning it, 'so that you can infer it' (συνεκδοχικῶς), as when one speaks of an organ as a 'box of whistles.' French is full of polite forms of συνεκδοχή. — The next clause — πολλὰ δὲ λέγοντες — is in contrast with this: on the other hand they are fond of boasting.

8 ἐπ' αὐξήσει, 'to magnify,' contrasted with ἐπὶ μειώσει, 'to belittle.'

9 ἀνατατικός, 'affected,' from ἀνατείνεσθαι, to stretch, strain, hence 'to be affected,' give oneself airs: τραγῳδεῖσθαι, to assume the manner of a tragic actor, 'to greatly exaggerate.'

(**61**) Εἰσὶ δὲ παρ' αὐτοῖς καὶ ποιηταὶ μελῶν, οὓς βάρδους ὀνομάζουσιν. οὗτοι δὲ μετ' ὀργάνων ταῖς λύραις ὁμοίων ᾄδοντες οὓς μὲν ὑμνοῦσιν, οὓς δὲ βλασφημοῦσι. (**62**) φιλόσοφοί τέ τινές εἰσι καὶ θεολόγοι[1] περιττῶς τιμώμενοι, οὓς δρουίδας ὀνομάζουσι. χρῶνται δὲ καὶ μάντεσιν, ἀποδοχῆς μεγάλης ἀξιοῦντες αὐτούς· οὗτοι δὲ διά τε τῆς οἰωνοσκοπίας[2] καὶ διὰ τῆς τῶν ἱερείων θυσίας τὰ μέλλοντα προλέγουσι καὶ πᾶν τὸ πλῆθος ἔχουσιν ὑπήκοον. (**63**) μάλιστα δ' ὅταν περί τινων μεγάλων ἐπισκέπτωνται, παράδοξον καὶ ἄπιστον ἔχουσι νόμιμον· ἄνθρωπον γὰρ κατασπείσαντες τύπτουσι μαχαίρᾳ[3] κατὰ τὸν ὑπὲρ τὸ διάφραγμα τόπον, καὶ πεσόντος τοῦ πληγέντος ἐκ τῆς πτώσεως καὶ τοῦ σπαραγμοῦ τῶν μελῶν, ἔτι δὲ τῆς τοῦ αἵματος ῥύσεως τὸ μέλλον νοοῦσι, παλαιᾷ τινι καὶ πολυχρονίῳ παρατηρήσει περὶ τούτων πεπιστευκότες.[4] (**64**) ἔθος δ' αὐτοῖς ἐστι μηδένα θυσίαν ποιεῖν ἄνευ φιλοσόφου· διὰ γὰρ τῶν ἐμπείρων τῆς θείας φύσεως ὡσπερεί τινων ὁμοφώνων[5] τὰ χαριστήρια τοῖς θεοῖς φασι δεῖν προσφέρειν, καὶ διὰ τούτων οἴονται δεῖν τἀγαθὰ

---

1 θεολόγοι, 'theologians.'

2 οἰωνοσκοπία, 'augury.'

3 Strabo tells us that the dagger was driven through the body from behind.

4 Posidonius put faith in divination, and so doubtless believed in the wisdom of the Druids.

5 ὁμοφώνων: understanding the language of the gods, as it were, and therefore knowing how to address them.

αἰτεῖσθαι. (**65**) οὐ μόνον δ' ἐν ταῖς εἰρηνικαῖς χρείαις, ἀλλὰ καὶ κατὰ τοὺς πολέμους τούτοις μάλιστα πείθονται καὶ τοῖς μελῳδοῦσι ποιηταῖς, οὐ μόνον οἱ φίλοι, ἀλλὰ καὶ οἱ πολέμιοι· πολλάκις δ' ἐν ταῖς παρατάξεσι πλησιαζόντων ἀλλήλοις τῶν στρατοπέδων καὶ τοῖς ξίφεσιν ἀνατεταμένοις καὶ ταῖς λόγχαις προβεβλημέναις εἰς τὸ μέσον οὗτοι προελθόντες παύουσιν αὐτούς, ὥσπερ τινὰ θηρία κατεπᾴσαντες.[1] (**66**) οὕτω καὶ παρὰ τοῖς ἀγριωτάτοις βαρβάροις ὁ θυμὸς εἴκει τῇ σοφίᾳ καὶ ὁ Ἄρης αἰδεῖται τὰς Μούσας.

(**67**) Ἀκολούθως δὲ τῇ καθ' αὑτοὺς ἀγριότητι καὶ περὶ τὰς θυσίας ἐκτόπως ἀσεβοῦσι· τοὺς γὰρ κακούργους κατὰ πενταετηρίδα φυλάξαντες ἀνασκολοπίζουσι[2] τοῖς θεοῖς καὶ μετ' ἄλλων πολλῶν ἀπαρχῶν καθαγίζουσι, πυρὰς παμμεγέθεις κατασκευάζοντες. (**68**) χρῶνται δὲ καὶ τοῖς αἰχμαλώτοις ὡς ἱερείοις πρὸς τὰς τῶν θεῶν τιμάς. τινὲς δὲ αὐτῶν καὶ τὰ κατὰ πόλεμον ληφθέντα ζῷα μετὰ τῶν ἀνθρώπων ἀποκτείνουσιν ἢ κατακάουσιν ἤ τισιν ἄλλαις τιμωρίαις ἀφανίζουσι.

c. Fragment in ATHENAEUS IV. 152

Celtic Food and Drink.

(**69**) Ποσειδώνιος δὲ ὁ[3] ἀπὸ τῆς στοᾶς ἐν ταῖς

---

1 κατ-επ-ᾴδειν, 'subdue by enchantment'; ἐπῳδή, 'charm.'

2 Strabo tells us that the Romans had forbidden this barbarous custom.

3 ὁ ἀπὸ τῆς στοᾶς, i.e. ὁ Στωικός.

ἱστορίαις, αἷς συνέθηκεν οὐκ ἀλλοτρίως ἧς[1] προῄρητο φιλοσοφίας πολλὰ παρὰ πολλοῖς ἔθιμα[2] καὶ νόμιμα ἀναγράφων, 'Κελτοί, φησί, τὰς τροφὰς προτίθενται χόρτον ὑποβάλλοντες καὶ ἐπὶ τραπεζῶν ξυλίνων μικρὸν ἀπὸ τῆς γῆς ἐπηρμένων.[3] (**70**) ἡ τροφὴ δ' ἐστὶν ἄρτοι μὲν ὀλίγοι, κρέα δὲ πολλὰ ἐν ὕδατι καὶ ὀπτὰ ἐπ' ἀνθράκων ἢ ὀβελίσκων. (**71**) προσφέρονται δὲ ταῦτα καθαρείως[4] μέν, λεοντωδῶς δέ, ταῖς χερσὶν ἀμφοτέραις αἴροντες ὅλα μέλη καὶ ἀποδάκνοντες, ἐὰν δὲ ᾖ τι δυσαπόσπαστον,[5] μαχαιρίῳ μικρῷ παρατέμνοντες, ὃ τοῖς κολεοῖς ἐν ἰδίᾳ θήκῃ παράκειται. (**72**) προσφέρονται δὲ καὶ ἰχθῦς οἵ τε παρὰ τοὺς ποταμοὺς οἰκοῦντες καὶ παρὰ τὴν ἐντὸς καὶ τὴν ἔξω θάλασσαν, καὶ τούτους δὲ ὀπτοὺς μετὰ ἁλῶν καὶ ὄξους καὶ κυμίνου· τοῦτο δὲ καὶ εἰς τὸ ποτὸν[6] ἐμβάλλουσιν. (**73**) ἐλαίῳ δ' οὐ χρῶνται διὰ σπάνιν, καὶ διὰ τὸ ἀσύνηθες[7] ἀηδὲς αὐτοῖς φαίνεται. (**74**) ὅταν δὲ πλείονες συνδειπνῶσι,

---

1 ἧς π. φιλοσοφίας depends on οὐκ ἀλλοτρίως, 'in a manner not inconsistent with.' That a philosopher should write history seems strange to Athenaeus; but Posidonius, he thinks, showed himself true to philosophy by describing not mere events, but manners and customs.

2 ἔθιμα = ἔθη: νόμιμα = νόμοι.

3 ἐπαίρειν 'raise.' Cf. Customs 17.

4 καθαρείως, 'in a cleanly manner': λεοντωδῶς, 'like λέοντες.'

5 δυσαποσπάτος, 'difficult to tear off': μαχαίριον diminutive of μάχαιρα. The scabbard of their swords has a pocket in it for the knife.

6 ποτόν: the beer described presently.

7 τὸ ἀσύνηθες, 'want of familiarity'; they are not accustomed to it.

κάθηνται μὲν ἐν κύκλῳ, μέσος δὲ ὁ κράτιστος, ὡς[1] ἂν κορυφαῖος χοροῦ, διαφέρων τῶν ἄλλων ἢ κατὰ τὴν πολεμικὴν εὐχειρίαν[2] ἢ κατὰ γένος ἢ κατὰ πλοῦτον, ὁ δ' ὑποδεχόμενος παρ' αὐτόν, ἐφεξῆς δ' ἑκατέρωθε κατ' ἀξίαν ἧς ἔχουσιν ὑπεροχῆς. (**75**) καὶ οἱ μὲν τοὺς θυρεοὺς[3] ὁπλοφοροῦντες ἐκ τῶν ὀπίσω παρεστᾶσιν, οἱ δὲ δορυφόροι κατὰ τὴν ἀντικρὺ καθήμενοι κύκλῳ καθάπερ οἱ δεσπόται συνευωχοῦνται.[4] (**76**) τὸ δὲ ποτὸν οἱ διακονοῦντες ἐν ἀγγείοις περιφέρουσιν ἐοικόσιν ἀμβίκοις[5] ἢ κεραμέοις[6] ἢ ἀργυροῖς· καὶ γὰρ τοὺς πίνακας ἐφ' ὧν τὰς τροφὰς προτίθενται τοιούτους ἔχουσιν, οἱ δὲ χαλκοῦς, οἱ δὲ κάνεα ξύλινα καὶ πλεκτά. (**77**) τὸ δὲ πινόμενον ἐστι παρὰ μὲν τοῖς πλουτοῦσιν οἶνος ἐξ Ἰταλίας καὶ τῆς Μασσαλιητῶν χώρας παρακομιζόμενος, ἄκρατος δ' οὗτος· ἐνίοτε δὲ ὀλίγον ὕδωρ παραμίγνυται· παρὰ δὲ τοῖς ὑποδεεστέροις ζύθος[7] πύρινον μετὰ μέλιτος

---

1 ὡς ἄν, 'like.'

2 εὐχειρία, the quality of ὁ εὔχειρ.

3 θυρεούς defines the ὅπλον they carry. ἐκ τῶν ἐπίσω, 'behind,' the plural as in ἐπὶ τὰ δεξιά, and so on; the fem. sing, might be used, as in κατὰ τὴν ἀντικρύ.

4 Among the Greeks the shield-bearer was a servant.

5 ἄμβικον (older form ἄμβιξ) is a bowl with rim turned out wards.

6 κεράμεος, made of κέραμος.

7 ζύθος, 'beer,' called κάρμα or κοῦρμι. The Romans found it very nasty. The emperor Julian drank it in Paris, and made a witty epigram on it, in the course of which he asked:

ἦ ῥά σε Κελτοὶ
τῇ πενίῃ βοτρύων τεῦξαν ἀπ' ἀσταχύων; (from ears of grain).

ἐσκευασμένον, παρὰ δὲ τοῖς πολλοῖς καθ' αὑτό·[1] καλεῖται δὲ κόρμα. (**78**) ἀπορροφοῦσι δὲ ἐκ τοῦ αὐτοῦ ποτηρίου κατὰ μικρόν, οὐ πλεῖον κυάθου· πυκνότερον δὲ τοῦτο ποιοῦσι.[2] (**79**) περιφέρει δὲ ὁ παῖς ἐπὶ τὰ δεξιὰ καὶ τὰ λαιά· οὕτως διακονοῦνται. καὶ τοὺς θεοὺς προσκυνοῦσιν ἐπὶ τὰ δεξιὰ στρεφόμενοι.'

1 καθ' αὑτό, 'alone.'

2 When the cup-bearer came round, only a gulp was taken; but one might have as many as one liked.

XIV. TYPES OF MEN

From the 'Characters' of Theophrastus.

Χαρακτήρ, from χαράσσω, is properly an instrument for stamping; then, the impression stamped on a thing, showing its origin and value, especially the impression on coins. In the transferred sense of the mark of a man's being, the ἠθικὸς χαρακτήρ of a man, the word was first used by Theophrastus of Eresus in Lesbos, the pupil and successor of Aristotle; and thus the word 'character' was coined. On the other hand Aristotle himself in his ethical discourses had already striven to fix upon the characteristic traits that show what type of man one is, and the poetry of the time had represented on the comic stage the Superstitious Man, the Miser, the Braggart, and other characters so as to fix the types once for all. In the following pages we have some specimens taken from the short collection of 'Characters ' by Theophrastus, from which we may discover how permanent are the little weaknesses of human nature, while at the same time we get a glimpse of everyday life in Athens about 320 B.C. The style is altogether unambitious; the several characteristics are strung together in a row of simple infinitive clauses depending on a τοιοῦτος, οἷος, δεινός. Theophrastus' purpose in writing these sketches has been debated. Since they are all somewhat negative and often humorous, perhaps they are comic sketches which could be developed by playwrights like his contemporary Menander, who indeed wrote plays called Kolax ('The Flatterer'), Dyskolos ('The Grouch') and Heauton Timoroumenos ('The Self-Torturer'). On the other hand perhaps these sketches are part of a scientific classification of human personalities; on this assumption there would have been many more types as well, positive and negative, which have not survived. Most modern scholars consider that the Characters, like Aesop's fables, were written for orators, supplying material from daily life which a speaker could use in developing the argument. 'My opponent does this, that, and the other. We see from this that he must be . . .' a flatterer, a braggart, or whatever the speaker wishes to portray. This may explain why no positive traits are mentioned.

A. (**1**) Ὁ κόλαξ[1] τοιοῦτός[2] τις, οἷος ἅμα πορευόμενος εἰπεῖν 'ἐνθυμῇ[3] ὡς ἀποβλέπουσι πρὸς σὲ οἱ ἄνθρωποι; τοῦτο οὐδενὶ τῶν ἐν τῇ πόλει γίνεται πλὴν σοί.' 'εὐδοκίμεις χθὲς ἐν τῇ στοᾷ.'[4] (**2**) πλειόνων[5] γὰρ ἢ τριάκοντα ἀνθρώπων καθημένων, καὶ ἐμπεσόντος λόγου, τίς εἴη βέλτιστος, ἀπ' αὐτοῦ ἀρξαμένους πάντας ἐπὶ τὸ ὄνομα αὐτοῦ κατενεχθῆναι·[6] καὶ ἄλλα τοιαῦτα λέγων ἀπὸ τοῦ ἱματίου ἀφελεῖν[7] κροκύδα· καὶ ἐάν τι πρὸς τὸ τρίχωμα τῆς κεφαλῆς ὑπὸ πνεύματος προσενεχθῇ ἄχυρον, καρφολογῆσαι.[8] (**3**) καὶ ἐπιγελάσας δὲ εἰπεῖν 'ὁρᾷς; ὅτι δυεῖν[9] σοι ἡμερῶν οὐκ ἐντετύχηκα, πολιῶν ἔσχηκας τὸν πώγωνα μεστόν, καίπερ εἴ τις καὶ ἄλλος ἔχων πρὸς τὰ ἔτη μέλαιναν τὴν τρίχα.' (**4**) καὶ λέγοντος δὲ αὐτοῦ[10] τι, τοὺς ἄλλους σιωπᾶν κελεῦσαι, καὶ

---

1 The Flatterer is a citizen who lives by cultivating the friendship of a rich man. The Parasite in the comedies of Menander possesses most of these traits, but he is generally of lower station socially, and doesn't associate with his patron on a footing of outward equality.

2 τοιοῦτός τις, οἷος, 'the sort of man to'; see introduction.

3 ἐνθυμοῦμαι, 'notice.'

4 στοά, 'colonnade,' where men met and conversed.

5 πλειόνων: the constr. shifts to the oblique form.

6 All thought of him first, and all came round to him again after suggesting others.

7 ἀφελεῖν depends on οἷος above, and so with the infins. coming. It is best to trans. by the indic., 'he takes off.'

8 καρφο-λογῶ, he 'picks out the specks of chaff from the great man's hair.'

9 δυεῖν: a late form, which was joined with the plural, the dual case having fallen out of use. It is implied that the flatterer takes a grey hair from the other's beard. 'Why,' he says, 'your beard is turning grey because we haven't met for two days; even so you have got fewer grey hairs than any one for your age.' τρίχες is regularly omitted with πολιαί.

10 αὐτοῦ, 'his master'; compare αὐτὸς ἔρχεται, 'the master's coming,' used by slaves, and αὐτὸς ἔφα (= ἔφη), used by the disciples of Pythagoras.

ἐπαινέσαι δὲ ἀκούοντος·[1] καὶ ἐπισημήνασθαι δέ, εἰ παύσαιτο, 'ὀρθῶς.'[2] (**5**) καὶ σκώψαντι ψυχρῶς ἐπιγελάσαι τό τε ἱμάτιον ὦσαι εἰς τὸ στόμα, ὡς δὴ οὐ δυνάμενος κατασχεῖν τὸν γέλωτα. (**6**) καὶ τοὺς ἀπαντῶντας ἐπιστῆναι κελεῦσαι, ἕως ἂν αὐτὸς παρέλθῃ. (**7**) καὶ τοῖς παιδίοις μῆλα καὶ ἀπίους πριάμενος, εἰσενέγκας δοῦναι, ὁρῶντος αὐτοῦ, καὶ φιλήσας δὲ εἰπεῖν 'χρηστοῦ πατρὸς νεοττία.'[3] (**8**) καὶ συνωνούμενος ἐπικρηπῖδας[4] τὸν πόδα εἶναι φῆσαι εὐρυθμότερον τοῦ ὑποδήματος. (**9**) καὶ πορευομένου πρός τινα τῶν φίλων, προδραμὼν εἰπεῖν ὅτι 'πρὸς σὲ ἔρχεται,' καὶ ἀναστρέψας ὅτι 'προσήγγελκα.' (**10**) καὶ τῶν ἑστιωμένων πρῶτος ἐπαινέσαι τὸν οἶνον· καὶ παρακείμενος[5] εἰπεῖν 'ὡς μαλακῶς ἐσθίεις'· καὶ ἄρας τι τῶν ἀπὸ τῆς τραπέζης φῆσαι 'τουτὶ ἄρα ὡς χρηστόν ἐστι.' (**11**) καὶ ἐρωτῆσαι, μὴ[6] ῥιγοῖ καὶ ἐπιβάλλεσθαι βούλεται· καὶ εἴ τι περιστελεῖ αὐτόν. (**12**) καὶ μὴν ταῦτα πρὸς τὸ οὖς προσκύπτων διαψιθρίζειν,[7] καὶ εἰς ἐκεῖνον ἀποβλέπων τοῖς ἄλλοις λαλεῖν. (**13**) καὶ τοῦ παιδὸς ἐν τῷ θεάτρῳ ἀφελόμενος τὰ προσκεφάλαια αὐτὸς

---

1 ἀκούοντος, sc. αὐτοῦ, gen. abs.; he takes care that the patron can hear his compliments.

2 ὀρθῶς, '(by exclaiming) excellent,' lit. 'rightly (spoken).'

3 νεοττία, 'chicks'; the words are really addressed to the father, they are chips of the old block, as we say.

4 ἐπι-κρηπῖδες: strong boots to be worn over the sandals (ὑποδήματα). He says this while the boots are being tried on.

5 παρακείμενος, he secures the place next the master, μαλακῶς, 'elegantly,' in this connexion; 'what elegant fare!'

6 μή, 'whether he feels cold and wants to cover himself up'; at the same time he offers to draw his mantle closer round him as he reclines.

7 δια-ψιθυρίζειν, 'whisper apart.'

ὑποστρῶσαι.[1] (**14**) καὶ τὴν οἰκίαν φῆσαι εὖ ἠρχιτεκτονῆσθαι, καὶ τὸν ἀγρὸν[2] εὖ πεφυτεῦσθαι, καὶ τὴν εἰκόνα ὁμοίαν εἶναι.

B. (**15**) Ὁ δὲ ἀδολέσχης τοιοῦτός ἐστιν, οἷος ὃν μὴ γιγνώσκει, τούτῳ παρακαθεζόμενος πλησίον πρῶτον μὲν τῆς ἑαυτοῦ γυναικὸς εἰπεῖν ἐγκώμιον· εἶτα ὃ τῆς[3] νυκτὸς εἶδεν ἐνύπνιον, τοῦτο διηγήσασθαι· εἶθ' ὧν εἶχεν ἐπὶ τῷ δείπνῳ τὰ καθ' ἕκαστα διεξελθεῖν. (**16**) εἶτα δὴ προχωροῦντος τοῦ πράγματος, λέγειν ὡς πολὺ πονηρότεροί εἰσιν οἱ νῦν ἄνθρωποι τῶν ἀρχαίων· καὶ ὡς ἄξιοι γεγόνασιν οἱ πυροὶ ἐν τῇ ἀγορᾷ· καὶ ὡς πολλοὶ ἐπιδημοῦσι ξένοι· καὶ τὴν θάλατταν ἐκ Διονυσίων[4] πλώιμον εἶναι· καὶ εἰ ποιήσειεν ὁ Ζεὺς ὕδωρ πλεῖον, τὰ ἐν τῇ γῇ βελτίω ἔσεσθαι· καὶ ὅτι ἀγρὸν εἰς νέωτα γεωργήσει· καὶ ὡς χαλεμόν ἐστι τὸ ζῆν· καὶ ὡς Δάμιππος[5] μυστηρίοις μεγίστην δᾷδα ἔστησε· καὶ πόσοι εἰσὶ κίονες τοῦ

---

1 The patron's slave is carrying his master's cushion as they enter the theatre, intending to place it on the stone seat; but the flatterer takes it from the slave, and places it himself.

2 ἀγρός, 'garden.' The Athenian land was for the most part stocked with the olive and other fruit trees, the return from which far exceeded that from grain crops. The soil of Attica is for the most part barren, and only yields a return to careful cultivation. The portrait was idealised, as was commonly the case.

3 τῆς νυκτός, 'last night.'

4 Διονύσια τὰ κατ' ἄστυ, the principal festival of Dionysus, took place in the month Elaphebolion, shortly before the full moon, corresponding to March. The sea was considered to be safe for navigation generally from the end of February.

5 Damippus is unknown, and so is the custom alluded to. As part of the celebration of the Eleusinian mysteries took place at night, it is not surprising that private persons should set up torches.

Ὠιδείου·[1] καὶ 'χθὲς ἤμεσα'·[2] καὶ τίς ἐστιν ἡμέρα σήμερον; καὶ ὡς Βοηδρομιῶνος[3] μέν ἐστι τὰ μυστήρια, Πυανοψιῶνος δὲ τὰ Ἀπατούρια, Ποσιδεῶνος δὲ τὰ κατ' ἀγροὺς Διονύσια. (**17**) καὶ ἂν ὑπομένῃ τις αὐτόν, μὴ ἀφίστασθαι.

Γ. (**18**) Ὁ δὲ ἀναίσθητος[4] τοιοῦτός τις, οἷος λογισάμενος ταῖς[5] ψήφοις καὶ κεφάλαιον ποιήσας ἐρωτᾶν τὸν παρακαθήμενον 'τί γίνεται;' καὶ δίκην[6] φεύγων καὶ ταύτην εἰσιέναι μέλλων ἐπιλαθόμενος εἰς ἀγρὸν πορεύεσθαι. (**19**) καὶ θεωρῶν ἐν τῷ θεάτρῳ μόνος καταλείπεσθαι καθεύδων. (**20**) καὶ λαβών τι καὶ ἀποθεὶς αὐτός, τοῦτο ζητεῖν καὶ μὴ δύνασθαι εὑρεῖν. (**21**) καὶ ἀπαγγέλλοντός τινος αὐτῷ, ὅτι τετελεύτηκέ τις αὐτοῦ τῶν φίλων, ἵνα παραγένηται, σκυθρωπάσας καὶ δακρύσας εἰπεῖν

---

1 The Odeum, a small theatre, built by Pericles (see Pericles 17) was close to the theatre of Dionysus. It was so called because it was originally used for recitations by poets and competitions between harp players.

2 ἤμεσα, 'took an emetic,' no doubt a periodical incident in his domestic life, which he thinks worth mentioning.

3 He mentions the months in which occurred respectively the great Eleusinian mysteries, the Apaturia, or social festival of families, and the winter or country festival of Dionysus, which was celebrated κατ' ἀγρούς, i.e. in the villages. This is much like mentioning the period when Lent falls and the date of Christmas.

4 ἀναίσθητος, 'absent-minded man,' is evidently the sense here, rather than 'stupid' or 'wanting in tact.'

5 ταίς ψήφοις: he reckons by placing pebbles on a calculating board (ἄβακος). These boards were divided by lines into compartments or squares, representing 1,000, 100, 10, 1.

6 δίκην φεύγειν is 'to be defendant in an action'; δ. διώκειν, 'to be prosecutor'; and so, by analogy, δίκην εἰσιέναι, 'to come before the court in an action.'

'ἀγαθῇ[1] τύχῃ.' (**22**) δεινὸς[2] δὲ καὶ ἀπολαμβάνων ἀργύριον ὀφειλόμενον μάρτυρας παραλαβεῖν· καὶ χειμῶνος ὄντος μάχεσθαι τῷ παιδί, ὅτι σικύους οὐκ ἠγόρασε, καὶ τὰ παιδία ἑαυτοῦ παλαίειν ἀναγκάζων καὶ τροχάζειν εἰς κόπους[3] ἐμβάλλειν, καὶ ἐν ἀγρῷ αὐτὸς φακῆν ἕψων δὶς ἅλας εἰς τὴν χύτραν ἐμβαλὼν ἄβρωτον ποιῆσαι. (**23**) καὶ λέγοντός τινος 'πόσους οἴει κατὰ τὰς Ἠρίας[4] πύλας ἐξενηνέχθαι νεκρούς;' πρὸς τοῦτο εἰπεῖν 'ὅσοι ἐμοὶ καὶ σοὶ γένοιντο.'

Δ Ὁ δὲ μικροφιλότιμος[5] τοιοῦτός τις, οἷος σπουδάσαι ἐπὶ δεῖπνον κληθεὶς παρ' αὐτὸν τὸν καλέσαντα κατακείμενος δειπνῆσαι· καὶ τὸν υἱὸν ἀποκεῖραι ἀναγαγὼν εἰς Δελφούς·[6] καὶ ἐπιμεληθῆναι

---

1 ἀγαθῇ τύχῃ corresponds to 'good luck!'

2 δεινός goes with the infin., meaning 'he is the man to.' When a debtor paid money, it was to his interest to have witnesses present, because no form of receipt was given at Athens; but there was no reason why a creditor receiving money should have witnesses.

3 He makes his children take too much exercise, and does not notice when they show signs of serious fatigue (κόποι) that may lead to illness.

4 Ἠρίαι πύλαι: little is known about this gate; but it seems that funerals passed through it to a cemetery (ἠρίον, a grave). The reply, 'I wish you and I had as many,' would suit such a question as 'how many corn-ships have arrived at the Piraeus?'

5 μικρο-φιλό-τιμος: one who prides himself on matters of no importance. The man here described belongs to a good family, serves in the calvary, is a senator (member of the (βουλή), and travels; and he loves to make himself prominent.

6 When a boy came to man's estate - became an ἔφηβος, his hair was cut and dedicated to a god. It was an old custom, now fallen into disuse, to dedicate the hair to the Pythian Apollo at Delphi. It is likely that the cutting of the hair took place during the festival of the Apaturia (see Types of Men 16 end) on the day thence called κουρεῶτις.

δέ, ὅπως αὐτῷ ὁ ἀκόλουθος Αἰθίοψ[1] ἔσται· καὶ ἀποδιδοὺς μνᾶν ἀργυρίου, καινὸν ποιῆσαι ἀποδοῦναι.[2] (**24**) καὶ κολοιῷ δὲ ἔνδον τρεφομένῳ δεινὸς κλιμάκιον πρίασθαι καὶ ἀσπίδιον χαλκοῦν ποιῆσαι, ὃ ἔχων ἐπὶ τοῦ κλιμακίου ὁ κολοιὸς πηδήσεται. (**25**) καὶ βοῦν θύσας, τὸ προμετωπίδιον[3] ἀπαντικρὺ τῆς εἰσόδου προσπατταλεῦσαι, στέμμασι μεγάλοις περιδήσας, ὅπως οἱ εἰσιόντες ἴδωσιν, ὅτι βοῦν ἔθυσε. (**26**) καὶ πομπεύσας δὲ μετὰ τῶν ἱππέων τὰ μὲν ἄλλα πάντα δοῦναι τῷ παιδὶ ἀπενεγκεῖν οἴκαδε, ἀναβαλόμενος[4] δὲ θοἰμάτιον ἐν τοῖς μύωψιν κατὰ τὴν ἀγοράν περιπατεῖν. (**27**) καὶ κυναρίου δὲ Μελιταίου τελευτήσαντος,[5] αὐτῷ στηλίδιον ποιήσας ἐπιγράψαι Κλάδος Μελιταῖος. (**28**) καὶ ἀναθεὶς δάκτυλον[6] χαλκοῦν ἐν τῷ Ἀσκληπιείῳ,

---

1 Αἰθίοψ, black African.

2 He sees that his slave pays in new money.

3 The frontal bone with the horns: it is decorated with the fillets that the animal had worn in token of its consecration.

4 ἀναβαλόμενος τὸ ἱματίον: the gala costume of a knight consisted of a short cloak (χλαμύς) buckled at the shoulder, high riding boots (κόθορνοι), and broad-brimmed hat (πέτασος). When the procession of knights at the Panathenaic festival is over our friend puts on the ordinary cloak, and struts about the market in his spurs (μύωπες, so called because they were little goads, fastened by straps to the heel).

5 The absurdity consists in giving the Maltese toy-dog a grave and inscription, as if he were a man named 'Klados of Malta' (or, as some say, of Meleda, an island off the east coast of the Adriatic). Κλάδος is probably the dog's name, though some render a 'sprig.'

6 δάκτυλον: something had been wrong with his finger, and when it got well he dedicated a bronze finger in the temple of Asclepius, the god of healing, on the south side of the Acropolis. This was a very ordinary thing to do; but it was not usual to go every day to clean and decorate the model.

τοῦτον ἐκτρίβειν στεφανοῦν ἀλείφειν ὁσημέραι. **(29)** ἀμέλει[1] δὲ καὶ διοικήσασθαι παρὰ τῶν συμπρυτάνεων, ὅπως ἀπαγγελεῖ τῷ δήμῳ τὰ ἱερά· καὶ παρεσκευασμένος λαμπρὸν ἱμάτιον καὶ ἐστεφανωμένος παρελθὼν εἰπεῖν 'ὦ ἄνδρες Ἀθηναῖοι, ἐθύομεν οἱ πρυτάνεις τῇ μητρὶ τῶν θεῶν τὰ Γαλάξια, καὶ τὰ ἱερὰ καλά, καὶ ὑμεῖς δέχεσθε τὰ ἀγαθά·' καὶ ταῦτα ἀπαγγείλας, ἀπιὼν διηγήσασθαι οἴκαδε τῇ ἑαυτοῦ γυναικί, ὡς καθ' ὑπερβολὴν εὐημερεῖ.

Ε. **(30)** Ὁ δὲ ἀλαζὼν τοιοῦτός τις, οἷος ἐν τῷ Διαζεύγματι[2] ἑστηκὼς διηγεῖσθαι ξένοις, ὡς πολλὰ χρήματα αὐτῷ ἐστιν ἐν τῇ θαλάττῃ·[3] καὶ περὶ τῆς ἐργασίας τῆς δανειστινκῆς διεξιέναι, ἡλίκη, καὶ αὐτὸς ὅσα εἴληφε καὶ ἀπολώλεκε· καὶ ἅμα ταῦτα[4]

---

1 ἀμέλει δέ, 'yes.' δ. παρὰ τῶν συμ-πρυτάνεων, 'to get leave from the committee' of Council (βουλή), when he happens to be a member for the month. The committee sat in the Council-chamber (βουλευτήριον), close to which was the Μητρῷον, temple of the mother of the gods (Rhea), where the archives were kept. The Γαλάξια, or Milk Feast, was held in honour of this goddess. The announcement of the result of the offerings is made by our hero to the Assembly (ἐκκλησία).

2 The Διάζευγμα is unknown: it must have been situated at the Piraeus, and was perhaps a mole connecting two parts of the harbour.

3 He pretends that he conducts a considerable financial business, lending money on mercantile enterprises. A very extensive business of this kind was carried on at Athens. The security for the loan was the ship or cargo or both; and as the risks were considerable the rate of interest was high.

4 ταῦτα πλεθρίζων, 'laying it on thick like this,' but it is doubtful if the word is right.

πλεθρίζων πέμπειν τὸ παιδάριον ἐπὶ τὴν τράπεζαν,[1] δραχμῆς αὐτῷ κειμένης. (**31**) καὶ συνοδοιπόρου δὲ ἀπολαύσας,[2] ἐν τῇ ὁδῷ δεινὸς λέγειν, ὡς μετ' Ἀλεξάνδρου ἐστρατεύσατο, καὶ ὅπως αὐτῷ εἶχε· καὶ ὅσα λιθοκόλλητα[3] ποτήρια ἐκόμισε· καὶ περὶ τῶν τεχνιτῶν τῶν ἐν τῇ Ἀσίᾳ ὅτι βελτίους εἰσὶ τῶν ἐν τῇ Εὐρώπῃ, ἀμφισβητῆσαι, καὶ ταῦτα φῆσαι οὐδαμοῦ ἐκ τῆς πόλεως ἀποδεδημηκώς. (**32**) καὶ γράμματα δὲ εἰπεῖν ὡς πάρεστι παρὰ Ἀντιπάτρου τριττὰ δή, λέγοντα[4] παραγίνεσθαι αὐτὸν εἰς Μακεδονίαν· καὶ διδομένης αὐτῷ ἐξαγωγῆς ξύλων ἀτελοῦς,[5] ὅτι ἀπείρηται,[6] ὅπως μηδ' ὑφ' ἑνὸς συκοφαντηθῇ· 'περαιτέρω φιλοσοφεῖν προσήκει Μακεδόσι.' (**33**) καὶ

---

1 He has only a paltry sum in the bank, so that he may boast that he has got a banking account.

2 ἀπολαύσας, 'having had the pleasure of meeting a man on a journey,' he is careful to tell him about the service he has seen under Alexander in Asia, and to say on what terms he was with the great general.

3 λιθοκόλλητα: vessels of precious metal studded with jewels, taken when the treasure of the Persian king was looted.

4 λέγοντα = κελεύοντα. This refers to the period of Alexander's absence in Asia, when Antipater was viceroy in Macedon. The famine in Greece referred to presently occurred in the years 330-326 B.C.

5 The forests of Macedon afforded much timber for ship building, especially for oars. The privilege of exporting timber free of duty was sometimes granted to an Athenian.

6 ἀπείρηται, middle, 'he has declined.' The braggart pretends that he has received letters from Antipater (who was regent in Macedon during the absence of Alexander in Asia) pressing him to come to Macedon, and offering him a privilege to induce him to do so. He declares that he has declined the offer, as he does not want to make enemies. 'The Macedonians,' he adds, 'should be more knowing (περαιτέρω φιλοσοφεῖν),' i.e. 'I am not to be caught so easily.' To the people a philosopher seemed a person who hit on sly plans.

ἐν τῇ σιτοδείᾳ δὲ ὡς πλείω ἢ πέντε τάλαντα γένοιτο αὐτῷ τὰ ἀναλώματα διδόντι τοῖς ἀπόροις τῶν πολιτῶν· ἀνανεύειν γὰρ οὐ δύνασθαι. (**34**) καὶ ἀγνώστων δὲ παρακαθημένων, κελεῦσαι θεῖναι τὰς ψήφους ἕνα αὐτῶν καὶ ποσῶν[1] κατὰ χιλίας καὶ κατὰ μνᾶν καὶ προστιθεὶς πιθανῶς ἑκάστοις τούτων ὀνόματα,[2] ποιῆσαι κδ΄τάλαντα· καὶ τοῦτο φῆσαι εἰσενηνέχθαι εἰς ἐράνους αὐτῷ· καὶ τὰς τριηραρχίας εἰπεῖν ὅτι οὐ τίθησιν, οὐδὲ τὰς λῃτουργίας ὅσας λελῃτούργηκε. (**35**) καὶ προσελθὼν δὲ εἰς τοὺς ἵππους[3] τοὺς ἀγαθοὺς τοῖς πωλοῦσι προσποιήσασθαι ὠνητιᾶν·[4] καὶ ἐπὶ τὰς κλίνας ἐλθὼν ἱματισμὸν ζητῆσαι εἰς δύο τάλαντα, καὶ τῷ παιδὶ μάχεσθαι, ὅτι τὸ χρυσίον[5] οὐκ ἔχων αὐτῷ ἀκολουθεῖ. (**36**) καὶ ἐν μισθωτῇ οἰκίᾳ οἰκῶν φῆσαι ταύτην εἶναι τὴν πατρῴαν πρὸς τὸν μὴ εἰδότα· καὶ

---

1 ποσῶν: calculating how much (πόσον). For calculating the board (ἄβακος) was used, the different divisions in which de noted thousands (with χιλίας supply δραχμάς), hundreds (1 mina = 100 drachmas), tens, ones; in these divisions the necessary counters were placed; compare, for appearance, a draught board. There were many different forms of the abacus: some times lines were merely drawn in sand and pebbles (ψῆφοι) used for counters, as here. See also Types of Men 18.

2 ὀνόματα: of the persons to whom or for whom he pretends to have made the contributions. He works out the whole sum at twenty-four talents. He adds 'I do not reckon (τίθημι) the cost of fitting out ships and other duties to the state.'

3 The different parts of the bazaar were called by the name of the article dealt in there, as still in the East; so here οἱ ἵπποι, αἱ κλῖνοι. The valuable horses are in a separate part of the market.

4 ὠνητιᾶν: the desiderative ('wish to') of ὠνεῖσθαι. The furniture dealers kept also costly stuffs. He pretends to be looking for these for his clothes.

5 Athens had only silver money. The braggart pretends to carry gold money of Alexander's currency.

ὅτι μέλλει πωλεῖν αὐτήν, διὰ τὸ ἐλάττω εἶναι αὐτῷ πρὸς τὰς ξενοδοχίας.

Ζ. (**37**) Ὁ δὲ δειλὸς τοιοῦτός τις, οἷος πλέων τὰς ἄκρας φάσκειν ἡμιολίας[1] εἶναι· καὶ κλυδωνίου γενομένου, ἐρωτᾶς, εἴ τις μὴ μεμύηται τῶν πλεόντων· καὶ τοῦ κυβερνήτου ἀνακύπτοντος[2] πυνθάνεσθαι, εἰ μεσοπορεῖ,[3] καὶ τί αὐτῷ δοκεῖ τὰ τοῦ θεοῦ· καὶ πρὸς τὸν παρακαθήμενον λέγειν, ὅτι φοβεῖται ἀπὸ ἐνυπνίου τινός· καὶ ἐκδὺς διδόναι τῷ παιδὶ τὸν χιτωνίσκον· καὶ δεῖσθαι πρὸς τὴν γῆν προσάγειν αὐτόν. (**38**) καὶ στρατευόμενος δὲ τοῦ πεζοῦ ἐκβοηθοῦντος τοὺς δημότας προσκαλεῖν,[4] κελεύων πρὸς αὑτὸν στάντες πρῶτον περιιδέσθαι, καὶ λέγειν, ὡς ἔργον διαγνῶναί ἐστι, πότεροί εἰσιν οἱ πολέμιοι· καὶ ἀκούων κραυγῆς καὶ ὁρῶν πίπτοντας εἰπεῖν πρὸς τοὺς παρεστηκότας, ὅτι τὴν σπάθην

1 ἡμιολία: a vessel, of which only half the length has two banks of oars, was a light ship used often by pirates: hence his alarm, μύσται, those initiated into the Eleusinian mysteries, looked forward to happiness in the life hereafter: he supposes every one on board is going to be drowned.

2 The pilot looks at the sky (ἀνακύπτειν is the proper word in this sense) to observe the stars.

3 μεσο-πορεῖν, διὰ μέσης τῆς θαλάσσης πορεύεσθαι, in the open sea. Generally one kept near the coast (παραπλεῖν). τὰ τοῦ θεοῦ means the weather, for θεός or Ζεύς was constantly named, or implied, in that connexion.

4 He serves with the infantry, which was divided into τάξεις according to φυλαί, so that the members of a parish were together. An engagement generally began with the cavalry and the ψιλοί: here it is in progress: the infantry is to advance to the support of the troops already engaged. They can see the mêlée; but the coward at least says he cannot distinguish the enemy, and calls on his comrades to gather round him(!) and wait a minute. In the end he succeeds in keeping out of the fighting altogether.

λαβεῖν ὑπὸ τῆς σπουδῆς ἐπελάθετο, καὶ τρέχειν ἐπὶ τὴν σκηνήν· καὶ τὸν παῖδα ἐκπέμψας καὶ κελεύσας προσκοπεῖσθαι, ποῦ εἰσιν οἱ πολέμιοι, ἀποκρύψας αὐτὴν ὑπὸ τὸ προσκεφάλαιον, εἶτα διατρίβειν πολὺν χρόνον ὡς ζητῶν ἐν τῇ σκηνῇ· καὶ ὁρῶν τραυματίαν τινὰ προσφερόμενον τῶν φίλων, προσδραμὼν καὶ θαρρεῖν κελεύσας, ὑπολαβὼν φέρειν· καὶ τοῦτον θεραπεύειν καὶ περισπογγίζειν,[1] καὶ παρακαθήμενος ἀπὸ τοῦ ἕλκους τὰς μυίας σοβεῖν, καὶ πᾶν μᾶλλον ἢ μάχεσθαι τοῖς πολεμίοις· καὶ τοῦ σαλπιστοῦ δὲ τὸ[2] πολεμικὸν σημήναντος, καθήμενος ἐν τῇ σκηνῇ εἰπεῖν 'ἄπαγ' ἐς κόρακας, οὐκ ἐάσει τὸν ἄνθρωπον ὕπνου[3] λαβεῖν πυκνὰ σημαίνων;' καὶ αἵματος δὲ ἀνάπλεως ἀπὸ τοῦ ἀλλοτρίου τραύματος ἐντυγχάνειν τοῖς ἐκ τῆς μάχης ἐπανιοῦσι καὶ διηγεῖσθαι ὡς κινδυνεύσας 'ἕνα σέσωκα τῶν φίλων·' καὶ εἰσάγειν πρὸς τὸν κατακείμενον σκεψομένους τοὺς δημότας καὶ φυλέτας· καὶ τούτων ἅμα ἑκάστῳ διηγεῖσθαι, ὡς αὐτὸς αὐτὸν ταῖς ἑαυτοῦ χερσὶν ἐπὶ σκηνὴν ἐκόμισεν.

H. (39) Ὁ δὲ αἰσχροκερδὴς τοιοῦτός οἷος ἑστιῶν ἄρτους ἱκανοὺς μὴ παραθεῖναι· καὶ δανείσασθαι παρὰ ξένου παρ' αὐτῷ καταλύοντος· καὶ διανέμων[4]

---

1 περι-σπογγίζειν, wash the wounds with a sponge (σπογγιά).

2 τὸ πολεμικόν, 'the attack.'

3 ὕπνου, partitive.

4 διανέμειν μαρίδας refers to the distribution of meat at public sacrifices (carnem dare) for the ἑστίασις: see the first note on 'Pericles.'

μερίδας, φῆσαι, δίκαιον εἶναι δίμοιρον[1] τῷ διανέμοντι δίδοσθαι, καὶ εὐθὺς αὑτῷ νεῖμαι. (**40**) καὶ οἰνοπωλῶν,[2] κεκραμένον τὸν οἶνον τῷ φίλῳ ἀποδόσθαι. (**41**) καὶ ἐπὶ θέαν τηνικαῦτα πορεύεσθαι ἄγων τοὺς υἱεῖς, ἡνίκα προῖκα ἀφιᾶσιν οἱ θεατρῶναι.[3] καὶ ἀποδημῶν[4] δημοσίᾳ, τὸ μὲν ἐκ τῆς πόλεως ἐφόδιον οἴκοι καταλιπεῖν, παρὰ δὲ τῶν συμπρεσβευτῶν δανείζεσθαι· καὶ τῷ ἀκολούθῳ μεῖζον φορτίον ἐπιθεῖναι ἢ δύναται φέρειν καὶ ἐλάχιστα[5] ἐπιτήδεια τῶν ἄλλων παρέχειν· καὶ ξενίων[6] μέρος τὸ αὑτοῦ ἀπαιτήσας ἀποδόσθαι. (**42**) καὶ ἀλειφόμενος ἐν τῷ βαλανείῳ εἴπας[7] 'σαπρόν γε τὸ ἔλαιον ἐπρίω, παιδάριον,' τῷ ἀλλοτρίῳ ἀλείφεσθαι. (**43**) καὶ τῶν εὑρισκομένων χαλκῶν ἐν ταῖς ὁδοῖς ὑπὸ τῶν οἰκετῶν δεινὸς ἀπαιτῆσαι τὸ

---

1 δί-μοιρον, διπλῆ μοῖρα.

2 οἰνο-πωλῶν, 'if he keep a wine shop.' You would expect him to give his friend a drink.

3 The theatre was leased from the state: the lessees (θεατρώνης: πωλεῖν and ὠνεῖσθαι are used of leases from the state) took the entrance money and had to keep the theatre in repair. We see from this passage that sometimes they 'gave a free performance,' ἀφιέναι (τὴν θέαν) προῖκα.

4 ἀποδημῶν: on an embassy.

5 The common confusion between the forms ἐλάττονα τῶν ἄλλων and ἐλάχιστα πάντων.

6 ξένια, paid in kind, were supplied to all state envoys, even when they stayed during their mission with the consul (πρόξενος) of their state.

7 Bathers took their oil with them to the bath. Our friend goes without any, scolds his slave for having bought rancid oil, and then begs some from another bather, εἴπας = εἰπών.

μέρος, κοινὸν[1] εἶναι φήσας τὸν Ἑρμῆν. (**44**) καὶ ἱμάτιον ἐκδοῦναι πλῦναι καὶ χρησάμενος παρὰ γνωρίμου ἐφελκύσαι πλείους ἡμέρας,[2] ἕως ἂν ἀπαιτηθῇ· καὶ τὰ τοιαῦτα. (**45**) Φειδωνείῳ[3] μέτρῳ τὸν πύνδακα ἐγκεκρουμένῳ μετρεῖν αὐτὸς τοῖς ἔνδον τὰ ἐπιτήδεια σφόδρα ἀποψῶν. (**46**) ὑποπρίασθαι[4] φίλου δοκοῦντος πρὸς τρόπου τι ὠνεῖσθαι, εἶτα λαβὼν ἀποδόσθαι. (**47**) ἀμέλει[5] δὲ καὶ χρέος ἀποδιδοὺς τριάκοντα μνῶν, ἔλαττον τέτρασι δραχμαῖς ἀποδοῦναι. (**48**) καὶ τῶν υἱῶν δὲ μὴ πορευομένων εἰς τὸ διδασκαλεῖον διὰ ἀρρωστίαν, ἀφαιρεῖν τοῦ μισθοῦ κατὰ[6] λόγον· καὶ τὸν

---

1 κοινὸς Ἑρμῆς was a proverb: a find is to be shared by all, Hermes being god of luck.

2 His own cloak being out at wash, he borrows a neighbour's, keeps it a long time and isn't careful of it, for he 'lets the end trail on the ground.'

3 Φειδωνείῳ: there were two standards of weights and measures at Athens, the larger being used in petty transactions. The smaller was erroneously called Φειδώνειον after Pheidon of Argos who had introduced the larger standard into the Peloponnese. The cause of the mistake was the similarity of the word φείδεσθαι, 'to spare.' In measuring out the daily allowance of flour to his servants (οἱ ἔνδον) for their bread the niggard wrongly uses the smaller measure, and that after knocking the bottom (πύνδαξ) inwards: then he wipes off a lot from the top.

4 ὑπο-πρίασθαι, 'to buy secretly' (on the quiet), when a friend of his decides on buying something that suits him (πρὸς τρόπου), and then to sell it to some one else.

5 ἀμέλει, adverb. Without any justification he deducts a rebate or discount (*takes off four drachmas*).

6 κατὰ λόγον, 'in proportion,' for the days of absence. The school fees were usually paid monthly. In the month Anthesterion occurred the festival of the Anthesteria and the lesser Eleusinian festival which was celebrated at Athens. These two together would last only five days. Possibly other celebrations occurred of which we do not know.

Ἀνθεστηριῶνα μῆνα ὅλον μὴ πέμπειν αὐτοὺς εἰς τὰ μαθήματα διὰ τὸ θέας εἶναι πολλάς, ἵνα μὴ τὸν μισθὸν ἐκτίνῃ. (**49**) καὶ παρὰ παιδὸς κομιζόμενος ἀποφοράν,[1] τοῦ χαλκοῦ τὴν ἐπικαταλλαγὴν προσαπαιτεῖν· καὶ λογισμὸν δὲ λαμβάνων παρὰ τοῦ χειρίζοντος. (**50**) καὶ φράτορας[2] ἑστιῶν, αἰτεῖν τοῖς αὑτοῦ παισὶν ἐκ τοῦ κοινοῦ ὄψον· τὰ δὲ καταλειπόμενα ἀπὸ τῆς τραπέζης ἡμίσυ τῶν ῥαφανίδων ἀπογράφεσθαι, ἵνα οἱ διακονοῦντες παῖδες μὴ λάβωσι. (**51**) συναποδημῶν δὲ μετὰ γνωρίμων χρήσασθαι τοῖς ἐκείνων παισί, τὸν δ' ἑαυτοῦ ἔξω[3] μισθῶσαι, καὶ μὴ ἀναφέρειν εἰς τὸ κοινὸν τὸν μισθόν. (**52**) ἀμέλει δὲ καὶ συναγόντων[4]

---

1 Slaves who were craftsmen were allowed to live away and work for themselves in return for a fixed payment to the owner. The slave brings his monthly payment in small money, and the mean master deducts from the sum and requires in addition the service charge (ἐπικαταλλαγή, agio) that he has to pay to the banker to change the copper into silver. The slave who manages the household accounts is similarly treated: the master gave him silver, but he paid the tradesmen (κάπηλοι) in copper. Hence the slave has to account for the ἐπικαταλλαγή, and refund it.

2 The old φρατρίαι, brotherhoods, had now no political importance; and occasional re-unions (ἔρανοι), for which each household contributed part of the eatables, were almost the only object for which they were kept up. At such a picnic he expects to have food from the common supply for the meal of his slaves who are waiting. To us this would seem reasonable, and very different from having the bits of radishes counted when the meal was over.

3 ἔξω: to another household. He would get the slave's hire, and this he should at the least pay into the common fund for the travelling expenses of himself and his acquaintances as an equivalent for the service he has been receiving.

4 συναγόντων: the object implied is ἔρανον, 'when they are holding a picnic.'

παρ' αὐτῷ, ὑποθεῖναι[1] τῶν παρ' ἑαυτοῦ διδομένων ξύλων καὶ φακῶν καὶ ὄξους καὶ ἁλῶν καὶ ἐλαίου τοῦ εἰς τὸν λύχνον. (**53**) καὶ γαμοῦντός τινος τῶν φίλων καὶ ἐκδιδομένου θυγατέρα, πρὸ χρόνου τινὸς ἀποδημῆσαι, ἵνα μὴ προπέμψῃ προσφοράν.[2]

---

1 ὑπο-θεῖναι: enter below the items that one properly puts (τίθησι) in the account. The account was for the money spent by each member on things purchased for the dinner. He sets below sums for what good form required to be provided gratis. The article for which the money is paid stands generally in genitive; there are many examples in inscriptions and papyri.

2 For πρό see n. on Youth of Scipio 41. προσφοράν, 'a wedding present.'

XV. THE BATTLE OF SALAMIS

Aeschylus, *Persae,* 290-477.

Aeschylus produced his tragedy, the *Persae,* in the spring of 472 B.C. at Athens, before the people who had fought in the battle, in which he had himself taken part.

On the stage stands the mother of Xerxes, widow of Darius. She is an imaginary figure, not even having the name of the historical Queen Atossa. Near her stands the Chorus, the body of trusty elders, Περσῶν τὰ πιστά. A messenger has arrived and has announced the defeat in general terms: στρατὸς γὰρ πᾶς ὄλωλε βαρβάρων. The Chorus has replied with some impassioned outbursts of grief. Then the queen begins.

ΒΑΣΙΛΕΙΑ

σιγῶ πάλαι δύστηνος ἐκπεπληγμένη
κακοῖς· ὑπερβάλλει γὰρ ἥδε συμφορά,
τὸ[1] μήτε λέξαι μήτ’ ἐρωτῆσαι πάθη.
ὅμως δ’ ἀνάγκη πημονὰς βροτοῖς φέρειν
θεῶν διδόντων· πᾶν δ’ ἀναπτύξας πάθος[2] 5
λέξον καταστάς,[3] κεἰ στένεις κακοῖς ὅμως,
τίς οὐ τέθνηκε, τίνα δὲ καὶ πενθήσομεν
τῶν ἀρχελάων, ὅστ’[4] ἐπὶ σκηπτουχίᾳ
ταχθεὶς ἄναδρον τάξιν[5] ἠρήμου θανών.

ΑΓΓΕΛΟΣ

---

1 For τό the later prose idiom would be ὥστε.

2 The messenger had said στρατὸς πᾶς ὄλωλε βαρβάρων: he had thus 'unfolded the disaster as a whole'; and now he is to give the details.

3 καταστάς (τῇ γνώμῃ) amounts to 'calmly.' ὅμως goes into the concessive clause: similarly it is often put after a concessive participle.

4 ὅστε, Homeric form = ὅς.

5 The τάξις became ἄνανδρος as the result of his leaving it.

Ξέρξης μὲν αὐτὸς ζῇ τε καὶ βλέπει φάος.[1] 10
Βασ. ἐμοῖς μὲν εἶπας δώμασιν φάος μέγα
καὶ λευκὸν ἦμαρ νυκτὸς ἐκ μελαγχίμου.[2]
Αγγ. Ἀρτεμβάρης δέ, μυρίας ἵππου βραβεύς,[3]
στύφλους παρ' ἀκτὰς θείνεται Σιληνιῶν·[4]
χὠ χιλίαρχος Δαδάκης πληγῇ δορὸς 15
πήδημα κοῦφον ἐκ νεὼς ἀφήλατο·
Τενάγων τ', ἀριστεὺς Βακτρίων ἰθαγενής,[5]
θαλασσόπληκτον νῆσον Αἴαντος σποδεῖ.[6]
Λίλαιος, Ἀρσάμης τε κἀργήστης[7] τρίτος,
οἵδ' ἀμφὶ νῆσον τὴν πελειοθρέμμονα[8]
νικώμενοι κύρισσον[9] ἰσχυρὰν χθόνα· 20
πηγαῖς[10] τε Νείλου γειτονῶν Αἰγυπτίου
Ἀρκτεύς, Ἀδεύης, καὶ φερεσσακὴς τρίτος
Φαρνοῦχος, οἵδε ναὸς ἐκ μιᾶς πέσον.

---

1 He understands what the mother would naturally want to know first.

2 In μελάγχιμος the connexion with χειμών is traceable.

3 The names, origin, and rank of the Persian chiefs are of course invented by Aeschylus.

4 Σιληνίαι (πέτραι) on the coast of Salamis, just where the battle was fought.

5 ἰθαγενής, 'noble.'

6 Whenever the sea beats on the shore, the body strikes (σποδεῖ) it. Ajax was the 'hero' of Salamis.

7 i.e. καὶ Ἀργήστης.

8 Which of the islets about Salamis was named after the wood-pigeon we do not know. To Athenians the allusion was as clear as 'the isle of Aias.'

9 κυρίσσειν is properly 'to butt.' The Persians, having gone overboard in the battle, were driven violently on shore by the breakers, and 'struck' it with their heads. The augment is omitted, as not infrequently in lively narrative in drama.

10 πηγαί, 'waters.'

Χρυσεὺς Μάταλλος[1] μυριόνταρχος θανών,

. . . .

ἵππου μελαίνης ἡγεμὼν τρισμυρίας,[2] 25
πυρσὴν ζαπληθῆ[3] δάσκιον γενειάδα
ἔτεγγ᾽ ἀμείβων χρῶτα προφρυᾷ βαφῇ[4]
καὶ Μᾶγος Ἄραβος Ἀρτάμης τε Βάκτριος
σκληρᾶς μέτοικος γῆς ἐκεῖ κατέφθιτο.[5]
Ἄμιστρις Ἀμφιστρεύς τε, πολύπονον δόρυ 30
νωμῶν, ὅ τ᾽ ἐσθλὸς Ἀριόμαρδος, Σάρδεσιν
πένθος παρασχών, Σεισάμης θ᾽ ὁ Μύσιος,
Θάρυβίς τε, πεντήκοντα πεντάκις νεῶν
ταγός, γένος Λυρναῖος, εὐειδὴς ἀνήρ,
κεῖται θανὼν δείλαιος οὐ μάλ᾽ εὐτυχῶς· 35
Συέννεσίς[6] τε, πρῶτος εἰς εὐψυχίαν,
Κιλίκων ἄπαρχος,[7] εἷς ἀνὴρ πλεῖστον πόνον
ἐχθροῖς παρασχών, εὐκλεῶς ἀπώλετο.
τόσον μὲν ἀρχόντων ὑπεμνήσθην πέρι·
πολλῶν παρόντων δ᾽ ὀλίγ᾽ ἀπαγγέλλω κακά. 40

Βασ. αἰαῖ, κακῶν ὕψιστα δὴ κλύω τάδε,

---

1 The place Chrysa is an invention; gold came from the East. A line is lost, in which the fate of Matallus and the name of the cavalry ἡγεμών were given.

2 The horses, not the riders, were black. The Persians are frequently represented in art with long and unshaven beards.

3 ζα-πληθῆ of the size, 'long': δά-σκιον of the growth, 'thick.' δα- and ζα- are Aeolic forms of the same preposition, the intensive διά.

4 βαφῇ ἀμείβων, 'changing by the blood that dyed it,' for 'staining with blood.'

5 By his death he received a stranger's place in a strange land.

6 Syennesis was the real name of the Cilician princes.

7 ἄπαρχος = ἀρχός.

αἴσχη τε Πέρσαις καὶ λιγέα κωκύματα.
ἀτὰρ φράσον μοι τοῦτ' ἀναστρέψας πάλιν,[1]
πόσον δὲ[2] πλῆθος ἦν νεῶν Ἑλληνίδων,
ὥστ' ἀξιῶσαι Περσικῷ στρατεύματι 45
μάχην συνάψαι ναΐοισιν ἐμβολαῖς;
Αγγ. πλήθους[3] μὲν ἂν σάφ' ἴσθ' ἕκατι βάρβαρον
ναυσὶν κρατῆσαι. καὶ γὰρ Ἕλλησιν μὲν ἦν
ὁ πᾶς ἀριθμὸς ἐς τριακάδας δέκα[4]
ναῶν, δεκὰς δ' ἦν τῶνδε χωρὶς ἔκκριτος·
Ξέρξῃ δέ, καὶ γὰρ οἶδα, χιλιὰς μὲν ἦν
ὧν ἦγε πλῆθος, αἱ δ' ὑπέρκοποι τάχει[5] 50
ἑκατὸν δὶς ἦσαν ἑπτά θ'· ὧδ' ἔχει λόγος.[6]
μή σοι δοκοῦμεν τῇδε[7] λειφθῆναι μάχῃ;
ἀλλ' ὧδε δαίμων[8] τις κατέφθειρε στρατόν,

---

1 Lamentation, she means, would naturally follow such a story, yet tell me, etc.

2 The question would in strict grammar be without δέ, being the explanation of τοῦτο, but is made independent.

3 πλήθους ἕκατι, 'as far as numbers go,' i.e. if numbers gave a victory; βάρβαρον, collective.

4 Herodotus reckons 378 ships for the Greeks, whereas he agrees with the number given for the Persians. Aeschylus makes the messenger emphasise the fact that he knew how many the Persians had; so doubtless he intentionally gave the number of the Greeks inexactly.

5 ὑπέρκοπος, 'that excelled.'

6 λόγος, 'proportion.'

7 τῇδε is an adverb, and does not belong to μάχῃ.

8 δαίμων τις says in the language of the old religion, which makes every power into a person, what we should express some how thus: 'we were not inferior in numbers, so something unknown, incomprehensible, must have interfered.' Then comes a pause, marked by the absence of a connecting particle at l. 54, and then the climax, 'God is for Athens.'

τάλαντα βρίσας οὐκ ἰσορρόπῳ τύχῃ.
Θεοὶ πόλιν σῴζουσι Παλλάδος θεᾶς. 55
Βασ. ἔτ᾽ ἆρ᾽ Ἀθηνῶν ἔστ᾽ ἀπόρθητος πόλις;[1]
Αγγ. ἀνδρῶν γὰρ ὄντων ἕρκος ἐστὶν ἀσφαλές.
Βασ. ἀρχὴ δὲ ναυσὶ συμβολῆς τίς ἦν φράσον·
τίνες κατῆρξαν, πότερον Ἕλληνες, μάχης,
ἢ παῖς ἐμός, πλήθει καταυχήσας νεῶν; 60
Αγγ. ἦρξεν μέν ὦ δέσποινα, τοῦ παντὸς κακοῦ
φανεὶς ἀλάστωρ[2] ἢ κακὸς δαίμων ποθέν.
ἀνὴρ γὰρ Ἕλλην ἐξ Ἀθηναίων στρατοῦ[3]
ἐλθὼν ἔλεξε παιδὶ σῷ Ξέρξῃ τάδε,
ὡς εἰ μελαίνης νυκτὸς ἵξεται κνέφας, 65
Ἕλληνες οὐ μενοῖεν, ἀλλὰ σέλμασιν
ναῶν ἐπενθορόντες ἄλλος ἄλλοσε
δρασμῷ κρυφαίῳ βίοτον ἐκσωσοίατο.[4]
ὃ δ᾽ εὐθὺς ὡς ἤκουσεν, οὐ ξυνεὶς δόλον
Ἕλληνος ἀνδρὸς οὐδὲ τὸν θεῶν φθόνον,[5] 70
πᾶσιν προφωνεῖ τόνδε ναυάρχοις λὸγον,
εὖτ᾽ ἂν φλέγων ἀκτῖσιν ἥλιος χθόνα

---

1 The queen means by πόλις the city, which was in fact destroyed; the messenger means the state. Aeschylus thus makes his opportunity for l. 57, which echoes a verse of Alcaeus that became proverbial: ἄνδρες γὰρ πόλιος (= πόλεως) πύργος ἀρεύιοι (= ἀρήιοι).

2 ἀλάστωρ is properly an unappeased, and therefore a harmful spirit: hence, expressed impersonally, the retribution for guilt un-expiated.

3 Themistocles, who sent his servant Sicinnus with the message.

4 ἐκσώσοιντο. Similar optative mood in line 77.

5 φθόνος, 'spite, ill-will.'

λήξῃ, κνέφας δὲ τέμενος[1] αἰθέρος λάβῃ,
τάξαι νεῶν στῖφος[2] μὲν ἐν στοίχοις τρισίν,
ἔκπλους φυλάσσειν καὶ πόρους ἁλιρρόθους, 75
ἄλλας δὲ κύκλῳ νῆσον Αἴαντος πέριξ·
ὡς εἰ μόρον φευξοίαθ' Ἕλληνες κακόν,
ναυσὶν κρυφαίως δρασμὸν εὑρόντες τινά,
πᾶσι στέρεσθαι κρατὸς ἦν προκείμενον.
τοσαῦτ' ἔλεξε κάρθ' ὑπ' εὐθύμου[3] φρενός· 80
οὐ γὰρ τὸ μέλλον ἐκ θεῶν ἠπίστατο.
οἳ δ' οὐκ ἀκόσμως, ἀλλὰ πειθάρχῳ φρενὶ
δεῖπνόν τ' ἐπορσύνοντο, ναυβάτης τ' ἀνὴρ
τροποῦντο κώπην σκαλμὸν[4] ἀμφ' εὐήρετμον.
ἐπεὶ δὲ φέγγος ἡλίου κατέφθιτο 85
καὶ νὺξ ἐπῄει, πᾶς ἀνὴρ κώπης[5] ἄναξ
ἐς ναῦν ἐχώρει, πᾶς δ' ὅπλων ἐπιστάτης.
τάξις δὲ τάξιν[6] παρεκάλει νεὼς μακρᾶς,
πλέουσι δ' ὡς ἕκαστος ἦν τεταγμένος.

---

1 τέμενος, 'domain,' sacred because αἰθήρ is reckoned 'holy,' as was anything that was superhuman and marvellous.

2 The Persian main body (στῖφος) lay in front of the bay of Salamis; the Greek fleet was anchored within it, off the town of Salamis. Even if the Greeks wanted to move to Eleusis, the Persian right wing was bound to notice them. The object of the ships stationed all round the island was to intercept Greek ships trying to escape singly.

3 κάρτα qualifies εὐθύμου.

4 The oar was fastened to the pin (σκαλμός) with a strap which acted as a rowlock.

5 κώπης ἄναξ: poetical for ἐρέτης; so ὅπλων ἐπιστάτης (l. 87) for ὁπλίτης.

6 The τάξεις of a trireme are the rowers in their three ranks, θρανῖται, ζυγῖται, θαλάμιοι.

καὶ πάννυχοι δὴ διάπλοον καθίστασαν 90
ναῶν[1] ἄνακτες πάντα ναυτικὸν λεών.
καὶ νὺξ ἐχώρει, κοὐ[2] μάλ' Ἑλλήνων στρατὸς
κρυφαῖον ἔκπλουν οὐδαμῇ καθίστατο·
ἐπεί γε μέντοι λευκόπωλος ἡμέρα
πᾶσαν κατέσχε γαῖαν εὐφεγγὴς ἰδεῖν, 95
πρῶτον μὲν ἠχεῖ κέλαδος Ἑλλήνων πάρα·
μολπηδὸν εὐφήμησαν, ὄρθιον δ' ἅμα
ἀντηλάλαξε νησιώτιδος πέτρας
ἠχώ· φόβος δὲ πᾶσι βαρβάροις παρῆν
γνώμης ἀποσφαλεῖσιν· οὐ γὰρ ὡς φυγῇ[3] 100
παιᾶν' ἐφύμνουν σεμνὸν Ἕλληνες τότε,
ἀλλ' ἐς μάχην ὁρμῶντες εὐψύχῳ θράσει·
σάλπιγξ δ' ἀϋτῇ πάντ' ἐκεῖν' ἐπέφλεγεν.[4]
εὐθὺς δὲ κώπης ῥοθιάδος[5] ξυνεμβολῇ
ἔπαισαν ἅλμην βρύχιον ἐκ κελεύματος, 105
θοῶς δὲ πάντες ἦσαν ἐκφανεῖς ἰδεῖν.

---

1 The ναῶν ἄνακτες (i.e. κυβερνῆται) so disposed the fleet that it moved between the island and the mainland; so διά-πλοον κ. = 'caused them to row in the channel.'

2 οὐ μάλα, 'in no wise.'

3 The Persians heard a sound: they expected the confused noise of desperate flight; they heard instead the tones of the battle chant.

4 Poetical language uses verbs that denote 'shine' and 'burn' of sounds: ἐπιφλέγειν means here what we express by 'drown' of noises.

5 The κελευστής begins to give the time with his pipe. ῥοθιάς is 'splashing.' It was impossible for the rowers in a trireme to avoid rowing deep; hence βρύχιος.

τὸ δεξιὸν μὲν πρῶτον εὐτάκτως κέρας[1]
ἡγεῖτο κόσμῳ, δεύτερον δ' ὁ πᾶς στόλος
ἐπεξεχώρει, καὶ παρῆν ὁμοῦ[2] κλύειν
πολλὴν βοήν, 'ὦ παῖδες Ἑλλήνων ἴτε, 110
ἐλευθεροῦτε πατρίδ', ἐλευθεροῦτε δὲ
παῖδας γυναῖκας θεῶν τε πατρῴων ἕδη
θήκας τε προγόνων· νῦν ὑπὲρ πάντων ἀγών.'
καὶ μὴν παρ' ἡμῶν Περσίδος γλώσσης ῥόθος[3]
ὑπηντίαζε, κοὐκέτ' ἦν μέλλειν ἀκμή. 115
εὐθὺς δὲ ναῦς ἐν νηῒ χαλκήρη στόλον[4]
ἔπαισεν· ἦρξε δ' ἐμβολῆς Ἑλληνικὴ
ναῦς, κἀποθραύει πάντα Φοινίσσης νεὼς
κόρυμβ',[5] ἐπ' ἄλλην δ' ἄλλος ηὔθυνεν δόρυ.
τὰ πρῶτα μέν νυν ῥεῦμα Περσικοῦ στρατοῦ 120
ἀντεῖχεν· ὡς δὲ πλῆθος ἐν στενῷ νεῶν
ἤθροιστ', ἀρωγὴ δ' οὔτις ἀλλήλοις[6] παρῆν,
αὐτοὶ δ' ὑφ' αὐτῶν ἐμβόλοις χαλκοστόμοις

---

1 Sailing from the narrow bay of Salamis, the Greek fleet would form line on the left as soon as it had room. The column filed out of the bay with the right leading.

2 ὁμοῦ, 'near,' an Ionic use. So near were they that the exhortations of the officers (λόγοι παραινετικοί) could be heard by the enemy.

3 The Persians talked and made a noise: the messenger had been impressed with the contrast of the Greek discipline.

4 στόλος = ἔμβολον, l. 12. Herodotus gives the name of the first to engage the enemy; the Athenian Ameinias.

5 κόρυμβα are the sculptured ornaments that crowned the bows and stern, decorations, δόρυ, 'ship.'

6 ἀλλήλοις depends on ἀρωγή.

παίοντ', ἔθραυον[1] πάντα κωπήρη στόλον,
Ἑλληνικαί τε νῆες οὐκ ἀφρασμόνως 125
κύκλῳ πέριξ ἔθεινον, ὑπτιοῦτο δὲ
σκάφη νεῶν, θάλασσα δ' οὐκέτ' ἦν ἰδεῖν,
ναυαγίων ἀνθοῦσα καὶ φόνου βροτῶν·[2]
ἀκταὶ δὲ νεκρῶν χοιράδες τ' ἐπλήθυον.
φυγῇ δ' ἀκόσμῳ πᾶσα ναῦς ἠρέσσετο, 130
ὅσαιπερ ἦσαν βαρβάρου στρατεύματος·
τοὶ[3] δ' ὥστε θύννους ἤ τιν' ἰχθύων βόλον
ἀγαῖσι κωπῶν θραύμασίν τ' ἐρειπίων
ἔπαιον ἐρράχιζον, οἰμωγὴ δ' ὁμοῦ[4]
κωκύμασιν κατεῖχε παλαγάν ἅλα, 135
ἕως κελαινὸν νυκτὸς ὄμμ' ἀφείλετο.[5]
κακῶν δὲ πλῆθος, οὐδ' ἂν εἰ δέκ' ἤματα
στοιχηγοροίην,[6] οὐκ ἂν ἐκπλήσαιμί σοι.
εὖ γὰρ τόδ' ἴσθι, μηδάμ' ἡμέρᾳ μιᾷ

---

1 The apodosis begins at ἔθραυον. The ships struck each other with their rams, and were driven so close that they broke each others projecting banks of oars (κωπήρη στόλον).

2 The barren sea blossomed like a meadow; only the blades of grass were fragments of ships, and the red of the anemones was blood.

3 τοὶ, Ionic for οἱ. Catching the fish that migrate annually in vast numbers from the Black Sea to the Archipelago was a favourite and common sport. The largest tunny fish are harpooned, the rest are netted (βόλος is the contents of a casting net draught) and killed with sticks on the beach.

4 The Greeks were cheering while the Persians bewailed; but the mourning of myriads drowned the cheers of the lesser number.

5 ἡ νύξ or τὸ σκότος ἀφείλετο without expressed object is a standing phrase. Thucyd. iv. 139 adds the object τὸ ἔργον.

6 στοιχηγορεῖν, to tell in one στοῖχος, πάντα ἑξῆς.

πλῆθος τοσουτάριθμον ἀνθρώπων θανεῖν. 140
Βασ. αἰαῖ, κακῶν δὴ πέλαγος ἔρρωγεν μέγα
Πέρσαις τε καὶ πρόπαντι βαρβάρων γένει.
Αγγ. εὖ νυν τόδ' ἴσθι, μηδέπω μεσοῦν κακόν·[1]
τοιάδ' ἐπ' αὐτοῖς ἦλθε συμφορὰ πάθους,
ὡς τοῖσδε καὶ δὶς ἀντισηκῶσαι ῥοπῇ. 145
Βασ. καὶ τίς γένοιτ' ἂν τῆσδε ἔτ' ἐχθίων τύχη;
λέξον τίν' αὖ φῂς τήνδε συμφορὰν στρατῷ
ἐλθεῖν κακῶν[2] ῥέπουσαν ἐς τὰ μάσσονα.
Αγγ. Περσῶν ὅσοιπερ ἦσαν ἀκμαῖοι φύσιν,[3]
ψυχήν τ' ἄριστοι κεὐγένειαν ἐκπρεπεῖς, 150
αὐτῷ τ' ἄνακτι πίστιν ἐν πρώτοις ἀεί,
τεθνᾶσιν αἰσχρῶς δυσκλεεστάτῳ μόρῳ.
Βασ. οἳ 'γὼ τάλαινα συμφορᾶς κακῆς, φίλοι.
ποίῳ μόρῳ δὲ τούσδε φῂς ὀλωλέναι;
Αγγ. νῆσός τις ἐστὶ πρόσθε Σαλαμῖνος[4] τόπων 155
βαιά, δύσορμος ναυσίν, ἣν ὁ φιλόχορος
Πὰν ἐμβατεύει, ποντίας ἀκτῆς ἔπι.
ἐνταῦθα πέμπει τούσδ', ὅπως, ὅταν νεῶν
φθαρέντες ἐχθροὶ νῆσον ἐκσῳζοίατο,

---

1 The repetition of the words used in l. 139 renders the resumption of the narrative specially impressive.

2 κακῶν ἐς τά μάσσονα, 'to greater misery.'

3 φύσις, 'form'; ψυχή, 'spirit, courage.' Think of the construction πρῶτος τὴν πίστιν. This is the accusative of respect construction, like ψυχήν in the next line

4 Psyttaleia lies where the strait that divides Salamis from the mainland opens to the sea. It is all rocks: only the hoof of Pan dances there; from a similar idea the rocks in Salamis are named after the Sileni (l. 14).

κτείνοιεν εὐχείρωτον Ἑλλήνων στρατόν, 160
φίλους δ' ὑπεκσῴζοιεν ἐναλίων πόρων·
κακῶς τὸ μέλλον ἱστορῶν. ὡς γὰρ θεὸς
ναῶν ἔδωκε κῦδος Ἕλλησιν μάχης,
αὐθημερὸν φάρξαντες[1] εὐχάλκοις δέμας
ὅπλοισι ναῶν ἐξέθρῳσκον· ἀμφὶ δὲ 165
κυκλοῦντο πᾶσαν νῆσον, ὥστ' ἀμηχανεῖν
ὅποι τράποιντο. πολλὰ μὲν γὰρ ἐκ χερῶν
πέτροισιν ἠράσσοντο, τοξικῆς τ' ἄπο
θώμιγγος ἰοὶ προσπίτνοντες ὤλλυσαν,
τέλος δ' ἐφορμηθέντες ἐξ ἑνὸς ῥόθου[2] 170
παίουσι, κρεοκοποῦσι[3] δυστήνων μέλη,
ἕως ἁπάντων ἐξαπέφθειραν βίον.
Ξέρξης δ' ἀνῴμωξεν κακῶν ὁρῶν βάθος·
ἕδραν γὰρ εἶχε παντὸς εὐαγῆ[4] στρατοῦ,
ὑψηλὸν ὄχθον ἄγχι πελαγίας ἁλός· 175
ῥήξας δὲ πέπλους κἀνακωκύσας λιγύ,
πεζῷ παραγγείλας ἄφαρ στρατεύματι,
ἵησ'[5] ἀκόσμῳ ξὺν φυγῇ. τοιάνδε σοι
πρὸς τῇ πάροιθε συμφορὰν πάρα στένειν.

---

1 φάρκας, aor. partic. φράσσω. For the attack on the Persians who had been landed on Psyttaleia the few ἐπιβάται of the ships were insufficient. Hence a force of hoplites and archers from Salamis was conveyed across. We know from Herodotus that Aristides commanded this landing force.

2 ῥόθος: here 'attack, charge.'

3 κρεοκοπεῖν, 'cut to pieces,' like butchers cutting meat.

4 See εὐαγής.

5 'speeds away.'

Βασ. ὦ στυγνὲ δαῖμον, ὡς ἄρ' ἄψευσας φρενῶν[1] 180
Πέρσας· πικρὰν[2] δὲ παῖς ἐμὸς τιμωρίαν
κλεινῶν Ἀθηνῶν ηὗρε, κοὐκ ἀπήρκεσαν
οὓς πρόσθε Μαραθὼν βαρβάρων ἀπώλεσεν·
ὧν ἀντίποινα παῖς ἐμὸς πράξειν[3] δοκῶν
τοσόνδε πλῆθος πημάτων ἐπέσπασεν.

1 φρενῶν = βουλῆς, ἐλπίδος.

2 πικράν: to himself.

3 πράσσειν: technical word for exaction of a fine or tax. πράκτορες, at Athens, were bailiffs.

XVI. THEORY OF VACUUM

From Hero of Alexandria.

It seems that Hero lived in the first century of the Christian era, and wrote on several widely different topics connected with theoretical Physics and Mechanics, always with an eye to the practical needs of engineers. His books maintained their place as standard works, though a large portion exists now only in Arabic and mediaeval translations. In the fifteenth and sixteenth centuries the study of Hero was very wide-spread. It is through him that Greece made it possible for the modern world to lay the foundation of the new Physics and Mechanics; Hero busied himself with the construction of apparatus and the true method of investigation by experiment. He is deeply indebted to earlier works, and not seldom we can trace his instruments back to greater mechanicians of Alexandria, or to Archimedes. We are especially indebted to him for the theoretical explanations set out in our selection. For he gives here, in a literary form, the work of a highly important teacher, Strato of Lampsacus; Strato who succeeded Theophrastus as head of the school founded by Aristotle at Athens, the Peripatos, and earned for himself the title φυσικός. We see him here upholding the claim of experimental proof (the διὰ τῶν αἰσθητῶν ἐνέργεια or αἰσθητικὴ ἀπόδειξις) against the theoretical speculation on which too often philosophy placed excessive reliance. The opinion that he here defends long possessed great authority in the physical doctrine of modern thinkers, just as long as they depended on Hero; it is generally denoted by the catchword *horror vacui.* Strato's mind was running on something rather different when he dealt with it. As an Aristotelian he had received from the master the denial of the existence of vacuum. On the other hand, the materialistic philosophy of Democritus took for granted the evidence of the void, and acknowledged only atoms besides; and this view had been revived, and was strongly supported in Strato's time, through Epicurus. To Strato it was no doubt familiar from his childhood, since Epicurus had followers in Lampsacus, Strato's native town, and often stayed there himself. Strato, who also sought for an essentially materialistic explanation of the world, endeavoured to find a middle path between the theories of Aristotle and Epicurus; he denied the existence of a *continuous* void (ἄθρουν κενόν) in nature; in other words he rejected the whole hypothesis of Democritus — but still he maintained that in all things minute empty spaces existed between the minute particles of matter. Into the deep significance of this most important theory we cannot enter; the following piece will of itself suffice to show the truly scientific character of his demonstration.

(1) Τῆς[1] πνευματικῆς πραγματείας σπουδῆς[2] ἠξιωμένης πρὸς τῶν παλαιῶν φιλοσόφων τε καὶ μηχανικῶν, τῶν μὲν λογικῶς[3] τὴν δύναμιν αὐτῆς ἀποδεδωκότων, τῶν δὲ καὶ δι' αὐτῆς τῆς τῶν αἰσθητῶν ἐνεργείας, ἀναγκαῖον ὑπάρχειν νομίζομεν καὶ αὐτοὶ τὰ παραδοθέντα ὑπὸ τῶν ἀρχαίων εἰς τάξιν ἀγαγεῖν, καὶ ἃ ἡμεῖς δὲ προσευρήκαμεν ἐκθέσθαι· οὕτως γὰρ τοὺς μετὰ ταῦτα ἐν τοῖς μαθήμασιν[4] ἀναστρέφεσθαι βουλομένους ὠφελεῖσθαι συμβήσεται. **(2)** πρὸ δὲ τῶν λέγεσθαι μελλόντων πρῶτον περὶ κενοῦ διαληπτέον.[5] οἳ μὲν γὰρ τὸ καθόλου μηδὲν εἶναι κενὸν διατείνονται, οἳ δὲ ἄθρουν μὲν κατὰ φύσιν μηδὲν εἶναι κενὸν, παρεσπαρμένον[6] δὲ κατὰ μικρὰ μόρια τῷ ἀέρι καὶ τῷ ὑγρῷ καὶ τῷ πυρὶ καὶ τοις ἄλλοις σώμασιν· οἷς μάλιστα συμφέρεσθαι προσήκει· ἐκ γὰρ τῶν φαινομένων καὶ ὑπὸ τὴν αἴσθησιν πιπτόντων ἐν

---

1 ἡ πνευματικὴ πραγματεία, 'the study of atmospheric pressure.'

2 σπουδῆς depends on ἠξιωμένης. Interest in the study of a. p. being thought important by (πρός) the former philosophers and engineers. This sentence begins with a genative absolute.

3 λογικῶς, 'by reasoning,' theoretically, contrasted with ἡ τῶν αἰσθητῶν ἐνέργεια (lit. the action of things observed) 'the experimental method.' ἀποδίδωμι here means 'explain.'

4 Mathematics in a wide sense, including Mechanics.

5 διαλαμβάνειν, 'decide.' τὸ καθόλου, adverbial.

6 παρα-σπείρεσθαι is used of division into minute particles which lie scattered throughout a body.

τοὶς ἑξῆς[1] δείκνυται τοῦτο συμβαῖνον· ὄντως μέντοι τὰ ἀγγεῖα τὰ δοκοῦντα εἶναι τοὶς πολλοῖς κενὰ οὐκ ἔστιν, ὡς ὑπολαμβάνουσι, κενά, ἀέρος δὲ πλήρη. (**3**) ὁ δὲ ἀήρ ἐστιν, ὡς τοὶς περὶ φύσεως πραγματευσαμένοις ἀρέσκει, ἐκ λεπτῶν καὶ μικρομερῶν[2] σωμάτων συνεστηκὼς ἀφανῶν ἡμῖν ὄντων ὡς ἐπὶ τὸ πολύ. (**4**) ἐὰν γοῦν[3] εἰς τὸ δοκοῦν ἀγγεῖον κενὸν ὑπάρχειν ἐγχέῃ τις ὕδωρ, καθ’ ὅσον ἂν πλῆθος τοῦ ὕδατος εἰς τὸ ἀγγεῖον ἐμπίπτῃ, κατὰ τοσοῦτον πλῆθος ἀὴρ ἐκχωρήσει. (**5**) κατανοήσειε δ’ ἄν τις τὸ λεγόμενον ἐκ τοῦ τοιούτου· ἐὰν γὰρ εἰς ὕδωρ καταστρέψας ἀγγεῖον τὸ δοκοῦν εἶναι κενὸν πιέζῃς εἰς τὸ κάτω ἀκλινὲς διαφυλάσσων, οὐκ εἰσελεύσεται τὸ ὕδωρ εἰς αὐτό, κἂν ὅλον αὐτὸ κρύψῃς· ὥστε δῆλον εἶναι, ὅτι σῶμα ὑπάρχων ὁ ἀὴρ οὐκ ἐᾷ παρεισελθεῖν[4] τὸ ὕδωρ διὰ τὸ πεπληρωκέναι πάντα τὸν ἐν τῷ ἀγγείῳ τόπον. (**6**) ἐὰν γοῦν τρυπήσῃ τις τὸν πυθμένα τοῦ ἀγγείου, τὸ μὲν ὕδωρ διὰ τοῦ στόματος εἰς αὐτὸ εἰσελεύσεται, ὁ δὲ ἀὴρ διὰ τοῦ τρυπήματος ἐξελεύσεται. (**7**) πάλιν δὲ πρὸ τοῦ τρυπῆσαι τὸν πυθμένα ἐὰν τις ὀρθὸν ἐκ τοῦ ὕδατος τὸ ἀγγεῖον ἐπάρῃ, ἀνατρέψας ὄψεται πᾶσαν τὴν ἐντὸς τοῦ ἀγγείου ἐπιφάνειαν καθαρὰν ἀπὸ τοῦ ὑγροῦ, καθάπερ ἦν καὶ πρὸ τοῦ τεθῆναι. (**8**) διὸ δὴ

---

1 τὰ ἑξῆς, 'what follows.'

2 μικρο-μερής, consisting of μικρὰ μέρη of the element.

3 γοῦν, 'for instance.'

4 παρ-εις-έρχεσθαι, 'to intrude.'

ὑποληπτέον εἶναι σῶμα τὸν ἀέρα. (**9**) γίνεται δὲ πνεῦμα κινηθείς· οὐδὲν γὰρ ἕτερόν ἐστι τὸ πνεῦμα ἢ κινούμενος ἀήρ. (**10**) ἐὰν γοῦν τετρυπημένου τοῦ ἀγγείου κατὰ τὸν πυθμένα καὶ εἰσπίπτοντος τοῦ ὕδατος παραθῇ τις τῷ τρυπήματι τὴν χεῖρα, αἰσθήσεται τὸ πνεῦμα ἐκπίπτον ἐκ τοῦ ἀγγείου· τοῦτο δὲ οὐκ ἄλλο τί ἐστιν ἢ ὁ ἐκκρουόμενος ὑπὸ τοῦ ὕδατος ἀήρ.

(**11**) οὐχ ὑποληπτέον οὖν ἐν τοῖς οὖσι κενοῦ τινα φύσιν ἀθρόαν αὐτὴν[1] καθ' ἑαυτὴν ὑπάρχειν, παρεσπαρμένην δὲ κατὰ μικρὰ μόρια τῷ τε ἀέρι καὶ τῷ ὑγρῷ καὶ τοῖς ἄλλοις σώμασιν. τὰ δὲ τοῦ ἀέρος σώματα συνερείδει[2] μὲν πρὸς ἄλληλα, οὐ κατὰ πᾶν δὲ μέρος ἐφαρμόζει, ἀλλ' ἔχει τινὰ διαστήματα μεταξὺ κενὰ καθάπερ ἡ ἐν τοῖς αἰγιαλοῖς ψάμμος. (**12**) τὰ μὲν οὖν τῆς ψάμμου μόρια τοῖς τοῦ ἀέρος σώμασιν ἀποικειοῦσθαι[3] ὑποληπτέον, τὸν δὲ ἀέρα τὸν μεταξὺ τῶν τῆς ψάμμου μορίων τοῖς μεταξὺ τοῦ ἀέρος κενοῖς· διὸ καὶ πιλεῖσθαι τὸν ἀέρα συμβαίνει ἐκ βίας τινὸς προσελθούσης καὶ συνιζάνειν εἰς τὰς τῶν κενῶν χώρας, παρὰ φύσιν τῶν σωμάτων πρὸς ἄλληλα θλιβομένων· ἀνέσεως δὲ γενομένης πάλιν εἰς τὴν αὐτὴν τάξιν ἀποκαθίσταται τῇ τῶν σωμάτων εὐτονίᾳ·[4] ὁμοίως δὲ καὶ ἐάν τινος βίας γενομένης ἀπ'

---

1 αὐτὴ καθ' ἑαυτήν, 'by itself,' 'separately.'

2 συνερείδει, 'adhere'; so προσερείδειν (Vacuum 12 end & 18), 'press against'.

3 ἀπ-οικειοῦσθαι, properly 'be akin to,' but here used in the sense of ἀφομοιοῦσθαι.

4 εὐτονία, 'elasticity.'

ἀλλήλων διαστῇ τὰ τοῦ ἀέρος σώματα καὶ μείζων κενὸς παρὰ φύσιν γένηται τόπος, πάλιν πρὸς ἄλληλα συντρέχει· διὰ γὰρ τοῦ κενοῦ ταχεῖαν γίνεσθαι τὴν φορὰν τοῖς σώμασι συμβαίνει, μηδενὸς ἀνθισταμένου μηδὲ ἀντικρούοντος, ἕως ἂν ἀλλήλοις προσερείσῃ τὰ σώματα. (**13**) ἐὰν γοῦν ἀγγεῖον λαβών τις κουφότατον καὶ σύστομον,[1] προσθεὶς τῷ στόματι ἐκμυζήσῃ τὸν ἀέρα καὶ ἀφῇ, ἐκκρεμασθήσεται ἐκ τῶν χειλέων τὸ ἀγγεῖον, ἐπισπωμένου τοῦ κενοῦ τὴν σάρκα πρὸς τὸ ἀναπληρωθῆναι τὸν κενωθέντα τόπον· ὥστε ἐκ τούτου φανερὸν γενέσθαι, ὅτι ἄθρους κενὸς ὑπῆρξεν ἐν τῷ ἀγγείῳ τόπος. (**14**) καὶ ἄλλως δὲ τοῦτο φανερόν· τὰ γὰρ ἰατρικὰ ᾠά,[2] ὑέλινα ὄντα καὶ σύστομα, ὅταν βούλωνται πληρῶσαι ὑγροῦ, ἐκμυζήσαντες τῷ στόματι τὸν ἐν αὐτοῖς ἀέρα καὶ καταλαβόντες τὸ στόμιον αὐτῶν τῷ δακτύλῳ καταστρέφουσιν εἰς τὸ ὑγρόν, καὶ ἀνεθέντος τοῦ δακτύλου ἀνασπᾶται εἰς τὸν κενωθέντα τόπον τὸ ὕδωρ, καίτοι[3] παρὰ φύσιν τῆς φορᾶς ἄνω γενομένης τῷ ὑγρῷ.

(**15**) Τοῖς οὖν φαμένοις τὸ καθόλου μηδὲν εἶναι κενὸν ἐκποιεῖ[4] πρὸς ταῦτα πολλὰ εὑρίσκειν ἐπιχειρήματα καὶ τάχα φαίνεσθαι τῷ λόγῳ

---

1 σύ-στομος, having a narrow στόμα.

2 ᾠά, little medicine glasses.

3 καίτοι with participle, for the earlier καίπερ.

4 ἐκποιεῖ, 'it is possible.' ἐπιχείρημα, 'argument.'

πιθανωτέρους μηδεμιᾶς παρακειμένης αἰσθητικῆς[1] ἀποδείξεως· ἐὰν μέντοι δειχθῇ ἐπὶ τῶν φαινομένων καὶ ὑπὸ τὴν αἴσθησιν πιπτόντων, ὅτι κενὸν ἄθρουν ἔστιν, παρὰ φύσιν μέντοι γινόμενον, καὶ κατὰ φύσιν ἔστι μὲν κενόν, κατὰ λεπτὰ δὲ παρεσπαρμένον, καὶ ὅτι κατὰ[2] πίλησιν τὰ σώματα ἀναπληροῖ τὰ παρεσπαρμένα κενά, οὐδεμίαν οὐκέτι παρέκδυσιν[3] ἕξουσιν οἱ τοὺς πιθανοὺς τῶν[4] λόγων περὶ τούτων προφερόμενοι. (**16**) κατασκευάζεται γὰρ σφαῖρα πάχος ἔχουσα τοῦ ἐλάσματος[5] ὥστε μὴ εὔθλαστος[6] εἶναι, χωροῦσα ὅσον κοτύλας η´. (**17**) στεγνῆς δὲ οὔσης αὐτῆς πάντοθεν, τρυπήσαντα δεῖ σίφωνα[7] καθεῖναι χαλκοῦν, τουτέστι σωλῆνα λεπτόν, μὴ ψαύοντα τοῦ κατὰ διάμετρον τόπου τοῦ[8] τετρυπημένου σημείου, ὅπως ὕδατι διάρρυσις[9] ὑπάρχῃ, τὸ δὲ ἄλλο μέρος αὐτοῦ ἐκτὸς ὑπερέχειν τῆς σφαίρας ὅσον δακτύλους τρεῖς· τὴν δὲ τοῦ

---

1 αἰσθητικός, through the senses.

2 κατὰ πίλησιν, by compression, 'on being compressed.'

3 περέκδυσις, 'escape'.

4 τῶν λόγων, partitive = πιθανοὺς λόγους. The point is that Aristotle's denial of vacuum (see introduction) appears to be cogent, but is not really so.

5 ἔλασμα, beaten metal: πάχος . . . ὥστε μή, 'thick enough not to.'

6 εὔθλαστος, 'easily broken' (θλάω).

7 σίφων is here explained to mean a little tube (σωλήν). The object of τρυπήσαντα is τὴν σφαῖραν.

8 τοῦ τετρυπημένου σημείου depends on κατά διάμετρον, which means 'diametrically opposite.'

9 διάρρυσις, 'passage.'

τρυπήματος περιοχήν,[1] δὶ οὗ καθίεται ὁ σίφων, στεγνοῦν[2] δεῖ κασσιτέρῳ προσλαμβάνοντα[3] πρός τε τὸν σίφωνα καὶ τὴν ἐκτὸς τῆς σφαίρας ἐπιφάνεινα, ὥστε ὅταν βουλώμεθα τῷ στόματι διὰ τοῦ σίφωνος ἐμφυσᾶς, κατὰ μηδένα τρόπον τὸ πνεῦμα τῆς σφαίρας διεκπίπτειν.[4] (**18**) σκοπῶμεν δὴ τὰ συμβαίνοντα· ὑπάρχοντος γὰρ ἀέρος ἐν αὐτῇ, καθάπερ καὶ ἐν τοῖς ἄλλοις ἀγγεόις πᾶσι τοῖς λεγομένοις κενοῖς, τοῦ δὲ ἀέρος πεπληρωκότος πάντα τὸν ἐν αὐτῇ τόπον καὶ προσερηρεισμένου[5] κατὰ συνέχειαν πρὸς τὴν τοῦ τεύχους περιοχὴν καὶ μηδενὸς κενοῦ, καθάπερ οἴονται, τὸ παράπαν ὑπάρχοντος τόπου, οὔτ' ἂν ὕδωρ εἰσκρῖναι[6] δυνηθείημεν οὔτε ἄλλον ἀέρα, μὴ ὑποχωρήσαντος τοῦ πρότερον ἐν αὐτῇ ὑπάρχοντος ἀέρος. (**19**) καὶ ἐὰν μετὰ πολλῆς βίας τὴν εἴσκρισιν ποιώμεθα, πρότερον διαρραγήσεται τὸ τεῦχος ἢ ἐπιδέξεταί τι, πλῆρες ὑπάρχον· καὶ μὴν ἐὰν τις ἐθέλῃ τὸν σίφωνα λαβὼν εἰς τὸ στόμα ἐμφυσᾶν εἰς τὴν σφαῖραν, πολὺ προσεισκρινεῖ πνεῦμα, μὴ ὑποχωρήσαντος τοῦ

---

1 περιοχή, 'edge.'

2 στεγνοῦν, to make στεγνόν. The addition of κασσιτέρῳ shows that the meaning is 'to solder.'

3 προσλαμβάνειν, 'fasten.'

4 δι-εκ-πίπτειν, 'escape from,' through the hole.

5 προσ-ερείδειν, 'to press against,' is here transitive, κατὰ συνέχειαν, continuously, i.e. without any vacuum between the particles of air. The participles are conditional.

6 εἰσκρίνειν, 'to insert, get in.' The noun of this is εἴσκρισις. Below πρός, compounded with the verb, means 'in addition.'

προϋπάρχοντος ἐν αὐτῇ ἀέρος· τούτου δὲ ἀεὶ συμβαίνοντος, σαφῶς δείκνυται συστολὴ[1] γινομένη τῶν ὑπαρχόντων ἐν τῇ σφαίρᾳ σωμάτων εἰς τὰ παρεμπεπλεγμένα[2] κενά. (**20**) παρὰ φύσιν δὲ ἡ συστολὴ γίνεται διὰ τὴν τῆς εἰσκρίσεως βίαν. (**21**) ἐάν τις οὖν ἐμφυσήσας καὶ παρ' αὐτὸ τὸ στόμα προσαγαγὼν τὴν χεῖρα συντόμως ἐπιπωμάσῃ[3] τῷ δακτύλῳ τὸν σίφωνα, μενεῖ πάντα τὸν χρόνον συνεσφιγμένος[4] ὁ ἀὴρ ἐν τῇ σφαίρᾳ· ἐὰν δέ τις ἀναπωμάσῃ, πάλιν ἐκτὸς ὁρμήσει μετά τε ψόφου καὶ βίας πολλῆς ὁ προσεισκριθεὶς ἀὴρ διὰ τὸ ἐκκρούεσθαι, κατὰ τὴν τοῦ προϋπάρχοντος ἀέρος διαστολὴν τὴν κατὰ τὴν εὐτονίαν γινομένην. (**22**) πάλιν οὖν ἐάν τις βούληται τὸν ὑπάρχοντα ἀέρα ἐν τῇ σφαίρᾳ ἐξέλκειν τῷ στόματι διὰ τοῦ σίφωνος, πολὺ πλῆθος ἐπακολουθήσει, μηδεμιᾶς ἄλλης οὐσίας εἰς τὴν σφαῖραν ἀντικαταλλασσομένης, καθάπερ ἐπὶ τοῦ ᾠοῦ προείρηται· ὥστε διὰ τοῦ τοιούτου τελείως δείκνυσθαι μεγάλην ἄθροισιν κενοῦ γινομένην ἐν τῇ σφαίρᾳ· φανερὸν οὖν ἐκ τῶν εἰρημένων, ὅτι τοῖς μὲν τοῦ ἀέρος σώμασι παρέσπαρταί τινα μεταξὺ κενά, βίας δέ τινος προσελθούσης συνίζησιν[5] πάσχει παρὰ φύσιν εἰς

---

1 συστολή, 'contraction, compression.' The opposite is διαστολή (Vacuum 21 end).

2 παρεμπλέκετα κενά means the same as παρασπείρεται.

3 ἐπιπωμάζειν, 'to cover,' from πῶμα, 'a lid.' The opposite is ἀναπωμάζειν (3 lines below).

4 συνεσφιγμένος, συσφίγγω.

5 συνίζησις, noun of συνιζάνω.

τὰ κενά.

(**23**) ὅτι δὲ καὶ ἄθρουν κενὸν γίνεται παρὰ φύσιν, δέδεικται διά τε τοῦ προσφερομένου τῷ στόματι κούφου ἀγγείου καὶ διὰ τοῦ ἰατρικοῦ ᾠοῦ. περὶ μὲν οὖν τῆς τοῦ κενοῦ φύσεως καὶ ἄλλων πολλῶν οὐσῶν ἀποδείξεων, ἱκανὰς εἶναι καὶ τὰς εἰρημένας νομίζομεν· καὶ γὰρ δι' αὐτῶν τῶν αἰσθητῶν τὰς ἀποδείξεις ἐποιησάμεθα. (**24**) ἐπὶ πάντων τοίνυν ἔστιν εἰπεῖν, ὅτι πᾶν μὲν σῶμα ἐκ λεπτομερῶν[1] συνέστηκεν σωμάτων, ὧν μεταξύ ἐστι παρεσπαρμένα κενὰ ἐλάττονα τῶν μορίων· διὸ καὶ καταχρηστικῶς[2] μηδὲν εἶναι κενὸν λέγομεν, βίας τινὸς μὴ παρεισελθούσης, ἀλλὰ πάντα πλήρη εἶναι ἤτοι ἀέρος ἢ ὑγροῦ ἢ ἄλλης τινὸς οὐσίας· καθ' ὁπόσον δ' ἄν τι τούτων ἐκχωρῇ, κατὰ τοσοῦτον ἕτερον ἐπακολουθοῦν τὸν κενούμενον ἀναπληροῖ τόπον.

---

1 λεπτο-μερής = μικρομερής.

2 καταχρηστικῶς, 'by a misuse of words'; it is true (a) that a continuous void does not occur κατὰ φύσιν; (b) that the minute spaces of void, though they exist, cannot be at once perceived by the senses: hence speaking loosely we may say that 'there is no vacuum.'

BRIEF HISTORY OF GREEK FONTS

The Greek font which you see in this book, a version of Lucida, designed by Bigelow and Holmes and optimised for use with low resolution laser printers, is a recent product of a five-century long effort to develop a readable and attractive Greek font. This short essay outlines a few of the styles of Greek writing and printing over the centuries.

Everyone agrees that the Greeks borrowed their alphabet from the Levant at some time early in the first millennium BC. Many cities developed the local scripts which can be seen in inscriptions; the local script of Athens eventually drove all others out of use. Figure 1 shows a typical early 4th or 5th century BC Athenian inscription. The stonecutter made a grid and placed each letter in one square of the grid; the letters are aligned vertically and horizontally. There is no space between words and no punctuation. The letters are all capitals. We see only part of the stone; the first line is ΔΕΑΥΤΟΙΚΑΙ; the last line is ΜΕΤΑΤΑΗΙΕΡ "With the holy [things, rites]." The letters are angular, with straight lines whenever possible, since these are easier to cut into the stone.

Figure 1

Until the 8th or 9th century AD published books were written in a variant of capitals called uncial. The letters are written with a pen on papyrus or parchment, not cut into stone, and are curved. All the letters seem to lie between two ruled lines. This formal style is often called book hand and was used over a period of about 1500 years. Figure 2, a page from the famous Codex Sinaiticus of the Bible, written in the 4th century AD, illustrates book hand. The passage is Luke 24:32 (line breaks indicated by /): ΚΑΙ ΕΙΠΑΝ ΠΡΟΣ ΑΛ / ΛΗΛΟΥΣ ΟΥΧΙ Η ΚΑΡ / ΔΙΑ ΗΜΩΝ ΚΕΟΜ / ΝΗΝΕΝ ΗΜΙΝ. ('They said to each other: Did not our hearts burn within us...') Images of all the extant pages of the Codex Sinaiticus are on line at http://codexsinaiticus.org/en/

ΚΑΙΕΙΠΑΝΠΡΟCΑΛ
ΛΗΛΟΥCΟΥΧΙΗΚΑΡ
ΔΙΑΗΜΩΝΚΕΟΜΕ
ΝΗΗΝΕΝΗΜΙΝ
ΩCΕΛΑΛΕΙΗΜΙΝ
ΕΝΤΗΟΔΩΩCΔΙ
ΗΝΥΓΕΝΗΜΙΝ
ΤΑCΓΡΑΦΑCΚΑΙΑ

Figure 2

Everyday documents were written in a more cursive style. Figure 3 shows a document from Egypt written in the 2nd or 3rd century AD. The first line is κυριε μου αμεριμνον με κατα / στησης... ('My Lord, may you set me free from care...') Note that letters can extend above and below the line. Many varieties of handwriting appear in the Egyptian documents.

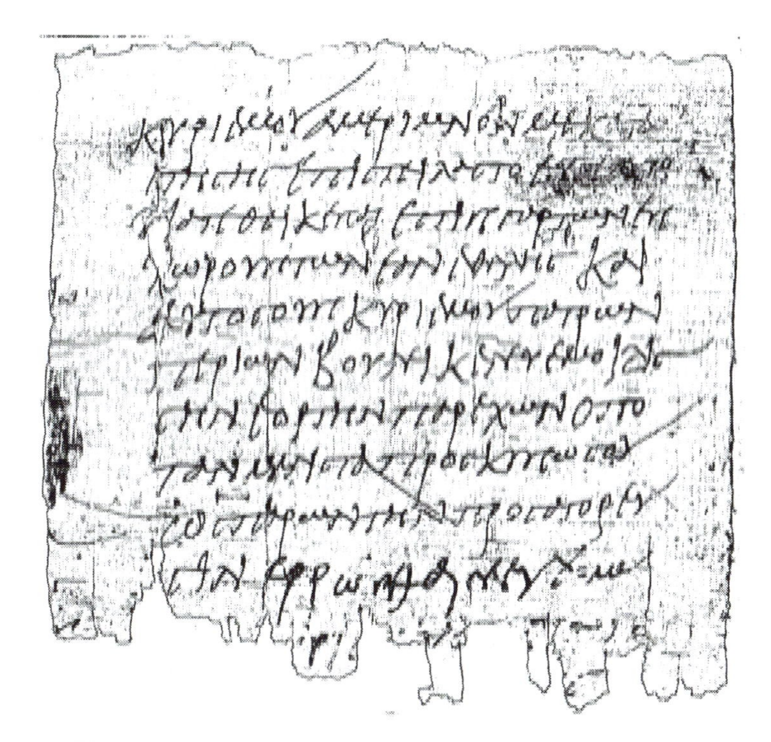

Figure 3

By the 10th century AD, the Byzantines were using a more cursive style of handwriting (called minuscule) in book production, rather than the earlier uncial book hand. Figure 4, a passage from Thucydides 4:88, illustrates their practice. (The figure on the back cover of our textbook is a typeface designed to resemble a 10th-12th century document.) The first two lines in Figure 4 are ἀφίστασθαι ἀθηναίων· καὶ πιστώσαν / τες αὐτὸν τοῖς ὅρκοις οὕς τὰ τέλη τῶν '...to revolt from Athens; and taking security from him for the oaths which the [Lacedaimonians had sworn...')

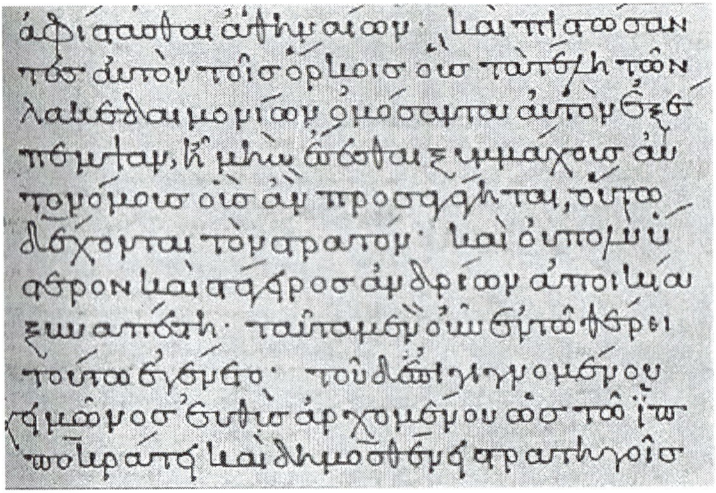

Figure 4

In Figure 4 you will note the presence of accents and breathings, which were not found in the previous examples. According to tradition, accents and breathings were introduced about 200 BC by Aristophanes of Byzantium, the head of the Alexandrian Library, to help foreigners pronounce Greek. The acute, grave, and circumflex represented the different tones of the Classical Greek language. These accents were not necessary for native speakers and were rarely written, hence they are hardly used in the papyri. But the Greek language changed radically from the 2nd century BC to the 9th century AD, losing its tonal accent, and by the latter date, accents and breathings were universally used in all manuscripts and have continued in use until today, with few exceptions.

Printing with moveable type first developed in Western Europe during the 15th century, with Latin texts the first to be printed. By the early 16th century books were printed in Greek as well. The early printers, perhaps unfortunately, took contemporary Greek scholarly handwriting as the model for their typefaces, and as a result most early Greek books show all the flourishes of fancy handwriting, including abbreviations and ligatures in which several letters are combined into one unit. Figure 5, a font made at the order of the French king, illustrates this tendency. It is rather difficult to read until one is very familiar with it. The passage is Apollonius *Argonautica* 1.933 ff:

ἠιόνα ζα]θέην τε παρήμειβον πιτύ[ειαν

καὶ δὴ τοί]γ’ ἐπὶ νυκτὶ διάνδιχα νηὸς [ἰούσης
δίνῃ πορ]φύροντα διήνυσαν ἑλλήσπ[οντον
ἔστι δέ τις] αἰπεῖα προποντίδος ἔνδο[θι νῆσος.

('And in that night, as the ship sped on by sail and oar, they passed right through the Hellespont dark-gleaming with eddies. There is a lofty island inside the Propontis…' translation R. C. Seaton) Ligatures include ει in the first line, σαν in the third line, and προ in the last line.

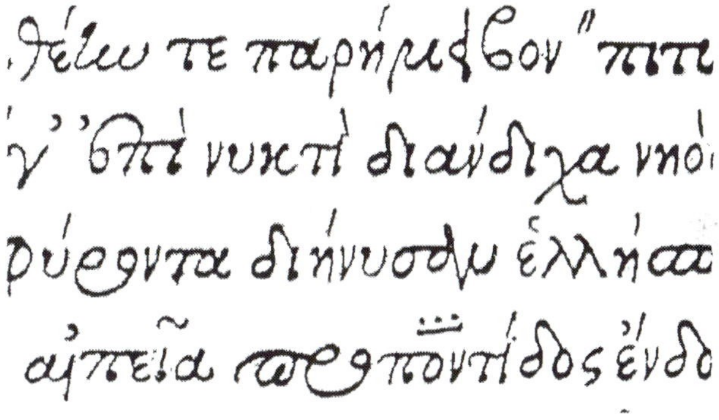

Figure 5

During the 18th and 19th centuries Greek typefaces assumed the form still used today. Figure 6, from a Cambridge University Press edition of Euripides (1826; the passage is *Hecuba* 1089ff.), could have been printed yesterday. Following 16th century practice, this typeface was based on the handwriting of a scholar, Richard Porson (1759-1808), Regius Professor of Greek at Cambridge.

ΧΟ. ξύγγνωσθ’, ὅταν τις κρείσσον’ ἢ φέρειν κακὰ
πάθῃ, ταλαίνης ἐξαπαλλάξαι ζόης.
ΑΓ. κραυγῆς ἀκούσας ἦλθον· οὐ γὰρ ἥσυχος
πέτρας ὀρείας παῖς λέλακ’ ἀνὰ στρατὸν
Ἠχὼ, διδοῦσα θόρυβον. εἰ δὲ μὴ Φρυγῶν
πύργους πεσόντας ᾔσμεν Ἑλλήνων δορὶ,

Figure 6

Some type designers, dissatisfied with the 'busyness' of the accents and breathings, (as someone once said, it appears as if ants are crawling all over the page), and aware that the ancient Greeks did not use them, have created fonts which attempted to restore the ancient simplicity. Figure 7 shows an example of a font which reproduces the style of ancient inscriptions. The designer was Julian Hibbert, who printed an edition of the Orphic Hymns in 1828. Figure 7 is the Hymn to Ὕπνος (Sleep). Although he successfully recreated an ancient style and made an attractive font, Hibbert had no successors and his font remains unused.

ΥΠΝΕ . ΑΝΑΞ ΜΑΚΑΡΩΝ ΠΑΝΤΩΝ . ΘΝΗΤΩΝ Τ ΑΝΘΡΩΠΩΝ .
ΚΑΙ ΠΑΝΤΩΝ ΖΩΩΝ . ΟΠΟϹΑ ΤΡΕΦΕΙ ΕΥΡΕΙΑ ΧΘΩΝ :
ΠΑΝΤΩΝ ΓΑΡ ΚΡΑΤΕΕΙϹ ΜΟΥΝΟϹ . ΚΑΙ ΠΑϹΙ ΠΡΟϹΕΡΧΗΙ .
ϹΩΜΑΤΑ ΔΕϹΜΕΥΩΝ ΕΝ ΑΧΑΛΚΕΥΤΟΙϹΙ ΠΕΔΗΙϹΙΝ .
ΛΥϹΙΜΕΡΙΜΝΕ . ΚΟΠΩΝ ΗΔΕΙΑΝ ΕΧΩΝ ΑΝΑΠΑΥϹΙΝ .
ΚΑΙ ΠΑϹΗϹ ΛΥΠΗϹ ΙΕΡΟΝ ΠΑΡΑΜΥΘΙΟΝ ΕΡΔΩΝ :
ΚΑΙ ΘΑΝΑΤΟΥ ΜΕΛΕΤΗΝ ΕΠΑΓΕΙϹ . ΨΥΧΑϹ ΔΙΑϹΩΖΩΝ :
ΑΥΤΟΚΑϹΙΓΝΗΤΟϹ ΓΑΡ ΕΦΥϹ ΛΗΘΗϹ ΘΑΝΑΤΟΥ ΤΕ .
ΑΛΛΑ . ΜΑΚΑΡ . ΛΙΤΟΜΑΙ ϹΕ ΚΕΚΡΑΜΕΝΟΝ ΗΔΥΝ ΙΚΑΝΕΙΝ .
ϹΩΖΟΝΤ ΕΥΜΕΝΕΩϹ ΜΥϹΤΑϹ ΘΕΙΟΙϹΙΝ ΕΠ ΕΡΓΟΙϹ .

Figure 7

Inspired by the same impulse, in the 1890's the Macmillan publishing company introduced its own Greek font, which looked like the ancient book hand, but retained the traditional accents and breathings. Figure 8 is the first page of Macmillan's 1894 edition of Plato's *Phaedo,* edited by R. D. Archer-Hind. Some reviewers admired the "embroidered ribbon" quality of the printed text, and during the 1890's Macmillan printed several texts using this font, but thereafter it fell into disuse.

I. Αὐτόϲ, ὦ Φαίδων, παρεγένου Ϲωκράτει ἐκείνῃ τῇ ἡμέρᾳ, ᾗ τὸ φάρμακον ἔπιεν ἐν τῷ δεσμωτηρίῳ, ἢ ἄλλου του ἤκουϲαϲ;
ΦΑΙΔ. Αὐτόϲ, ὦ Ἐχέκρατεϲ.
ΕΧ. Τί οὖν δή ἐϲτιν ἅττα εἶπεν ὁ ἀνὴρ πρὸ τοῦ θανάτου; καὶ πῶϲ ἐτελεύτα; ἡδέωϲ γὰρ ἂν ἐγὼ ἀκούϲαιμι. καὶ γὰρ οὔτε τῶν πολιτῶν Φλιαϲίων οὐδεὶϲ πάνυ τι ἐπιχωριάζει τὰ νῦν Ἀθήναζε, οὔτε τιϲ ξένοϲ ἀφῖκται χρόνου ϲυχνοῦ ἐκεῖθεν, ὅϲτιϲ

Figure 8

Neither of the proposed fonts in Figures 7 or 8 succeeded; all fonts currently used for printing Ancient Greek resemble those used in this textbook. Modern Greek, on the other hand, while retaining the basic letterforms seen here, has dropped the complex system of accents and breathings (the πολυτονικό system). By a decree of 1982, the Greek government adopted the μονοτονικό system, which retains only the acute accent. As a result, a typical passage of Modern Greek appears thus: Ο Μεταξάς αρχικά επέδειξε καρτερικότητα απέναντι στις ιταλικές προκλήσεις, προετοιμαζόμενος όμως ταυτοχρόνως για μια στρατιωτική αναμέτρηση στο πλευρό των Συμμάχων. Το μυστικό όπλο του Μεταξά ήταν η επιστράτευση με τα φύλλα πορείας. ('Metaxas [dictator of Greece 1936-1941] from the first demonstrated perseverance in the face of the Italian challenge, but at the same time he prepared for a military confrontation on the side of the Allies. The secret weapon of Metaxas was conscription combined with roadmaps.')

It is doubtful that any such change will be made in the printing of Ancient Greek texts.

VOCABULARY

A

ἀβακίσκος, -ου, *n. m.*, square.
ἄβρωτος, -ον, *adj.*, uneatable.
ἀγαθός, -ή, -όν, *adj.*, good.
ἄγαλμα, -ατος, *n. neut.*, statue.
ἄγαμαι, (*irreg.*) *v.*, wonder.
ἀγανακτέω, *v.*, get angry.
ἀγγεῖον, -ου, *n. neut*, vessel.
ἀγγέλλω, (*irreg.*) *v.*, announce.
ἄγγελος, -ου, *n. m.*, messenger.
ἄγε, *interj.*, come! well!
ἀγέλη, -ης, *n. f.*, herd.
ἀγεληδόν, *adv.*, in companies.
ἀγεννής, -ές, *adj.*, not noble, base.
ἀγεννῶς, *adv.*, basely.
ἀγή, -ῆς, *n. f.*, splinter.
ἄγημα, -ατος, *n. neut*, corps.
ἀγήρως, -ων, *adj.*, undecaying, ageless.
ἀγκύλη, -ης, *n. f.*, bend of the arm, javelin-thong.
ἄγκυρα, -ας, *n. f.*, anchor.
ἀγκών, -ῶνος, *n. m.*, bend.
ἀγνοέω, *v.*, be ignorant of, make a mistake.
ἄγνοια, -ας, *n. f.*, ignorance.
ἀγνώς, -ῶτος, *adj.*, unknown.
ἄγνωστος, -ον, *adj.*, unknown.
ἀγορά, -ᾶς, *n. f.*, assembly, market-place.
ἀγοράζω, *v.*, buy.
ἄγος, -ους, *n. neut.*, curse.
ἀγραυλέω, *v.*, live out of doors.
ἄγραφος, -ον, *adj.*, unwritten.
ἄγριος, -α, -ον, *adj.*, wild, savage.
ἀγριότης, -ητος, *n. f.*, savageness.
ἀγριόω, *v.*, make furious.
ἄγροικος, -ον, *adj.*, belonging to the country.
ἀγρός, -οῦ, *n. m.*, field, garden, country.
ἄγχι, *adv.*, near.
ἄγω, (*irreg.*) *v.*, lead, celebrate, reckon: φέρω καὶ ἄγω, plunder.
ἀγωγή, -ῆς, *n. f.*, method.
ἀγών, -ῶνος, *n. m.*, contest.
ἀγωνιάω, *v.*, be anxious.
ἀγωνίζομαι, *v.*, contend.
ἄδειπνος, -ον, *adj.*, without dinner.
ἀδελφή, -ῆς, *n. f.*, sister.
ἀδελφιδή, -ῆς, *n. f.*, niece.
ἀδελφιδοῦς, -οῦ, *n. m.*, nephew.
ἀδελφός, -οῦ, *n. m.*, brother.
ἀδήριτος, -ον, *adj.*, undisputed.
ἀδικέω, *v.*, do wrong, injure.
ἀδίκημα, -ατος, *n. neut.*, wrong.
ἀδολέσχης, -ου, *n. m.*, garrulous man.
ἀδοξέω, *v.*, be in ill repute.
ἀδύνατος, -ου, *adj.*, impossible.
ᾄδω, (*irreg.*) *v.*, sing.
ἀεί, *adv.*, always.
ἀειθαλής, -ές, *adj.*, ever-blooming.
ἀηδής, -ές, *adj.*, distasteful.
ἀηδῶς, *adv.*, with disagreeable feelings.
ἀήθης, -ες, *adj.*, strange.
ἀήρ, ἀέρος, *n. m.*, air.
ἀθάνατος, -ον, *adj.*, immortal.
ἄθικτος, -ον, *adj.*, untouched.
ἄθλιος, -α, -ον, *adj.*, wretched.
ἀθλοθέτης, -ου, *n. m.*, steward at the games.
ἀθροίζω, *v.*, collect.
ἄθροισις, -εως, *n. f.*, collecting.
ἀθρόος, -α, -ον, *adj.*, all together, in a body, continuous.
ἀθυμέω, *v.*, despond.
αἰαῖ, *interj.*, alas!
αἰγιαλός, -οῦ, *n. m.*, sea-shore.
αἰδέομαι, (*irreg.*) *v.*, respect, regard.
ἀΐδιος, -ον, *adj.*, everlasting.
αἰθήρ, -έρος, *n. m.*, sky.

αἰθρία, -ας, *n. f*, the open sky.
αἷμα, -ατος, *n. neut.*, blood.
αἱμάσσω, *v.*, stain with blood.
αἰνιγματίας, -ου, *n. m.*, one who speaks in riddles.
αἰνίττομαι, *v.*, speak in riddles.
αἴξ, αἰγός, *n. c*, goat.
αἵρεσις, -εως, *n. f.*, choice, principle, purpose.
αἱρέω, (*irreg.*) *v.*, take, seize, conquer: *middle*, choose.
αἴρω, *v.*, lift, take away.
αἰσθάνομαι, (*irreg.*) *v.*, perceive.
αἴσθησις, -εως, *n. f.*, sense-perception.
αἰσθητικός, -ή, -όν, *adj.*, by means of the senses.
αἰσθητός, -ή, -όν, *adj.*, perceptible by the senses: *as n. neut.* αἰσθητόν, object of perception.
αἶσχος, -ους, *n. neut.*, shame.
αἰσχροκερδής, -ες, *adj.*, miserly.
αἰσχρῶς, *adv.*, shamefully.
αἰσχύνομαι, *v.*, be ashamed.
αἰτέω, *v.*, ask.
αἰτία, -ας, *n. f.*, charge, cause.
αἰτιάομαι, *v.*, accuse.
αἴτιος, -α, -ον, *adj.*, guilty.
αἰχμάλωτος, -ον, *adj.*, captive.
ἀκάτιον, -ον, *n. neut.*, small boat.
ἀκίνδυνος, -ον, *adj.*, without danger.
ἀκλινής, -ές, *adj.*, upright.
ἀκμαῖος, -α, -ον, *adj.*, at the prime: ἀκμαίως ἔχω, be at one's prime.
ἀκμή, -ῆς, *n. f.*, point, crowning-point, zenith, time.
ἀκμής, -ῆτος, *adj.*, unwearied.
ἀκολουθέω, *v.*, follow, attend, be in accordance with.
ἀκόλουθος, -ου, *n. m.*, footman.
ἀκολούθως, *adv.*, in accordance with.
ἀκοντίζω, *v.*, hurl a javelin.
ἄκοσμος, -ον, *adj.*, disorderly.
ἀκόσμως, *adv.*, in disorderly fashion.
ἀκούω, (*irreg.*) *v.*, hear.
ἄκρα, -ας, *n. f.*, headland.
ἄκρατος, -ον, *adj.*, pure.
ἀκρίβεια, -ας, *n. f.*, exactness.
ἀκριβῶς, *adv.*, exactly.
ἀκρίς, -ίδος, *n. f.*, locust.
ἀκρόασις, -εως, *n. f.*, listening, performance.
ἀκροθίνιον, -ου, *n. neut.*, first-fruits, *neut. plur.*, first-fruits of the booty.
ἀκρόμαλλος, -ον, *adj.*, with long wool, fleece.
ἄκρον, -ου, *n. neut.*, height, mountain-top.
ἀκρόπολις, ,-εως, *n. f.*, citadel, Acropolis.
ἀκτή, -ῆς, *n. f.*, headland, shore.
ἀκτίς, -ῖνος, *n. f.*, beam.
ἀλαζών, -όνος, *n. m.*, impostor, braggart: as *adj.*, shameless.
ἀλαλαγμός, -οῦ, *n. m.*, shouting.
ἀλαλάζω, *v.*, raise the war-cry.
ἀλάστωρ, -ορος, *n. m.*, avenging spirit.
ἀλειτούργητος, -ον, *adj.*, free of public service, exempt.
ἀλείφω, (*irreg.*) *v.*, anoint, oil.
ἁλέσθαι, *v.* ἅλλομαι.
ἄλευρον, -ου, *n. neut.* wheat flour.
ἄλη, -ης, *n. f.*, wandering.
ἀληθής, -ές, *adj.*, true.
ἀλήθω, *v. defective*, pound.
ἀληθῶς, *adv.*, truly.
ἁλιεύς, -έως, *n. m.*, fisherman.
ἁλίρροθος, -ον, *adj.*, sea-beaten.
ἁλίσκομαι, (*irreg*) *v.*, be caught.
ἁλιστός, -ή, -όν, *adj.*, pickled.
ἀλκή, -ῆς, *n. f.*, strength.
ἀλλά, *conj.*, but: ἀλλὰ . . . γάρ, but, it may be said, but yet.

ἀλλάσσω, *v.*, change, exchange.
ἄλλῃ, *adv.*, another way.
ἀλλήλους, -ας, -α, *acc. plu. reciprocal pron.*, each other.
ἀλλήλω (*dual*), *acc. pl.* ἀλλήλους, -ας, -α: *reciprocal pron.*, each other, one another.
ἅλλομαι, (*irreg.*) *v.*, leap.
ἄλλος, -η, -ο, *pron. adj.*, other : ἄλλος . . . ἄλλος, one . . . another.
ἄλλοσε, *adv.*, to another place, time.
ἀλλότριος, -α, -ον, *adj.*, belonging to another, strange.
ἀλλοτρίως, *adv.*, in a manner foreign to.
ἀλλόφυλος, -ον, *adj.*, foreign.
ἄλλως, *adv.*, otherwise, at random.
ἅλμη, -ης, *n. f.*, brine, sea.
ἄλογος, -ον, *adj.*, absurd.
ἀλόγως, *adv.*, unreasonably.
ἁλοίην, *v.* ἁλίσκομαι.
ἁλούς, -οῦσα, -όν, *v.* ἁλίσκομαι.
ἅλς, ἁλός, *n. m.*, sea, salt; *usu. plu.*, ἅλες, ἁλῶν.
ἁλυσιδωτός, -ή, -όν, *adj.*, wrought in chain.
ἅλυσις, -εως, *n. f.*, chain.
ἀλύω, *v.*, be distracted.
ἄλφιτον, -ου, *n. neut.* barley meal.
ἅλως, -ωος, *n. f.*, threshing-floor.
ἅμα, *adv. and prep.*, together, at the same time; together with.
ἀμαθής, -ές, *adj.*, unlearned.
ἅμαξα, -ης, *n. f.*, wagon.
ἁμαξοπηγός, -οῦ, *n. m.*, cartwright.
ἁμάρτημα, -ατος, *n. neut.*, error.
ἀμαχεί, *adv.*, without resistance.
ἀμβάτης, -ου, *n. m.*, rider.
ἄμβικος, -ου, *n. m.*, cup.
ἀμείβω, *v.*, change: *middle*, get in exchange, repay.
ἀμείνων, -ονος, *comp. adj.*, better.
ἀμέλει, *adv.* of course.
ἀμέλεια, -ας, *n. f.*, neglect.
ἁμῇ, *adv.*, in a certain way: ἁμῇ γέ πῃ, somehow or other.
ἀμηχανέω, *v.*, be at a loss.
ἀμήχανος, -ον, *adj.* (*lit.* impossible), immense.
ἅμιλλα, -ης, *n. f.*, dispute.
ἁμιλλάομαι, *v.*, vie with one another, strive.
ἀμίμητος, -ον, *adj.*, inimitable.
ἀμοιβή, -ῆς, *n. f.*, recompense.
ἄμοιρος, -ον, *adj.*, without share in.
ἄμουσος, -ον, *adj.*, inelegant.
ἄμπελος, -ου, *n. f.*, vine.
ἀμπ-έχω, *v.*, put around, on; cover.
ἄμπωτις, -εως, *n. f.*, ebb-tide.
ἀμύνω, *v.*, ward off; *with dat.*, protect.
ἀμφί, *prep.*, *with acc*, round; *with gen.*, about.
ἀμφίβολος, -ον, *adj.*, doubtful.
ἀμφι-γνοέω, *v.*, be doubtful.
ἀμφισβητέω, *v.*, argue.
ἀμφίστομος, -ον, *adj.*, with two fronts.
ἀμφότερος,-α,-ον, *pron. adj.*, both.
ἀμφοτέρωθεν, *adv.*, from both sides.
ἄμφω, *adj.*, both.
ἄν, *conditional particle*: it has no English equivalent: *with opt.* gives the sense of would . . . ; with past tense of indic. the sense of would have . . .; *with relative pronoun or conjunction* the sense of . . . ever (*e.g.* ὃς ἄν, who ever, ὅσα ἄν, whatever).
ἄν = ἐάν.

ἀνά, *prep.*, *with acc.*, up along, over.
ἀνα-βαίνω, (*irreg.*) *v.*, mount, go up, proceed.
ἀνα-βάλλω, (*irreg.*) *v.*, put back: *middle*, throw on one's cloak.
ἀνα-βοάω, *v.*, shout.
ἀνά-γιγνώσκω, (*irreg.*) *v.*, read.
ἀναγκάζω, *v.*, compel.
ἀναγκαῖος, -α, -ον, *adj.*, necessary.
ἀναγκαίως, *adv.*, of necessity, under compulsion.
ἀνάγκη, -ης, *n. f.*, necessity.
ἀνάγραπτος, -ον, *adj.*, inscribed.
ἀνα-γράφω, *v.*, record.
ἀν-άγω, (*irreg.*) *v.*, bring up: *middle*, put to sea, start.
ἀνα-δίδωμι, (*irreg.*) *v.*, give up, serve (*of food*).
ἀνάθημα, -ατος, *n. neut.*, votive offering.
ἀν-αιρέω, (*irreg.*) *v.*, take away, destroy.
ἀναίσθητος, -ον, *adj.*, absent-minded.
ἀνα-καλέω, (*irreg.*) *v.*, recall, summon.
ἀνα-κάω (= ἀνα-καίω), (*irreg.*) *v.*, kindle.
ἀνάκλασις, -εως, *n. f.*, bend.
ἀνα-κλίνω, *v.*, lean, lay passive, recline.
ἀνάκομιδή, -ῆς, *n. f.*, withdrawal.
ἀνα-κτάομαι, *v.*, recover possession of.
ἀνάκτορον, -ου, *n. neut.*, temple.
ἀνα-κύπτω, *v.*, lift up one's head.
ἀνα-κωκύω, *v.*, wail aloud.
ἀνα-λαβεῖν, *v.* ἀνα-λαμβάνω.
ἀνα-λαμβάνω, (*irreg.*) *v.*, take up, win, restore, revive.
ἀν-αλίσκω, (*irreg.*) *v.*, spend, use up.
ἀνα-λήψομαι, *v.* ἀνα-λαμβάνω.
ἀνάλωμα, -ατος, *n. neut.*, expense, loss.
ἀνάμειξις, -εως, *n. f.*, mingling.
ἀνα-μιμνήσκω, (*irreg.*) *v.*, remind: *pass.*, remember.
ἀνα-μνησθείς, *v.* ἀνα-μιμνήσκω.
ἀναμφισβήτητος, -ον, *adj.*, indisputable.
ἄνανδρος, -ον, *adj.*, without men, deserted.
ἀνα-νεύω, *v.*, refuse, deny.
ἄναξ, ἄνακτος, *n. m.*, lord, master.
ἀναξυρίδες, -ων, *n. f. plural*, trousers.
ἀνα-παύω, *v.*, stop.
ἀνα-πετάννυμι, (*irreg.*) *v.*, open.
ἀνα-πήγνυμι, (*irreg.*) *v.*, fasten up.
ἀνα-πίμπλημι, (*irreg.*) *v.*, fill up, surfeit.
ἀνάπλεως, -ων, *adj.*, full of.
ἀνα-πληρόω, *v.*, fill up.
ἀνα-πλησθείς, *v.* ἀνα-πίμπλημι.
ἀνα-πτύσσω, *v.*, disclose.
ἀνα-πωμάζω, *v.*, uncover.
ἀνα-σκάπτω, *v.*, dig up.
ἀνα-σκολοπίζω, *v.*, impale.
ἀνα-σκοπέω, *v.*, examine well.
ἀνα-σπάω, *v.*, draw up.
ἀνάστασις, -εως, *n. f.*, rising.
ἀνα-στρέφω, (*irreg.*) *v.*, turn back, about: passive, be engaged in.
ἀναστροφή, -ῆς, *n. f.*, turning about.
ἀνατατικός, -ή, -όν, *adj.*, affected.
ἀνα-τείνω, (*irreg.*) *v.*, stretch out.
ἀνα-τίθημι, (*irreg.*) *v.*, dedicate, remove.
ἀνα-τρέπω, (*irreg.*) *v.*, turn over.
ἀνα-τρίβω, *v.*, rub up and down.

ἀνα-φαίνω, (*irreg.*) *v.*, display: *passive*, appear.
ἀνα-φέρω, (*irreg.*) *v.*, bring back, refer, pay.
ἀνα-χωρέω, *v.*, go back, withdraw from.
ἀναχώρησις, -εως, *n. f.*, retreat.
ἀνα-ψύχω, *v.*, revive.
ἀνδραγαθία, -ας, *n. f.*, bravery.
ἀνδράποδον, -ου, *n. neut.*, slave.
ἀνδρεία, -ας, *n. f.*, courage.
ἀνδριάς, -άντος, *n. m.*, statue.
ἀνδρομήκης, -ες, *adj.*, of a man's height.
ἀν-εικώς, *v.* ἀν-ίημι.
ἀν-ειμένος, *v.* ἀν-ίημι.
ἄν-ειμι, (*irreg.*) *v.*, go up.
ἀν-είργω, *v.*, keep back, restrain.
ἀν-ελόμενος, *v.* ἀν-αιρέω.
ἄνεμος, -ου, *n. m.*, wind.
ἀνενδεής, -ές, *adj.*, unfailing.
ἀν-ερωτάω, *v.*, ask.
ἄνεσις, -εως, *n. f.*, relaxation.
ἄνευ, *prep.*, *with gen.*, without.
ἀν-ευρίσκω, (*irreg.*) *v.*, discover.
ἀν-έχω, (*irreg.*) *v.*, lift up, project: *middle*, suffer, consent.
ἀνεψιός, -οῦ, *n. m.*, cousin.
ἀνήκεστος, -ον, *adj.*, irreparable.
ἀνήλιος, -ον, *adj.*, sunless.
ἀν-ήνεγκεν, *v.* ἀνα-φέρω.
ἀνήρ, ἀνδρός, *n. m.*, man, husband.
ἀν-ηυρέθη, *v.* ἀνευρίσκω.
Ἀνθεστηριών, -ῶνος, *n. m.*, Anthesterion, eighth month of Attic year.
ἀνθέω, *v.*, blossom.
ἀν-ιάω, *v.*, grieve, distress.
ἀν-ίημι, (*irreg.*) *v.*, let go, leave, devote, preserve (*of game*): *perf. part. pass.* ἀνειμένος, consecrated.
ἀν-ίστημι, (*irreg.*) *v.*, cause to stand up, set against: *middle*, stand up : *pass. and intrans. tenses of active*, resist.
ἀν-οίγνυμι, (*irreg.*) *v.*, open.
ἀν-οικίζω, *v.*, colonise afresh.
ἀν-οιμώζω, *v.*, groan aloud.
ἀνθομολόγησις, -εως, *n. f.*, mutual agreement.
ἄνθραξ, -ακος, *n. m.*, charcoal.
ἀνθρώπιον, -ου, *n. neut.*, manikin.
ἄνθρωπος, -ου, *n. m.*, man.
ἀνθρωποφαγία, -ας, *n. f.*, eating of men.
ἀνθρωποφάγος, -ον, *adj.*, man-eating.
ἄνοια, -ας, *n. f.*, folly.
ἀνόσιος, -ον, *adj.*, unholy.
ἀντ-αλαλάζω, (*irreg.*) *v.*, return (of a noise).
ἀνταπόδοσις, -εως, *n. f.*, repayment.
ἀντ-εγ-γράφω, *v.*, write in reply.
ἀντ-εῖπον, *v.* ἀντι-λέγω.
ἀντ-επ-άγω, (*irreg.*) *v.*, lead against.
ἀντ-έπ-ειμι, (*irreg.*) *v.*, rush upon.
ἀντ-επι-τίθημι, (*irreg.*) *v.*, send in answer.
ἀντ-έχω, (*irreg*) *v.*, hold out: *mid.* cling to *plus gen.*
ἀντί, *prep.*, against, in return for, instead of.
ἀντι-κατ-αλλάττομαι, *v.*, receive in exchange.
ἀντί-κειμαι, (*irreg.*) *v.*, lie opposite.
ἀντι-κρούω, *v.*, collide with.
αντίκρυ, *adv.*, right opposite.
ἀντι-λαμβάνω, (*irreg.*) *v.*, get in exchange.
ἀντι-λέγω, *v.*, speak against, speak in opposition.
ἀντιόομαι, *v.*, resist, oppose.
ἀντιπαραγωγή, -ῆς, *n. f.*, leading against.

ἀντι-πάρ-ειμι, *(irreg.) v.*, march to meet.
ἀντι-παρ-εξ-άγω, *(irreg.) v.*, lead on against.
ἀντι-παρ-ιππεύω, *v.*, ride against.
ἀντι-παταγέω, *v.*, clatter so as to drown other sounds.
ἀντι-πέρας, *adv.*, on the other side.
ἀντίποινα, *n. neut. plur.*, retribution.
ἀντι-σηκόω, *v.*, counterbalance.
ἀντίσταθμος, -ον, *adj.*, of equal weight to.
ἀντι-σχεῖν, *v.* ἀντ-έχω.
ἀντι-τάττω, *v.*, set against: *middle*, resist.
ἀντλία, -ας, *n. f.*, hold of a ship.
ἄνω, *adv.* and *prep.*, upwards, up.
ἄνωθεν, *adv.*, from above, on the top.
ἀνωφελής, -ές, *adj.*, useless.
ἀξία, -ας, *n. f.*, value.
ἀξιόλογος, -ον, *adj.*, valuable.
ἀξιόμαχος, -ον, *adj.*, a match for in battle.
ἀξιόπιστος, -ον, *adj.*, trust worthy.
ἄξιος, -α, -ον, *adj.*, worthy, valuable.
ἀξιόω, *v.*, think worthy of, think right, resolve, claim, ask.
ἀξίωμα, -ατος, *n. neut.*, honour.
ἀξίωσις, -εως, *n. f.*, reputation.
ἀπ-αγγέλλω, *(irreg.) v.*, report, bring news of.
ἀπ-άγω, *(irreg.) v.*, bring back, lead away: *intrans.*, go away: ἄπαγε ἐς κόρακας, go and be hanged !
ἀπαγωγή, -ῆς, *n. f.*, payment.
ἀπαίδευτος, -ον, *adj.*, uneducated.
ἀπ-αιτέω, *v.*, demand.
ἀπ-αλλάσσω, *or* ἀπ-αλλάττω *v.*, remove, get rid of, set free, dismiss, depart from; *middle*, go away.
ἀπ-αντάω, *v.*, meet.
ἀπαντικρύ, *adv.*, right opposite.
ἅπαξ, *adv.*, once.
ἀπ-αρκέω, *(irreg.) v.*, be sufficient.
ἀπαρχή, -ῆς, *n. f.*, first-fruits for sacrifice.
ἄπαρχος, -ου, *n. m.*, leader.
ἀπ-άρχομαι, begin the sacrifice.
ἅπας, -ασα, -αν, *adj.*, all.
ἀπατάω, *v.*, deceive.
ἀπάτη, -ης, *n. f.*, deceit.
Ἀπατούρια, -ων, *n. neut. plur.*, festival called Apaturia.
ἄπεδος, -ον, *adj.*, level.
ἀπ-έδραν, *v.* ἀπο-διδράσκω.
ἀπειλή, -ῆς, *n. f.*, threat.
ἀπειλητής, -οῦ, *n. m.*, boaster.
ἄπ-ειμι, *(irreg.) v.*, go away.
ἀπ-εῖπον, *(irreg.) v.*, refuse.
ἀπ-είργω, *v.*, keep from doing, prevent.
ἀπ-είρημαι, *v.* ἀπ-εῖπον.
ἀπειρία, -ας, *n. f*, inexperience.
ἄπειρος, -ον, *adj.*, inexperienced.
ἀπ-ελαύνω, *(irreg.) v.*, drive off.
ἀπ-ελθών, *v.* ἄπ-ειμι.
ἀπ-ενεγκεῖν, *v.* ἀπο-φέρω.
ἀπ-εργάζομαι, *v.*, cause.
ἀπ-ερείδομαι, *v.*, lean upon.
ἀπ-εχθάνομαι, *(irreg.) v.*, be hateful to.
ἀπ-έχω, *(irreg.) v.*, keep off, be far from: *middle*, abstain from.
ἀπ-ῄεσαν, *v.* ἄπ-ειμι.
ἀπ-ήλασα, *v.* ἀπ-ελαύνω.
ἀπ-ήνεγκον, *v.* ἀπο-φέρω.
ἀπήνη, -ης, *n. f.*, chariot.
ἄπιος, -ου, *n. m.*, pear.
ἀπιστέω, *v.*, distrust.
ἀπιστία, -ας, *n. f.*, disbelief.

ἄπιστος, -ον, *adj.*, incredible.
ἁπλούς, -ῆ, -οῦν, *adj.*, simple, frank.
ἁπλῶς, *adv.*, absolutely, openly.
ἀπό, *prep., with gen.*, from, after.
ἀπο-βαίνω, (*irreg.*) *v.*, go away: result.
ἀπο-βιάζομαι, *v.*, force violently.
ἀπο-βλέπω, *v.*, look earnestly at.
ἀπο-γιγνώσκω, (*irreg.*) *v.*, despair of.
ἀπο-γράφω, *v.*, enter in a list, keep count of.
ἀπο-δάκνω, (*irreg.*) *v.*, bite off.
ἀπο-δείκνυμι, *v.*, show, make, display.
ἀπόδειξις, -εως, *n. f.*, proof.
ἀπο-δέω, (*irreg.*) *v.*, lack.
ἀποδημέω, *v.*, be away from home.
ἀπο-διδράσκω, (*irreg.*) *v.*, flee from.
ἀπο-δίδωμι, (*irreg.*) *v.*, pay, repay, explain: *middle*, sell.
ἀποδοχή, -ῆς, *n. f.*, approbation, favour.
ἀπο-δράσῃ, *v.* ἀπο-διδράσκω.
ἀπο-δύω, v., take off (*of clothes*).
ἀπο-θανεῖν, *v.* ἀπο-θνῄσκω.
ἀπο-θανών, *v.* ἀπο-θνῄσκω.
ἀπο-θνῄσκω, (*irreg.*) *v.*, die.
ἀπο-θραύω, *v.*, break off.
ἀπ-οικειόομαι, *v.*, be akin to, be like.
ἀπ-οικοδομέω, *v.*, wall up.
ἀπο-καθ-ίστημι, (*irreg.*) *v.*, restore.
ἀπο-καλέω, (*irreg.*) *v.*, call by a nickname, miscall.
ἀπό-κειμαι, *v.*, be stored away.
ἀπο-κείρω, (*irreg.*) *v.*, cut the hair.
ἀπ-οκνέω, *v.*, shrink back.
ἀποκομιδή, -ῆς, *n. f*, getting away.
ἀπο-κουφίζω, *v.*, set free from, relieve.
ἀπο-κρίνω, *v.*, separate : *middle* (*with aor. pass.*), answer.
ἀπο-κρύπτω, *v.*, hide.
ἀπο-κτείνω, (*irreg.*) *v.*, kill.
ἀπο-κτίννυμι, *v.* ἀπο-κτείνω.
ἀπο-λαμβάνω, (*irreg.*) *v.*, intercept, receive, cut off.
ἀπολαύω, *v.*, have the benefit of.
ἀπο-λεαίνω, *v.*, smooth.
ἀπο-λείπω, *v.*, leave behind: *intrans.*, fall short.
ἀπόλεμος, -ον, *adj.*, unfit for war.
ἀπ-όλλυμι, (*irreg.*) *v.*, destroy: *middle*, perish.
ἀπολογέομαι, *v.*, speak in one's own defence.
ἀπο-λύω, *v.*, relieve, acquit.
ἀπο-μάχομαι, (*irreg.*) *v.*, fight desperately.
ἀπο-μιμέομαι, *v.*, imitate.
ἀπο-μιμνῄσκομαι, (*irreg.*) *v.*, repay a favour.
ἀπ-όμνυμι, (*irreg.*) *v.*, deny on oath.
ἀπο-νεύω, *v.*, turn aside.
ἀπονόστησις, -εως, *n. f.*, return.
ἀπόνως, *adv.*, without trouble.
ἀπο-πέμπω, (*irreg.*) *v.*, send away.
ἀπόπλυμα, -ατος, *n. neut.*, liquid in which anything is washed.
ἀπο-πλύνω, *v.*, wash away.
ἀπορέω, *v.*, be at a loss, lack, difficulty.
ἀπόρθητος, -ον, *adj.*, unravaged.
ἀπορία, -ας, *n. f.*, difficulty, need, poverty.
ἄπορος, -ον, *adj.*, helpless, poor, impassable.
ἀπορρήγνυμι, (*irreg.*) *v.*, break off.

ἀπόρροια, -ας, *n. f.*, pouring off, draining.
ἀπορροφέω, *v.*, swallow.
ἀπόρρυτος, -ον, *adj.*, falling away.
ἀπο-σαλεύω, *v.*, lie in the open sea.
ἀπο-σοβέω, *v.*, scare away.
ἀποστατέω, *v.*, stand aloof from.
ἀπο-στέλλω, (*irreg.*) *v.*, send off, dispatch.
ἀπο-στερέω, *v.*, deprive of.
ἀπο-στρέφω, (*irreg.*) *v.*, turn to flight.
ἀπο-σφάλλω, (*irreg.*) *v.*, lead astray: *passive*, slip, be balked.
ἀπο-σχόμενος, *v.* ἀπ-έχω.
ἀπο-τέμνω, (*irreg.*) *v.*, cut off.
ἀπο-τίθημι, (*irreg.*) *v.*, put away.
ἀπο-τυγχάνω, *v.*, fail to get, miss the goal.
ἀπο-φαίνω, (*irreg.*) *v.*, show forth, appoint, make.
ἀπόφασις, -εως, *n. f.*, sentence, remark, opinion.
ἀπο-φέρω, (*irreg.*) *v.*, carry back.
ἀποφορά, -ᾶς, *n. f.*, payment from a slave to his master.
ἀπο-χωρέω, *v.*, go away.
ἀποχώρησις, -εως, *n. f.*, departure.
ἀπο-ψάω, *v.*, wipe off.
ἀπο-ψύχω, *v.*, chill, make cold.
ἀπρόσιτος, -ον, *adj.*, inaccessible.
ἅπτω, *v.*, fasten, join: *middle*, touch, cling to, engage in.
ἀπ-ωμοσάμην, *v.* ἀπ-όμνυμι.
ἄρα, *illative particle*, then, why then.
ἀραιός, -ά, -όν, *adj.*, thin, meager.
ἀράσσω, *v.*, smite.
ἀργός, -όν, *adj.*, idle.
ἀργυράσπιδες, *n. m. plur.*, silver shielded, a corps of the Macedonian cavalry.
ἀργύριον, -ου, *n. neut.*, money, silver.
ἄργυρος, -ου, *n. m.*, silver.
ἀργυροῦς, -ᾶ, -οῦν, *adj.*, silver.
ἄρδευσις, -εως, *n. f.*, irrigation.
ἀρδεύω, *v.*, irrigate.
ἀρειμάνιος, -ον, *adj.*, warlike.
ἀρέσκω, (*irreg.*) *v.*, please: *impersonal*, be the opinion of.
ἀρετή, -ῆς, *n. f.*, valour, virtue.
ἀριθμός, -οῦ, *n. m.*, number.
ἀριστεύς, -έως, *n. m.*, prince: *usu. plur.*, ἀριστῆες, -έων, chiefs.
ἀριστοκρατικός, -ή, -όν, *adj.*, aristocratical.
ἄριστον, -ου, *n. neut.*, breakfast, luncheon.
ἄριστος, -η, -ον, *adj.*, *superl.* of ἀγαθός.
ἄρκειος, -α, -ον, *adj.*, of a bear.
ἀρκέω, (*irreg.*) *v.*, ward off, defend.
ἀρκτικός, -η, -όν, *adj.*, northern.
ἄρκτος, -ου, *n. f.*, bear.
ἀρκτός, -οῦ, *n. f.*, the constellation of the Bear.
ἅρμα, -ατος, *n. neut.*, chariot.
ἁρμόζω, *v.*, fit.
ἁρμονία, -ας, *n. f*, orderly action.
ἄρουρα, -ας, *n. f*, plough-land.
ἁρπαγή, -ῆς, *n. f.*, booty.
ἁρπάζω, *v.*, plunder.
ἄρρην, -εν, *adj.*, male.
ἀρρωστέω, *v.*, be ill.
ἀρρώστια, -ας, *n. f.*, sickness.
ἀρτίως, *adv.*, lately.
ἄρτος, -ου, *n. m.*, loaf, bread.
ἀρύω, *v.*, draw (*water or any fluid*).
ἀρχαῖος, -α, -ον, *adj.*, ancient, hence classical.

ἀρχεῖον, -ου, *n. neut.*, public building.
ἀρχέλαος, -ου, *n. m.*, chief.
ἀρχή, -ῆς, *n. f.*, beginning, command.
ἀρχηγός, -οῦ, *n. m.*, prince.
ἀρχιτεκτονέω, *v.*, be the architect of, design.
ἀρχιτέκτων, -ονος, *n. m*, master-builder.
ἄρχω, *n.*, begin, rule.
ἄρχων, -οντος, *n. m.*, ruler, commander.
ἀρωγή, -ῆς, *n. f.*, help.
ᾄσας, -ασα, -αν, *v.* ᾄδω.
ἀσαφής, -ές, *adj.*, unclear.
ἀσέβεια, -ας, *n. f.*, impiety.
ἀσεβέω, *v.*, act impiously.
ἀσεβής, -ές, *adj.*, impious.
ἀσθένεια, -ας, *n. f.*, ill health.
ἀσθενέω, *v.*, be ill.
ἀσθενής, -ές, *adj.*, weak.
ἄσκησις, -εως, *n. f.*, practice, exercise.
ἀσκός, -οῦ, *n. m.*, wine-skin.
ἄσμενος, -η, -ον, *adj.*, glad.
ἀσπάζομαι, *v.*, embrace, greet.
ἀσπίδιον, -ου, *n. neut.*, little shield.
ἀστάθμητος, -ον, *adj.*, unmeasured, without control.
ἀστεῖος, -α, -ον, *adj.*, good, fine.
ἀστιβής, -ές, *adj.*, untrodden.
ἀστικός, -ή, -όν, *adj.*, living in a city, city-bred.
ἄστυ, -εως, *n. neut.*, city.
ἄσυλος, -ον, *adj.*, inviolable.
ἀσυνήθης, -ες, *adj.*, unaccustomed.
ἀσύντακτος, -ον, *adj.*, not ranged together.
ἀσφάλεια, -ας, *n. f.*, safety.
ἀσφαλής, -ές, *adj.*, safe.
ἀσφαλῶς, *adv.*, safely.
ἀσχολέω, *v.*, engage, occupy.
ἀταλαιπώρως, *adv.*, without distress.
ἀτάρ, *conj.*, but.
ἅτε, *adv.*, as, inasmuch as.
ἀτέκμαρτος, -ον, *adj.*, without mark, without limit.
ἄτεκνος, -ον, *adj.*, childless, without sons.
ἀτελής, -ές, *adj.*, free from tax.
ἀτίμως, *adv.*, ignominiously.
ἄτοπος, -ον, *adj.*, strange.
ἀτραπός, -οῦ, *n. f.*, path,
ἀτρεκής, -ές, *adj.*, certain.
ἀτρεκῶς, *adv.*, exactly.
ἄτρωτος, -ον, *adj.*, unwounded.
ἄττα, *v.* τις.
αὖ, *adv.*, again, besides.
αὐθαίρετος, -ον, *adj.*, by free choice.
αὐθέκαστος, -ον, *adj.*, blunt.
αὐθημερόν, *adv.*, on the same day, immediately.
αὖθις, *adv.*, again.
αὐλέω, *v.*, play the flute.
αὐλή, -ῆς, *n. f.*, court, courtyard.
αὐξάνω, (*irreg.*) *v.*, increase.
αὔξησις, -εως, *n. f.*, increase, glorification.
αὔξω = αὐξάνω.
αὔριον, *adv.*, to-morrow.
ἀϋτή, -ῆς, *n. f.*, cry.
αὐτήκοος, -ον, *adj.*, earwitness.
αὐτόθεν, *adv.*, immediately, thence.
αὐτόθι, *adv.*, on the spot.
αὐτοκράτωρ, *adj.*, absolute.
αὐτόματος, -η, -ον, *adj.*, spontaneous.
αὐτόν, *v.* ἑαυτόν.
αὐτός, -ή, -ό, *pron.*, self; *in oblique cases*, him, her, it: ὁ αὐτός, ἡ αὐτή, τὸ αὐτό, the same.
αὐτοσχεδιάζω, *v.*, devise off hand, extemporise.
αὐτοῦ, *adv.*, there, on the spot.
αὐχήν, -ένος, *n. m.*, neck.

ἀφαίρεσις, -εως, *n. f.*, taking away, subtraction.
ἀφ-αιρέω, (*irreg.*) *v.*, take away from: *middle*, break off, make an end.
ἀφ-άλλομαι, *v.*, spring from.
ἀφανής, -ές, *adj.*, obscure, invisible.
ἀφανίζω, *v.*, destroy.
ἀφανῶς, *adv.*, invisibly.
ἄφαρ, *adv.*, forthwith.
ἀφ-εῖλον, *v.* ἀφ-αιρέω.
ἀφ-ῆκα, *v.* ἀφ-ίημι.
ἀφ-ήλατο, *v.* ἀφ-άλλομαι.
ἀφθονία, -ας, *n. f.*, abundance.
ἄφθονος, -ον, *adj.*, plentiful, in plenty.
ἀφ-ίημι, (*irreg.*) *v.*, send away, send forth, hurl.
ἀφ-ικνέομαι, (*irreg.*) *v.*, arrive, come.
ἀφ-ικόμην, *v.* ἀφ-ικνέομαι.
ἀφ-ίστημι, (*irreg.*) *v.*, remove: *jussive and intrans. tenses of active*, depart from.
ἄφοβος, -ον, *adj.*, without fear.
ἀφ-οράω, (*irreg.*) *v.*, behold.
ἀφορία, -ας, *n. f.*, barrenness.
ἀφρασμόνως, *adv.*, without forethought.
ἀφυής, -ές, *adj.*, dull.
ἄχθομαι, (*irreg.*) *v.*, be vexed.
ἀχρεῖος, -ον, *adj.*, unserviceable, useless.
ἄχρηστος, -ου, *adj.*, useless.
ἄχυρον, -ου, *n. neut.*, bran, chaff.

B

βάδην, *adv.*, gradually.
βαδίζω, *v.*, walk.
βάθος, -ους, *n. neut.*, depth.
βαθύς, -εῖα, -ύ, adj., deep.
βαίνω, (*irreg.*) *v.*, go.
βαιός, -ά, -όν, *adj.*, small.
βαλανεῖον, -ου, *n. neut.*, bath.
βάλανος, -ου, *n. f.*, acorn.
βάλλω, (*irreg.*) *v.*, throw, put, hit.
βάναυσος, -ον, *adj.*, mechanical, artisan.
βαπτός, -ή, -όν, *adj.*, dyed.
βαρβαρικός, -ή, -όν, *adj.*, foreign, barbaric.
βάρβαρος, -ον, *adj.*, and *n. m.*, barbarian.
βάρδοι, -ων, *n. m.*, *plural*, bards.
βαρέως, *adv.*, impatiently, ill.
βάρος, -εως, *n. neut.*, weight.
βαρυηχής, -ές, *adj.*, deep-sounding.
βαρύς, -εῖα, -ύ, adj., heavy.
βασιλεία, -ας, *n. f.*, kingdom.
βασίλεια, -ας, *n. f.*, queen.
βασίλειον, -ου, *n. neut., usu. plur.*, βασίλεια, palace.
βασίλειος, -ον, *adj.*, royal.
βασιλεύς, -έως, *n. m.*, king, often Persian.
βασιλεύω, *v.*, be a king, reign.
βασιλικός, -ή, -όν, *adj.*, royal.
βασιλικῶς, *adv.*, as a king.
βάσιμος, -ον, *adj.*, passable, accessible.
βασκαίνω, *v.*, grudge.
βαστάζω, *v.*, bear.
βαφεύς, -έως, *n. m.*, dyer, dipper.
βαφή, -ῆς, *n. f.*, dye.
βέβαιος, -α, -ον, *adj.*, firm, safe.
βεβαίως, *adv.*, firmly.
βεβώς, *v.* βαίνω.
βέλος, -ους, *n. neut.*, missile, dart.
βέλτιστος, -η, -ον, *superl. of* ἀγαθός.
βελτίων, -ον, better, *compar. of* ἀγαθός.
βῆμα, -ατος, *n. neut.*, platform.
βία, -ας, *n. f.*, force.
βιβλιοθήκη, -ης, *n. f.*, library.
βιβλίον, -ου, *n. neut.*, book.
βίος, -ου, *n. m.*, life, means of living, property.
βιοτεύω, *v.*, get food.
βίοτος, -ου, *n. m.*, life.

βιόω, *v.*, live.
βλάβη, -ης, *n. f.*, injury, harmful thing.
βλαισός, -ή, -όν, *adj.*, bandy legged.
βλάξ, -κός, *adj.* slack, stupid.
βλάπτω, *v.*, injure.
βλασφημέω, *v.*, slander.
βλέπω, *v.*, look, look at.
βοάω, *v.*, shout.
βοή, -ῆς, *n. f.*, shout.
Βοηδρομιών, -ῶνος, *n. m.*, Boedromion, *third month of Attic year.*
βοηθέω, *v.*, come to the rescue, help.
βοΐδιον, -ου, *n. neut.*, little ox *or* cow.
βόλος, -ου, *n. m.*, cast, draft.
βόρβορος, -ου, *n. m.*, mud.
βόρειος, -α, -ον, *adj.*, northern.
βόσκημα, -ατος, *n. neut.*, *in pl.*, cattle.
βόσκω, (*irreg.*) *v.*, feed, support.
βοτάνη, -ης, *n. f.*, grass.
βότρυς, -υος, *n. m.*, cluster of grapes.
βουκόλος, -ου, *n. m.*, herdsman.
βουλευτήριον, -ου, *n. neut.*, council-house.
βουλεύω, *v.*, plan: *middle*, deliberate, resolve.
βουλή, -ῆς, *n. f.*, counsel, council.
βούλημα, -ατος, *n. neut.*, purpose.
βούλομαι, (*irreg.*) *v.*, wish.
βοῦς, βοός, *n. c.*, ox, cow.
βραβεύς,-έως, *n. m.*, chief, leader, umpire.
βραδέως, *adv.*, slowly.
βραδύς, -εῖα, -ύ, *adj.*, slow.
βράκαι, -ῶν, *n. f.*, *plural*, breeches.
βραχίων, -ονος, *n. m.*, arm.
βραχυλόγος, -ον, *adj.*, of few words.
βραχύς, -εῖα, -ύ, *adj.*, short, small.
βραχύτης, -ητος, *n. f.*, shortness.
βρίθω, *v.*, weigh down.
βροντή, -ῆς, *n. f.*, thunder.
βροτός, -οῦ, *n. m.*, mortal.
βρύχιος, -α, -ον, *adj.*, deep.
βυβλίον, -ου, *n. neut.*, book.
βύβλος, -ου, *n. f.*, book.
βύρσα, -ης, *n. f.*, skin *(of an animal)*.
βῶλος, -ου, *n. f.*, lump of earth, clod.
βωμός, -οῦ, *n. m.*, altar.

Γ

γαῖα, -ας, *n. f. v.* γῆ.
γάλα, γάλακτος, *n. neut.*, milk.
γαμέω, (*irreg.*) *v.*, marry, give in marriage.
γάμος, -ου, *n. m.*, marriage.
γάρ, *conj.*, for, because.
γε, *particle*, at least.
γεγένημαι, *v.* γίγνομαι.
γεγονώς, *v.* γίγνομαι.
γειτονέω, *v.*, be a neighbour to.
γείτων, -ονος, *n. m.*, neighbour.
γελάω (*fut.* -άσομαι), *v.*, laugh.
γέλοιος, -α, -ον, *adj.*, ridiculous.
γέλως, -ωτος, *n. m.*, laughter.
γέμω, *v.*, be full.
γενειάς, -άδος, *n. f.*, beard.
γένειον, -ου, *n. neut.*, chin, jaw, beard.
γένεσις, -εως, *n. f.*, production.
γενναῖος, -α, -ον, *adj.*, noble, excellent.
γενναίως, *adv.*, nobly.
γεννάω, *v.*, produce, beget.
γένος, -ους, *n. neut.*, race, family.
γεραίρω, *v.*, honour.
γέρρον, -ου, *n. neut.*, wicker-work.
γεύομαι, *v.*, taste.
γέφυρα, -ας, *n. f.*, bridge.
γεφυρόω, *v.*, bridge over.

γεώδης, -ες, *adj.*, earthy.
γεώλοφος, -ον, *adj.*, hilly.
γεωργέω, *v.*, farm, till the ground.
γεωργικός, -ή, -όν, *adj.*, agricultural.
γῆ, γῆς, *n. f.*, earth, land.
γῆμαι, *v.* γαμέω.
γῆρας, -ως, *n. neut.*, old age.
γίγνομαι, (*irreg.*) *v.*, be made, become, happen.
γιγνώσκω, (*irreg.*) *v.*, ascertain, get to know, decide : *perf.* ἔγνωκα, I know.
γίνομαι = γίγνομαι.
γλῶσσα, -ης, *n. f.*, tongue.
γνώμη, -ης, *n. f.*, opinion, maxim (*v.* Part I, Introd.).
γνώμων, -ονος, *n. m.*, one that knows.
γνῶναι, *v.* γιγνώσκω.
γνωρίζω, *v.*, make known.
γνώριμος, -ον, *adj.*, well-known; *as subst.*, friend, pupil.
γόμος, -ου, *n. m.*, ship's freight.
γόμφος, -ου, *n. m.*, bolt.
γονεύς, -έως, *n. m.* father.
γοῦν, *particle*, at any rate, for instance.
γράμμα, -ατος, *n. neut.*, written character, letter of the alphabet: *plural*, epistle, letter.
γραφή, -ῆς, *n. f.*, writing, painting.
γράφω, *v.*, write.
γρόσφος, -ου, *n. m.*, javelin.
γρύζω, *v.* grunt, grumble.
γρυλλίζω, *v.*, grunt.
γυμνάσιον, -ου, *n. neut.*, gymnasium.
γυμνός, -ή, -όν, *adj.*, naked, unarmed.
γυμνόω, *v.*, strip naked.
γυναικεῖος, -α, -ον, *adj.*, of women.
γυνή, -αικός, *n. f.*, woman, wife.

Δ

δ΄, *symbol for numeral* four.
δαί, *particle used after interrogatives*, τί δαί; what?
δαίμων, -ονος, *n. m.*, divine being, deity.
δάκρυον, -ου, *n. neut.*, tear.
δακρύω, *v.*, weep.
δακτύλιος, -ου, *n. m.*, ring.
δάκτυλος, -ου, *n. m.*, finger.
δανείζω, lend: *middle*, borrow.
δανειστικός, -ή, -όν, *adj.*, of money lending.
δαπανάω, *v.*, spend.
δαπάνη, -ης, *n. f.*, expense, expenditure.
δάπεδον, -ου, *n. neut.*, floor.
δᾴς, δᾳδός, *n. f.*, torch.
δάσκιος, -ον, *adj.*, thick.
δασύς, -εῖα, -ύ, *adj.*, thick, shaggy.
δαψιλής, -ές, *adj.*, abundant.
δέ, *conj.*, and, but.
δεδιέναι, *v.* δείδω.
δέδοικα, *v.* δείδω.
δεῖ, *v. impersonal*, it is necessary, wanting: πολλοῦ γε δεῖ, far from it.
δεῖγμα, -ατος, *n. neut.*, proof, example.
δείδω, (*irreg.*) *v.*, fear.
δείκνυμι (*irreg.*) *v.*, show.
δειλός, -ή, -όν, *adj.*, cowardly.
δεινός, -ή, -όν, *adj.*, terrible, wonderful.
δειπνέω, *v.*, dine.
δεῖπνον, -ου, *n. neut.*, lunch, dinner.
δείσας, *v.* δείδω.
δεισιδαιμονία, -ας, *n. f.*, fear of the gods.
δέκα, *num. adj.*, ten.
δεκάς,-άδος, *n. f.*, company of ten.
δέμας, *n. neut. indecl.*, body.
δένδρον, -ου, *n. neut.*, tree.

δεξιά, -ᾶς, *n. f.*, right hand.
δεξιός, -ά, -όν, *adj.*, on the right hand, right.
δέον, *pres. participle of* δεῖ, what is right, needful.
δέος, -ους, *n. neut.*, fear.
δέρμα, -ατος, *n. neut.*, skin.
δέσποινα, -ης, *n. f.*, mistress, queen.
δεσπότης, -ου, *n. m.*, master, owner.
δεῦρο, *adv.*, hither.
δεύτερος, -α, -ον, *adj.*, second.
δέχομαι, *v.*, receive, accept, take upon oneself.
δέω, (*irreg.*) *v.* lack: *middle*, beg, need.
δή, *particle*, now, indeed.
δῆθεν, *adv.*, of course.
δῆλος, -η, -ον, *adj.*, plain, clear.
δηλόω, *v.*, show.
δημεύω, *v.*, confiscate.
δημιουργέω, *v.*, work at, fashion.
δημιουργία, -ας, *n. f.*, handicraft.
δημιουργός, -οῦ, *n. m.*, craftsman.
δῆμος, -ου, *n. m.*, common people.
δημοσίᾳ, *adv.*, at the public expense, by public authority.
δημόσιος, -α, -ον, *adj.*, belonging to the state: *neut. plur.* δημόσια, public funds.
δημοτελής, -ές, *adj.*, public.
δημότης, -ου, *n. m.*, member of the same deme or township.
δήπου, *adv.*, I suppose, doubtless.
δήπουθεν, *adv.*, of course.
διά, *prep.*, *with acc.*, on account of: *with gen.*, through, *and in adverbial phrases of manner, e. g.*, διὰ ταχέων, quickly.
δια-βαίνω, (*irreg.*) *v.*, cross over.
διάβασις, -εως, *n. f.*, a crossing over
δια-βάλλω, (*irreg.*) *v.*, slander, misrepresent.
δια-βιβάζω, *v.*, carry over.
διαβολή, -ῆς, *n. f.*, accusation.
δια-γίγνομαι, (*irreg.*) *v.*, continue, pass time.
δια-γιγνώσκω, (*irreg.*) *v.*, decide, distinguish.
διαγραφή, -ῆς, *n. f.*, cancelling.
δι-άγω, (*irreg.*) *v.*, pass time, live.
δι-αγωνίζομαι, *v.*, struggle against.
διάδημα, -ατος, *n. neut.*, diadem, *worn by Persian kings.*
δια-δίδωμι, (*irreg.*) *v.*, spread abroad.
δια-διδράσκω, (*irreg.*) *v.*, run off, escape.
διαδοχή, -ῆς, *n. f.*, succession.
διάδοχος, -ου, *n. c.*, successor.
διάζωμα, -ατος, *n. neut.*, cornice.
διάθεσις, -εως, *n. f.*, arrangement, condition.
δια-θέω, *v.*, run in different directions.
δι-αιρέω, (*irreg.*) *v.*, divide.
δι-αίρω, (*irreg.*) *v.*, remove, pass.
δίαιτα, -ης, *n. f.*, way of life, diet.
δια-κεῖμαι, (*irreg.*) *v.*, be affected, disposed.
δια-κομίζω, *v.*, carry over.
δια-κονέω, *v.*, wait upon, serve.
διακονία, -ας, *n. f.*, service,
διάκονος, -ου, *n. m.*, servant,
διακόσιοι, -αι, -α, *num. adj.*, two hundred.
δια-κρίνω, (*irreg.*) *v.*, separate, distinguish.
δια-κωλύω, *v.*, hinder.
δια-λαμβάνω, (*irreg.*) *v.*, believe, divide, mark off, decide.
δια-λέγομαι, (*irreg.*) *v.*, talk with.
δια-λείπω, (*irreg.*) *v.*, stand at intervals.
διάληψις, -εως, *n. f.*, opinion.

δι-αλλάσσω, *v.*, change: *passive*, be reconciled.
διάλυσις, -εως, *n. f*, breaking down.
διαλύω, *v.*, dissolve, do away with, discharge, *i.e. debts*.
δια-μένω, (*irreg.*) *v.*, endure, continue.
διάμετρος, -ου, *n. f.*, diameter.
δια-νέμω, (irreg.) *v.*, assign, distribute.
δι-ανθίζω, *v.*, adorn with flowers.
δια-νοέομαι, *v.*, intend.
διάνοια, -ας, *n. f.*, intelligence, intention.
δι-απιστέω, *v.*, distrust utterly.
διάπλοος, -ον, *adj.*, sailing continually.
διάπλους, -ου, *n. m.*, voyage across.
δι-απορέω *or* δι-αποροῦμαι, be at a loss.
δια-παιδαγωγέω, *v.*, amuse.
δια-πέμπω, *v.*, send in different directions, transmit,
δια-περάω, *v.*, cross.
δια-πνέω, (*irreg.*) *v.*, blow through.
δια-πράσσω, *v.*, accomplish.
δι-αρπάζω, *v.*, plunder.
διαρραγήσεται, *v.* διαρ-ρήγνυμι.
διαρρήγνυμι, (*irreg.*) *v.*, break through: *pass.*, burst.
διάρρυσις, -εως, *n. f.*, passage.
δια-σπείρω, (*irreg.*) *v.*, scatter.
δια-σπαράσσω, *v.*, tear in pieces.
δια-σπεύδω, *v.*, urge upon.
διάστημα, -ατος, *n. neut.*, interval.
διαστολή, -ῆς, *n. f.*, expansion.
δια-σῴζω, *v.*, save, completely, bring safely through.
δια-τάσσω, *v.*, arrange.
δια-τείνω, (*irreg.*) *v.*, extend: *middle*, maintain earnestly.
δια-τελέω, *v.*, continue.
δια-τηρέω, *v.*, maintain, preserve.
δια-τίθημι, *v.*, arrange; *pass.* be treated.
δια-τρέφω, *v.*, nourish continually.
διατριβή, -ῆς, *n. f.*, expenditure of time, pastime, school of philosophy.
δια-τρίβω, *v.*, rub hard, pass time.
διαφερόντως, *adv.*, differently from, eminently, excessively.
δια-φέρω, (*irreg.*) *v.*, differ, excel.
δια-φθείρω, *v.*, destroy, ruin, corrupt.
διάφορον, -ου, *n. neut.*, difference, balance.
διάφορος, -ον, *adj.*, different.
διάφραγμα, -ατος, *n. neut.*, diaphragm, partition.
δια-φυλάσσω, *v.*, keep carefully.
δια-χράομαι, *v.*, use constantly.
δια-ψιθυρίζω, *v.*, whisper together with.
διδασκαλεῖον, -ου, *n. neut.*, school.
διδάσκαλος, -ου, *n. c.*, teacher.
διδάσκω, (*irreg.*) *v.*, teach.
δίδωμι, (*irreg.*) *v.*, give, *present tense*, offer.
δι-έγνων, *v.* δια-γιγνώσκω.
δι-έδραν, *v.* δια-διδράσκω.
δι-ειληφώς, *v.* δια-λαμβάνω.
δι-εκ-πίπτω, (*irreg.*) *v.*, get through.
δι-ελθεῖν, *v.* δι-έρχομαι.
δι-ελών, *v.* δι-αιρέω.
δι-ενεγκεῖν, *v.* δια-φέρω.
δι-εξ-ελθεῖν, *v.* δι-εξ-έρχομαι.
δι-εξ-έρχομαι, (*irreg.*) *v.*, recount in full.
δι-έπω, (*irreg.*) *v.*, order, arrange.

δι-έρχομαι, (*irreg.*) *v.*, go through: *of time*, elapse.
δι-ετράφην, *v.* δια-τρέφω.
δι-έχω, (*irreg.*) *v.*, keep apart.
δι-ηγέομαι, *v.*, tell, recount.
διήγησις, -εως, *n. f.*, narrative.
διηνεκής, -ές, *adj.*, long, unbroken.
δι-ίστημι, (*irreg.*) *v.*, set apart.
δικάζω, *v.*, judge.
δίκαιος, -α,-ον, *adj.*, just.
δικαίως, *adv.*, justly.
δικαστήριον, -ου, *n. neut.*, court of justice.
δίκελλα, -ης, *n. f.*, mattock, two-pronged hoe.
δίκη, -ης, *n. f.*, lawsuit ; δίκην φεύγω, be the defendant.
δίμοιρος, -ον, *adj.*, divided between two: *as noun*, δίμοιρον, double share.
διό, *conj.*, wherefore.
δι-οικέω, *v.*, manage.
δι-ορίζω, *v.*, separate.
διόπερ, *conj.*, wherefore.
διότι, *conj.*, that, because.
διπάλαιστος, -ον, *adj.*, two palms broad.
διπλούς, -ῆ, -οῦν, *adj.*, double.
δίς, *adv.*, twice.
δισμύριοι, -αι, -α, *num.* adj., twenty thousand.
δισχίλιοι, -αι, -α, *num. adj.*, two thousand.
διφθέρα, -ας, *n. f.*, leathern tunic, tanned skin.
δίψος, -ους, *n. neut.*, thirst.
διώκω, *v.*, pursue.
δίωξις, -εως, *n. f.*, pursuit.
δοΐδυξ, -υκος, *n. m.*, ladle.
δοκέω, (*irreg.*) *v.*, think, seem: *as impers.*, δοκεῖ, it seems, it seems good.
δοκιμάζω, *v.*, test, adjudge, approve.
δόλος, -ου, *n. m.*, craft.
δολερός, -ά, -όν, *adj.* crafty.
δόξα, -ης, *n. f.*, opinion, repute, glory.
δοξάζω, *v.*, suppose.
δορκάς, -άδος, *n. f.*, roe, deer.
δορύ, δόρατος *or* δορός, *n. neut.*, spear, ship.
δορυφορέω, *v.*, attend as body guard.
δορυφόρος,-ου, *n. m.*, spearman.
δόσις, -εως, *n. f.*, giving.
δουλεία, -ας, *n. f.*, slavery.
δοῦλος, -ου, *n. m.*, slave,
δουλόω, v., enslave.
δρασμός, -οῦ, *n. m.*, flight.
δραχμή, -ῆς, *n. f.*, drachma (a coin = about one day's pay for a skilled workman).
δράω, (*irreg.*) *v.*, do.
δρέπανον, -ου, *n. neut.*, scythe.
δρόμος, -ου, *n. m.*, running: *dative*, at a run.
δρουίδης, -ου, *n. m.*, Druid.
δρυμός, -οῦ, *n. m.*, copse.
δρῦς, -υός, *n. f.*, oak tree.
δύναμαι, (*irreg.*) *v.*, be able.
δύναμις, -εως, *n. f.*, power.
δυναστεία, -ας, *n. f.*, lordship.
δυνάστης, -ου, *n. m.*, ruler.
δυνατός, -ή, -όν, *adj.*, possible,
δύο, *num. adj.*, two.
δυσ-φορέω, *v.*, be vexed.
δυσαπόσπαστος, -ον, *adj.*, hard to tear away.
δύσβατος, -ον, *adj.*, impassable, hard to tread.
δυσέφικτος, -ον, *adj.*, hard to reach
δυσί, *dat.* of δύο.
δυσκλεής, -ές, *adj.*, inglorious.
δύσορμος, -ον, *adj.*, with bad anchorage.
δυσπρόσοδος, -ον, *adj.*, difficult of access.
δύστηνος, -ου, *adj.*, unhappy.
δυστυχία, -ας, *n. f.*, misfortune.
δυσχερῶς, *adv.*, with difficulty.
δυσωδία, -ας, *n. f.*, foul smell.

δώδεκα, *num. adj.*, twelve.
δωδεκάπηχυς, -υ, *adj.*, twelve cubits long,
δῶμα, -ατος, *n. neut.*, house.
δωρεά, -ᾶς, *n. f.*, gift.
δωρέομαι, *v.*, present, give.
δῶρον, -ου, *n. neut.*, gift.

Ε

ἑάλων, *v.* ἁλίσκομαι.
ἐάν, *conj.*, if.
ἑαυτόν, -ήν, -ό, and αὑτόν, -ήν, -ό, *reflex. pron.*, himself, herself, itself.
ἐάω, (*irreg.*) *v.*, allow, leave alone.
ἔβενος, -ου, *n. f.*, ebony.
ἔγγειος, -α, -ον, *adj.*, consisting of land.
ἐγγύς, *adv.*, near.
ἐγ-γράφω, *v.*, write on or in.
ἐγείρω, (*irreg.*) *v.*, awaken, rouse: *perf.*, be awake.
ἐγ-καλέω, (*irreg.*) *v.*, blame.
ἐγ-κλίνω, *v.*, give way.
ἐγκοιλιον, intestines, ribs of a ship.
ἐγκώμιον, *n. neut.*, panegyric.
ἐγ-κρούω, *v.*, knock in.
ἐγρήγορα, *v.* ἐγείρω.
ἐγ-χαράσσω, *v.*, mark upon.
ἐγ-χέω, (*irreg.*) *v.*, pour in.
ἐγχώριος, -ου, *n. m.*, native.
ἐγώ, ἐμοῦ *or* μου, *1st pers. pron.*, I: *nom. plur.*, ἡμεῖς.
ἔγωγε = ἐγώ γε.
ἔδαφος, -ους, *n. neut.*, pavement, ground-floor.
ἔδεσμα, -ατος, *n. neut.*, food.
ἔδοξα, *v.* δοκέω.
ἕδος, -ους, *n. neut.*, seat, abode, sitting statue.
ἕδρα, -ας, *n. f.*, seat.
ἐθελοντής, -οῦ, *n. m.*, volunteer.
ἐθέλω, (*irreg.*) *v.*, wish.
ἔθιμος, -ον, *adj.*, accustomed.
ἔθνος, -ους, *n. neut.*, nation.
ἔθος, -ους, *n. neut.*, custom.
ἔθρεψα, *v.* τρέφω.
εἰ, *conj.*, if, whether: εἰ γάρ, *expressing a wish*, would that.
εἴα, *v.* ἐάω.
εἶδον, *v.* ὁράω.
εἶδος, -ους, *n. neut.*, form, sort, kind.
εἰδώς, -υῖα, -ός, *v.* οἶδα.
εἴθε, *conj.*, oh if! if only!
εἰκάζω, *v.*, guess: *pass.*, resemble.
εἰκαστής, -οῦ, *n. m.*, one who conjectures.
εἰκῇ, *adv.*, rashly.
εἰκός, -ότος, *n. part.*, likely.
εἴκοσι, *num. adj.*, twenty.
εἰκότως, *adv.*, reasonably.
εἴκω, (*irreg.*) *v.*, yield, give way.
εἰκών, -όνος, *n. f.*, image, portrait, statue.
εἰλέω, (*irreg*) *v.*, roll up, coop up.
εἴληφα, *v.* λαμβάνω.
εἷλον, *v.* αἱρέω.
εἰμί, (*irreg.*) *v.*, be: for ἔστι, *v.* ἔξεστι.
εἶμι, (*irreg.*) *v.*, go.
εἴπερ, *conj.*, if really.
εἱπόμην, *v.* ἕπομαι.
εἶπον, *v.* φημί.
εἴργασμαι, *v.* ἐργάζομαι.
εἵργω, *v.*, shut in.
εἴρηκα, *v.* φημί.
εἴρημαι, *v.* φημί.
εἰρήνη, -ης, *n. f.*, peace.
εἰρηνικός, -ή, -όν, *adj.*, of peace.
εἱρκτή, -ῆς, *n. f.*, prison.
εἴρων, -ονος, *n. m.*, one who says less than he thinks.
εἰρωνεία, *n. f.*, pretense.
εἷς, μία, ἕν, *adj.*, one.
εἰς, *prep.*, *with acc*, to, into.
εἰσ-άγω, (*irreg.*) *v.*, lead in.
εἰσ-δύομαι, *v.*, enter.
εἴσ-ειμι, (*irreg.*) *v.*, enter.
εἰσ-ελεύσομαι, *v.* εἰσ-έρχομαι.
εἰσ-ελθεῖν, *v.* εἰσ-έρχομαι.
εἰσ-ενεγκεῖν, *v.* εἰσ-φέρω.

εἰσ-έρχομαι, *(irreg.) v.*, come into.
εἴσεσθε, *v.* οἶδα.
εἰσ-ηγέομαι, *v.*, introduce, propose.
εἰσ-κρίνω, *v.*, insert.
εἴσ-κρισις, -εως, *n. f.*, entering in, insertion.
εἴσοδος, -ου, *n. f.*, entrance.
εἰσ-πίπτω, *(irreg.) v.*, fall into.
εἰσ-φέρω, *(irreg.) v.*, bring in, contribute.
εἰσφορά, -ᾶς, *n. f.*, contribution.
εἴσω, *adv.*, in, within.
εἶτα, *adv.*, then.
εἴωθα, *v. perf.*, be accustomed.
εἴων, *v.* ἐάω.
ἐκ (ἐξ *before vowel*), *prep., with gen.*, out of.
ἕκαστος, -η, -ον, *pron. adj.*, each.
ἑκάτερος, -α, -ον, *pron. adj.*, each of two.
ἑκατέρωθε, *adv.*, on either hand.
ἑκατέρωθεν, *adv.*, from both sides.
ἕκατι, *adv., used with gen. with force of prep.*, as to.
ἑκατόμπεδος, -ον, *adj.*, hundred feet long.
ἑκατόν, *num. adj.*, hundred.
ἐκ-βαίνω, *(irreg.) v.*, dismount, disembark.
ἐκ-βάλλω, *(irreg.) v.*, cast out, drive out, cast ashore.
ἔκβασις, -εως, *n. f.*, a going out of.
ἐκ-βοηθέω, *v.*, march out to aid.
ἐκβολή, -ῆς, *n. f.*, mouth of a river.
ἐκ-βράζω, *v.*, cast on shore.
ἐκ-δέρω, *v.*, strip off a skin.
ἐκ-δέχομαι, *v.*, receive from, succeed to.
ἔκδηλος, -ον, *adj.*, plain.
ἐκ-διαιτάομαι, *v.*, depart from a custom.
ἐκ-δίδωμι *(irreg.) v.*, give out, surrender, give for adoption or in marriage.
ἔκδοτος, -ον, *adj.*, delivered up.
ἐκδρομή -ῆς, *n. f.*, sally.
ἐκ-δύω, *v.*, take off.
ἐκεῖ, *adv.*, there.
ἐκείθεν, *adv.*, thence.
ἐκεῖνος, -η, -ο, *pron.*, that, he.
ἐκ-θρῴσκω, *(irreg.) v.*, leap out.
ἐκκλησία, -ας, *n. f.*, assembly.
ἔκκριτος, -ον, *adj.*, chosen.
ἐκ-κολάπτω, *v*, scrape out.
ἐκ-κρεμάννυμι, *(irreg.) v.*, hang from.
ἐκ-κρούω, *v.*, drive out.
ἐκ-λάμπτω, *v.*, shine forth.
ἐκ-λανθάνω, *(irreg.) v.*, escape notice utterly: *middle*, forget utterly.
ἐκ-μυζάω, *v.*, suck out.
ἑκούσιος, -α, -ον, *adj.*, voluntary.
ἐκ-πέμπω, *(irreg.) v.*, send out.
ἐκ-πεσών, -οῦσα, -όν, *v.* ἐκ-πίπτω.
ἐκ-πηδάω, *v.*, leap out.
ἐκ-πίμπλημι, *(irreg.) v.*, fill up, tell in full.
ἐκ-πίπτω, *(irreg.) v.*, fall out, be driven out, be cast ashore.
ἐκ-πλαγείς, *v.* ἐκ-πλήσσω.
ἐκ-πλέω, *(irreg.) v.*, sail away.
ἔκπληξις, -εως, *n. f.*, consternation.
ἐκ-πλήσσω, *(irreg.) v.*, strike with fear.
ἐκ-πλήττω, *(irreg.) v.*, amaze, startle.
ἔκπλους, -ου, *n. m.*, passage out.
ἐκ-ποιέω, *v.*, put out. *impers.*, it is possible.
ἐκ-πολιορκέω, *v.*, force to surrender.
ἐκ-πονέω, *v.*, work at, finish off.

ἐκ-πορεύομαι, *v.*, go out.
ἐκπρεπής, -ές, *adj.*, pre-eminent.
ἔκπωμα, -ατος, *n. neut.*, drinking-cup.
ἐκ-σῴζω, *v.*, save: *middle*, flee for safety to.
ἐκ-ταθῆναι, *v.* ἐκ-τείνω.
ἐκ-τάσσω, *v.*, draw out in line.
ἐκ-τείνω, (*irreg.*) *v.*, stretch out in line.
ἐκ-τίθημι, (*irreg.*) *v.*, set forth.
ἐκ-τίνω, (*irreg.*) *v.*, pay in full.
ἐκτοπίζω, *v.*, *pass.*, be far distant.
ἐκτοπισμός, -οῦ, *n. m.*, being distant.
ἐκτόπως, *adv.*, strangely.
ἐκτός, *adv., and with force or prep. with gen.*, outside.
ἐκ-τρέφω, (*irreg.*) *v.*, bring up from childhood.
ἐκ-τρίβω, *v.*, rub, polish.
ἐκ-τυπόω, *v.*, model.
ἐκφανής, -ές, *adj.*, plain,
ἐκ-φέρω, (*irreg.*) *v.*, carry off, carry out.
ἔκφρων, -ονος, *adj.*, out of one's mind.
ἐκ-χωρέω, v., go out, retire from, give up.
ἑκών, -οῦσα, -όν, *adj.*, willing.
ἐλ-λείπω, (*irreg.*) *v.*, fall short of.
ἔλαθεν, *v.* λανθάνω.
ἔλαιον, -ου, *n. neut.*, olive oil.
ἔλασις, -εως, *n. f.*, riding.
ἔλασμα, -ατος, *n. neut.*, metal plate.
ἐλάττων, -ον, *adj.*, less: *compar. of* ὀλίγος,
ἐλαύνω, (*irreg.*) *v.*, ride, drive.
ἐλάφειος, -α, -ον, *adj.*, of a deer.
ἔλαφος, -ου, *n. c*, deer.
ἐλαφρός, -ά, -όν, *adj.*, light.
ἐλάχιστος, -η, -ον, *adj.*, least: *superl. of* ὀλίγος.

ἐλεγεῖον, -ου, *n. neut.*, elegiac verse.
ἔλεγχος, -ου, *n. m.*, evidence.
ἐλέγχω, *v.*, cross-examine.
ἐλεεινός, -ή, -όν, *adj.*, pitiable
ἐλεέω, *v.*, pity.
ἐλευθερία, -ας, *n. f.*, freedom.
ἐλεύθερος, -α, -ον, *adj.*, free.
ἐλευθερόω, *v.*, liberate.
ἐλευθέρωσις, -εως, *n. f.*, liberation.
ἐλεφάντινος, -η, -ον, *adj.*, of ivory.
ἐλέφας, -αντος, *n. m.*, elephant, ivory.
ἐλήλυθα, *v.* ἔρχομαι.
ἐλθεῖν, *v.* ἔρχομαι
ἑλικοειδής, -ές, *adj.*, twisted.
ἕλιξ, -ικος, *n. f.*, spiral.
ἕλκος, -ους, *n. neut.*, wound.
ἕλκω, (*irreg.*) *v.*, drag.
Ἕλληνες, -ων, *n. m. plur.*, Greeks.
ἐλλιπής, -ές, *adj.*, lacking.
ἐλπίζω, *v.*, hope.
ἐλπίς, -ίδος, *n. f.*, hope.
ἑλών, *v.* αἱρέω.
ἐμαυτόν, -ήν, *reflex. pron.*, myself.
ἐμ-βαίνω, (*irreg.*) *v.*, go into.
ἐμ-βάλλω, (*irreg.*) *v.*, throw in, put into one's mind, penetrate, empty into (*of a river*).
ἐμβάς, -άδος, *n. f.*, felt shoe, slipper.
ἐμβατεύω, *v.*, haunt, frequent.
ἐμ-βεβληκός, *v.* ἐμ-βάλλω.
ἐμ-βῆναι, *v.* ἐμ-βαίνω.
ἐμ-βλέπω, *v.*, look at.
ἐμβολή, -ῆς, *n. f.*, attack, charge.
ἔμβολος, -ου, *n. m.*, ram.
ἐμέω, (*irreg.*) *v.*, vomit.
ἔμμισθος, -ον, *adj.*, in receipt of.
ἐμός, -ή, -όν, *poss. adj.*, my, mine.

ἐμοῦ, *v.* ἐγώ.
ἐμπαθῶς, *adv.*, feelingly.
ἔμπαλιν, *adv.*, contrariwise.
ἐμπειρία, -ας, *n. f.*, experience.
ἔμπειρος, -ον, *adj.*, experienced.
ἐμ-πίπλημι, (*irreg.*) *v.*, fill.
ἐμ-πίπτω, (*irreg.*) *v.*, fall on or in, come upon, attack.
ἐμ-πλέκω, (*irreg.*) *v.*, entwine: passive, be entangled in.
ἐμ-πλέω, *v.*, sail in.
ἔμπνους, -ουν, *adj.*, breathing.
ἐμποδών, *adv.*, in one's way.
ἐμπορία, -ας, *n.f.*, commerce.
ἔμπορος, -ου, *n. m.*, trader.
ἔμπροσθεν, *adv.*, in front, before.
ἐμφανής, -ές, *adj.*, manifest.
ἐμφανίζω, *v.*, manifest.
ἐμφερής, -ές, *adj.*, resembling.
ἐμ-φορέομαι, *v.*, be filled with.
ἐμ-φυσάω, *v.*, blow in.
ἐμ-φυτεύω, *v.* implant, graft onto.
ἐν, *prep, with dat.*, in.
ἔναγχος, *adv.*, lately.
ἐνακισχίλιοι, -αι, -α, num. *adj.*, nine thousand.
ἐνάλιος, -α, -ον, *adj.*, of the sea.
ἐναντιόομαι, *v.*, oppose.
ἐναντίος, -α, -ον, *adj.*, opposite.
ἐν-άπτω, *v.*, fasten upon.
ἐν-δίδωμι, (*irreg.*) *v.*, give up to *intrans.*, show an inclination towards.
ἔνδοθεν, *adv.*, from within.
ἔνδον, *adv.*, in the house.
ἐν-δύω, *v.*, put on (*of clothes*).
ἔν-ειμι, (*irreg.*) *v.*, be in, belong to.
ἐν-εκάλουν, *v.* ἐγ-καλέω.
ἕνεκεν *or* ἕνεκα, *prep.*, *with gen.*, on account of, as regards.
ἐν-έπεσον, *v.* ἐμ-πίπτω.
ἐνέργεια, -ας, *n. f.*, operation.
ἐνεργός, -όν, *adj.*, active, worked upon.
ἐνερευθής, -ές, *adj.*, red, ruddy.
ἐν-έτυχε, *v.* ἐν-τυγχάνω.
ἐν-έχει, *v.* ἐγ-χέω.
ἔνθα, *adv.*, there, then.
ἐνθάδε, *adv.*, hither.
ἔνθεν, *adv.*, thence, whence.
ἐνθένδε, *adv.*, here, there.
ἔνθενπερ = ἔνθεν.
ἐνθουσιασμός, -οῦ, *n. m.*, enthusiasm.
ἐν-θυμέομαι, *v.*, reflect, notice.
ἐνθύμησις, -εως, *n. f.*, consideration.
ἐνιαυτός, -οῦ, *n. m.*, year.
ἑνικῶς, *adv.*, in the singular number.
ἔνιοι, -αι, -α, *pron.*, some.
ἐνίοτε, *adv.*, sometimes.
ἐν-ισχύω, *v.*, prevail among.
ἐννέα, *num. adj.*, nine.
ἐν-οικοδομέω, *v.*, build upon.
ἐν-οχλέω, *v.*, make a crowd, trouble.
ἐνταῦθα, *adv.*, there, thereupon.
ἐνταυθί, *adv.*, here, there.
ἐν-τέλλω, *v.*, command.
ἐν-τέταλται, *v.* ἐν-τέλλω.
ἐντεῦθεν, *adv.*, hence, thence.
ἐν-τίθημι, (*irreg.*) *v.*, put in *or* into.
ἔντιμος, -ον, *adj.*, honoured.
ἐντός, *adv. and prep.*, within.
ἐν-τυγχάνω, (*irreg.*) *v.*, light upon, meet with.
ἐν-υβρίζω, *v.*, insult.
ἐνύπνιον, -ου, *n. neut.*, dream, vision.
ἐξ, *v.* ἐκ.
ἕξ, num. *adj.*, six.
ἐξ-αγγέλλω, *v.*, announce, promise.
ἐξ-άγω, (*irreg.*) *v.*, carry out, export.
ἐξαγωγή, -ής, *n. f.*, right of exporting.
ἐξ-αίρω, *v.*, lift up: *intrans.*, depart.

ἐξαίσιος, -ον, *adj.*, extraordinary.
ἐξ-αιτέω, *v.*, demand.
ἑξακισχίλιοι, -αι, -α, *num. adj.*, six thousand.
ἐξ-αντλέω, *v.*, draw out bilge water.
ἑξάπηχυς, -υ, *adj.*, six cubits long.
ἐξ-απο-φθείρω, (*irreg.*) *v.*, destroy utterly.
ἐξ-αρτάω, *v.*, hang upon
ἐξ-άρχω, *v.*, begin.
ἐξ-εδεδιῄτητο, *v.* ἐκ-διαιτάομαι.
ἔξ-ειμι, (irreg.) *v.*, go out.
ἐξ-ελαθόμην, *v.* ἐκ-λανθάνω.
ἐξ-ελεύσεται, *v.* ἐξ-έρχομαι.
ἐξ-έλκω, (irreg.) *v.*, draw out.
ἐξ-ενηνέχθαι, *v.* ἐκ-φέρω.
ἐξ-εργάζομαι, (*irreg.*) *v.*, finish, accomplish.
ἐξ-έρχομαι, (*irreg.*) *v.*, go out.
ἔξ-εστι, (*irreg.*) *v.*, *impers.*, it is allowed.
ἐξετάζω, *v.*, examine, review,
ἐξ-ευρίσκω, (*irreg.*) *v.*, find out, invent.
ἐξ-ηγέομαι, *v.*, be leader of, carry out.
ἐξ-ῄει, *v.* ἔξ-ειμι.
ἑξήκοντα, *num. adj.*, sixty.
ἐξ-ήκω, *v.*, expire (*of time*).
ἐξ-ηρτημένος, *v.* ἐξ-αρτάω.
ἑξῆς, *adv.*, in succession, next.
ἔξοδος, -ου, *n. f.*, going, out, procession.
ἐξ-ονειδίζω, *v.*, taunt.
ἐξόπισθεν, *adv.*, from behind.
ἐξ-ορμάω, *v.*, urge on.
ἐξ-ουδενόω, *v.*, set at nought, belittle.
ἐξουσία (Ion. ἐξουσίη), -ας, *n. f.*, power.
ἐξοχή -ῆς, *n. f.*, projection.
ἐξ-υμνέω, *v.*, proclaim loudly.
ἐξ-υφαίνω, *v.*, weave.
ἔξω, *prep. and adv.*, outside.
ἔξωθεν, *adv.*, from outside, out side.
ἐξ-ωθέω, (*irreg.*) *v.*, thrust out.
ἐξωμίς, -ίδος, *n. f.*, vest.
ἔοικα, (*irreg.*) *v.*, *perf. with present meaning*, seem, be likely.
ἐοικώς, -υῖα, -ός, *part.*, like.
ἐπαγγελία, -ας, *n. f.*, promise.
ἐπ-άγω, (*irreg.*) *v.*, bring in: *middle*, procure.
ἐπ-αινέω, *v.*, praise.
ἔπαινος, -ου, *n. m.*, praise.
ἐπ-αίρω, *v.*, raise.
ἐπ-ακολουθέω, *v.*, follow after.
ἔπαλξις, -εως, *n. f.*, battlement.
ἐπ-αν-άγω, (*irreg.*) *v.*, go back.
ἐπ-ανα-χωρέω, *v.*, return.
ἐπ-άν-ειμι, *v.*, ἐπ-αν-έρχομαι.
ἐπ-αν-έρχομαι, (*irreg.*) *v.*, return.
ἐπ-αν-ῆλθεν, *v.*, ἐπ-αν-έρχομαι.
ἐπ-αν-ίστημι, (*irreg.*) *v.*, make to stand up.
ἐπ-αν-ορθόω, *v.*, set upright, amend.
ἐπ-ανθέω, *v.*, bloom.
ἐπ-αρκέω (*fut.* -έσω), *v.*, suffice, help.
ἐπ-αφ-ίημι, (*irreg.*) *v.*, leave alone.
ἐπεί, *conj.*, when, since.
ἐπειδάν, *conj.*, whenever.
ἐπειδή, *conj.*, since, when.
ἔπ-ειμι, (*irreg.*) *v.*, come against, approach.
ἔπειτα, *adv.*, then.
ἐπέκεινα, *adv.*, beyond.
ἐπ-εκ-θέω, (*irreg.*) *v.*, sally out against.
ἐπ-εκ-χωρέω, *v.*, advance next.
ἐπέλασις, -εως, *n. f.*, charge.
ἐπ-ελαύνω, (*irreg.*) *v.*, rise against.
ἐπ-ελθών, *v.* ἐπ-έρχομαι.
ἐπ-εν-θρῴσκω, (*irreg.*) *v.*, leap upon.

ἐπ-εργάζομαι, *v.*, cultivate in addition, encroach; *perf.* be sculptured.
ἐπ-έρχομαι, (*irreg.*) *v.*, come on.
ἐπ-ερωτάω, *v.*, ask.
ἐπ-έχω, (*irreg.*) *v.*, restrain, check.
ἐπί, *prep*, (a) *with acc.* to, against; (b) *with gen.*, upon, in the time of; (c) *with dat.*, upon, at.
ἐπι-βαίνω, (*irreg.*) *v.*, get upon, arrive at.
ἐπιβάτης, -ου, *n. m.*, soldier on board a ship.
ἐπι-βάλλω, (*irreg.*) *v.*, throw upon.
ἐπι-βάς, *v.* ἐπι-βαίνω.
ἐπι-βοηθέω, *v.*, give help.
ἐπιβολή, -ῆς, *n. f.*, design, purpose.
ἐπιβουλή, -ῆς, *n. f.*, plot.
ἐπι-βουλεύω, *v.*, conspire, plot.
ἐπι-γελάω, (*irreg.*) *v.*, laugh, laugh approvingly at.
ἐπι-γίγνομαι, (*irreg.*) *v.*, come up or after.
ἐπι-γιγνώσκω, (*irreg.*) *v.*, discover.
ἐπι-γνῶ, *v.* ἐπι-γιγνώσκω.
ἐπι-γράφω, *v.*, inscribe.
ἐπι-δείκνυμι, *v.*, point out.
ἐπι-δέχομαι, *v.*, receive in addition.
ἐπι-δημέω, *v.*, stay in a city (*of foreigners*), be at home.
ἐπι-δια-τείνω, (*irreg.*) *v.*, extend.
ἐπι-δίδωμι, (*irreg.*) *v.*, give in addition.
ἐπιεικής, -ές, *adj.*, reasonable, fair.
ἐπι-ζεύγνυμι, *v.*, join at the top.
ἐπι-θεῖναι, *v.* ἐπι-τίθημι.
ἐπίθημα, -ατος, *n. neut.*, spear head.
ἐπιθυμία, -ας, *n. f.*, desire.
ἐπι-θυμέω, *v.*, desire.
ἐπίκαιρος, -ον, *adj.*, advantageous.
ἐπι-καλέω, (*irreg.*) *v.*, call upon.
ἐπι-καλύπτω, *v.*, cover.
ἐπι-κάμπτω, *v.*, bend forward.
ἐπικαταλλαγή, -ῆς, *n. f.*, discount, service charge.
ἐπι-κερτομέω, *v.*, mock.
ἐπικίνδυνος, -ον, *adj.*, dangerous.
ἐπικινδύνως, *adv.*, dangerously.
ἐπικρηπῖδες, -ων, *n. f.*, *plur.*, boots.
ἐπίκωπος, -ου, *adj.*, furnished with oars.
ἐπι-λαθόμενος, *v.*, ἐπι-λανθάνομαι.
ἐπι-λαμβάνω, (*irreg.*) *v.*, seize.
ἐπι-λανθάνομαι, (*irreg.*) *v.*, forget.
ἐπι-λέγω, *v.*, choose.
ἐπίλεκτος, -ον, *adj.*, chosen.
ἐπι-μανθάνω, (*irreg.*) *v.*, learn after, later.
ἐπι-μελέομαι, *v.*, take care.
ἐπιμελῶς, *adv.*, carefully.
ἐπι-μένω, (*irreg.*) *v.*, remain.
ἐπίμονος, -ον, *adj.*, lasting.
ἐπινίκιος, -ον, *adj.*, of victory.
ἐπι-νοέω, *v.*, think of, intend.
ἐπίνοια, -ης, *n. f.*, thought, intelligence.
ἐπι-παιανίζω, *v.*, sing a paean over.
ἐπι-πεσεῖν, *v.* ἐπι-πίπτω.
ἐπι-πίπτω, (*irreg.*) *v.*, fall upon.
ἔπιπλα, -ων, *n. neut. plur.*, moveable property.
ἐπιπορπέομαι, *v.*, buckle on.
ἐπίπροσθεν, *adv.*, before.
ἐπι-πωμάζω, *v.*, cover up
ἐπιρρέω, (*irreg.*) *v.*, flow in.
ἐπι-σημαίνω, *v.*, applaud.
ἐπίσημος, -ον, *adj.*, notable, important.
ἐπισιτισμός, -οῦ, *n. m.*, stock of provisions.
ἐπι-σκέπτομαι, *v.* ἐπι-σκοπέω.

ἐπι-σκοπέω, *(irreg.) v.*, look at, examine, consider.
ἐπίσκοπος, -ου, *n. m.*, overseer.
ἐπι-σπάω, *v.*, draw on, attract.
ἐπίσταμαι, *v.*, know.
ἐπιστατέω, *v.*, have charge of.
ἐπιστάτης, -ου, *n. m.*, one who stands on or near, commander.
ἐπιστολή, -ῆς, *n. f.*, letter.
ἐπιστόλιον, -ου, *n. neut.*, architrave.
ἐπι-στρέφω, *v.*, turn to.
ἐπιστροφή, -ῆς, *n. f.*, turning about.
ἐπι-σχών, *v.* ἐπ-έχω.
ἐπι-τάσσω, *v.*, place next.
ἐπι-τάττω, *v.*, enjoin.
ἐπι-τελέω, *v.*, fulfil.
ἐπιτήδειος, -α, -ον, *adj.*, suitable: *neut. plur.*, τὰ ἐπιτήδεια, necessaries, supplies.
ἐπιτήδευμα, -ατος, *n. neut.*, pursuit, business.
ἐπιτηδεύω, *v.*, take care to.
ἐπι-τηρέω, *v.*, look out for.
ἐπι-τίθημι, *(irreg.) v.*, place on, lay on: *middle* attack.
ἐπι-τρέπω, *v.*, entrust, allow.
ἐπι-τροπεύω, *v.*, govern.
ἐπι-τυγχάνω, *(irreg.) v.*, come across.
ἐπι-τυχών, *v.* ἐπι-τυγχάνω.
ἐπι-φαίνω, *(irreg.) v.*, display: *pass.*, appear.
ἐπιφάνεια, -ας, *n. f.*, surface, appearance.
ἐπιφανής, -ές, *adj.*, conspicuous, notable.
ἐπίφασις,-εως, *n. f.*, appearance.
ἐπι-φέρω, *(irreg.) v.*, bring, add, attack.
ἐπι-φθέγγομαι, *v.*, say in addition.
ἐπι-φλέγω, *v.*, inflame, excite.
ἐπι-φοιτάω, *v.*, visit repeatedly.
ἐπι-χειρέω, *v.*, attempt.
ἐπιχείρημα, -ατος, *n. neut.*, proof, argument, enterprise.
ἐπιχείρησις, -εως, *n. f.*, attempt.
ἐπίχρυσος, -ον, *adj.*, plated with gold.
ἐπιχώριος, -α, -ον, *adj.*, native.
ἕπομαι, *(irreg.) v.*, follow.
ἔπομβρος, -ον, *adj.*, very rainy.
ἔπος, -ους, *n. neut.*, word: ὡς ἔπος εἰπεῖν, so to say, almost.
ἐπριάμην, *v.*, *used as aorist of* ὠνέομαι.
ἑπτά, *num. adj.*, seven.
ἐπυθόμην, *v.* πυνθάνομαι.
ἐπώδυνος, -ον, *adj.*, painful.
ἐπώνυμος, -ον, *adj.*, named after.
ἔρανος, -ου, *n. m.*, contribution.
ἐργάζομαι, *(irreg.) v. tr.*, work, bring about, work at.
ἐργασία, -ας, *n. f.*, business, trade, working.
ἐργάτης, -ου, *n. m.*, workman, husbandman.
ἐργολαβέω, *v.*, undertake the contract for.
ἔργον, -ου, *n. neut.*, work: ἔργον ἐστί, it is difficult.
ἐρέα, -ας, *n. f.*, wool.
ἐρέβινθος, -ου, *n. m.*, chick pea.
ἐρεθίζω, *v.*, rouse to anger.
ἐρεῖν, *v.* λέγειν.
ἐρείπιον, -ου, *n. neut.*, wreck.
ἐρέσσω, *(irreg.) v.*, row.
ἔρεψις, -εως, *n. f.*, roofing.
ἐρημία, -ας, *n. f.*, solitude, absence.
ἐρῆμος, -ον, *adj.*, desolate.
ἐρημόω, *v.*, abandon.
ἕρκος, -ους, *n. neut.*, defence.
ἕρμαιον, -ου, *n. neut.*, godsend.
ἔρομαι, *v.*, ask.
ἔρρεον, *v.* ῥέω.
ἔρριπται, *v.* ῥίπτω.
ἔρρωγα, *v.* ῥήγνυμι.

ἐρρωμένος, -η, -ον, *adj.*, vigorous.
ἐρυθριάζω, *v.*, blush.
ἔρχομαι, (*irreg.*) *v.*, come.
ἐρῶ, *v.* φημί.
ἐρωτάω, *v.*, ask.
ἐρωτησις, -εως, *n. f.*, question.
ἐς = εἰς.
ἐσ-αγγέλλω, (*irreg.*) *v.*, announce, impeach.
ἐσ-ακοντίζω, *v.*, hurl javelins at.
ἐσθής, -ῆτος, *n. f.*, dress, clothing.
ἐσθίω, (*irreg.*) *v.*, eat.
ἐσθλός, -ή, -όν, *adj.*, good, noble.
ἐσ-πέμπω, *v.*, send in.
ἐσ-πίπτω, (*irreg.*) *v.*, fall into, be thrown into.
ἔστε, *adv.*, up to: *conj.*, until.
ἑστία, -ας, *n. f.*, hearth.
ἑστίασις, -εως, *n. f.*, feasting.
ἑστιάω, *v.*, entertain.
ἐσχάρα, -ας, *n. f.*, hearth, brazier.
ἐσχατιά, -ᾶς, *n. f.*, farthest part.
ἔσχατος, -η, -ον, *superl. adj.*, last, furthest.
ἐσχήκα, *v.* ἔχω.
ἔσω, *adv. and prep.*, within.
ἑταιρική, *adj.*, *v.* ἵππος.
ἑταίρος, -ου, *n. m.*, comrade: *plural*, guards: in Macedonian army.
ἕτερος, -α, -ον, *pron.*, one, the other: ἐπὶ θάτερα, the other way.
ἐτετάχατο, *v.* τάσσω.
ἔτι, *adv.*, still, moreover: *with negative*, no longer.
ἑτοιμάζω, *v.*, prepare.
ἑτοῖμος, -ον, *adj.*, ready.
ἑτοίμως, *adv.*, readily.
ἔτος, -ους, *n. neut.*, year.
ἐτράπην, *v.* τρέπω.
εὐ-δαιμονία (Ion. εὐδαιμονίη), -ας, prosperity, good fortune.
εὖ, *adv.*, well.
εὐαγής, -ές, *adj.*, far-seen, in full view of.
εὐβοΐς, -ίδος (*properly fem. adj.* "of Euboea"), chestnut.
εὐγένεια, -ας, *n. f.*, high birth.
εὐγενής, -ές, *adj.*, well-bred, noble.
εὔγραμμος, -ον, *adj.*, of graceful contour.
εὐδαιμονία, -ας, *n. f.*, wealth.
εὐδαιμονίζω, *v.*, think happy.
εὐδοκιμέω, *v.*, be honoured, be successful.
εὐειδής, -ές, *adj.*, goodly.
εὐεξία, -ας, *n. f.*, good health.
εὐεργεσία, -ας, *n. f.*, good service.
εὐεργέτης, -ου, *n. m.*, benefactor.
εὔζωνος, -ον, *adj.*, unencumbered.
εὐημερέω, *v.*, be successful.
εὐήρετμος, -ον, *adj.*, well fitted to the oar.
εὐθαλής, -ές, *adj.*, flourishing.
εὐθέως, *adv.*, at once.
εὐθήρατος, -ον, *adj.*, easy to win.
εὔθλαστος, -ον, *adj.*, easily broken.
εὔθυμος, -ον, *adj.*, of good cheer.
εὐθύνω, *v.*, steer straight;
εὐθύς, -εῖα, -ύ, *adj.*, straight: *as adv.*, at once.
εὐθύς, *adv.*, immediately.
εὐκαιρία, -ας, *n. f.*, suitableness.
εὐκλεής, -ές, *adj.*, glorious.
εὐκλεῶς, *adv.*, gloriously.
εὐλόγως, *adv.*, with good reason.
εὐμαρῶς, *adv.*, easily.

εὐμεταχείριστος, -ον, *adj.*, easy to deal with.
εὐμήκης, -ες, *adj.*, tall.
εὐνή, -ῆς, *n. f.*, couch, lair.
εὔνοια, -ας, *n. f.*, good-will.
εὐπαρέω, *v.*, have plenty of.
εὐπετής, -ές, *adj.*, easy.
εὐπετῶς, *adv.*, easily.
εὐπορία, -ας, *n. f.*, abundance, wealth.
εὔπορος, -ον, *adj.*, easy to travel through.
εὐπρεπής, -ές, *adj.*, specious, plausible, handsome.
εὐπρόσωπος, -ον, *adj.*, plausible.
εὑρίσκω, (*irreg.*) *v.*, find.
εὗρον, *v.* εὑρίσκω.
εὔρυθμος, -ον, *adj.*, well-proportioned.
εὐρυχωρής, -ές, *adj.*, spacious.
εὐρυχωρία, -ας, *n. f.*, open space.
εὐτάκτως, *adv.*, in order.
εὐταξία, -ας, *n. f.*, orderly behaviour.
εὖτε, *conj.*, whenever.
εὐτέλεια, -ας, *n. f.*, cheapness, meanness.
εὐτελής, -ές, *adj.*, cheap, insignificant.
εὐτονία, -ας, *n. f.*, elasticity.
εὐτυχῶς, *adv.*, fortunately.
εὐφεγγής, -ές, *adj.*, bright.
εὐφημέω, *v.*, shout in triumph.
εὐφυής, -ές, *adj.*, naturally suited.
εὔχαλκος, -ον, *adj.*, well-wrought of brass.
εὐχειρία, -ας, *n. f.*, skill.
εὐχείρωτος, -ον, *adj.*, easy to conquer.
εὐχέρεια, -ας, *n. f.*, dexterity.
εὔχομαι, *v.*, pray, vow.
εὐψυχία, -ας, *n. f.*, courage.
εὔψυχος, -ον, *adj.*, courageous.
εὐώνυμος, -ον, *adj.*, on the left hand.
εὐωχέω, *v.*, entertain: *middle*, feast.
εὐωχία, -ας, *n. f.*, feasting.
ἐφ-αρμόζω, *v.*, fit.
ἐφ-εδρεύω, *v.*, lie in wait.
ἐφ-έλκω, (*irreg.*) *v.*, trail after.
ἐφεξῆς, *adv.*, successively, next to.
ἑφθός, -ή, -όν, *adj.*, boiled.
ἐφ-ίημι, (*irreg.*) *v.*, send against: middle, aim at.
ἐφ-ιππεύω, *v.*, attack with cavalry.
ἐφ-ίστημι, (*irreg.*) *v.*, place upon, call attention to: *intrans.*, stop: *perf.*, stand upon
ἐφόδιον, -ου, *n. neut.*, travelling supplies.
ἔφοδος, -ου, *n. f.*, approach, onset, plan, attack.
ἐφ-ορμάω, *v.*, stir up: *pass, and mid.*, rush on.
ἔφορος, -ου, *n. m.*, overseer, ephor.
ἐφ-υμνέω, *v.*, chant at.
ἐχθρός, -ά, -όν, *adj.*, hateful, hostile: *as noun, m.*, ἐχθρός, -οῦ, enemy.
ἔχω, (*irreg.*) *v.*, have, be able: *with adverbs of manner*, hold oneself, be: *e. g.*, καλῶς ἔχω, I am well; βαρέως ἔχω, I endure this badly.
ἕψησις, -εως, *n. f.*, boiling.
ἕψω, (*irreg.*) *v.*, boil.
ἕωθεν, *adv.*, at dawn, from dawn.
ἑωθινός, -ή, -όν, *adj.*, eastern.
ἑώρα, *v.* ὁράω.
ἑώρων, *v.* ὁράω.
ἕως, *conj. and adv.*, till, as far as.
ἕως, ἕω, *n. f.*, daybreak.

Z

ζαπληθής, ές, *adj.*, very full.
ζάω, *v.*, live.
ζεῦγος, -ους, *n. neut.*, pair of oxen, horses, &c, team.

ζευγοτρόφος, -ου, *n. m.*, keeper of teams.
ζῆλος, -ου, *n. m.*, emulous desire.
ζήλωσις, -εως, *n. f.*, imitation.
ζηλωτός, -ή, -όν, *adj.*, to be envied.
ζημία (Ion. ζημίη), -ας, *n. f.*, punishment.
ζητέω, *v.*, seek.
ζήτησις, -εως, *n. f.*, search.
ζῦθος, -ους, *n. neut.*, beer.
ζωγράφος, -ου, *n. m.*, painter.
ζώνη, -ης, *n. f.*, belt, zone.
ζῷον, -ου, *n. neut.*, animal.
ζωστήρ, -ῆρος, *n. m.*, belt.

H

η´, symbol for numeral 8.
ἤ *conj.*, than, or; ἢ . . . ἤ, either . . . or
ᾗ, a*dv.*, where: *conj.*, wherefore.
ἦ, *particle*, truly, verily.
ἤγαγον, *v.* ἄγω
ἡγεμονία, ας, *n. f.*, leadership.
ἡγεμών, -όνος, *n. m.*, commander, leader.
ἡγέομαι, *v.*, lead, consider.
ἡδέως, *adv.*, pleasantly, willingly.
ἤδη, *adv.*, already.
ᾔδη, *v.* οἶδα.
ἥδομαι, (*irreg.*) *v.*, be pleased.
ἡδονή, -ῆς, *n. f.*, pleasure.
ἠδυνάμην, *v.* δύναμαι.
ἡδύς, -εῖα, -ύ, *adj.*, sweet, pleasant.
ἠθμός, -οῦ, *n. m.*, strainer, colander.
ἦθος, -ους, *n. neut.*, character, custom, accustomed seat: *plur.*, abodes.
ἤισαν, ᾖσαν, (*irreg.*) *v.*, *imperf. 3rd pl. of* εἶμι.
ἥκιστα, *superl. adv.*, least.
ἥκω, *v.*, come.
ἡλικία, -ας,.*n. f.* age, military age, prime of life.
ἡλίκος, -η, -ον, *pron. adj.*, how big, as great as.
ἥλιος, -ου, *n. m.*, sun.
ἡλιοτρόπιον, -ου, *n. neut.*, sun dial.
ἧλος, -ου, *n. m.*, nail, bolt.
ᾑμαγμένος, *v.* αἱμάσσω.
ἦμαρ, *n. neut.*, day.
ἡμεῖς, -ῶν, *pers. pron. 1st pers. plur.*, we.
ἡμέρα, -ας, *n. f.*, day.
ἥμερος, -α, -ον, tame, cultivated.
ἡμέτερος, -α, -ον, *poss. adj.*, our, ours.
ἡμίεκτον, -ου, *n. neut.*, half of one-sixth of a medimnus (= about one gallon).
ἡμιολία, -ας, *n. f.*, light vessel with one and a half banks of oars.
ἡμιόλιος, -α, -ον, *adj.*, half as much again.
ἡμιπόδιον, *n. neut.*, half a foot.
ἥμισυς, -εια, -υ, *adj.*, half (*gen.* -εος, contr. to -ους *in late Greek*).
ἤν = ἐάν.
ἤνεγκα, *v.* φέρω.
ἠνεσχόμην, *v.* ἀν-έχω.
ἡνία,-ας, *n. f.*, bridle, reins.
ἡνίκα, *conj. adv.*, when
ἡνίοχος, -ου, *n. m.*, charioteer, driver.
ἤπειρος, -ου, *n. f.*, mainland.
ἤπερ, *conj.*, than, than even.
ᾗπερ, *adv.*, as, in the same way as.
ἠρεμέω, *v.*, keep quiet.
ἦρτο, *v.* αἴρω.
ἥρως, -ωος, *n. m.*, hero.
ἥσθην, *v.* ἥδομαι.
ᾐσθόμην, *v.* αἰσθάνομαι.
ἡσυχάζω, *v.*, keep quiet.
ἡσυχῆ, *adv.*, quietly.
ἡσυχία, -ας, *n. f.*, quiet.
ἡσύχος, -ον, *adj.*, quiet.

ἤτοι = ἤ τοι, *conj. and particle*, either, in truth.
ἧττον or ἧσσον, *comp. adv.*, less.
ἠφ-ίεντο, *v.* ἀφ-ίημι.
ἠχέω, *v.*, sound.
ἦχος, -ου, *n. m.*, roar.
ἠχώ, -οῦς, *n. f.*, echo.

Θ

θάλασσα, -ης or θάλαττα, -ης, *n. f.*, sea.
θαλασσοκρατέω, *v.*, be master of the sea.
θαλασσόπληκτος, -ον, *adj.*, sea-beaten.
θαλερός, -ά, -όν, *adj.*, muddy.
θάνατος, -ου, *n. m.*, death.
θανεῖν, *v.* θνῄσκω.
θάπτω, *v.*, bury.
θαρρέω, *v.*, be courageous.
θαρσέω = θαρρέω.
θάρσος, -ους, *n. neut.* courage, spirit.
θάτερα, *v.* ἕτερος.
θᾶττον, *adv., compar of* ταχέως, more quickly.
θαυμάζω, *v.* wonder, marvel at.
θαυμάσιος, -α -ον, *adj.*, wonderful.
θαυμασίως, *adv.*, wonderfully.
θαυμαστός, -ή, -όν, *adj.*, wonderful.
θεά, -ᾶς, *n. f.*, goddess.
θέα, -ας, *n. f.*, spectacle.
θεάομαι, *v.*, look at, be a spectator of.
θέατρον, -ου, *n. neut.*, theatre.
θεατρώνης, -ου,. *n. m.*, lessee of a theatre.
θεῖναι, *v.*, τίθημι.
θείνω, *v.*, strike.
θεῖος, -α, -ον, *adj.*, divine
θέλω = ἐθελῶ.
θέμενος, *v.* τίθημι.
θεολόγος, -ου, *n. m.*, theologian.
θεός, -οῦ, *n. c*, god, goddess.
θεραπεία, -ας, *n. f.*, cure, adulation.
θεραπεύω, *v.*, pay court to, serve, care for, tend.
θεράπων, -οντος, *n. m.*, squire.
θερεία,-ας, *n. f.*, summer (*properly fem., of adj.* θέρειος, of summer, *sc.* ὥρα).
θερινός, -ή, -όν, *adj.*, of summer.
θερμός, -ή, -όν, *adj.*, warm.
θέρος, -ους, *n. neut.*, summer, summer crop.
θέσις, -εως, *n. f.*, position, adoption.
θεωρέω, *v.*, observe, be spectator of.
θεωρία, -ας, *n. f.*, contemplation, theory.
θήκη, -ης, *n. f.*, grave, container.
θῆλυς, -εια, -υ, *adj.*, female.
θήρ, -ρός, *n. m.*, wild animal.
θήρα, -ας, *n. f.*, hunting.
θήραω, *v.*, hunt, catch.
θηρευτής, -οῦ, *n. m.*, hunter.
θηρεύω, *v.*, hunt.
θηρίον, -ου, *n. neut.*, wild animal.
θηριώδης, -ες, *adj.*, brutal.
θησαυρός, -οῦ, *n. m.*, treasure, treasure-house.
θητικός, -ή, -όν, *adj.*, hireling, menial.
θλίβω, *v.*, squeeze.
θνῄσκω, (*irreg.*) *v.*, die.
θνητός, -ή, -όν, *adj.*, mortal.
θοἰμάτιόν = τὸ ἱμάτιον.
θοίνη, -ης, *n. f.*, banquet.
θολοειδής, -ές, *adj.*, round.
θορυβέω, *v.*, raise an uproar.
θόρυβος, -ου, *n. m.*, noise, tumult.
θοῶς, *adv.*, quickly.
θρασέως, *adv.*, boldly, impudently.
θράσος, *v.* θάρσος.
θραῦμα, -ατος, *n. neut.*, fragment.
θραύω, *v.*, break, tear.

θρέμμα, -ατος, *n, neut.*, animal, sheep.
θρίξ, τριχός, *n. f.*, hair.
θρόνος, -ου, *n. m.*, seat.
θυγάτηρ, θυγατρός, *n. f.*, daughter.
θυμικός, -ή, -όν, *adj.*, courageous.
θυμός, -οῦ, *n. m.*, spirit, anger, passion.
θύννος, -ου, *n. m.*, tuna fish.
θύον, -ου, *n. neut.*, citron wood, used for furniture.
θύρα, -ας, *n. f.*, door.
θυρεός, -οῦ, *n. m.*, shield.
θυρώματα, *n. neut. pl.*, room with doors.
θυσία, -ας, *n. f.*, offering, sacrifice.
θύω, *v.*, offer as a sacrifice.
θώμιγξ, -ιγγος, *n. m.*, string.
θώραξ, -ακος, *n. m.*, breastplate, chest.

Ι

ἰάομαι, *v.*, cure.
ἰατρικός, -ή, -όν, *adj.*, of a doctor.
ἰατρός, -οῦ, *n. m.*, physician.
ἰδεῖν, *v.* ὁράω.
ἰδίᾳ, *adv.*, privately.
ἴδιος, -α, -ον, *adj.*, one's own, private, peculiar: κατ᾽ ἰδίαν, in private.
ἰδιότης, -ητος, *n. f.*, property.
ἰδιοτρόπως, *adv.*, in a peculiar way.
ἰδιοφυής, -ές, *adj.*, of peculiar nature.
ἰδιώτης, -ου, *n. m.*, private individual, one without special knowledge.
ἰδιωτικός, -ή, -όν, *adj.*, private.
ἱδρύω, establish; *pass.*, settle.
ἰδών, *v.* ὁράω.
ἱέρεια, -ας, *n. f.*, priestess.
ἱερεῖον, -ου, *n. neut.*, victim, animal for sacrifice.
ἱερόν, -οῦ, *n. neut.*, temple.
ἱερός, -ά, -όν, *adj.*, sacred: *as noun, neut. plur.* ἱερά, auspices, offerings.
ἵημι, (*irreg.*) *v.*, send, throw.
ἰθαγενής, -ές, *adj.* true-born, noble.
ἴθι, *v.* εἶμι.
ἱκανός, -ή, -όν, *adj.*, enough.
ἱκανῶς, *adv.*, sufficiently, enough.
ἱκετεία, -ας, *n. f.*, supplication.
ἱκέτευμα, -ατος, *n. neut.*, mode of supplication.
ἱκετηρία, -ας, *n. f.*, olive branch, symbol of supplication.
ἱκέτης, -ου, *n. m.*, suppliant.
ἱκνέομαι, (irreg.) v., come.
ἱλαρός, -ά, -όν, *adj.*, cheerful.
ἴλη, -ης, *n.f.*, troop of cavalry, column.
ἱμάτιον, -ου, *n. neut.*, cloak.
ἱματισμός, -οῦ, *n. m.*, clothing.
ἵνα, *conj.*, in order that; where.
ἵναπερ, *conj.*, just where.
ἰός, -οῦ, *n. m.*, arrow.
ἱππάρχης, -ου, *n. m.*, commander of cavalry.
ἱππαρχία, -ας, *n. f.*, post of cavalry commander.
ἱππεία, -αί, *n. f.*, cavalry.
ἱππεύς, -έως, *n. m.*, horseman.
ἱππικός, -ή, -όν, *adj.*, of cavalry.
ἱπποκρατέω, *v.*, be superior in cavalry.
ἵππος, -ου, *n. m.*, horse: *n. f.*, collective, cavalry. ἵππος ἑταιρική, Macedonian horse-guards.
ἱππότης, -ου, *n. m.*, horseman.
ἱπποτοξότης, -ου, *n. m.*, mounted bowman.
ἴσασιν, *v.* οἶδα.
ἴσθι, *v.* οἶδα.
ἰσόρροπος, -ον, *adj.*, equally balanced.
ἴσος, -η, -ον, *adj.*, equal, level.

ἵστημι, *(irreg.) v.*, make to stand, set up, place: *passive and intrans. tenses of act.*, stand.
ἱστορέω, *v.*, inquire, learn.
ἱστορία, -ας, *n. f.*, narrative, history.
ἱστός, -οῦ, *n. m.*, mast.
ἰσχνότης, -ητος, *n. f.*, thinness.
ἰσχυρός, -ά, -όν, *adj.*, strong, unyielding.
ἰσχύς, -ύος, *n. f.*, strength, force.
ἴσως, *adv.*, perhaps.
ἴτε, *v.* εἶμι.
ἰχθύς, -ύος, *n. m.*, fish.
ἴχνος, -ους, *n. neut.*, track, foot step.

K

κ´, *symbol for numeral* 20.
καθ-αγίζω, *v.*, dedicate.
καθάπερ, *adv.*, just as.
καθαπερεί, *adv.*, just as if.
καθαρείως, *adv.*, cleanly,
κάθαρμα, -ατος, *n. neut.* outcast, something purified.
καθαρός, -ά, -όν, *adj.*, pure, clear.
καθαρότης, -ητος, *n. f.*, purity, incorruptibility.
καθ-έζομαι, *(irreg.) v.*, sit down.
καθ-εῖναι, *v.* καθ-ίημι.
καθ-έλκω, *(irreg.) v.*, draw down.
καθελκυσμός, -οῦ, *n. m.*, dragging down.
καθ-εύδω, *(irreg.) v.*, sleep.
καθηγητής, -οῦ, *n. m.*, teacher.
καθ-ήκω, *v.*, be fitting.
κάθημαι, *(irreg.) v.*, sit.
καθίζομαι, *(irreg.) v.*, sit down.
καθ-ίημι, *(irreg.) v.*, let down.
καθ-ίστημι, *(irreg.) v.*, render, make, set up, place, appoint: *intrans.*, become, stand calm.
κάθ-οδος, -ου, *n. f.*, way down.
καθόλου, *adv.*, in general.
καθ-οπλίζω, *v.*, equip fully.
καθ-οράω, *(irreg.) v.*, perceive.
καθότι, *adv.*, in what manner, inasmuch as.
κάθυγρος, -ον, *adj.*, moist.
καθώς, *adv.*, as.
καί, *conj.*, and, also, even: καὶ . . . καί, both . . . and.
καινοποιέω, *v.*, renew, renew the memory of.
καινός,-ή,-όν, *adj.*, new.
καινότης, -ητος, *n. f.*, freshness, novelty.
καίπερ, *adv.*, although.
καιρός, -οῦ, *n. m.*, season, time, right time: *plur.*, events.
καίτοι, *adv.*, and yet.
καίω, *(irreg.) v.*, kindle.
κακοήθης, -ες, *adj.*, malicious.
κακοπάθεια, -ας, *n. f.*, distress.
κακός, -ή, -όν, *adj.*, bad, base, cowardly.
κακοῦργος, -ου, *n. m.*, criminal.
κακῶς, *adv.*, badly; κακῶς ἀκούω, be ill spoken of.
καλέω, *(irreg.) v.*, call, invite.
κάλλιστος, η, -ον, *adj.*, *superl. of* καλός, most beautiful, finest.
κάλλιτεχνία, -ας, *n. f.*, beauty of workmanship.
κάλλος, -ους, *n, neut.*, beauty.
καλλωπίζω, *v.*, beautify.
καλοκαγαθία, -ας, *n. f.*, nobleness.
καλός, -ή, -όν, *adj.*, beautiful, honourable.
καλύβη, -ης, *n. f.*, hut, cabin.
καλυβοποιέω, *v.*, make huts.
καλῶς, *adv.*, beautifully, well.
καλωστρόφος, -ου, *n. m.*, rope maker.
καματηρός, -ά, -όν, *adj.*, wearied.
κάμινος, -ου, *n. f.*, furnace.
κάμνω, *(irreg.) v.*, work, be weary.
κἄν = καὶ ἐάν.
κάνναβις, -ιος, *n. f.*, hemp.
κανοῦν, -οῦ, *n. neut.*, basket.

καπνός, -οῦ, *n. m.*, smoke.
κἀποθραύει = καὶ ἀποθραύει.
κάρα (*gen.* κρατός *from nom.* κράς, *not used*), *n. neut.*, head.
κάρμα, *n. neut.*, kind of beer.
καρπός, -οῦ, *n. m.*, wrist.
καρπός, -ου, *n. m.*, fruit, produce.
καρπόω, *v.*, bear fruit: *middle*, reap the fruit of, enjoy.
κάρτα, *adv.*, very.
καρτερέω, *v.*, bear patiently.
καρτερός, -ά, -όν, *adj.*, strong, master of.
κάρφη, -ης, *n. f.*, dry grass.
καρφολογέω, *v.*, pick off (bits of wool, etc.).
κασσίτερος, -ου, *n. m.*, tin.
κατά - *prep.*, *(a) with acc.*, down along, according to, because of, during, concerning; *(b) with gen.*, down over, against.
κατα-βαίνω, (*irreg.*) *v.*, go down, dismount.
κατα-βάλλω, (*irreg.*) *v.*, throw down, pay.
κατα-βάς, *v.* κατα-βαίνω.
κατα-γελάω (*fut.* -άσομαι), *v. tr.*, laugh at.
κατα-γίγνομαι, (*irreg.*) *v.*, busy oneself.
κατα-γιγνώσκω, (*irreg.*) *v.*, accuse.
κατα-γίνομαι, *v.* κατα-γίγνομαι.
κατ-άγω, (*irreg.*) *v.*, bring down, bring back.
καταδεέστερος, -α, -ον (*compar. of* καταδεής), *adj.*, inferior.
κατα-δραμεῖν, *v.* κατα-τρέχω.
κατ-αίρω, (*irreg.*) *v.*, put into port.
κατα-καίνω, *v.*, kill.
κατα-καίω, (*irreg.*) *v.*, burn.
κατά-κειμαι, (*irreg.*) *v.*, recline at meals, lie ill.
κατα-κερματίζω, *v.*, divide up.
κατα-κλίνω, *v.*, make to lie down, lay down.
κατ-ακοντίζω, *v.*, shoot down.
κατακορής, -ές, *adj.*, wearisome.
κατα-κόπτω, *v.*, cut down, kill.
κατ-ακούω, (*irreg.*) *v.*, hear and obey.
κατα-λαβεῖν, *v.* κατα-λαμβάνω.
κατα-λαμβάνω, (*irreg.*) *v.*, seize, cover.
κατα-λέγω, *v.*, choose, enrol, count.
κατα-λείπω, (*irreg.*) *v.*, leave behind.
κατα-λύω, *v.* destroy; bring to an end; lodge.
κατα-μανθάνω, (*irreg.*) *v.*, learn thoroughly.
κατα-μένω, *v.*, remain.
κατα-νέμω, *v.*, graze down.
κατα-νοέω, *v.*, perceive, learn.
κατάντης, -ες, *adj.*, steep.
καταντικρύ, *prep.*, right opposite.
κατα-πατέω, *v.*, trample down.
κατα-παύω, *v.*, check, stop.
κατα-πηδάω, *v.*, leap down.
καταπληκτικός, -ή, -όν, *adj.*, astonishing, striking.
κατα-πλήττω, (*irreg.*) *v.*, astound, terrify.
κατα-πονέω, *v.*, tire down.
κατ-αράσσω, (*irreg.*) *v.*, dash down.
κατάρ-ράπτω, *v.*, stitch on.
κατάργυρος, -ον, *adj.*, covered with silver.
κατάρρυτος, -ον, *adj.*, watered from above.
καταρχή, ῆς, *n. f.*, beginning.
κατ-άρχω, *v.*, begin: *middle*, begin a ceremonial.
κατα-σιωπάω, *v.*, be silent.
κατασκεύασμα, -ατος, *n. neut.*, work of art.
κατασκευή, -ῆς, *n. f.*, furniture, equipment, provision, device.

κατα-σκευάζω, *v.*, prepare, get.
κατασκοπή, -ῆς, *n. f.*, reconnoitring.
κατα-σπένδω, (*irreg.*) *v.*, consecrate.
κατα-στεγνόω, *v.*, cover close.
κατα-στῆναι, *v.* καθ-ίστημι.
κατα-στήσας, *v.* καθ-ίστημι.
κατα-στρατηγεω, *v.*, overcome by stratagem.
κατα-στρατοπεδεύω, *v.*, encamp.
κατα-στρέφω, (*irreg.*) *v.*, overturn, invert: *middle*, subdue.
κατάστρωμα, -ατος, *n. neut.*, deck.
κατα-σχεῖν, *v.* κατ-έχω.
κατα-τήκω, *v.*, melt away.
κατα-τίθημι, (*irreg.*) *v.*, lay in store.
κατα-τρέχω, (*irreg.*) *v.*, run down.
κατ-αυχέω, *v.*, exult in.
καταφανής, -ές, *adj.*, in sight.
κατα-φέρω, (*irreg.*) *v.*, bring back, bring to land, carry down.
καταφρόνησις, -εως, *n. f.*, contempt.
κατα-φθείρω, *v.*, destroy utterly, ruin.
κατα-φθίω, *v.*, destroy.
κατα-φρονέω, *v.*, despise.
κατα-χέω, (*irreg.*) *v.*, pour down, pour over.
κατα-χράομαι, *v.*, apply.
καταχρηστικῶς, *adj.*, by a misuse of language.
κατα-χρυσόω, *v.*, make golden.
κατα-ψάω, *v.*, stroke. caress.
κατα-ψεύδομαι, *v.*, tell lies against.
κατα-ψηφίζομαι, *v.*, condemn.
κατα-ψύχω, *v.*, become cold.
κατ-ειλέω, *v.*, coop up.
κατειλημμένος, -η, -ον, *v.* κατα-λαμβάνω.
κατ-είληφα, *v.* κατα-λαμβάνω.
κατ-ενεχθῆναι, *v.* κατα-φέρω.
κατ-επ-ᾄδω, (*irreg.*) *v.*, charm.
κατ-εργάζόμαι, (*irreg.*) *v.*, work upon, achieve.
κατεργασία, -ας, *n. f.*, treatment.
κατ-εσθίω, (*irreg.*) *v.*, eat up.
κατ-έχω, (*irreg.*) *v.*, control, possess, keep, be rife.
κατ-ηγορέω, *v.*, accuse.
κατ-ηνέχθην, *v.* κατα-φέρω.
κατ-ηράχθησαν, *v.* κατ-αράσσω.
κατ-ῆρε, *v.* κατ-αίρω.
κατ-ιδών, *v.* καθ-οράω.
κατ-οικέω, *v.*, inhabit.
κάτοινος, -ον, *adj.*, given to drinking.
κατόπιν, *prep.*, behind.
κατόρθωμα, -ατος, *n. neut.*, success.
κατ-ορύττω, *v.*, bury.
κάτω, *adv.*, below.
καῦμα, -ατος, *n. neut.*, burning heat.
καυχάομαι, *v.*, boast.
κέγχρος, -ου, *n. m.*, millet.
κεδρόω, *v.*, embalm.
κεἰ = καὶ εἰ, even if.
κεῖμαι, (*irreg.*) *v.*, lie.
κεκλημένος, *v.* καλέω.
κεκμηκώς, *v.* κάμνω.
κεκραμένος, *v.* κεράννυμι.
κέλαδος, -ου, *n. m.*, loud noise.
κελαινός,-ή, -όν, *adj.* dark.
κέλευμα, -ατος, *n.*, *neut.*, command.
κελεύω, *v.*, order.
κενός, -ή, -όν, *adj.*, empty, vain.
κενόω, *v.*, empty out.
κεραΐζω, *v.*, ravage.
κεραμεοῦς, -ᾶ, -οῦν, *adj.*, of earthenware.
κεράμιον, -ου, *n. neut.*, earthenware jar.
κεράννυμι, (*irreg.*) *v.*, mix.

κέρας, κέρατος *or* κέρας, *n. neut.*, horn, wing (*of an army*).
κερδαίνω, *v.*, make profit.
κέρδος, -ους, *n. neut.*, gain.
κέρκος, -ου, *n. f.*, tail.
κεφάλαιον, -ου, *n. neut.*, sum-total.
κεφαλή, -ῆς, *n. f.*, head.
κηδεμονικός, -ή, -όν, *adj.* watchful: *as n. neut.*, κηδεμονικόν, carefulness.
κηδεστής, -οῦ, *n. m.*, father-in-law.
κήδομαι, *v.*, *mid.* be anxious for someone, be distressed.
κηπεία, -ας, *n. f.*, gardening.
κῆπος, -ου, *n. m.*, garden.
κήρυγμα, -ατος, *n. neut.*, proclamation.
κηρύκειον, -ου, *n. neut.*, herald's wand.
κῆρυξ, -υκος, *n. m.*, herald.
κηρύσσω, *v.*, proclaim.
κιθαρίζω, *v.*, play on the lyre.
κιθαριστής, -οῦ, *n. m.*, lyre player.
κιθαρῳδός, -οῦ, *n. m.*, lyre player.
κινδυνεύω, *v.*, run a risk, be in danger.
κίνδυνος, -ου, *n. m.*, danger.
κινέω, *v.*, move, stir up.
κίνησις, -εως, *n. f.*, movement.
κιττός, -ου, *n. m.*, ivy.
κίων, -ονος, *n. m.*, pillar.
κλειδοῦχος, -ου, *n. m.*, holder of the key.
κλειδοφόρος, -ου, *adj.*, *used as noun*, one who bears the keys.
κλεινός, -ή, -όν, *adj.*, renowned.
κλειστός, -ή, -όν, *adj.*, that can be shut.
κλείω, *v.*, shut.
κλέπτω, *v.*, steal.
κληθῆναι, *v.* καλέω.
κληρονομία, -ας, *n. f.*, inheritance.
κληρονόμος, -ου, *n. m.*, heir.
κληροῦχος, -ου, *n. m.*, one who holds an allotment of land, cleruch.
κλιμάκιον, -ου, *n. neut.*, little ladder.
κλῖμαξ, -ακος, *n. f.*, ladder.
κλίνη, -ης, *n. f.*, bed, couch.
κλύδων, -ωνος, *n. m.*, wave.
κλυδώνιον, -ου, *n. neut.*, little wave.
κλύω, *v.*, hear.
κνέφας, -ους, *n. neut.*, darkness.
κυνάριον, -ου, *n. neut.*, little dog.
κοῖλος, -η, -ον, *adj.*, lying in a hollow: κοίλη Συρία, *between Lebanon and Anti-Lebanon.*
κοιμάω, *v.*, put to rest: *pass.*, sleep.
κοινός, -ή, -όν, *adj.*, common, belonging to the public, public: *as n. neut.*, τὸ κοινόν, state.
κοινωνία, -ας, *n. f.*, association.
κοινωνός, -οῦ, *n. m.*, partner.
κόκκος, -ου, *n. m.*, grain.
κολάζω, *v.*, punish.
κόλαξ, -ακος, *n. m.*, flatterer.
κολεός, -οῦ, *n. m.*, scabbard.
κολοβός, -όν, *adj.*, short-horned, short.
κολοιός, -οῦ, *n. m.*, jackdaw.
κόλπος, -ου, *n. m.*, lap, fold of a garment (*often equiv. to* pocket).
κολωνός, -οῦ, *n. m.*, hill, high rock.
κομάω, *v.* wear long hair.
κόμη, -ης, *n. f.*, hair.
κομιδῇ, *adv.*, altogether.
κομίζω, *v.*, bring, carry: *middle*, receive, get back.
κομιστήρ, -ῆρος, *n. m.*, one who carries.

κομοτροφέω, *v.*, let the hair grow.
κόπος, -ου, *n. m.*, fatigue.
κόπρος, -ου, *n. f.*, dung, manure.
κόπτω, *v.*, strike, knock, cut.
κόραξ, -ακος, *n. m.*, raven, grappling-engine.
κόρη, -ης, *n. f.*, girl.
κόρυμβος, -ου, *n. m.*, *plur.*, κόρυμβοι *and* κόρυμβα, decorated stern.
κορυφαῖος, -α, -ον, *adj.*, leading: *masc. as noun*, ringleader.
κορυφή, -ῆς, *n. f.*, crown of the head, summit.
κορυφόω, *v.*, finish.
κοσμέω, *v.*, adorn, provide, prepare.
κόσμησις, -εως, *n. f.*, arrangement, equipment.
κόσμος, -ου, *n. m.*, order, adornment.
κοτύλη, -ης, *n. f.*, *liquid measure, containing about a 1/2 pint.*
κοῦφος, -η, -ον, *adj.*, light.
κρανίον, -ου, *n. neut.*, upper part of the head.
κράνος, -ους, *n. neut.*, helmet.
κρᾶσις, -εως, *n. f.*, blending, temperature, temperament.
κρατέω, *v.*, conquer, be superior,
κρατήρ, -ῆρος, *n. m.*, bowl.
κράτιστος, -η, -ον, *superl. adj.* (*no posit.*), strongest, best.
κρατός, *v.* κάρα.
κραυγή, -ῆς, *n. f.*, shouting.
κρέας, κρέως, *n. neut.*, flesh, meat.
κρείττων, -ονος, *comp. adj.* (*no positive*), stronger, better: *superl.* κράτιστος, strongest, best.
κρεμάννυμι, *pass.* κρέμαμαι, *v.*, hang.
κρεοκοπέω, *v.*, cut in pieces.
κρημνός, -οῦ, *n. m.*, cliff.
κριθή, -ῆς, *n. f.*, barley.
κρίκος, -ου, *n. m.*, ring.
κρίνω, *v.*, judge, decide.
κρίσις, -εως, *n. f.*, trial, issue: κρίσιν λαμβάνω, be decided.
κριτής, -ου, *n. m.*, judge, critic.
κροκύς, -ύδος, *n. f.*, piece of wool, speck.
κρούω, *v.*, strike.
κρύπτω, *v.*, hide.
κρύσταλλος, -ου, *n. m.*, ice.
κρύφα, *prep. gen.*, without the knowledge of.
κρυφαῖος, -α, -ον, *adj.*, secret.
κρυφαίως, *adv.*, secretly.
κτάομαι, *v.*, get: *perf.*, κέκτημαι, possess.
κτείνω, (*irreg.*) v., kill.
κτῆμα, -ατος, *n. neut.*, a possession.
κτῆσις, -εως, *n. f.*, possession.
κτίζω, *v.* found.
κτύπος, -ου, *n. m.*, crash.
κύαθος, -ου, *n. m.*, small cup.
κύαμος, -ου, *n. m.*, bean.
κυβερνήτης, -ου, *n. m.*, pilot, steersman.
κῦδος, -ους, *n. neut.*, glory.
κυκλόομαι, *v.*, surround.
κύκλος, -ου, *n. m.*, circle.
κῦμα, -ατος, *n. neut.*, wave.
κύμινον, -ου, *n. neut.*, cumin.
κυνηγεσία, -ας, *n. f.*, hunting.
κυνηγέσιον, -ου, *n. neut.*, hunting.
κυνηγέτης, -ου, *n. m.*, huntsman (leader of dogs).
κυνηγέω, *v.*, hunt.
κυνήγια, *n. f.*, hunt.
κυνηγός, -οῦ, *n. m.*, huntsman.
κυνικός, -ή, -όν, *adj.*, cynic (of a philosopher).
κυπάρισσος, -ου, *n. f.*, cypress.
κύριος, -α, -ον, *adj.*, powerful: *as noun m.*, master.
κυρίσσω, *v.*, knock against.

κύτος, -ους, *n. neut.*, hollow.
κύων, κυνός, *n. c*, dog.
κώκυμα, -ατος, *n. neut.*, shriek, wail.
κωλύω, *v.*, prevent.
κώμη, -ης, *n. f.*, village.
κωμῳδέω, *v.*, satirise.
κώπη, -ης, *n. f.*, oar.
κωπήρης, -ες, *adj.*, furnished with oars.
κωφός, -ή, -όν, *adj.*, deaf.

Λ

λάβρος, -ον, *adj.*, furious, gluttonous.
λαβών, *v.* λαμβάνω.
λαγκία, -ας, *n. f.* = λόγχη.
λαγών, -όνος, *n. f.*, flank.
λαγώς, -ώ, *n. m.*, hare.
λάθοι, *v.* λανθάνω.
λαθραίως, *adv.*, secretly.
λαῖνα, *v.* χλαῖνα.
λαιός, -ά, -όν, *adj.*, left.
λαλέω, *v.*, talk.
λαλιά, -ᾶς, *n. f.*, talk.
λάλος, -ον, *adj.*, talkative.
λαμβάνω, (*irreg.*) *v.*, take, get, receive: *middle*, seize.
λαμπρός, -ά, -όν, *adj.*, brilliant, distinguished, magnificent.
λαμπρῶς, *adv.*, clearly.
λανθάνω, (*irreg.*) *v.*, escape notice.
λάρκος, -ου, *n. m.* charcoal basket.
λάρναξ,-ακος, *n. f.*, box.
λαφυραγωγέω, *v.*, carry off as booty.
λάχανον, -ου, *n. neut.*, vegetable, herb; *mostly in plur.*
λέβης, -ητος, *n. m.*, cauldron.
λέγω, *v.*, say, tell.
λεία, -ας, *n. f.*, booty.
λειμών, -ῶνος, *n. m.*, meadow.
λειότης, -ητος, *n. f.*, smoothness.
λείπω, (*irreg.*) *v.*, leave; *passive*, be inferior.
λειτουργία, -ας, *n. f.*, public service.
λειτουργέω, *v.*, do a public service.
λεκάνη, -ης, *n. f.*, dish, basin.
λεοντώδως, *adv.*, like lions.
λεπτομερής, -ές, *adj.*, consisting of small particles.
λεπτός, -ή, -όν, *adj.*, fine, small.
λευκόπωλος,-ον, *adj.*, with white horses.
λευκός, -ἡ, -όν, *adj.*, white, fair.
λεώς, -ώ, *n. m.*, (*Ionic for* λλαός) people.
λήγω, *v.*, come to an end, cease.
λῆμμα, -ατος, *n. neut.*, gain, profit.
λῃστεύω, *v.*, be a robber.
λῃστής, -οῦ, *n. m.*, robber, pirate.
λῃστρικῶς, *adv.*, like robbers.
λῃτουργέω, *v.*, perform public duties.
λῃτουργία, *v.* λειτουργία.
λήψομαι, *v.* λαμβάνω.
λιγύς, -εῖα, -ύ, *adj.*, shrill.
λιθοκόλλητος, -ον, *adj.*, set with stones.
λίθος, -ου, *n. m.*, stone, marble.
λιθουργός, -οῦ, *n. m.*, stone mason.
λιθοφόρος, -ου, *n. m.*, engine for hurling stones.
λιμήν, -ένος, *n. m.*, harbour.
λίμνη, -ης, *n. f.*, lake.
λιμός, -οῦ, *n. m.*, hunger.
λινάριον, -ου, *n. neut.* thread, net.
λιπαρέω, *v.* entreat persistently.
λίπος, -ους, *n. neut.*, fat.
λιτῶς, *adv.*, simply, plainly.
λογίζομαι, *v.*, reckon.
λογικῶς, *adv.*, by reason, theoretically.
λογισμός, -οῦ, *n. m.*, account, calculation.

λόγος, -ου, *n. m.*, word, report, reason, reckoning, proportion: κατὰ λόγον, proportionate.
λόγχη, -ης, *n. f.*, lance.
λοιδορέω, *v.*, abuse.
λοιπός, -ή, -όν, *adj.*, remaining: *as adv.*, λοιπόν, for the rest, for the future.
λουτρόν, -ου, *n. neut.*, bath.
λούω, *v.*, wash.
λόχος, -ου, *n. m.*, company (military).
λύκος, -ου, *n. m.*, wolf.
λυμαίνομαι, *v.*, clean off dirt.
λυπέω, *v.*, grieve.
λυπρός, -α, -όν, *adj.*, wretched.
λύρα, -ας, *n. f.*, lyre.
λύσις, -εως, *n. f.*, releasing, remission.
λυσιτέλεια, -ας, *n. f.*, gain.
λύχνος, -ου, *n. m.*, lamp.
λύω, *v.*, loose, unfasten.
λωποδυτέω, *v.*, steal.

M

Μάγος, -ου, *n. m.*, Persian wise man.
μᾶζα, -ης, *n. f.*, barley bread.
μαθεῖν, *v.* μανθάνω.
μάθημα, -ατος, *n. neut.*, learning, lesson: *plural*, mathematics.
μαθηματικός, ή, -όν, *adj.*, mathematical.
μάθησις, -εως, *n. f.*, learning.
μαθητής, -οῦ, *n. m.*, learner, pupil.
μαίνομαι, *v.*, rave; be mad, insane.
μάκαρ, *adj.*, blessed.
μακάριος, -α, -ον, *adj.*, happy, blessed.
μακαρίως, *adv.*, happily.
Μακεδονικῶς, *adv.*, in the Macedonian manner.
μακράν, *adv.*, at a distance.
μακρός, -ά, -όν, *adj.*, long, distant: μ. πλοῖον, a warship.
μάλα, *adv.*, much, very.
μάλα, *adv.*, very: οὐ μάλα, in no wise.
μαλακός, -ή, -όν, *adj.*, soft.
μαλακτήρ, -ῆρος, *n. m.*, melter and moulder.
μαλακῶς, *adv.*, elegantly.
μάλιστα, *adv.*, (*superl. of* μάλα), most, especially: *in answers*, certainly; *with numbers*, about.
μᾶλλον, *adv.*, (*compar. of* μάλα), more, rather.
μανθάνω, (*irreg.*) *v.*, learn.
μανία, -ας, *n. f.*, madness.
μανιώδης, -ες, *adj.*, like madness.
μάντις, -εως, *n. m.*, prophet.
μαρτυρέω, *v.*, bear witness.
μαρτυρία, -ας, *n. f.*, evidence.
μάρτυς, -υρος, *n. m.f.*, witness.
μάσσων, -ον, *adj.*, (*irreg. compar. of* μακρός), longer, greater.
μαστιγόω, *v.*, flog.
μαστός, -οῦ, *n. m.*, breast.
ματαιοπονέω, *v.*, labour in vain.
μάτην, *adv.*, in vain, at random.
μάχαιρα -ας, *n. f.*, knife.
μαχαιρίον, -ου, *n. neut.*, small knife.
μάχη, -ης, *n. f.*, battle.
μαχητής, -οῦ, *n. m.*, fighter.
μάχιμος, -η, -ον, *adj.*, warlike.
μάχομαι, (*irreg.*) *v.*, fight, dispute with.
μεγαλομερής, -ές, *adj.*, magnificent.
μεγαλομερῶς, *adv.*, magnificently.
μεγαλοψυχία, -ας, *n. f.*, nobility.
μεγαλόψυχος, -ον, *adj.*, noble.
μέγας, μεγάλη, μέγα, *adj.*, large, great.

μέγεθος, -ους, *n. neut.*, size.
μέδιμνος, -ου, *n. m.*, medimnus (a dry measure = about 12 gallons).
μεθ-ίστημι, (*irreg.*) *v.*, change.
μεθύσκω, (*irreg.*) *v.*, intoxicate.
μειδιάω, *v.*, smile.
μειζόνως, *adv.*, more greatly.
μείζων, -ονος, *compar. of* μέγας.
μειόω, *v.*, make smaller.
μειράκιον, -ου, *n. neut.*; lad, boy.
μείων, -ονος, *adj.*, less.
μείωσις, -εως, *n. f.*, diminution, depreciation.
μελάγχιμος, -ον, *adj.*, dark.
μελας, -αινα, -αν, *adj.*, black, dark.
μελεῖ, *v. impers.*, it is a care. μοι μελεῖ, I am concerned.
μελετάω, *v.*, practise.
μελέτη, -ης, *n. f.*, practice.
μέλι, -ιτος, *n. neut.*, honey.
Μελιταῖος, -α, -ον, *adj.*, Maltese.
μέλλω, (*irreg.*) *v.*, be about to, intend.
μέλος, -ους, *n. neut.*, limb, song.
μελωδέω, *v.*, sing.
μέμφομαι, *v.*, blame, censure.
μέν, indeed, on the one hand, *usually followed by* δέ: ὁ μὲν . . . ὁ δέ, the one . the other.
μέν, *particle*, indeed: *followed by* δέ, on the one hand, . . . on the other: *followed by* οὖν, *strengthened form of* οὖν, so then: τὰ μέν . . . τὰ δέ, partly . . . partly;
μέντοι, *adv.*, however.
μένω, (*irreg.*) *v.*, remain.
μερίς, -ίδος, *n. f.*, portion.
μέρος, -ους, *n. neut.*, part, one's turn, respect.
μεσημβρία, -ας, *n. f.*, midday.
μέσος, -η, -ον, *adj.*, middle.
μεσοπορέω, *v.*, be halfway.
μεσόω, *v.*, be at the middle.
μέσπιλον, -ου, *n. neut.* medlar, a small European fruit.
μεστος, -ή, -όν, *adj.*, full.
μετά, *prep.*, *with acc.* after; *with gen.*, with.
μετα-γράφω, *v.*, alter what is written.
μετ-άγω, (*irreg.*) *v.*, transfer.
μετα-καλέω, (*irreg.*) *v.*, call for, summon.
μετα-κινέω, *v.*, shift.
μετα-κληθείς, *v.* μετα-καλέω.
μετα-κομίζω, *v.*, transport.
μετα-λαμβάνω, (*irreg.*) *v.*, get a share of.
μετ-αλλάσσω, *v.*, change, leave.
μετα-μανθάνω, (*irreg.*) *v.*, learn something different.
μετα-πέμπτω, *v.*, send for.
μετα-σχεῖν, *v.* μετ-έχω.
μετα-φέρω, (*irreg.*) *v.*, carry over, transfer.
μεταλλεία, -ας, *n. f.*, mining.
μεταλλεύς, -έως, *n. m.*, miner.
μέταλλον, -ου, *n. neut.*, mine.
μετανάστασις, -εως, *n. f.*, migration.
μεταξύ, *adv.*, between.
μετ-ενεγκεῖν, *v.* μετα-φέρω.
μετ-ενηνοχώς, *v.*, μετα-φέρω.
μετ-έστη, *v.* μεθ-ίστημι.
μετ-έχω, (*irreg.*) *v.*, share in.
μέτοικος, -ου, *n. c.*, alien, settler.
μετ-ονομάζω, *v.*, call by a new name.
μετρέω, *v.*, measure.
μετρητής, -οῦ, *n. m.*, a liquid measure, *abt.* 9 gallons.
μέτριος, -α, -ον, *adj.*, moderate, reasonable.
μετρίως, *adv.*, moderately.
μέτρου, -ου, *n. neut.*, measure.
μέτωπον, -ου, *n. neut.*, forehead, front, line.
μέχρι, *adv.*, up till.
μέχρι, *conj.*, until; *prep.*, up to.

μή, *adv. and conj.*, not, lest: *in questions*, surely not?
μηδαμά, *adv.*, in no wise.
μηδέ, *adv.*, not even; *conj.*, nor.
μηδείς, μηδεμία, μηδέν, *pron.*, no one, nothing.
μηδέποτε, *adv.*, never.
μηδέπω, *adv.*, not yet.
μηδισμός, -οῦ, *n. m.*, favouring the Medes.
μῆκος, -ους, *n. neut.*, length.
μῆλον, -ου, *n. neut.*, apple.
μήν, *particle*, indeed: οὐ μὴν ἀλλά, yet, however: καὶ μήν, moreover.
μήν, μηνός, *n. m.*, month.
μηνυτής, -οῦ, *n. m.*, informer.
μηνύω, v., show.
μήτε . . . μήτε, *conj.*, neither . . . nor.
μήτηρ, μητρός, *n. f.*, mother.
μηχανάομαι, *v.*, contrive.
μηχανή, -ῆς, *n. f.*, means, contrivance, war-engine.
μηχάνημα, -ατος, *n. neut.*, engine, device.
μηχανικός, -οῦ, *n. m.*, engineer.
μία, *v.* εἷς.
μίγνυμι, *v.*, join, bring together (in battle).
μικρομερής, -ές, adj., consisting of small parts.
μικρόν, as *adv.* (*sc.* χρόνον) for a short time.
μικρός, -ά, -όν, *adj.*, little, small: *as adv.*, μικρόν, a little.
μικροφιλότιμος, -ον, *adv.*, pompous, vain.
μιμέομαι, *v.*, imitate.
μίμημα, -ατος, *n. neut.*, copy.
μιμνήσκω, (*irreg.*) *v.*, remind; *pass.*, remember.
μισέω, *v.*, hate.
μισθός, -οῦ, *n. m.*, pay, wages.
μισθοφορά, -ᾶς, *n. f.*, pay.
μισθοφορέω, *v.*, receive pay.
μισθοφόροι, -ων, *n. m.*, mercenaries.
μισθόω, *v.*, let out for hire.
μισθωτός, -ή, -όν, *adj.*, hired.
μνᾶ, -ᾶς, *n. f.*, mina, 100 drachmae.
μνῆμα, -ατος, *n. m.*, monument.
μνημεῖον, -ου, *n. neut.*, memorial.
μνήμη, -ης, *n. f*, memory, memorial.
μνημονεύω, *v.*, remember.
μνησθήσομαι, *v.* μιμνήσκω.
μοῖρα, -ας, *n. f.*, destiny, portion, share.
μόλις, *adv.*, scarcely.
μολπηδόν, *adv.*, like a song.
μολύβδινος, -η, -ον, *adj.*, leaden.
μονή, -ῆς, *n. f.*, stay.
μόνιμος, *adj.*, lasting.
μονομαχέω, *v.*, fight in single combat.
μονομαχία, -ας, *n. f.*, single combat.
μόνος, -η, -ον, *adj.*, alone, only; *as adv.*, μόνον, only.
μόριον, -ου, *n. neut.*, portion.
μόρος,-ου, *n. m.*, doom.
μορφή, -ῆς, *n. f.*, form.
μοσχάριον, -ου, *n. neut.*, small calf.
μόσχος, -ου, *n. c.*, calf.
Μοῦσα, -ης, *n. f.*, muse.
μουσική, -ῆς, *n. f.*, music.
μουσικός, -ή, -όν, *adj.*, musical.
μοχθηρῶς, *adv.*, miserably.
μυέω, *v.*, initiate into the mysteries.
μῦθος, -ου, *n. m.*, speech, legend, story.
μυῖα, -ας, *n. f.*, fly.
μύλος, -ου, *n. m.*, millstone.
μυριάς, -άδος, *n. f.*, number 10,000, myriad.
μύριοι, -αι, -α, *num. adj.*, 10,000: *in sing.*, μυρία ἵππος, 10,000 horse.

μυριόνταρχος, -ου, *n. m.*, commander of 10,000 men.
μυστήριον, -ου, *n. neut.*, mystery.
μύωψ, -ωπος, *n. m.*, spur.
μῶρος, -α, -ον, *adj.*, foolish.

N

νάϊος, -α, -ον, *adj.*, of a ship.
ναός, -οῦ, *n. m.*, temple.
ναυάγιον, -ου, *n. neut.*, wreck.
ναυαγός, -όν, *adj.*, shipwrecked.
ναύαρχος, -ου, *n. m.*, captain, admiral.
ναυβάτης, -ου, *noun m. and adj.*, seaman.
ναύκληρος, -ου, *n. m.*, ship master.
ναυπηγέω, *v.*, build ships.
ναυπηγία, -ας, *n. f.*, ship building.
ναυπηγός, -οῦ, *n. m.*, shipwright.
ναῦς, νεώς, *n. f.*, ship.
ναύσταθμος, -ου, *n. m.*, harbour.
ναύτης, -ου, *n. m.*, sailor.
ναυτικόν, -οῦ, *n. neut.*, fleet.
ναυτικός, -ή, -όν, *adj.*, naval.
νεανίσκος, -ου, *n. m.*, young man.
νεκρός, -οῦ, *n. m.*, corpse.
νεῦμα, -ατος, *n. neut.*, nod.
νέμω, (*irreg.*) *v.*, deal out, graze, feed cattle.
νέος, -α, -ον, *adj.*, new, young, fresh,
νεοττίον, -ου, *n. neut.*, chick.
νεουργός, -όν, *adj.*, new.
νέφος, -ους, *n. neut.*, cloud.
νεωλκέω, *v.* beach, or moor a ship.
νεωστί, *adv.*, lately.
νέωτα, *adv.*, next year.
νεωτερίζω, *v.*, attempt revolution.
νησιῶτις, -ιδος, *adj. f.*, of an island.
νῆσος, -ον, *n. f.*, island.
νικάω, *v.*, conquer.
νίκη, -ης, *n. f.*, victory.
νίπτω, *v.*, wash the hands or feet.
νιφετώδης, -ες, *adj.*, snowy.
νίφω, *v.*, snow.
νοέω, *v.*, perceive.
νομάρχης, -ου, *n. m.*, ruler of an Egyptian province.
νομεύς, -έως, *n. m.*, herdsman.
νομή, -ῆς, *n. f.*, pasture.
νομίζω, *v.*, consider.
νόμιμος, -η, -ον, *adj.*, lawful, customary.
νόμος, -ου, *n. m.*, law.
νοῦς, νοῦ, *n. m.*, intelligence, mind.
νοσέω, *v.*, be ill.
νου-θετέω, *v.*, advise.
νυκτερινός, -ή, -όν, *adj.*, by night.
νύκτωρ, *adv.*, by night.
νυν, *enclitic particle*, then.
νυνί = νῦν, *adv.*, now.
νύξ, νυκτός, *n. f.*, night.
νωθρός, -ά, -όν, *adj.*, lethargic.
νωμάω, *v.*, wield.
νῶτον, -ου, *n. neut.*, back, chine.

Ξ

ξανθόθριξ, -τριχος, *adj.*, yellow-haired.
ξανθός, -ή,-όν, *adj.*, yellow.
ξεῖνος = ξένος.
ξενίζω, *v.*, entertain as guest, surprise.
ξένιος, -α, -ον, *adj.*, belonging to a guest: *neut. plur.*, ξένια, gifts, from host to guest, supplies.
ξενοδοχία, -ας, *n. f.*, entertainment, hospitality.
ξένος, -η, -ον, *adj.*, strange, foreign : *as subst.* ξένος, -ου, *m.*, guest, host, friend. ξένη, -ης (*sc.* χώρα), a foreign land.
ξηρός, -ά, -όν, *adj.*, dry.

ξίφος, -ους, *n. neut.*, sword.
ξυγγενής, -ές, *adj.*, akin.
ξυγ-καθ-αιρέω, (*irreg.*) *v.*, join in putting down.
ξυγ-κάμνω, (*irreg.*) *v.*, toil with.
ξυγ-κατ-εργάζομαι, *v.*, help in accomplishing.
ξύγκλεισις, -εως, *n. f.*, closing up.
ξυγ-κομίζω, *v.*, collect.
ξυλ-λαμβάνω = συλ-λαμβάνω.
ξύλινος, -η, -ον, *adj.*, wooden.
ξύλληψις, -εως, *n. f.*, arrest.
ξύλον, -ου, *n. neut.*, wood, timber, log.
ξυμ-βαίνω, (*irreg.*) *v.*, happen, happen to be.
ξυμ-πέμπω, (*irreg.*) *v.*, send with.
ξυμ-πήγνυμι, (*irreg.*) *v.*, construct.
ξυμ-πλέω, *v.* συμ-πλέω.
ξυμ-φέρω, (*irreg.*) *v.*, agree.
ξυμμαχία, -ας, *n. f.*, alliance.
ξύμμαχος, -ου, *n. m.*, ally.
ξύμμετρος, -ον, *adj.*, in right measure, suitable.
ξύμπας, -ασα, -αν, *adj.*, all, all together.
ξυμφορά, *v.* συμφορά.
ξύν = σύν.
ξυν-άγω, *v.*, bring together.
ξυν-αλίζω, *v.*, collect.
ξυν-ασπίζω, *v.*, be a shield-fellow.
ξυν-διώκω, *v.*, join in chasing.
ξυν-δραμόντες, *v.* συν-τρέχω.
ξυν-είς, *v.* συν-ίημι.
ξυνεμβολή, -ῆς, *n. f.*, dipping together (of oars).
ξυν-επ-αιτιάομαι, *v.*, accuse also.
ξυν-επ-αν-ίστημι, *n. f.*, rise up with.
ξύνεσις, -εως, *n. f.*, intelligence.
ξυν-εστηκός, *v.* ξυν-ίστημι.
ξυνετός, -ή. -όν, *adj.*, intelligent.
ξυν-έχω, (*irreg.*) *v.*, keep together.
ξυν-ιδών, *v.* ξυν-οράω.
ξυν-ίστημι, (*irreg.*) *v.*, put together.
ξυν-ομολογέω, *v.*, confess together.
ξυν-οράω, (*irreg.*) *v.*, see at the same time.
ξυν-τάττω, *v.*, drawn up in line.
ξυν-τέμνω, *v.*, cut in pieces.
ξυν-τετμημένος, *v.* ξυν-τέμνω.
ξυν-τίθημι, (*irreg.*) *v.*, construct, conclude.
ξυράω, *v.*, shave.

O

ὅ = ὅς.
ὁ, ἡ, τό, *art.*, the.
ὀβελίσκος, -ου, *n. m.*, small spit.
ὀβελός, -οῦ, *n. m.*, spit.
ὀγδοήκοντα, *num. adj.*, eighty.
ὄγκος, -ου, *n. m.*, mass, weight.
ὅδε, ἥδε, τόδε, *pron.*, this.
ὁδί = ὅδε.
ὁδίτης, -ου, *n. m.*, traveller.
ὁδοιπορία, -ας, *n. f.*, journey.
ὁδοιπόρος, -ου, *n. m.* wayfarer.
ὁδοποιός, -οῦ, *n. m.*, road-maker.
ὁδός, -οῦ, *n. f.*, road, way.
ὅθεν, *conj.*, whence, wherefore.
ὀθόνιον, -ου, *n. neut.*, piece of fine linen.
οἷ, *indirect reflex, pron. dative*, himself,
οἴ, *interjection of grief*, ah!
οἶδα, (*irreg.*) *v., perf. with present meaning*, know.
οἴκαδε, *adv.*, homewards, home.
οἰκεῖος, -α, -ον, *adj.*, suitable to, native, own: *masc. plur.*, οἰκεῖοι, kinsmen.
οἰκείως, *adv.*, suitably.
οἰκέτης, -ου, *n. m.*, house-slave.
οἰκέω, *v.*, inhabit, dwell.
οἴκημα, -ατος, *n. neut.*, building.
οἴκησις, -εως, *n. f*, dwelling.

οἰκητήριον, -ου, *n. neut.*, dwelling-place.
οἰκήτωρ, -ορος, *n. m.*, inhabitant.
οἰκία, -ας, *n. f.*, house.
οἰκέω, *v.*, dwell, live.
οἰκοδομέω, *v.*, build a house.
οἰκοδομία, -ας, *n. f.*, building.
οἴκοι, *adv.*, at home.
οἶκος, -ου, *n. m.*, house.
οἰκουρέω, *v.*, keep the house, stay at home.
οἰκτείρω *or* οἰκτίρω, *v.*, pity.
οἰκτίρω, *v.* οἰκτείρω.
οἶκτος, -ου, *n. m.*, pity.
οἶμαι = οἴομαι.
οἰμωγή, -ῆς, *n. f.*, lamentation.
οἰνάριον, ου, *n. neut.*, weak wine.
οἰνοπωλέω, *v.*, sell wine.
οἶνος, -ου, *n. m.*, wine.
οἴομαι (*fut.* οἰήσομαι), *v.*, think.
οἰονεί, *adv.*, as it were.
οἷος, -α, -ον, *pron. adj.*, such as: οἷός τε εἰμι, I am able: οὐχ οἷον, not only not.
οἷπερ, *adv.*, whither.
οἶστρος, -ου, *n. m.*, gadfly.
οἴχομαι, (irreg.) *v.*, be gone.
οἰωνοσκοπία, *n. f.*, augury.
ὀκνέω, *v.*, hesitate.
ὀκτακόσιοι, -αι, -α, *num. adj.*, eight hundred.
ὀκτω, *num. adj.*, eight.
ὀκτωκαίδεκα, *num. adj.*, eighteen.
ὄλβος, -ου, *n. m.*, prosperity, wealth.
ὀλιγανθρωπία, -ας, *n. f.*, lack of inhabitants.
ὀλίγος, -η, -ον, *adj.*, few, little.
ὀλισθάνω, (*irreg.*) *v.*, slip.
ὁλκάς, -άδος, *n. f.*, trading vessel.
ὄλλυμι, (*irreg.*) *v.*, destroy: *middle with strong perf. act.*, ὄλωλα, perish.
ὁλομελής, -ές, *adj.*, whole, not dismembered.
ὅλος, -η, -ον, *adj.*, whole.
ὁλόχρυσος, -ον, *adj.*, of solid gold.
ὁμαλός, -ή, -όν, *adj.*, level, even.
ὄμβρος, -ου, *n. m.*, storm of rain.
ὅμηρος, -ου, *n. m.*, hostage.
ὁμιλέω, *v.*, associate (with).
ὁμιλία, -ας, *n. f.*, intercourse.
ὁμίχλη, -ης, *n. f*, mist, darkness.
ὄμμα, -ατος, *n. neut.*, eye.
ὁμοῖος, -α, -ον, *adj.*, like, alike.
ὁμοίως, *adv.*, in like manner.
ὁμολογέω, *v.*, agree with, acknowledge.
ὁμόνοια, -ας, *n. f.*, concord.
ὁμόνους, -ουν, *adj.*, of one mind, united.
ὁμορέω, *v*, border upon.
ὅμορος, -ον, *adj.*, bordering on, neighbouring.
ὁμοῦ, *adv.*, together.
ὁμόφυλος, -ον, *adj.*, of the same-race.
ὁμόφωνος, -ον, *adj.*, speaking the-same language.
ὅμως, *adv.*, nevertheless.
ὄναρ, (*only nom. and acc. used*), *n. n.*, dream: *as adv.*, in a dream.
ὄνομα, -ατος, *n. neut.*, name.
ὀνομάζω, *v.*, give a name.
ὀνομαστί, *adv.*, by name.
ὄνος, -ου, *n. m.*, ass, donkey.
ὄντως, *adv.*, really.
ὀξέως, *adv.*, quickly, sharply.
ὄξος, -ους, *n. neut.*, vinegar.
ὀξύς, -εῖα, -ύ, *adj.*, sharp, hasty.
ὀπαῖον, -ου, *n. neut.*, opening in roof.
ὅπῃ, *adv.*, by what way.
ὁπηνίκα, *conj.*, when.
ὄπισθεν, *adv.*, from behind, behind.
ὀπίσθιος, -α, -ον, *adj.*, at the rear.

ὀπίσω, *adv.*, backwards, behind.
ὁπλίζω, *v.*, equip.
ὁπλισμός, -ον, *n. m.*, accoutrement.
ὁπλίτης, -ου, *n. m.*, heavy-armed soldier, hoplite.
ὅπλον, -ου, *n. neut.*, weapon.
ὁπλοφορέω, *v.*, bear armour.
ὁπόθεν, *conj.*, whence.
ὅποι, *conj.*, *adv.*, whither.
ὁποῖος, -α, -ον, *pron. adj.*, of what sort.
ὁπόσος, -η, -ον, *pron. adj.*, as many as, as much as.
ὁπότε, *conj. adv.*, whenever.
ὅπου, *conj. adv.*, where: *conj.* since.
ὀπτάω *v.*, roast.
ὀπτός, -ή, -όν, *adj.*, roasted, baked.
ὀπώρα, -ας, *n. f.*, autumn; fruit, nut.
ὅπως, *adv.*, how: *conj.*, in order that.
ὅραμα, -ατος, *n. neut.*, sight, spectacle.
ὁράω, (*irreg.*) *v.*, see.
ὄργανον, -ου, *n. neut.*, instrument.
ὀργή, -ῆς, *n. f.*, anger.
ὀργίζω, *v.*, provoke to anger, irritate.
ὀργίλως, *adv.*, angrily.
ὀρεωκόμος, -ου, *n. m.*, muleteer.
ὄρθιος,-ον, *adj.*, loud: *as adv.*, ὄρθιον, loudly.
ὀρθός, -ή, -όν, *adj.*, upright.
ὀρθῶς, *adv.*, rightly.
ὁρίζω, *v.*, determine, appoint.
ὁρμάω, *v.*, start, rush, hasten, be eager: *mid. and pass.*, start, come from.
ὁρμέω, *v.*, lie at anchor.
ὁρμή, -ῆς, *n. f.*, eager desire, inclination.
ὄρνις, -ιθος, *n. c.*, bird.
ὄρος, -ους, *n. neut.*, mountain.
ὀροφή, -ῆς, *n. f.*, roof.
ὄροφος, -ου, *n. m.*, roof, thatch.
ὀρχέομαι, *v.*, dance (ὀρχήστρα *is the dance space for the chorus of the drama*).
ὅς, *demonstr. pron.*, he: ὅς μεν . . . ὅς δέ, one . . . another.
ὅς, ἥ, ὅ, *rel. pron.*, who, which.
ὁσημέραι, *adv.*, every day.
ὅσιος, -α, -ον, *adj.*, pious.
ὀσμή, -ῆς, *n. f.*, smell.
ὅσος, -η, -ον, *pron. adj.*, as many as, as great as, how many, how much: *as adv.*, ὅσον, as far as, as long as.
ὅσοσπερ, -απερ,-ονπερ, *pron. adj.*, even so great as: *plur.*, as many as.
ὅσπερ, *pron.*, just who.
ὅστε = ὅς.
ὅστις, *interog. and indef. pron.*, who, whoever.
ὁστισοῦν, ἡτισοῦν, ὁτιοῦν, *pron.*, any at all.
ὀστοῦν, -οῦ, *n. neut.*, bone.
ὀστρακίζω, *v.*, ostracise.
ὄστρακον, -ου, *n. neut.*, oyster-shell, voting tablet.
ὅταν, *conj. adv.*, whenever.
ὅτε, conj. *adv.*, when.
ὅτι, *conj.*, that, because.
οὐ, *adv.*, not (οὐκ *before a vowel*, οὐχ *before an aspirated vowel*).
οὗ, *conj.*, where.
οὐδαμῇ, in no way.
οὐδαμοῦ, *adv.*, nowhere.
οὐδέ, *adv.*, not even: *conj.*, nor.
οὐδείς, οὐδεμία, οὐδέν, *pron.*, no one: *neut.*, nothing.
οὐδεπώποτε, *adv.*, never at all.
οὐκέτι, *adv.*, no longer.
οὔκουν, *adv.*, not therefore.
οὐκοῦν, *adv.*, therefore.
οὖν, *adv.*, therefore.
οὖον, -ου, *n. neut.* sorb-apple (an old European fruit).
οὗπερ, *adv.*, where.

οὔπω, adv., not yet.
οὔπως, *adv.*, nohow.
οὐράνιος, -οῦ, *n. m.*, sky.
οὖς, ὠτός, *n. neut.*, ear.
οὐσία, -ας, *n. f.*, property, substance.
οὔτε, and not: οὔτε . . . οὔτε, neither . . . nor.
οὔτις, οὔτι, *pron. adj.*, no one, no.
οὗτος, αὕτη, τοῦτο, *pron.*, this.
οὕτω and οὕτως, *adv.*, thus.
οὐχί = οὐ.
ὀφείλω, (*irreg.*) *v.*, owe, ought.
ὄφελος, *only nom.*, *n. neut.*, help, use.
ὀφθεῖεν, *v.* ὁράω.
ὄχθη, -ης, *n. f.*, riverbank.
ὄχθος, -ου, *n. m.*, hill.
ὄχλος, -ου, *n. m.*, crowd.
ὀχυρός, -ά, -όν, *adj.*, secure.
ὀχυρότης, -ητος, *n. f.*, strength.
ὀψέ, *adv.*, late.
ὀψιμαθής, -ές, *adj.*, late in learning.
ὄψις, -εως, *n. f.*, sight, appearance.
ὄψομαι, *v.* ὁράω.
ὄψον, -ου, *n. neut.*, meat, sauce, anything eaten with bread.

Π

πάγκαλος, -ον, *adj.*, very beautiful.
πάγος, -ου, *n. m.*, frost.
πάθος -ους, *n. neut.*, calamity; emotion; properties of things.
παθών, *v.* πάσχω.
παιάν, -ᾶνος, *n. m.*, hymn, song of triumph.
παιανίζω, *v.*, sing in triumph.
παιδάριον, -ου, *n. neut.*, little boy, slave.
παιδεία, -ας, *n. f.*, education.
παιδιά, -ᾶς, *n. f.*, childish play.
παιδικά, -ῶν, n. *neut. pl.*, favourite.
παιδίον, -ου, *n. neut.*, little child.
παιδίσκη, -ης, *n. f.*, slave girl.
παίζω, *v.*, jest.
παῖς, παιδός, *n. c.*, child, slave.
παίω, *v.*, strike.
πάλαι, *adv.*, long ago, formerly,
παλαιός, -ά, -όν, *adj.*, old: *as adv.*, τὸ παλαιόν, formerly.
παλαίω, *v.*, wrestle.
πάλιν, *adv.*, again.
παλτόν, -οῦ, *n. neut.*, light spear.
παμμεγέθης, -ες, *adj.*, immense.
Παναθήναια, *n. neut. plur.*, Panathenaic festival.
πάνδημος, -ον, *adj.*, public, belonging to all the people.
πανηγυρικός, -ή, -όν, *adj.*, belonging to, a festival, festive.
πάννυχος, -ον, *adj.*, all night long.
πανοίκιος, -ον, *adj.*, with all one's house.
πανοπλία, -ας, *n. f.*, suit of armour.
πανσέληνος, -ον, *adj.*, of the full moon.
πανστρατιᾷ, *adv.*, with the whole army.
πανταχῇ, *adv.*, everywhere.
πανταχόθεν, *adv.*, from every place.
παντελής, -ές, *adj.*, complete.
παντελῶς, *adv.*, altogether.
πάντῃ, *adv.*, entirely,
παντοδαπός, -ή, -όν, *adj.*, of every kind.
πάντοθεν, adv., from every side.
παντοῖος, -α, -ον, *adj.*, of all kinds.
πάνυ, *adv.*, altogether, very.
πάππος, -ου, *n. m.*, grandfather.
πάρα = πάρεστι, *v.* πάρειμι (2).
παρά, *prep.*, (a) *with acc.*, to, near, throughout, contrary

to; (b) *with gen.*, from; (c) *with dat.*, by the side of, with.
παρα-βάλλω, (*irreg.*) *v.*, place alongside, expose, risk.
παραβάτης,-ου, *n. m.*, combatant (*in a chariot*).
παρ-αγγέλλω, (*irreg.*) *v.*, give orders.
παράγγελμα, -ατος, *n. neut.*, message, order.
παράγγελσις, -εως, *n. f.*, giving the word of command.
παρα-γίγνομαι, (*irreg.*) *v.*, come, be near.
παράγω, (*irreg.*) *v.*, bring forward.
παρα-δείκνυμι, *v.* exhibit side by side; compare, point out.
παρα-δέω, *v.*, bind beside.
παρα-δίδωμι, (*irreg.*) *v.*, give up, hand over, grant.
παράδοξος, -ον, *adj.*, incredible.
παρα-δραμεῖν, *v.* παρα-τρέχω.
παρα-καθίζομαι, (-εζόμενος) (*irreg.*) *v.*, sit down beside.
παρα-κάθημαι, (irreg.) *v.*, be seated beside.
παρα-καλέω, (*irreg.*). *v.*, call to, cheer.
παρα-κατοικέω, *v.*, settle beside.
παρακαταθήκη, -ης, *n. f.*, a deposit of money.
παρά-κειμαι, (irreg.) *v.*, lie beside, lie before.
παρ-ακομίζω, *v.*, convey over.
παρα-λαμβάνω, (*irreg.*) *v.*, receive from, receive as inheritance, invite.
παρ-αλλάσσω, *v.*, pass by.
παράλληλος, -ον, *adj.*, parallel.
παρα-λογίζομαι, *v.*, deceive.
παρα-λύω, *v.*, release.
παρα-μίγνυμι, *v.*, intermix.
παρανομία, -ας, *n. f.*, transgression.
παράπαν, *adv.*, altogether: *with negative*, at all.
παρα-πείθω, (*irreg.*) *v.*, prevail upon.
παρα-πέμπω, (*irreg.*) *v.*, pass over.
παρα-πλέω, (*irreg.*) *v.*, sail past.
παραπλήσιος, -α,-ον, *adj.*, nearly resembling.
παρα-ποιέω, *v.*, make falsely.
παρ-αρτάω, *v.*, hang beside.
παρα-σκευάζω, *v.*, prepare.
παρασκευή, -ῆς, *n. f.*, preparation.
παρα-σπείρω, (*irreg.*) *v.*, disperse.
παρασπιστής, -οῦ, *n. m.*, shield-bearer.
παράταξις, -εως, *n. f.*, line of battle.
παρα-τάσσω, *v.*, draw up along.
παρα-τείνω, (*irreg.*) *v.*, stretch beside.
παρα-τέμνω, (*irreg.*) *v.*, cut off at the side.
παρατεταμένος, *v.* παρα-τείνω.
παρατήρησις,-εως, *n. f.*, observation.
παρα-τίθημι, (*irreg.*) *v.*, place beside; serve (of meals).
παρα-τρέχω, (*irreg.*) *v.*, outrun.
παραυτίκα, *adv.*, immediately.
παρα-φέρω, (*irreg.*) *v.*, bring forward.
παραχρῆμα, *adv.*, immediately.
παρεδέδεντο, *v.* παραδέω.
παρέθηκα, *v.* παρατίθημι.
παρειά, -ᾶς, *n. f.*, cheek.
πάρειμι, (*irreg*) *v.*, pass by, pass in, come forward.
πάρειμι, (*irreg.*) *v.*, be present, close to: *impers.*, πάρεστι, it is in one's power.
παρ-εισ-άγω, (*irreg.*) *v.*, introduce.

παρ-εισ-ελθεῖν, *v.* παρεισέρχομαι
παρ-εισ-έρχομαι, (*irreg.*) *v.*, enter beside.
παρειστήκει, *v.* παρίστημι.
παρέκδοσις, -εως, *n. f.*, escape.
παρ-ελαύνω, (*irreg.*), *v.*, ride past.
παρελθεῖν, *v.* πάρειμι (1).
παρελθών, *v.* παρ-έρχομαι.
παρεμ-πλέκω, (*irreg.*) *v.*, entwine, combine.
παρενηνεγμένος, *v.* παραφέρω.
παρ-έπομαι, (*irreg.*) *v.*, follow as escort.
παρ-έρχομαι, (*irreg.*) *v.*, come forward.
παρεσπαρμένος, *v.* παρα-σπείρω.
παρέχω, (*irreg.*) *v.*, provide: *with adj.*, make.
παρθένος, -ου, *n. f.*, maiden.
παρ-ιππεύω, *v.*, ride alongside.
παρ-ίστημι, *v.*, place beside: *middle and perf. act.*, stand beside.
πάροδος, -ου, *n. f.*, passage.
παρ-οικέω, *v.*, dwell beside.
παρ-οίχομαι, (*irreg.*) *v.*, be gone by.
παρόμοιος, -ον, *adj.*, much like.
παρ-οξύνω, *v.*, provoke.
παρουσία,-ας, *n. f.*, presence.
παρωκεανῖται, -ῶν, *n. m. plur.*, dwellers by the ocean.
πᾶς, πᾶσα, πᾶν, *adj.*, all, every.
πάσχω, (*irreg.*) *v.*, suffer, be treated.
πατήρ, πατρός, *n. m.*, father.
πατρικός, -ή, -όν, *adj.*, paternal.
πατρίς, -ίδος, *n. f.*, fatherland.
πατρῷος, α, -ον, *adj.*, coming from one's father, inherited.
παύω, *v.*, stop: *middle*; stop (*intrans.*), cease.
πάχος, -ους, *n. neut.*, thickness.
παχύνω, *v.*, thicken.
παχύς, -εῖα, -ύ, *adj.*, thick.
πεδιάς, -άδος, *n. f.*, level country.
πεδινός, -ή, -όν, *adj.*, situated in the plain, lowland.
πεδίον, -ου, *n. neut.*, plain.
πεζῇ, *adv.*, on foot.
πεζέταιροι, -ων, *n. m. plur.*, foot-guards.
πεζός, -ή, -όν, *adj.*, on foot: *pl.*, foot-soldiers.
πείθαρχος, -ον, *adj.*, obedient..
πείθω, (*irreg.*) *v.*, persuade: *middle*, obey.
πεινάω, *v.*, be hungry.
πεῖρα, -ας, *n. f.*, trial, proof.
πειράομαι, *v.*, try.
πεισθείς, *v.* πείθω.
πελάγιος, -α, -ον, *adj.*, of the sea.
πέλαγος, -ους, *n. neut.*, sea.
πελειοθρέμμων, -ον, *adj.*, dove-nurturing.
πέμπω, (*irreg.*) *v.*, send.
πένης, -ητος, *adj.*, poor.
πενθέω, *v.*, lament.
πένθος, -ους, *n. neut.*, grief.
πενία, -ας, *n. f.*, poverty.
πενταετηρίς, -ίδος, *n. f.*, period of five years.
πενταετία, -ας, *n. f.*, term of five years.
πεντάκις; *adv.*, five times.
πεντακισχίλιοι, -αι, -α, *num. adj.*, five thousand.
πεντάκλινος, -ον, *adj.*, with five couches.
πεντακόσιοι, -αι, -α, *num. adj.*, five hundred.
πέντε, *num. adj.*, five.
πεντεκαίδεκα, *num. adj.*, fifteen.
πεντήκοντα, *num. adj.*, fifty.
πέπλος, -ου, n. m., robe.
πεπτωκώς, *v.* πίπτω.
περαίνω, *v.*, accomplish, finish.
περαιόω, *v.*, take across, *pass.*, cross.
περαιτέρω, *comp. adv.*, further.

πέραν, *adv. and prep.*, on the other side, beyond.
περάσιμος, -ον, *adj.*, passable.
πέρατος, -η, -ον, *adj.*, passable.
περάω, *v.*, cross.
περί, *prep.*, (a), *with acc.*, about; (b) *with gen.*, concerning: περί πολλοῦ ποιοῦμαι, value highly; (c) *with dat.*; about, near.
περι-αιρέω, (*irreg.*) *v.*, take off.
περι-άπτω, *v.*, fasten to, hang about: *middle*, put on to wear.
περιαυχένιος, -ον, *adj.*, put round the neck.
περι-βάλλω, (*irreg.*) *v.*, throw round: clothe, embrace.
περιβόητος, -ον, *adj.*, famous.
περι-γίγνομαι, (*irreg.*) *v.*, overcome.
περι-δέω, *v.*, bind round.
περι-εζωσμένος, *v.*, περι-ζώννυμι.
περί-ειμι, (*irreg.*) *v.*, be left over, result, survive.
περιελών, *v.* περι-αιρέω.
περι-έχω, (*irreg.*) *v.*, comprise.
περι-ζώννυμι, (*irreg.*) *v.*, put round: *middle*, put round oneself.
περι-ιδέσθαι, *v.*, περι-οράω.
περί-κειμαι, *v.*, lie round.
περικλινής, -ές, *adj.*, sloping on all sides.
περικοπή, -ῆς, *n. f.*, externals, splendour.
περι-λαμβάνω, (*irreg.*) *v.*, encompass.
περι-μένω, *v.*, wait.
πέριξ, *prep.*, *usu. with acc.* round: *adv.*, all round.
περι-οράω, (*irreg.*) *v.*, look round upon: *middle*, watch for, wait.
περιοχή, -ῆς, *n. f.*, edge.
περι-πατέω, *v.*, walk about.
περίπατος, -ου, *n. m.*, walking about; discussion; the School of Aristotle.
περι-πεσεῖν, *v.* περι-πίπτω.
περι-πίπτω, (*irreg.*) *v.*, fall in with.
περι-πλέω, (*irreg.*) *v.*, sail around.
περι-ποιέομαι, *v.* acquire.
περίσκεψις, -εως, *n. f.*, consideration.
περισπασμός, -οῦ, *n. m.*, distraction.
περι-σπογγίζω *v.* sponge around.
περισταδόν, *adv.*, standing round about.
περίστασις, -εως, *n. f.*, pomp.
περι-στέλλω, (*irreg.*) *v.*, wrap up.
περι-τείνω, (*irreg.*) *v.*, stretch over, spread.
περιτεταμένος, *v.*, περιτείνω.
περι-τίθημι, (*irreg.*) v., place round: *middle*, put on.
περι-τρέπω, (*irreg.*) *v.*, bring round, capsize.
περι-τρέχω, (*irreg.*) *v.*, run around.
περιττος, -ή, -όν, *adj.*, remarkable.
περιττῶς, *adv.*, exceedingly.
περι-τυγχάνω, (*irreg.*) *v.*, light upon.
περιφανής, -ές, *adj.*, conspicuous.
περιφανῶς, *adv.*, manifestly.
περιφέρω, (*irreg.*) *v.*, carry round.
περι-φράσσω, *v.*, fence all round.
πέρυσι, *adv.*, a year ago.
πεσεῖν, *v.* πίπτω.
πέτρα, -ας, *n. f.*, rock.
πέτρος, -ου, *n. m.*, stone.
πεφηνώς, *strong perf. part. of* φαίνω (*intrans.*).
πῃ, *adv.*, in some way.

πηγή, -ῆς (Dor. παγά), *n. f.*, spring, stream.
πήγνυμι, *v.*, freeze.
πηδάω, *v.*, leap.
πήδημα, -ατος, *n. neut.*, leap.
πηκτός, -ή, -όν, *adj.*, fixed.
πηχυαῖος, -α, -ον, *adj.*, a cubit long.
πῆχυς, -εως, *n. m.*, cubit (length of the fore-arm, about 18").
πηλός, -οῦ, *n. m.*, mud.
πῆμα, -ατος, *n. neut.*, woe.
πημονή, -ῆς, *n. f.*, suffering.
πήρωσις, -εως, *n. f.*, mutilation.
πιαίνω, *v.*, fatten.
πιᾶναι, *v.* πιαίνω.
πιέζω, *v.*, press down,
πιεῖν, *v.* πίνω.
πιθανός, -ή, -όν, *adj.*, persuasive.
πιθανῶς, *adv.*, plausibly.
πίθος, -ου, *n. m.*, wine-jar.
πικρός, -ά, -όν, *adj.*, bitter.
πικρῶς, *adv.*, bitterly.
πιλέω, *v.*, compress.
πίλησις, -εως, *n. f.*, compression.
πίναξ, -ακος, *n. m.*, platter.
πίνω, (*irreg.*) *v.*, drink.
πίπτω, (*irreg.*) *v.*, fall.
πιστεύω, *v.*, trust in.
πίστις, -εως, *n. f.*, belief, faithfulness.
πιστός, -ή, -όν, *adj.*, trustworthy.
πίττα,-ης, *n. f.*, pitch.
πλακοῦς, -οῦντος, *n. m.*, flat cake.
πλούσιος, -α, -ον, *adj.*, rich.
πλανάω, *v.*, lead astray: *pass.*, wander.
πλάνης, -ητος, *n. m.*, wanderer.
πλάσσω, *v.*, fabricate.
πλάστης, -ου, *n. m.*, modeller.
πλάτος, -ους, *n. neut.*, width.
πλατύς, -εῖα, -ύ, *adj.*, broad,
πλεθρίζω, *v.*, run a plethron; *metaphorically*, exaggerate.
πλέθρον, -ου, *n. neut.*, plethron (a linear measure of 101 feet, or a square measure of 1 plethron square = about 1000 sq. meters).
πλείων = πλέων.
πλεκτός, -ή, -όν, *adj.*, twisted, wicker.
πλεονεκτέω, *v.*, have an advantage.
πλεῖστος, -η, -ον, *adj., superl. of* πολύς.
πλευρά, -ᾶς, *n. f*, rib.
πλευρόν, -οῦ, *n. neut.*, rib, side.
πλέω, (*irreg.*) *v.*, sail.
πλέων, -ον, *or* πλείων, -ον, more, *compar. of* πολύς.
πληγή, -ῆς, *n. f*, blow.
πλῆθος, -ους, *n. neut.*, multitude, quantity.
πληθυντικῶς, *adv.*, in the plural.
πληθύω, *v.*, be full, increase, grow.
πλήθω, *v.*, be full.
πλημμυρίς, -ίδος, *n. f.*, flood tide.
πλήν, *adv., and prep. with gen.*, except: *as particle*, only, however.
πλήρης, -ες, *adj.*, full.
πληρόω, *v.*, fill; *intrans.*, be full.
πλησιάζω, *v.*, approach.
πλησίον, *adv.*, near.
πλησιόχωρος, -ον, *adj.*, bordering on.
πλήττω, (*irreg.*) *v.*, strike.
πλινθίον, -ου, *n. neut.*, square, small brick.
πλίνθος, -ου, *n. f.*, brick.
πλόϊμος, -ον, *adj.*, fit for sailing.
πλοῖον, -ου, *n. neut.*, boat, ship.
πλοῦς, -οῦ, *n. m.*, voyage.
πλοῦτος, -ου, *n. m.*, wealth.
πλουτέω, *v.*, be rich.
πλύνω, *v.*, wash.
πλώιμος, -ον, *adj.*, navigable.

πλωτός, -ή, -όν, *adj.*, navigable.
πνεῦμα, -ατος, *n. neut.*, breath, spirit, wind.
πνευματικός, -ή, -όν, *adj.*, of air.
ποῦ, *adv.*, where?
ποηφάγος, -ον, *adj.*, eating grass or herbs.
ποθέν, *adv.*, from some place.
πόθεν, *adv.*, whence?
πόθος, -ου, *n. m.*, desire.
ποι, *adv.*, some whither.
ποιέω, *v.*, do, make, produce: περὶ πολλοῦ ποιοῦμαι, consider of value.
ποίημα, -ατος, *n. neut.*, poem.
ποιητής, -οῦ, *n. m.*, poet.
ποικιλία, -ας, *n. f.*, variety.
ποικίλλω, *v.*, embroider, embellish.
ποικίλος, -η, -ον, *adj.*, many-coloured.
ποικιλτής, -οῦ, *n. m.*, embroiderer, enameller.
ποιμήν, -ένος, *n. m.*, shepherd.
ποίμνη, -ης, *n. f.*, flock of sheep.
ποίμνιον, -ου, *n. neut.*, flock of sheep.
πολεμέω, *v.*, fight.
πολεμικός, -ή, -όν, *adj.*, of war: *as noun neut.*, πολεμικόν, signal for battle.
πολέμιος, -α, -ον, *adj.*, hostile: *as noun*, enemy.
πόλεμος, -ου, *n. m.*, war.
πολιορκέω, *v.*, besiege.
πολιορκητικός, -ή, -όν, *adj.*, for besieging.
πολιορκία, -ας, *n. f.*, siege.
πολιός, -ά, -όν, *adj.*, grey.
πόλις, -εως, *n. f.*, city.
πολιτεία, -ας, *n. f.*, administration, government, state.
πολίτευμα, -ατος, *n. neut.*, act of government, constitution.
πολιτεύομαι, *v.*, govern.
πολίτης, -ου, *n. m.*, citizen.
πολλάκις, *adv.*, often.
πολλαχῇ, *adv.*, often.
πολλαχοῦ, *adv.*, in many places.
πολλαχόθεν, *adv.*, from many places.
πόλος, -ου, *n. m.*, axis, hollow sphere.
πολυανθής, -ές, *adj.*, variegated.
πολυανθρωπία, -ας, *n. f.*, large population.
πολύεδρος,-ον, *adj.*, with many seats.
πολυμαθία, -ας, *n. f.*, much learning.
πολύοινος, -ον, *adj.*, rich in wine.
πολύπονος, -ον, *adj.*, toilsome.
πολυπραγμονέω, *v.*, inquire closely into.
πολυπράγμων, -ον, *adj.*, meddlesome, restless.
πολύς, πολλή, πολύ, *adj.*, many, much.
πολύστολος, -ον, *adj.*, with many columns.
πολυτελής, -ές, *adj.*, valuable.
πολύτεχνος, -ον, *adj.*, skilled, involving much skill.
πολυχρόνιος, -ον, *adj.*, ancient.
πόμα, -ατος, *n. neut.*, drink.
πομπεύω, *v.*, lead a procession.
πομπή, -ῆς, *n. f.*, procession.
πομπός, -οῦ, *n. m.*, one who conveys.
πονέω, *v.*, work.
πονηρός, -ά, -όν, *adj.*, bad, wicked.
πονήρως, *adv.*, badly: π. ἔχειν, to be in a bad way.
πόνος, -ου, *n. m.*, toil, trouble.
πόντιος, -α, -ον, *adj.*, of the sea.

ποῖος, -α, -ον, *pron. adj.*, of what sort?
πορεύομαι, *v.*, go.
πορεύω, *v.*, send: *middle*, go, march.
πορθέω, *v.*, ravage.
πορίζω, *v.*, provide.
πόρος, -ου, *n. m.*, passage, path,
πόρρωθεν, *adv.*, from afar.
πορρωτέρω, (*comp. of* πόρρω), *adv.*, further away.
πορσύνω, *v.*, prepare.
πορφύρα, -ας, *n. f.*, purple robe.
πορφυρεύς, -έως, *n. m.*, fisher for purple shellfish.
πορφυροῦς, -ᾶ, -οῦν, *adj.*, crimson.
Ποσειδεών, -ῶνος, *n. m.*, Poseideon, *sixth month of Attic year.*
πόσις, *n. f.* a drink.
πόσος, -η, -ον, *pron. adj.*, how many, how great: *as n. neut.*, πόσον, quantity,
ποσόω, *v.*, count.
ποταμός, -οῦ, *n. m.*, river..
ποτέ, *adv.*, at some time; *in questions, intensive, e.g.*, τί ποτέ, what in the world: ποτὲ μὲν . . . ποτὲ: δέ, at one time . . . at another.
πότερον, *conj.*, whether.
πότερος, -α, -ον, *pron.*, which of two: *plur.*, which of two kinds, which of two sets.
ποτήριον, -ου, *n. neut.*, a wine-cup.
ποτόν, -οῦ, *n. neut.*, drink.
πότος, -ου, *n. m.*, drinking party.
που, *adv.*, anywhere, somewhere.
πούς, ποδός, *n. m.*, foot.
πῦρ, πυρός, *n. neut.*, fire.
πραγματεία,- ας, *n. f.*, study; history.
πραγματεύομαι, *v.*, busy oneself on.
πράττω, *v.*, do.
πράως, *adv.*, gently, kindly.
πρᾶγμα, -ατος, *n. neut.*, thing: *plur.*, affairs, business.
πρᾶος, -ον, *or* πραΰς, -εῖα, -ΰ, adj., gentle.
πρέσβευσις, -εως, *n. f.*, embassy.
πρεσβευτής, -οῦ, *pl.*, πρέσβεις, *n. m.*, ambassador.
πρεσβεύω, *v.*, pay honour to.
πρεσβύτερος, -α, -ον, (*compar. of* πρέσβυς), *adj.*, elder.
πριάμενος, *aor. part. in use of* ὠνέομαι.
πρίν, *adv. and conj.*, before.
πρᾶξις,-εως, *n. f.*, deed, practice.
πρό, *prep., with gen.*, before.
προαγορεύω, *v.*, declare.
προαγρυπνέω, *v.*, be awake before.
προάγω, (*irreg.*) *v.*, carry on, forward, advance, go on before.
προ-αιρέομαι, (*irreg.*) *v.*, choose deliberately.
προαίρεσις,-εως, *n. f.*, purpose, principles, policy.
προ-αισθάνομαι, (*irreg.*) *v.*, become aware beforehand.
προ-ανα-σείω, *v.*, brandish in front.
προαφ-αιρέω, (*irreg.*) *v.*, take away before.
προ-βαίνω, (*irreg.*) *v.*, advance.
προ-βάλλω, (*irreg.*) *v.*, lay before, send forth, throw forward: *middle*, hold before oneself.
πρόβατον, -ου, *n. neut.*, sheep.
πρόγονος, -ου, n. m., ancestor.
προ-δανείζω, *v.*, lend beforehand, expend.
πρόδηλος, -ον, *adj.*, manifest, open.

προ-δηλόω, *v.*, show plainly.
προ-δίδωμι, (*irreg.*) *v.* hand over.
προδοσία, -ας, *n. f.*, treason.
προ-δραμεῖν, *v.* προ-τρέχω.
προεδρία, -ας, *n. f.* privilege of sitting in the front seats at games, in the theater, etc.
προείρημαι *v.*, προεῖπον.
προ-ειρημένος, -η, -ον, *part.*, spoken of before.
προελθών, *v.* προ-έρχομαι.
προ-εῖπον, (*irreg.*) *v.*, *aor. without pres. in use*, mention before, proclaim, order before.
προ-έρχομαι, (*irreg.*) *v.*, go forward.
προ-έχω, (*irreg.*) *v.*, be superior.
προεώρα, *v.* προ-οράω.
προθυμία, -ας, *n. f.*, goodwill.
πρόθυμος, -ον, *adj.*, eager.
προθύμως, *adv.*, eagerly.
προ-ίημι, (*irreg.*) *v.*, send forward: *middle*, give up.
προ-ιππεύω, *v.*, ride before.
προῖκα, *adv.*, gratis, for nothing.
προ-καλοῦμαι, (*irreg.*) *v.*, challenge.
προ-κατα-σκευάζω, *v.*, prepare beforehand, begin by doing.
προ-κατα-φεύγω, *v.*, escape to a place of safety before.
πρό-κειμαι, (*irreg.*) *v.*, be set forth, be appointed: *participle as noun*, τὸ προκείμενον, the matter at hand.
προ-κηρύσσω, *v.*, proclaim.
πρόκλησις, -εως, *n. f.*, challenge.
προκοπή, -ῆς, *n. f.*, advance.
προ-κόπτω, *v.*, advance.
προ-λέγω, *v.*, foretell.
προ-μανθάνω, (*irreg.*) *v.*, learn beforehand.
προμετωπίδιον, -ου, *n. neut.*, forehead.
προμήκης, -ες, *adj.*, prolonged.
προ-οράω, (*irreg.*) *v.*, look forward to.
πρόπας, -πασα, -παν, *adj.*, all together
προ-πέμπω, (*irreg.*) *v.*, send forward, send.
προπηλακίζω, *v.*, abuse.
προ-πολεμέω, *v.*, make war in defence of.
προπύλαια, -ων, *n. neut. plur.*, Propylaea, *on the Acropolis*.
πρόπυλον, -ου, *n. neut.*, gateway.
πρός, *prep.*, (a) *with acc.*, to, towards, with regard to: (b) *with gen.*, by, from: (c) *with dat.*, in addition to.
προσ-αγγέλλω, *v.*, announce.
προσ-αγορεύω, (*irreg.*) *v.*, call.
προσ-άγω, *v.*, approach.
προσ-απ-αιτέω, *v.*, demand besides.
προσ-αποδίδωμι, (*irreg.*) *v.*, pay as a debt besides: *middle*, sell in addition.
προσ-άπτω, *v.*, attribute to.
προσ-αράττω, *v.*, dash against.
προσβολή, -ης, *n. f.*, attack.
πρόσβορρος, -ον, *adj.*, facing north, northern.
προσ-δέομαι, (*irreg.*) *v.*, need in addition.
προσ-δραμεῖν, v. προσ-τρέχω.
πρόσειμι, (*irreg.*) *v.*, approach, *v.* προσ-έρχομαι.
προσεῖπον, *v.* (*aor.*), address.
προσ-εισ-κρίνω, *v.*, insert in addition.
προσελθεῖν, *v.* προσέρχομαι.
προσ-επιστέλλω, (*irreg.*) *v.*, enjoin besides.
προσ-ερείδω, (*irreg.*) *v.*, press against (*trans. and intrans.*).
προσερηρεισμένος, *v.* προσερείδω.
προσ-έρχομαι, (*irreg.*) *v.*, go to, approach.

προσ-ευρίσκω, (*irreg.*) *v.*, find in addition.
προσ-εύχομαι, *v.*, pray to.
προσ-έχω, (*irreg.*) *v.*, turn to, give heed to; (*sc.* νοῦν), pay attention.
προσήκω, *v.*, belong to: *impersonal*, it befits, suits.
προσ-ηλόω, *v.*, nail up.
προσήνεγκαν, *v.* προσφέρω.
πρόσθε *or* πρόσθεν, *adv. or pref., with gen.*, before.
πρόσθεσις, -εως, *n. f.*, addition.
προσ-ιππεύω, *v.*, ride up to.
προσ-καθ-έζομαι, *v.*, sit down before.
προσ-καλέω, (*irreg.*) *v.*, call to.
προσ-καρτερέω, *v.*, remain firm.
πρόσ-κειμαι, (*irreg.*) *v.*, be attached, lie by.
προσ-κερδαίνω, *v.*, gain besides.
προσκεφάλαιον, -ου, *n. neut.*, cushion.
προ-σκοπέω, (*irreg.*) *v.*, watch.
προσ-κτάομαι, *v.*, gain in addition.
προσ-κυνέω, *v.*, do obeisance to.
προσ-κύπτω, *v.*, lean towards.
προσλαβεῖν, *v.* προσλαμβάνω.
προσ-λαμβάνω, (*irreg.*) *v.*, get in addition, fasten.
προσ-λιπαρέω, *v.*, persist in, stick close to.
προσ-μείγνυμι, (*irreg.*) *v.*, meet in battle.
προσ-μένω, (*irreg.*) *v.*, wait for.
πρόσοδος, -ου, *n. f.*, revenue, rent.
προσοφείλομαι, (*irreg.*) *v.*, be still owing.
πρόσοψις, -εως, *n. f.*, appearance.
προσ-πατταλεύω, *v.*, nail to.
προσ-πίπτω, (*irreg.*) *v.*, fall upon.
προσπίτνω = προσπίπτω.
προσ-ποιέομαι, *v.*, pretend.
προσ-πορεύομαι, *v.*, go to.
πρόσταγμα, -ατος, *n. neut.*, command.
προσ-τάσσω, *v.*, appoint, bid.
προστάτης, -ου, *n. m.*, chief.
προσ-τελέω, *v.*, pay in addition.
προσ-τίθημι, (*irreg.*) *v.*, add, put to.
προσ-τρέχω, (*irreg.*) *v.*, run towards.
πρόσφατος, -ον, *adj.*, fresh.
προσ-φέρω, (*irreg.*) *v.*, bring to, give: *middle*, use as food.
προσ-φορά, -ᾶς, *n. f.*, present.
προσ-χωρέω, *v.*, join.
πρόσχωρος, -ου, *n. m.*, neighbour.
πρόσω, *adv.*, forward.
πρόσωπον, -ου, *n. neut.*, face.
προ-τάσσω, *v.*, post in front.
προ-τείνω, (*irreg.*) *v.*, stretch out.
προ-τελέω, *v.* pay in advance, lend.
προτεμένισμα, -ατος, *n. neut.*, space before the precincts of a temple.
πρότερον, *adv.*, before.
πρότερος, -α, -ον, *adj.*, former.
προ-τίθημι, (*irreg.*) *v.*, place before, serve (*meals*).
προ-τιμάω, *v.*, prefer in honour.
προτομή, -ῆς, *n. f.*, face (*of an animal*).
προ-τρέχω, (*irreg.*) *v.*, run forward.
προτροπή, -ῆς, *n. f.*, exhortation, encouragement; impulse.
προ-ϋπάρχω, *v.*, exist before.
προ-ϋπισχνέομαι, (*irreg.*) *v.*, promise before.

πρόφασις, -εως, *n. f.*, excuse, pretext.
προφέρω, (*irreg.*) *v.*, bring forward, cite.
προ-φωνέω, *v.*, announce beforehand.
πρόχειρος, -ον, *adj.*, common.
προ-χέω, (*irreg.*) *v.*, pour forth.
προ-χωρέω, *v.*, advance.
προ-ωθέω, (*irreg.*) *v.*, push forward.
πρῶρα, *n. f.*, prow.
πρύμνα, -ης, *n. f.*, stern.
πρυτανεῖον, -ου, n. *neut.*, town hall.
πρύτανις, -εως, *n. m.*, presiding official.
πρώην, *adv.*, the day before yesterday.
πρῶτος, -η, -ον, *adj.*, first: *as adv.*, πρῶτον, at first, first.
πτερίς, -ίδος, *n. f.*, fern.
πτερόν, -οῦ, *n. n.*, feathers.
πτοέω, *v.*, frighten; (*pass.*) be distraught.
πτῶσις, -εως, *n. f.*, fall.
πτωχός, -οῦ, *n. m.*, beggar.
Πυανεψιών, -ῶνος, *n. m.*, Pyanepsion, *fourth month of Attic year.*
πυθμήν, -ένος, *n. m.*, bottom.
πυκνός, -η, -όν, *adj.*, close, many, thick, stout: *as adv.*, πυκνά, constantly.
πυκνότης, -ητος, *n. f.*, denseness.
πυκνῶς, *adv.*, often.
πύλη, -ης, *n. f*, gate: *usu. plur.*, gate, pass.
πυλών, -ῶνος, *n. m.*, gateway.
πύνδαξ, -ακος, *n. m.*, bottom of a vessel.
πυνθάνομαι, (*irreg.*) *v.*, learn, inquire.
πύξος, -ου, *n. f.*, box-wood.
πυρά, -ῶν, *n. neut. pl.*, watch-fires.
πυρά, -ᾶς, *n. f.*, funeral-pyre.
πύργος, -ου, *n. m.*, tower.
πυρία, -ας, *n. f.*, steam-bath.
πύρινος, -η, -ον, *adj.*, of wheat.
πυρκαϊά (Ion. πυρκαϊή), -ᾶς, *n. f.*, fire.
πυρός, -οῦ, *n. m.*, wheat.
πυρσεύω, *v.*, kindle beacon-fires.
πυρσός, -ή, -όν, *adj.*, red.
πύστις, -εως, *n. f*, inquiry, tidings.
πω, *adv.*, up to that time.
πώγων, -ωνος, *n. m.*, beard.
πωλέω, *v.*, sell.
πώποτε, *adv.*, ever.
πως, *adv.*, in anyway, in some way.
πῶς, *adv.*, how?

Ρ

ῥαβδωτός, -ή, -όν, *adj.*, striped, plaid; ribbed, fluted.
ῥαγίζω, *v.*, cleave in twain.
ῥᾴδιος, -α, -ον, *adj.*, easy.
ῥᾳδίως, *adv.*, easily.
ῥάκος, -ους, *n. neut.*, ragged garment.
ῥάντης, -ον, *n. m.*, sprinkler.
ῥᾷον, *adv.*, *compar. of* ῥᾳδίως.
ῥᾷστα, adv., *superl. of* ῥᾳδίως.
ῥᾷστος, -η, -ον, *superl. of* ῥᾴδιος.
ῥαφανίς, -ῖδος, *n. f.*, radish.
ῥαχία, -ας, *n. f.*, surf, edge of the sea.
ῥᾴων, *comp. of* ῥᾴδιος.
ῥέγχω *or* ῥέγκω, *v.*, snore.
ῥέπω, *v.*, incline, turn out.
ῥεῦμα, -ατος, *n. neut.*, stream.
ῥέω, (*irreg.*) *v.*, flow.
ῥήγνυμι, (*irreg.*) *v.*, break, rend: *intrans.*, burst forth.
ῥῆμα,-ατος, *n. neut.*, word.
ῥήτωρ, -ορος, *n. m.*, orator.
ῥιγόω, *v.*, feel. cold.
ῥίζα, -ης, *n. f.*, root.
ῥίπτω, *v.*, cast, throw.
ῥοθιάς,-άδος, *fem. adj.*, dashing.
ῥόθος, -ου, *n. m.*, noise, dash.

ῥοπή, -ῆς, *n. f.*, fall of the scale.
ῥύσις, -εως, *n, f.*, course, current.
Ῥωμαϊκός, -ή, -όν, *adj.*, Roman.
ῥώμη, -ης, *n. f.*, strength.

Σ

σαγηφορέω, *v.*, wear a cloak.
σάγος, -ου, *n. m.*, cloak, esp. for soldiers.
σάλπιγξ, -ιγγος, *n. f.*, war-trumpet.
σαλπιστής, -οῦ, *n. m.*, trumpeter.
σανίς, -ίδος, *n. f.*, plank.
σαπρός, -ά, -όν, *adj.*, rotten, rancid, rascally.
σάρξ, σαρκός, *n. f.*, flesh.
σατραπεία, -ας, *n. f.*, satrapy.
σατράπης, -ου, *n. m.*, Persian governor, satrap.
Σάτυρος, -ου, *n. m.*, Satyr.
σαυνιάζω, *v.*, strike with a javelin.
σαύνιον, -ου, *n. neut.*, javelin.
σαυτόν, -ήν, *and* σεαυτόν, -ήν, *pron.*, thyself.
σάφα, *adv.*, assuredly.
σαφής, -ές, *adj.*, clear.
σαφῶς, *adv.*, clearly.
σβεννύω = σβέννυμι, (*irreg.*) *v.*, quench.
σείω, *v.*, shake.
σελήνη, -ης, *n. f.*, moon.
σελήνιον, -ου, *n. neut.*, little moon, moonlight.
σέλμα, -ατος, *n. neut.*, deck: *plur.*, rowers' benches.
σεμνός, -ή, -όν, *adj.*, solemn.
σεμνύνω, *v.*, magnify: *middle*, pride oneself.
σῆμα, -ατος, *n. neut.*, sign, mark.
σημαίνω, *v.*, give the signal for #1.
σημεῖον, -ου, *n. neut.*, sign, indication, point.
σήμερον, *adv.*, today.
σιγάω, *v.*, be silent.
σιγή, -ῆς, *n. f.*, silence.
σιδήρεος, -α, -ον, *adj.*, of iron.
σίδηρος, -ου, *n. m.*, iron, iron head.
σίδηροῦς, -ᾶ, -οῦν, *adj.*, iron.
σίκυος, -ου, *n. m.*, cucumber.
σιτάριον, -ου, *n. neut.*, a little grain or bread.
σιτεύω, *v.*, feed, fatten: *passive*, eat.
σιτηγός, -όν, *adj.*, conveying corn, grain.
σιτία, -ων, *n. neut. plur.*, provisions.
σιτοδεία, -ας, *n. f.*, scarcity, famine.
σῖτος, -ου, *n. m.*, corn, grain.
σίφων, -ωνος, *n. m.*, tube.
σιωπάω, *v.*, keep silence.
σκαλμός, -οῦ, *n. m.*, thole-pin.
σκάφη, -ης, *n. f.*, light boat.
σκάφος, -ους, *n. neut.*, hull.
σκελίς, -ίδος, *n. f.*, (*pl.* σκελίδες) ribs of beef, sides of bacon.
σκέλος, -ους, *n. neut.*, leg.
σκέπη, -ης, *n. f.*, shelter.
σκευάζω, *v.*, prepare.
σκευή, -ῆς, *n. f.*, equipment.
σκεῦος, -ους, *n. neut.*, vessel.
σκευοφόρος, -ον, *adj.*, carrying baggage: *neut. plur.*,
σκευοφόρα, baggage-animals.
σκέφομαι, *v.* σκοπέω.
σκηνή, -ῆς, *n. f.*, tent, pavilion.
σκηνόω, *v.*, pitch tents, encamp.
σκηπτουχία, -ας, *n. f.*, military command.
σκιά (Ion. σκιή), -ᾶς, *n. f.*, shadow.
σκληρός, -ά, -όν, *adj.*, harsh, hard, rough.
σκολιός, -ά, -όν, *adj.*, curved.
σκοπέω, (*irreg.*) *v.*, look at, examine.
σκοπός, -οῦ, *n. m.*, watchman.
σκυθρωπάζω, *v.*, look sad.
σκῦλα, -ων, *n. neut. plur.*, spoils.

σκύλαξ, -ακος, *n. c.*, puppy.
σκυτάλη, -ης, *n. f.*, staff; a Spartan dispatch, message.
σκυτοτόμος, -ου, *n. m.*, worker in leather.
σκώπτω, *v.*, mock at, jest.
σμάω, *v.*, wipe, wash.
σμικρός = μικρός.
σοβέω, *v.*, scare away.
σός, -ή, -όν, *poss. adj.*, thy.
σόλοικος, -ον, *adj.*, speaking incorrectly, using broken Greek.
σός, -ή, -όν, *poss. adj.*, thy.
σοφία, -ας, *n. f.*, wisdom.
σοφός, -ή, -όν, *adj.*, wise.
σοφῶς, *adv.*, wisely.
σπάθη, -ης, *n. f.*, sword, *with a broad blade.*
σπάνις, -εως, *n. f.*, scarcity.
σπανίως, *adv.*, scarcely.
σπαραγμός, -οῦ, *n. m.*, convulsion.
σπαράττω, *v.*, tear,
σπάω, *v.*, draw.
σπένδω, (*irreg.*) *v.*, pour a drink-offering.
σπέρμα, -ατος, *n. neut.*, seed.
σπήλαιον, -ου, *n. n.*, cave, den.
σποδέω, *v.*, strike.
σπονδή, -ῆς, *n. f.*, libation, treaty.
σπουδάζω, *v.*, be busy, be in earnest, be eager.
σπουδή, -ῆς, *n. f.*, haste, zeal; *as adv.*, σπουδῇ, in haste.
στάδιον, -ου, *n. neut.*, stade (a distance of 202 yards, roughly = a furlong).
σταθμός, -οῦ, *n. m.*, station.
στάσις, -εως, *n. f.*, discord.
σταφυλή, -ῆς, *n. f.*, bunch of grapes.
στάχυς, -υος, *n. m.*, ear of corn.
στέαρ, στέατος, *n. neut.*, fat, grease.
στεγνός, -ή, -όν, *adj.*, watertight.
στεγνόω, *v.*, cover closely, make watertight.
στέλλω, (*irreg.*) *v.*, dispatch.
στέμμα, -ατος, *n. neut.*, garland.
στενός, -ή, -όν, *adj.*, narrow.
στενοχωρία, -ας, *n. f.*, lack of space.
στένω, *v.*, mourn.
στερεός, -ά, -όν, *adj.*, firm.
στερίσκω, *v.*, deprive of.
στέρομαι, *v.* (*only, used in pres. and imperf.*), lose.
στέφανος, -ου, *n. m.*, crown.
στεφανόω, *v.*, crown.
στήλη, -ης, *n. f.*, monument, tombstone.
στηλίδιον, -ου, *n. neut.*, little tombstone.
στῆναι, *v.* ἵστημι.
στιβάς, -άδος, *n. f.*, bed of leaves, mattress.
στῖφος, -ους, *n. neut.*, close array, column.
στοά, -ᾶς, *n. f.*, colonnade.
στοιχηγορέω, *v.*, tell in order.
στοῖχος, -ου, *n. m.*, row.
στολή, -ῆς, *n. f.*, dress.
στόλος, -ου, *n. m.*, equipment, expedition, army, fleet, ship's beak.
στόμα, -ατος, *n. neut.*, mouth, face.
στόμιον, -ου, *n. neut.*, mouth *of a vessel.*
στρατεία, -ας, *n. f.*, army, campaign, service.
στράτευμα, -ατος, *n. neut.*, army.
στρατεύομαι, *v.*, serve as a soldier.
στρατηγός, -οῦ, *n. m.*, general.
στρατιά, -ᾶς, *n. f.*, *v.* στρατεία.
στρατόπεδον, -ου, *n. neut.*, camp, army, Roman legion.
στρατός, -οῦ, *n. m.*, army.
στρέφω, (*irreg.*) *v.*, turn.

στρογγύλος, -η, -ον, *adj.*, round: στρ. πλοῖον, a merchant ship.
στυγνός, -ή, -όν, *adj.*, hateful.
στύφλος, -η, -ον, *adj.*, hard, rugged.
σύ, σοῦ, *2nd pers. pron.*, thou, you: *nom. pl.*, ὑμεῖς.
συβώτης, -ου, *n. m.*, swineherd.
συγγένεια, -ας, *n. f.*, kinship.
συγγενής, -ές, *adj.*, akin to: *as noun*, kinsman.
συγγενικός, -ή, -όν, *adj.*, belonging to kinsmen.
συγ-γιγνώσκω, (*irreg.*) *v.*, pardon, remit.
συγγνώμη, -ης, *n. f.*, pardon.
συγ-γνῶναι, *v.* συγ-γιγνώσκω.
συγ-γράφω, *v.*, write down.
συγ-καλύπτω, *v.*, cover up.
σύγ-κειμαι, (*irreg.*) *v.*, be composed of.
συγ-κεφαλαιόω, *v.*, sum up, reckon.
συγ-κινδυνεύω, *v.*, incur danger along with.
συγ-κομίζω, *v.*, collect.
συγ-κόπτω, *v.*, cut up.
συγ-κυρέω, *v.*, happen.
συγκύρημα, -ατος, *n. neut.*, coincidence, happenstance.
συγ-χωρέω, *v.*, meet, grant, allow.
συ-ζεύγνυμι, (*irreg.*) *v.*, join together, marry.
συ-ζώννυμι, *v.*, gird up.
συκοφαντέω, *v.*, lay information against, slander.
συλ-λαβεῖν, *v.* συλ-λαμβάνω.
συλ-λαμβάνω, (*irreg.*) *v.*, seize, help to take hold of, arrest.
συλ-λέγω, *v.*, collect.
συμ-βαίνω, (*irreg.*) *v.*, happen.
συμ-βάλλω, (*irreg.*) *v.*, compare.
συμ-βιόω, *v.*, live with.
συμβίωσις,-εως, *n. f.*, companionship.
συμβολή, -ῆς, *n. f.*, encounter.
συμ-βουλεύω, *v.*, advise.
συμβουλή, -ῆς, *n. f.*, advice.
συμβουλία, -ας, *n. f.*, counsel.
συμμαχέω, *v.*, be in alliance, help.
σύμμαχος, -ου, *n. m.*, ally.
συμ-μένω, (*irreg.*) *v.*, continue.
σύμμετρος, -ον, *adj.*, suitable to, proportioned to.
σύμπας, -πασα, -παν, *adj.*, all together.
συμπεριφορά, -ᾶς, *n. f.*, companionship.
συμ-πλέω, (*irreg.*) *v.*, sail with.
συμ-πονέω, *v.*, work with.
συμπρεσβευτής,-οῦ, *n. m.*, fellow-ambassador.
συμπρυτάνεις, -εων, *n. m. plur.*, committee.
συμ-φέρω, (*irreg.*) *v.*, bring together, unite: *intrans.*, be useful, happen to: *impersonal*, it is expedient: *pres. part, as neut. noun*, τὸ συμφέρον,-οντος, advantage.
συμφορά,-ᾶς, *n. f.*, circumstance, misfortune.
συμφυής, -ές, *adj.*, adhering.
σύμφωνος, -ον, *adj.*, harmonious.
σύν, *pref.*, *with dat.*, with.
συναγωγή, -ῆς, *n. f.*, collecting.
συν-αγανακτέω, *v.*, feel vexation with.
συν-άγω, (*irreg.*) *v.*, gather together, club together.
συν-αγωνίζομαι, *v.*, fight with.
συναγωνιστής, -οῦ, *n. m.*, fellow-combatant.
συν-ακμάζω, *v.*, flourish with.
συν-ακολουθέω, *v.*, accompany.
συν-ανα-γράφω, *v.*, record together.
συν-απο-πλέω, (*irreg.*) *v.*, sail away with.
συν-αποδημέω, *v.*, be abroad with.

συν-άπτω, *v.*, join, engage in.
συν-αριστάω, *v.*, take luncheon with.
συν-δειπνέω, *v.*, dine together.
συνέδριον, -ου, *n. neut.*, council.
συν-έζευξα, *v.* συ-ζεύγνυμι.
σύν-ειμι, (*irreg.*) *v.*, go together, meet in battle.
συν-είργω, *v.*, press together.
συν-είσ-ειμι, (*irreg.*) *v.*, go in together.
συν-εισ-ελθεῖν, *v.* συν-είσ-ειμι.
συνεκδοχικῶς, *adv.*, by way of inference.
συν-εκ-πληρόω, *v.*, complete.
συν-ελθεῖν, *v.* σύν-ειμι.
συν-εξ-ακολουθέω, *v.*, attend everywhere.
συν-επι-δίδωμι, (*irreg.*) *v.*, give up wholly.
συν-επι-τελέω, *v.*, join in accomplishing.
συν-επίσταμαι, *v.*, know with another.
συν-εργάζομαι, *v.*, work with.
συν-εργέω, *v.*, co-operate.
συνέργημα, -ατος, *n. neut.*, assistance.
συνεργός, -οῦ, *n. c.*, fellow-worker.
συν-ερείδω, (*irreg.*) *v.*, be firmly set.
συν-εστιάω, *v.*, entertain: *pass.*, join in feasting.
συν-εσφιγμένος, *v.* συσφίγγω.
συν-ευωχέομαι, *v.* feast together.
συν-εφ-άπτομαι, *v.*, take part in.
συνέχεια, -ας, *n. f.*, unbroken succession.
συνεχής, -ές, *adj.*, continuous.
συνεχῶς, *adv.*, constantly.
συν-έχω, (*irreg.*) *v.*, keep together.
συν-έψω, (*irreg.*) *v.*, boil together with.
συνήθεια, -ας, *n. f.*, intercourse.
συνήθης, -ες, *adj.*, habitual.
συνήθως, *adv.*, customarily.
συν-ῆκεν, *v.* συν-ίημι.
συν-ιζάνω, *v.*, settle down.
συνίζησις, -εως, *n. f.*, settlement.
συν-ίημι, (*irreg.*) *v.*, set together, understand.
συν-ίστημι, (*irreg.*) *v.*, set together, arrange, combine, recommend: *intrans.*, be composed of.
συννεφής, -ές, *adj.*, cloudy.
συν-νοέω, *v.*, understand.
συνοδοιπόρος, -ου, *n. m.*, fellow-traveller.
συν-οικέω, *v.*, live with.
συν-οίσειν, *v.* συμ-φέρω.
σύνολος, -ον, *adj.*, all together: *as adv.*, τὸ σύνολον, altogether.
συν-τάττω, *v.*, organise, arrange.
συντέλεια, -ας, *n. f.*, consummation.
συν-τεταχέναι, *v.* συν-τάττω.
συν-τίθημι, (*irreg.*) *v.*, put together, compose: *middle*, agree to.
συντόμως, *adv.*, quickly.
συν-τρέχω, (*irreg.*) *v.*, run together, assemble.
συν-ωνέομαι, (*irreg.*) *v.*, buy with.
συνωρίς, -ίδος, *n. f.*, pair of horses.
συριγμός, -οῦ, *n. m.*, whistling.
σύς, συός, *n. c*, pig.
συ-σκευάζω, *v.*, pack up.
συ-σκιάζω, *v.*, throw a shade.
σύσκιος, -ον, *adj.*, shady.
σύσσημον, -ου, *n. neut.*, signal.
σύστασις, -εως, *n. f.*, structure, friendship.
συστολή, -ῆς, *n. f.*, compression.
σύστομος, -ον, *adj.*, with a narrow mouth.

συσφίγγω, *v.*, condense.
συφεός, -οῦ, *n. m.*, pig-sty.
συχνος, -ή, -όν., *adj.* long (*of time*); many (*of number*); much, great.
σφαῖρα, -ας, *n. f.*, sphere.
σφεῖς, σφῶν, *indirect reflex. pron.*, they, themselves.
σφενδόνη, -ης, *n. f.*, sling.
σφέτερος, -α, -ον, *poss. adj.*, their own.
σφόδρα, *adv.*, very much, exceedingly.
σφραγίς, -ῖδος, *n. f.*, seal.
σφριγάω, *v.*, be full, be fresh.
σχεδόν, *adv.*, almost.
σχῆμα, -ατος, *n. neut.*, appearance.
σχίζω, *v.*, split, separate.
σχινοκέφαλος, -ον, *adj.*, with a squill-shaped *or* peaked head.
σχιστός, -ή, -όν,. *adj.*, slit, divided.
σχοινίον, -ου, *n. neut.*, rope.
σχολάζω, *v.*, be at leisure.
σχολαστήριον, -ου, *n. neut.* a lounge, meeting area.
σχολή, -ῆς, *n. f.*, leisure.
σχών, *v.* ἔχω.
σῴζω, *v.*, save.
σωλήν, -ῆνος, *n. m.*, pipe.
σῶμα, -ατος, *n. neut.*, body.
σωματικός, -ή, -όν, *adj.*, bodily.
σωματοφύλαξ, -ακος, *n. m.*, body-guard.
σωρεύω, *v.*, heap up.
σωτηρία, -ας, *n. f.*, safety.
σωφροσύνη, -ης, *n. f.*, self-control.

T

τάγμα, -ατος, *n. neut.*, brigade.
ταγός, -οῦ, *n. m.*, commander.
ταλαιπωρέω, *v.*, suffer hardship.
ταλαίπωρος, -ον, *adj.*, wretched.
τάλαντον, -ου, *n. neut.*, balance, talent (6000 drachmas).
τάλας, -αινα, -αν, *adj.*, wretched.
τἆλλα = τὰ ἄλλα.
ταμιεύω, *v.*, regulate.
ταξιάρχης, -ου, *n. m.*, commander of a corps, taxiarch.
τάξις, -εως, *n. f.*, post, rank, order, squadron.
ταπεινόω, *v.*, humble, disparage.
ταπεινῶς, *adv.*, submissively.
ταράσσω, *v.*, disturb.
ταραχή, -ῆς, *n. f.*, tumult.
ταριχεία, -ας, *n. f.*, salt meat.
τάριχος, -ου, *n. m.*, pickled fish.
τάττω, *v.*, arrange, appoint.
ταὐτό, *v.* αὐτός,
ταφή, -ῆς, *n. f.*, burial.
τάφος, -ου, *n. m.*, grave, burial.
τάχα, *adv.*, quickly.
τάχος, -ους, *n. neut.*, speed: ὡς τάχος = ὡς τάχιστα, with all speed.
ταχύς, -εῖα, -ύ, *adj.*, quick: διὰ ταχέων, quickly: *as adv.*, ταχύ, quickly.
ταχύτερος, -α, -ον, *comparative of* ταχύς (*instead of* θάσσων).
ταχυτής, -ῆτος, *n. f.*, speed.
τε, *conj.*, *and*: τε . . . καί, both . . . and.
τέγγω, *v.*, wet, dye.
τεθνάναι, *v.* θνῄσκω.
τεῖχος, -ους, *n. neut.*, wall.
τεκμήριον, -ου, *n. neut.*, proof.
τέκνον, -ου, *n. neut.*, child: *of animals*, young.
τέκτων, -ονος, *n. m.*, carpenter.
τελεστήριον, -ου, *n. neut.*, place for initiation.
τελευταῖος, -α, -ον, *adj.*, last: *as adv.*, τελευταῖον, lastly.
τελευτάω, *v.*, come to an end, die.
τελευτή, -ῆς, *n. f.*, end, death.
τελέω, *v.*, complete, pay.

τελέως, *adv.*, absolutely, perfectly.
τέλος, -ους, *n. neut.*, end; tax: *acc. as adv.*, at last.
τέμενος, -ους, *n. neut.*, consecrated ground, precincts.
τέμνω, (*irreg.*) *v.*, cut
τένων, -οντος, *n. m.*, sinew.
τέρπω, *v.*, delight.
τέσσαρες, -α, *num. adj.*, four.
τεταγμένος, *v.* τάσσω.
τέταρτος, -η, -ον, *adj.*, fourth.
τετευχώς, *v.* τυγχάνω.
τετμημένα, *v.* τέμνω.
τετράγωνος, -ον, *adj.*, four-cornered, square.
τετράκλινος, -ον, *adj.*, with four couches.
τετρακόσιοι -αι, -α, *num. adj.*, four hundred.
τετράπους, -πουν, *adj.*, four-footed.
τέτρωμαι, *v.* τιτρώσκω.
τετταράκοντα, *num. adj.*, forty.
τέτταρες *or* τέσσαρες, *num. adj.*, four.
τέττιξ, -ιγος, *n. m.*, grasshopper.
τεύξομαι, *v.* τυγχάνω.
τεῦχος, -ους, *n. neut.*, vessel.
τέφρα, -ας, *n. f.*, ashes.
τέχνη, -ης, *n. f.*, art, craft.
τεχνίτης,-ου, *n. m.*, skilled workman.
τῇ, *adv.*, here, there.
τῇδε, *adv.*, by this way.
τηλαυγής, -ές, *adj.*, conspicuous.
τηλεβόλος, -ον, *adj.*, with long range.
τηλικοῦτος, -αύτη, -οῦτον, *pron. adj.*, of such size, as great.
τηνικαῦτα, *adv.*, then.
τηρέω, *v.*, observe, take care of.
τῆτες, *adv.*, this year.
τίθημι, (*irreg.*) *v.*, put, make, reckon: *middle*, regard.
τίκτω, (*irreg.*) *v.*, bring forth. give birth to.
τιμάω, *v.*, honour.
τιμή, -ῆς, *n. f.*, honour, price.
τίμησις, -εως, *n. f.*, valuation.
τιμωρέω, *v.*, avenge.
τιμωρία, -ας, *n. f.*, vengeance.
τίς, τί, *interrog. pron.*, who? what?
τις, τι, *indef. pron.*, some, any, a certain.
τίτανος, -ου, *n. f.*, chalk.
τιτρώσκω, (*irreg.*) *v.*, wound.
τοί =οἱ.
τοι, *particle*, indeed.
τοιγαροῦν, *particle*, therefore.
τοίνυν, particle, accordingly.
τοιόσδε, τοιάδε, τοιόνδε, *pron. adj.*, such.
τοιοῦτος, τοιαύτη, τοιοῦτο, *pron. adj.*, such.
τοῖχος, -ου, *n. m.*, wall.
τόλμα, -ης, *n. f.*, courage.
τολμάω, *v.*, dare, bring oneself to do something.
τολμηρός, -ά, -όν, *adj.*, bold, daring.
τόμος, -ου, *n. m.*, piece cut off; slice.
τοξάρχης, -ου, *n. m.*, captain of archers.
τόξευμα, -ατος, *n. neut.*, arrow: *pl.*, archers.
τοξεύω, *v.*, hit with an arrow.
τοξικός, -ή, -όν, *adj.*, of the bow.
τόξον, -ου, *n. neut.*, bow.
τοξότης, -ου, *n. m.*, archer.
τόπος, -ου, *n. m.*, place, space.
τορευτής, -οῦ, *n. m.*, worker in relief.
τόσος, -η, -ον, *pron. adj.*, so much.
τοσόσδε, -ήδε, -όνδε, *pron. adj.*, so much, so great.

τοσουτάριθμος, -ον, *adj.*, of so large a number.
τοσούτος, -αύτη, -οῦτο *or* -οῦτον, *pron. adj.*, so great.
τοσοῦτος, τοσαύτη, τοσοῦτο, *pron. adj.*, so great, so many.
τότε, *adv.*, then,
τοὔστρακου = τὸ ὄστρακον.
τουτέστι = τοῦτ᾽ ἔστί.
τουτί, *v.* οὗτος.
τράγειος, -α, -ον, *adj.*, of a goat.
τραγῳδέω, *v.*, act a tragedy: *perf. part. pass.*, τετραγῳδημένος, pompous.
τραγῳδία, -ας, *n. f.*, tragedy.
τράπεζα, -ης, *n. f.*, table, bank.
τραπεζίτης, -ου, *n. m.*, banker.
τραῦμα, -ατος, *n. neut.*, wound.
τραυματίας, -ου, *n. m.*, wounded man.
τραχύς, -εῖα, -ύ, *adj.*, rough, harsh, rocky.
τραχύφωνος, -ον, *adj.*, harsh-voiced.
τρεῖς, τρία, *num. adj.*, three
τρέπω, (*irreg.*) *v.*, turn.
τρέφω, (*irreg.*) *v.*, nourish, keep, support, bring up.
τρέχω, (*irreg.*) *v.*, run.
τριακάς, -άδος, *n. f.*, the number 30.
τριάκοντα, *num. adj.*, thirty.
τριακόντορος, -ου, *n. f.*, thirty-oared ship.
τριακόσιοι, -αι, -α, *num. adj.*, three hundred.
τρίγλυφον, -ου, *n. neut.*, triglyph.
τρίγωνος, -ον, *adj.*, three-cornered.
τριηραρχία, -ας, *n. f.*, fitting out of a trireme.
τριήρης, -ους, *n. f.*, trireme.
τρίκλινος, -ον, *adj.*, with three couches: *n. m.*, triclinium.
τριπάροδος, -ον, *adj.*, with three gangways.
τρίπους, -ποδος, *n. m.*, tripod.
τρίπους, -πουν, *adj.* with three feet.
τρισμύριοι, -αι, -α, *num. adj.*, 30,000: *in sing. with collective noun*, τρισμυρία ἵππος, 30,000 horse.
τριτάλαντος, -ον, *adj.*, of three talents.
τρίτος, -η, -ον, *adj.*, third: *fem. as noun* (*sc.* ἡμέρα), the third day.
τριττός, -ή, -όν, *adj.*, threefold: *in plur.*, three.
τρίχωμα, -ατος, *n. neut.*, hair.
τριχῶν, *v.* θρίξ.
τροπός, -οῦ, *n. m.*, twisted leather thong.
τρόπος, -ου, *n. m.*, way, character: πρὸς τρόπον, suiting one's taste.
τροπόω, *v.*, furnish with a thong: *middle*, fasten with a thong.
τροφή, -ῆς, *n. f.*, food, meal.
τροχάζω, *v.*, run quickly.
τρύβλιον, -ου, *n. neut.*, cup, bowl.
τρύπανον, -ου, *n. neut.*, auger.
τρυπάω, *v.*, bore.
τρύπημα, -ατος, *n. neut.*, hole.
τρυφάω, *v.*, be fastidious.
τρωθῆναι, *v.* τιτρώσκω.
τυγχάνω, (irreg.) *v.*, *with gen.*, meet with, hit upon, get: *with participle*, happen to. . .
τύπτω, *v.*, strike, knock.
τυραννέω, *v.*, govern as a despot.
τύραννος, -ου, *n. m.*, tyrant.
τυροποιέω, *v.*, make cheese.
τύχη, -ης, *n. f.*, fortune, chance.
τυχόν, *v.* τυγχάνω.
τῴδεῖον = τὸ ᾠδεῖον.

Υ

ὑαλοῦς -ᾶ, -οῦν, *adj.*, of glass.
ὑβρίζω, *v.*, insult.

ὕβρις, -εως, *n. f.*, insolence, outrage.
ὑγίεια, -ας, *n. f.*, health.
ὑγιής, -ές, *adj.*, sound, healthy.
ὑγρός, -ά, -όν, *adj.*, moist; pliant: *as noun neut.*, ὑγρόν, water, moisture.
ὕδωρ, ὕδατος, *n. neut.*, water.
ὕειος, -α, -ον, *adj.*, of swine.
ὑέλινος, -η, -ον, *adj.*, made of glass.
υἱός, -οῦ, *and* -έος, *n. m.*, son.
ὑλακή, -ής, *n. f.*, barking.
ὑλακτέω, *v.*, bark.
ὕλη, -ης, *n. f.*, wood, material.
ὑλώδης, -ες, *adj.*, woody.
ὑμεῖς, *v.* σύ.
ὑμέτερος, -α, -ον, *poss. adj.*, your, yours (pl.).
ὑμήν, -ένος, *n. m.*, membrane, thin covering.
ὑμνέω, *v.*, celebrate.
ὑοφόρβιον, *n. neut.*, herd of swine
ὑπαίθριος, -ον, *adj.*, in the open air..
ὑπ-ακούω, *(irreg.) v.*, listen to, obey, answer,
ὑπ-αντιάζω, *v.*, come to meet.
ὕπαρ, *indeclinable, n. neut.*, waking vision.
ὑπ-άρχω, *v.*, begin, be: *pres. part.*, τὰ ὑπάρχοντα, possessions.
ὑπασπιστής, -οῦ, *n. m.*, one of the Macedonian light infantry.
ὑπ-ειλήφεσαν, *v.* ὑπο-λαμβάνω.
ὑπ-έκ-κειμαι, *v.*, be carried out to a place of safety.
ὑπ-εκ-σῴζω, *v.*, save from.
ὑπέρ, *prep.*, (a) *with acc.*, over: (b) *with gen.*, over, for the sake of, about.
ὑπερ-ασπίζω, *v.* cover with a shield, defend.
ὑπεραττικῶς, *adv.*, in excessively Attic speech.
ὑπερ-βαίνω, *(irreg.) v.*, cross.
ὑπερ-βάλλω, *(irreg.) v.*, exceed, excel: *intrans.*, exceed all bounds.
ὑπερβαλλόντως, *adv.*, exceedingly.
ὑπερβολή, -ῆς, *n. f.*, excess, exaggeration: καθ᾽ ὑπερβολήν, extraordinarily.
ὑπερ-έχω, *(irreg.) v.*, exceed.
ὑπερήφανος, -ον, *adj.*, splendid.
ὑπερ-ίσχω, *v.*, be higher than.
ὑπέρκοπος, -ον, *adj.*, excelling.
ὑπερ-όραω, *(irreg.) v.*, despise.
ὑπεροχή,-ῆς, *n. f.*, eminence, preeminence.
ὑπήκοος, -ον, *adj.*, obedient, subject.
ὑπήνη, -ης, *n. f.*, moustache.
ὑπ-ηργμένα, *v.* ὑπ-άρχω.
ὑπηρεσία, -ας, *n. f.*, service.
ὑπηρετέω, *v.*, do service.
ὑπηρέτης, -ου, *n. m.*, attendant.
ὑπισχνέομαι, *(irreg.) v.*, promise.
ὕπνος, -ου, *n. m.*, sleep.
ὑπό, *prep.*, (a) *with acc.*, under; (b) *with gen.*, by, owing to; (c) *with dat.*, under.
ὑπο-βάλλω, *(irreg.) v.*, lay beneath.
ὑπο-βολή, -ῆς, *n. f.*, substitution; suggesting; foundation.
ὑποδεής, -ές, *adj.*, inferior.
ὑπο-δέχομαι, *v.*, receive into one's house, follow in rank, come next to.
ὑπόδημα -ατος, *n. neut.*, sandal.
ὑποδίφθερος, -ον, *adj.*, covered with skins.
ὑποδοχή, -ης, *n. f.*, support.
ὑπόθεσις, -εως, *n. f.*, plan.
ὑποκεφάλαίου, -ου, *n. neut.*, pillow.

ὑπο-κρίνομαι, play a part, pretend.
ὑπο-κρούω, *v.*, interrupt.
ὑπο-λαβεῖν, *v.* ὑπο-λαμβάνω.
ὑπο-λαμβάνω, (*irreg.*) *v.*, support, reply, conceive.
ὑπο-λείπω, (*irreg.*) *v.*, leave behind.
ὑπο-μένω, (*irreg.*) *v.*, bear patiently, wait.
ὑπο-μιμνήσκω, (*irreg.*) *v.*, remind: *pass, or mid.*, remember.
ὑπο-νοέω, *v.*, suspect.
ὑπο-πλέω, (irreg.) *v.*, sail under, up to.
ὑπο-πρίαμαι, *v.*, buy under the price, or secretly.
ὑπ-οπτεύω, *v.*, suspect.
ὕποπτος, -ον, *adj.*, suspected.
ὑπο-στορέννυμι, (*irreg.*) *v.*, place under.
ὑπόστρωμα, -ατος, *n. neut.*, mat, mattress.
ὑπο-στρέφω, *v.*, turn back.
ὑπο-σχόμενος, *v.* ὑπισχνέομαι.
ὑπο-τάσσω, *v.*, place under, subdue.
ὑπο-τελέω, *v.*, pay as tax.
ὑπο-τίθημι, (*irreg.*) *v.*, place under, suggest.
ὑπουργέω, *v.*, help, supply.
ὑπο-φθάνω, (*irreg.*) v., be beforehand.
ὑπο-χείριος, -ον, *adj.*, in one's power.
ὑπο-χωρέω, *v.*, retreat.
ὑποψία, -ας, *n. f.*, suspicion.
ὑπτιόομαι, *v.*, be turned upside down.
ὗς, ὑός, *n. c*, pig.
ὑστεραῖος, -α, -ον, *adj.*, on the next day: *fem. as noun*, the next day.
ὑστερέω, *v.*, be behind, be too late.
ὕστερον, *adv.*, afterwards.
ὑφ-αιρέω, (*irreg.*) *v.*, take away secretly, steal away.
ὑφ-αρπάζω, *v.* snatch away.
ὑφ-ίστημι, (*irreg.*) *v.*, place under: *middle*, withstand, face.
ὑφ-ορμέω, *v.* lie at anchor in wait (*i.e. in ambush*).
ὑψηλός, -ή, -όν, *adj.*; high.
ὕψιστος, -η, -ον, *superl. adj.* (*no positive*), highest, uttermost.
ὕψος, -ους, *n. neut.*, height.

Φ

φαγεῖν, *v.* ἐσθίω.
φαίνω, (*irreg.*) *v.*, show: *passive*, appear, be present to the senses.
φακῆ, -ῆς, *n. f.*, lentil-soup.
φακός, -οῦ, *n. m.*, lentil.
φάλαγξ, -αγγος, *n. f.*, phalanx.
φανερός, -ά, -όν, *adj.*, evident, plain.
φανερῶς, *adv.*, visibly.
φαντασία, -ας, *m. f.*, display, show.
φάος = φῶς.
φάραγξ, -αγγος, *n. f*, ravine.
φάρμακον, -ου, *n. neut.*, drug, poison.
φάρξας, *v.* φράσσω.
φάσκω, (*irreg.*) *v.*, say, assert.
φασκώλιον, -ου, *n. neut.*, small bag, wallet, purse.
φαῦλος, -η, -ον, *adj.*, worthless, mean.
φαύλως, *adv.*, insignificantly.
φέγγος, -ους, *n. neut.*, light.
φερεσσακής, ές, *adj.*, shield-bearing.
φερνή, -ῆς, *n. f.*, dowry.
φέρω, (*irreg.*) *v.*, carry, speak of, report, wear, be conducive to: φέρω καὶ ἄγω, plunder.
φεύγω, (*irreg.*) *v.*, flee, escape, be in exile: δίκην φεύγω, be a defendant.
φεῦ, *interjection*, ah ! ugh !
φήμη, -ης, *n. f.*, report.

φημί, (*irreg.*) *v.*, say, agree: strong *aor.*, εἶπον.
φθάνω, (*irreg.*) *v.*, be beforehand.
φθέγγομαι, *v.*, utter sound, speak.
φθείρω, (*irreg.*) *v.*, destroy: *passive*, perish, be ship wrecked.
φθόνος, -ου, *n. m.*, envy, ill-will.
φιλαργυρία, -ας, *n. f.*, covetousness.
φιλάργυρος, -ον, *adj.*, covetous.
φιλεργέω, *v.*, love work, be industrious.
φιλέω, *v.*, love, kiss: *with inf.*, be wont to.
φιλήκοος, -ον, *adj.*, fond of hearing, curious.
φιλία, -ας, *n. f.*, friendship.
φίλιος, -α,-ον, *adj.*, friendly.
φιλοδοξέω, *v*, seek honour.
φιλοδοξία, -ας, *n. f.*, love of honour.
φιλοίκειος, -ον, *adj.*, loving one's relations.
φιλοινία, -ας, *n. f.*, love of wine.
φίλος, -ου, *n. m.*, friend.
φιλοσοφέω, *v.*, be a philosopher,
φιλοσοφία, -ας, *n. f.* philosophic system.
φιλόσοφος, -ου, *n. m.*, philosopher.
φιλοστοργία, -ας, *n. f.*, affection.
φιλοτιμέομαι, *v.*, be ambitious.
φιλότιμος, -ον, *adj.*, loving honour, ambitious.
φιλόχορος, -ον, *adj.*, loving the dance.
φλέγω, *v.*, light.
φλυαρέω, *v.*, talk nonsense.
φοβέω, *v.*, frighten: *middle and passive*, fear.
φόβος, -ου, *n. m.*, fear.
φονεύω, *v.*, kill.
φόνος, -ου, *n. m.*, slaughter, murder.
φορά, -ᾶς, *n. f.*, movement.
φορέω, *v.*, wear.
φόρος, -ου, *n. m.*, tribute.
φορτίον, -ου, *n. neut.*, load, cargo.
φράζω, (*irreg.*) *v.*, show, tell.
φράσσω, *v.*, fence in, make secure.
φράτωρ, -ορος, *n. m.*, member of a clan.
φρήν, φρενός, *n. f.*, mind, heart, purpose.
φρονέω, *v.*, think, be minded: μέγα φρονέω, pride oneself, be high-spirited.
φρουρά, -ᾶς, *n. f.*, guard, watch, garrison.
φρουρέω, *v.*, keep guard.
φρυκτός, -ή, -όν, *adj.*, roasted.
φυγή, -ῆς, *n. f*, flight.
φυλακή, -ῆς, *n. f*, watch, guard.
φύλαξ, -ακος, *n. m.*, guard.
φυλάττω, *v.*, guard.
φυλέτης, -ου, *n. m.*, tribesman.
φύλλον, -ου, *n. neut.*, leaf.
φῦλον, -ου, *n. neut.*, tribe.
φυσάω, *v.*, breathe.
φυσικός, -ή, -όν, *adj.*, natural.
φύσις, -εως, *n. f.*, nature, natural qualities.
φυτεία, -ας, *n. f.*, growth.
φυτεύω, *v.*, plant.
φύω, (*irreg.*) *v.*, make to grow, beget: *pass.*, grow.
φωνή, -ῆς, *n. f.*, voice.
φῶς, φωτός, *n. neut.*, light.

X

χαιρετισμός, -οῦ, *n. m.*, greeting.
χαίρω, (*irreg.*) *v.*, rejoice: *imperative*, χαῖρε, hail! farewell!
χαίτη, -ης, *n. f.*, hair, mane.
χαλεπαίνω, *v.*, get angry.
χαλεπός, -ή, -όν, *adj.*, difficult, harsh, severe.

χαλεπῶς, *adv.*, severely, with difficulty.
χαλκήρης, -ες, *adj.*, fitted with copper.
χαλκός, -οῦ, *n. m.*, copper, bronze.
χαλκόστομος, -ον, *adj.*, with point of copper.
χαλκοτύπος, -ου, coppersmith.
χαλκοῦς, -ῆ, -οῦν, *adj.*, of copper or bronze: *as noun in.*, χαλκοῦς, copper coin.
χαμευνέω, *v.*, lie on the ground.
χάραξ, -ακος, *n. f.*, pole, stake.
χαρίεις, -εσσα, -εν, *adj.*, beautiful.
χαρίζομαι, *v.*, do a favour to.
χάρις, -ιτος, *n. f.*, grace, beauty, favour: *acc.*, χάριν, for the sake of.
χαριστήριον, -ου, *n. neut.*, thank-offering.
χαῦνος, -η, -ον, gaping, lanky.
χεῖλος, -ους, *n. neut.*, lip.
χειμάζω, *v.*, expose to a storm: *pass.*, to be caught in a storm.
χειμερινός, -ή, -όν, *adj.*, wintry, in the winter, winter.
χειμών, -ῶνος, *n. m.*, storm, winter.
χείρ, -ός, (*irreg.*) *n. f.*, hand.
χειριδωτός, -όν, *adj.*, sleeved.
χειρίζω, *v.*, manage.
χειρισμός, -οῦ, *n. m.*, management.
χειρόμακτρον, -ου, *n. neut.*, napkin.
χειρόομαι, *v.*, conquer.
χειροτονέω, *v.*, elect by vote.
χειρών, -ον, *adj.* (*compar. of* κακός), worse.
χηλή, -ῆς, *n. f.*, hoof, claw, talon (*of a bird*); breakwater.
χθές, *adv.*, yesterday.
χθών, χθονός, *n. f.*, earth.
χιλίαρχος, -ου, *n. m.*, commander of 1,000 men.
χιλιάς, -άδος, *n. f.*, a thousand.
χίλιοι, -αι, -α, *num. adj.*, a thousand.
χιλιοτάλαντος, -ον, *adj.*, worth 1,000 talents.
χιλός, -οῦ, *n. m.*, fodder, hay.
χιτών, -ῶνος, *n. m.*, tunic.
χιτωνίσκος, -ου, *n. m.*, short tunic.
χιτώνιον, -ου, *n. neut.*, small tunic.
χιών, -όνος, *n. f.*, snow.
χλαῖνα, -ης, *n. f.*, cloak.
χλαμύς, -ύδος, *n. f.*, military cloak.
χοῖνιξ, -ικος, *n. f.*, choenix (a dry measure = about a quart).
χοιράς, -άδος, *n. f.*, low rock barely sticking out of the sea.
χοίρειος, -α, -ον, *adj.*, of a pig.
χοῖρος, -ου, *n. m.*, young pig, porker.
χορηγέω, *v.*, supply.
χορηγία, -ας, *n. f.*, supplies of war, treasure, fortune.
χορός, -οῦ, *n, m.*, dance, chorus.
χόρτος, -ου, *n. m.*, grass.
χράομαι, *v.*, use.
χρεία, -ας, *n. f.*, use, need, requirement, business.
χρειώδης, -ες, *adj.*, of use.
χρέος, -ους, *n. neut.*, debt.
χρεών, *indecl. n. neut.*, necessity.
χρή, *v. impers.*, it is necessary, right.
χρηζω, *v.* need, ask for.
χρῆμα, -ατος, *n. neut.*, thing: *plur.*, money, riches.
χρήσιμος, -η, -ον, *adj.*, useful, good.
χρῆσις, -εως, *n. f.*, use, usefulness, usage; intimacy.
χρηστός, -ή, -όν, *adj.*, good, useful.

χρηστότης, -ητος, *n. f.*, goodness.
χρόα, -ας, *n. f.*, colour.
χρόνος, -ου, *n. m.*, time.
Χρυσεύς, *adj.*, of Chrysa.
χρυσίον, -ου, *n. neut.*, gold coin.
χρυσός, -οῦ, *n. m.*, gold.
χρυσοῦς, -ῆ, -οῦν, *adj.*, golden.
χρῶμα, -ατος, *n. neut.*, colour.
χρώς, χρωτός, *n. m.*, skin, colour of the skin.
χύτρα, -ας, *n. f.*, earthen pot.
χωνεία, -ας, *n. f.*, melting (*of metal*).
χώρα, -ας, *n. f.*, country, place.
χωρέω, *v.*, give way, go forward; contain.
χωρίζω, *v.*, separate.
χωρίον, -ου, *n. neut.*, place, area, space; estate.
χωρίς, *adv.*, apart.: *prep., with gen.*, apart from.
χῶρος, -ου, *n. m.*, place.

Ψ

ψάμμος, -ου, *n. f.*, sand.
ψαύω, *v.* touch.
ψέγω, *v.*, criticise, blame.
ψέλιον, -ου, *n. neut.*, armlet.
ψευδολόγος, -ον, *adj.*, lying.
ψεύδομαι, *v.*, lie.
ψεύδω, *v.*, cheat, balk: *middle*, lie: *pass.*, be untrue.
ψευδῶς, *adv.*, falsely.
ψῆγμα, -ατος, *n. neut.*, dust, scrapings, shavings.
ψηφίζω, *v.*, count: *middle*, vote, resolve.
ψῆφος, -ου, *n. f.*, pebble, counter.
ψιλός, -ή, -όν, *adj.*, bare; simple.
ψιλόω, *v.*, strip bare.
ψόφος, -ου, *n. m.*, noise.
ψυχαγωγία, -ας, *n. f.*, pastime.
ψυχή, -ῆς, *n. f.*, soul, courage.
ψῦχος, -ους, *n. neut.*, cold.
ψυχρός, -ά, -όν, *adj.*, cold.
ψυχρῶς, *adv.*, coldly, dully.

Ω

ὦ, *interjection*, O.
ὧδε, *adv.*, thus.
ᾠδεῖον, -ου, n. *neut.*, Odeum, concert hall.
ὠθέω, (*irreg.*) *v.*, push, rush.
ὠθισμός, -οῦ, *n. m.*, pushing.
ὠκεανός, -οῦ, *n. m.*, Atlantic Ocean.
ὤλεσε, *v.* ὄλλυμι.
ὦμος, -ου, *n. m.*, shoulder.
ὠνέομαι, (*irreg.*) *v.*, buy.
ὠνητιάω, *v.*, wish to buy.
ᾠόν, -οῦ, *n. neut.*, egg, cupping-glass.
ὡπλισμένος, *v.* ὁπλίζω.
ὥρα, -ας, n. f., hour, season.
ὡραῖος, -α, -ον, *adj.*, seasonable, of seasonable age.

SOPHRON EDITOR

CATALOGUE 2014

Caesar's Commentaries: The Complete Gallic War. Revised. 8vo., xxiv,507 pp.; Introduction, Latin text of all eight Books, Notes, Companion, Grammar, Exercises, Vocabularies, 17 Maps, illus. all based on Francis W. Kelsey. ISBN 978-0-9850811 1 9 . . . . $19.95

Virgil's Aeneid Complete, Books I-XII. With Introduction, Latin text and Notes by W. D. Williams. 8vo., xxviii, 739 pp., 2 maps, Glossary, Index. ISBN 978-0-9850811 6 4 . . . . $27.95

***Praxis Grammatica*. A New Edition.** John Harmer. 12 mo., xviii,116 pp.; Introduction by Mark Riley. ISBN 978-0-9850811 2 6. . . . . , $3.95

The *Other* Trojan War. Dictys & Dares. 12 mo., xxii,397 pp.; Latin/English Parallel Texts; Frazer's Introduction & Notes, Index. ISBN 978-0-9850811 5 7. . . . . $14.95

The Stoic's Bible: *a Florilegium for the Good Life*. *EXPANDED*. Giles Laurén. 8vo., xxvi,653 pp., 2 illus., Introduction, Bibliography. ISBN 978-0-9850811-0-2. . . . . $24.95

Why Don't We Learn from History? B. H. Liddell Hart. 12 mo., 126 pp.
ISBN 978-0-9850811 3 3. . . . . $4.95

Quintilian. Institutionis Oratoriae. Liber Decimus. Text, Notes & Introductory Essays by W. Peterson. Foreword by James J. Murphy. 8vo., cvi,291 pp., Harleian MS facsimile, Indexes. ISBN 978-0-9850811-8-8 . . . . $19.95

Schools of Hellas. Kenneth Freeman. 12 mo., xxi,279 pp., illus., Indexes.
ISBN 978-0-9850811-9-5 . . . . $14.95

Cornelius Nepos Vitae. 12 mo., xviii,314 pp., 3 maps, notes, exercises, & vocabulary by John Rolf. ISBN 978-0-9850811-7-1 . . . . $14.95

Greek Reader. Mark Riley. Based on the selection of Wilamowitz-Moellendorff, with additions, notes and a vocabulary. 12 mo., vi,319 pp., maps & illus. ISBN 978-0-9897836-0-6 . . . . $12.95

Quintilian: *A Roman Educator and his Quest for the Perfect Orator*. Revised Edition, George A. Kennedy. 12 mo., 188 pp. Index. ISBN 978-0-9897836-1-3 . . . . $9.95

Diodorus Siculus. I *The Library of History* in Forty Books. Vol. I. (books I-XIV). 8vo., xxvii, 590 pp., illus. ISBN 978-0-9897836-2-0 . . . . $19.95

Diodorus Siculus. II *The Library of History* in Forty Books. Vol. II. (books XV-XL). 8vo., xiv,493 pp., illus. ISBN 978-0-9897836-3-7. . . . . $19.95

Foulquié, Paul. *La Dialectique*. in-8,. 160 pp., SBN 978-1-4954688-3-4 . . . . $6.95

Available from SOPHRON EDITOR (CreateSpace and Amazon worldwide)

In Preparation:

Horace. *Opera* Introduction and notes by Bennet & Rolfe.
Isocrates by Richard Enos.

28739111R00185

Made in the USA
Charleston, SC
20 April 2014